TROTAMUNDOS

La guía del
routard

TROTAMUNDOS

La guía del **routard**

Director de la colección
Philippe Gloaguen

Roma

SALVAT

TROTAMUNDOS
Apartado de Correos 178, F.D.
08080 BARCELONA

www.salvat.com

Cofundadores de la colección
Philippe Gloaguen y Michel Duval

Redactor Jefe
Pierre Josse

Mallorca, 45
08029 BARCELONA

Coordina la edición
Paloma Sánchez

Traducción, adaptación y realización
ORMOBOOK, servicios editoriales
Preimpresión
ORMOGRAF, S.A.

Impreso por: LIBERDÚPLEX, S.A.
ISBN: 84-345-8829-3
Depósito legal: B-1.934-2005

Impreso en España / *Printed in Spain*

SUMARIO

¿CÓMO IR?

GENERALIDADES

ROMA

¿DÓNDE DORMIR?

¿DÓNDE COMER?

¿DÓNDE IR DE MARCHA?

¿DÓNDE IR DE COMPRAS?

¿QUÉ VISITAR?

ALREDEDORES DE ROMA

EN DEFENSA DEL CONSUMIDOR

¡Un trotamundos informado vale por diez! Para evitar cualquier abuso, lo mejor es andar prevenido. Ahí van algunos consejos.

Agua: una jarra de agua del grifo es gratis, siempre y cuando sea para acompañar una comida.

Al encargar la comida: muchos restaurantes se niegan a servir a un cliente cuando consideran insuficiente lo que ha encargado para comer. Sin embargo, no os pueden obligar a pedir más, sería ilegal.

Anticipos por la reserva: al reservar habitación, tanto por teléfono como por carta o fax, es probable que os pidan una cantidad a cuenta como garantía. Legalmente, ninguna ley especifica la cuantía, pero no debéis pasar de una cantidad razonable. Por ejemplo, el 25 o 30 % del importe total, y siempre teniendo en cuenta que se trata de un anticipo en firme. Es decir, que no os será devuelto si después anuláis la reserva, salvo en caso de fuerza mayor (accidente o enfermedad) o previo acuerdo con el establecimiento, avisando con suficiente antelación. En cambio, si la anulación la hace el hotel, os tendrá que reembolsar el doble de la cantidad abonada.

Cambio y propinas: algunos listillos utilizan una treta ingeniosa. El procedimiento consiste en devolver el cambio poniendo en el platillo las monedas debajo, luego la nota y encima los billetes. Así, si el cliente tiene prisa, coge sólo los billetes y se olvida de la calderilla.

Hoteles: no os pueden obligar a reservar varias noches de habitación si vosotros sólo pensáis pasar allí una. Tampoco pueden obligaros a desayunar o comer en el hotel; esta norma es ilegal y es una «subordinación de prestación de servicios», que se sanciona con multa. Ahora bien, el hotel puede ofrecer media pensión o pensión completa. Si es un hotel-restaurante, antes hay que informarse. En cambio, si vais a dormir acompañados por algún hijo, os podrán cargar un suplemento.

Lista de precios: hoteles y restaurantes deben exponer los precios a la vista del público. Por ello, si los precios son exorbitantes, sólo en caso de que no estén claramente indicados tendréis derecho a reclamar.

Menús: por regla general, los económicos sólo se sirven entre semana y, a menudo, hasta ciertas horas. El horario debe estar claramente indicado.

Recepción: según la profesionalidad y el carácter o la disposición de cada persona, el recibimiento puede ser desde inmejorable hasta pésimo... Sólo una obligación se impone a estos establecimientos: informar correctamente a los clientes, incluso por teléfono, de los precios, la categoría del local y, en su caso, del tipo de cocina que ofrecen.

Vinos: las cartas de vinos no siempre son muy claras. Por ejemplo, uno pide una botella de buen vino y, al pagar, le cargan el doble de lo que figura en la carta; pues, el precio especificado era ¡de media botella! Además, es obligación descorchar las botellas delante de los clientes, pues es la única forma de saber que su contenido corresponde a la marca etiquetada.

¿CÓMO IR?

EN AVIÓN

Las compañías aéreas que realizan vuelos directos de España a Roma son Alitalia, Air Europa, Iberia y Volare Airlines. Roma tiene dos aeropuertos, el Leonardo da Vinci-Fiumicino y el Roma-Ciampino (a unos 15 km de la ciudad). A este último llegan algunos de los vuelos procedentes de Madrid. Pero el más transitado es el Fiumicino. Desde este hay un servicio de trenes cada hora con destino a la estación Termini de Roma (una media hora de trayecto) y un servicio de autobuses nocturnos, a partir de las 23 h, que salen de la zona de llegadas de la terminal internacional y llegan a la estación de Tiburtina (en piazza Garibaldi, 80). Para alquilar coches, en el aeropuerto encontraréis los mostradores de Avis, Italy by Car, Europcar, Budget, Maggiore, Hertz y Sixt.

▲ **ALITALIA:** ☎ 902-10-03-23. 🖳 www.alitalia.es
- *Oficinas generales en Madrid*: plaza Descubridor Diego de Ordás, 3, 28003. ☎ 91-121-74-01. Fax: 91-441-49-56.
- *En Barcelona*: Diagonal, 403, 08008. ☎ 93-238-78-60. Fax: 93-415-83-79.
- *En Bilbao*: Gran Vía, 17, 6°, oficina 17, 48001. ☎ 94-416-00-34. Fax: 94-679-05-80.
- *En Tenerife*: San Jerónimo Las Arenas, Edificio Palma Canaria, 38312 La Orotava. ☎ 922-33-38-90 y 922-32-02-54. Fax: 922-33-57-52.
- *En Valencia*: calle de las Barcas, 2, 4°, puerta 12, 46002. ☎ 96-310-62-13. Fax: 96-352-65-78.

Esta compañía italiana conecta diariamente Barcelona y Madrid con Roma. A través de su web podéis consultar las promociones y ofertas de último minuto (de hasta un 50 % de descuento e incluso más), los horarios y tarifas de los vuelos. Desde otras ciudades españolas se hace escala en Barcelona o Madrid. En la mayoría de los vuelos a Italia desde España, se ofrece la posibilidad de adquirir el billete electrónico.

▲ **AIR EUROPA:** ☎ 902-40-15-01. ✉ clientes@air-europa.com 🖳 www.air-europa.com

Centro Empresarial Globalia: carretera de Arenal a Llucmajor, km 21,5, Polígono Industrial Son Noguera, 07620 Llucmajor (Mallorca). Solamente ofrece vuelos directos a Roma desde Madrid.

▲ **IBERIA:** ☎ 902-40-05-00. 🖳 www.iberia.es

Serviberia. Información y reservas nacionales e internacionales (funciona todos los días del año, las 24 horas del día). Se pueden reservar billetes a través de su web o por teléfono al sinfín de oficinas que tienen en España.

Los vuelos directos a Roma parten solamente desde los aeropuertos de Barcelona y Madrid.

▲ **VOLARE AIRLINES:** ☎ 900-81-00-42. 💻 www.volareweb.com
Compañía aérea italiana de bajo coste con la que podéis volar a Roma directamente desde Bilbao y Valencia (desde Madrid sólo vuela a Venecia y desde Barcelona a Milán). Por 70 € voláis ida y vuelta desde Valencia a Roma (eso sí, es difícil encontrar vuelos disponibles si no reserváis con antelación). Podéis reservar billetes por Internet, vía telefónica o en vuestra agencia de viajes.

EN TREN

▲ **RENFE:** ☎ 902-24-02-02. Para reservas internacionales: ☎ 93-490-11-22. ✉ glinfo@renfe.es (información Grandes Líneas), ventainternet@renfe.es (para comprar el billete a través de Internet) 💻 www.renfe.es
El Trenhotel *Salvador Dalí* realiza el trayecto nocturno de Barcelona a Milán y es la conexión más directa entre España y Roma. Para continuar el viaje desde Milán hasta la capital italiana consultad la web 💻 www.trenitalia.it (con versión en castellano). El tren más directo y rápido que une Milán con Roma es el Eurostar. El trayecto dura unas cuatro horas y tiene paradas en Bolonia y Florencia. El precio del billete de ida y vuelta en 2ª clase cuesta aproximadamente 47 €.

Inter-Rail

Con este billete podréis viajar por toda Europa, o por los países que escojáis, en 2ª clase e independientemente de la edad que tengáis, «comprando» zonas geográficas. Mientras tenga validez el billete se puede viajar en tren por la zona que se ha comprado tanto como se quiera. Los precios varían según el número de zonas escogidas y la edad que tengáis (menor o mayor de 26 años.) A Italia le corresponde la zona G. Para llegar a Roma compraréis la zona E (de Francia), por la que circulan las compañías ferroviarias de Francia (SNCF) y la G de Italia (FS). Para consultar precios y horarios, llamad a los teléfonos de RENFE o consultad su web.

EN AUTOBÚS

▲ **EUROLINES:** ☎ 902-40-50-40. 💻 www.eurolines.es
La reserva de billetes podéis hacerla por teléfono. Para comprarlo dirijíos a la estación de autobuses de vuestra ciudad, que es donde suelen estar las oficinas de las diferentes compañías de autobuses. De todas formas, en la web disponéis de un buscador de oficinas de Eurolines en toda España.

Las rutas que realizan parten de Murcia (y pasan por las principales ciudades españolas: Alicante, Valencia, Tarragona, Barcelona y Girona entre otras), Madrid o Zaragoza. En Italia tienen parada en Génova y Florencia. Un billete de ida y vuelta de Alicante (o Madrid) a Roma cuesta unos 250 €. De Barcelona a Roma (ida y vuelta), unos 190 €. Ofrecen promociones temporales que conviene consultar.
▲ **ALSA ENATCAR:** ☎ 902-42-22-42. 💻 www.alsa.es
Este servicio de autobuses realiza el trayecto desde Barcelona, Valencia y Madrid. De Barcelona a Roma el viaje dura unas 21 horas (sale a las 17 h y llega a las 14 h del día siguiente).

EN COCHE

La autopista A-7 (información: ☎ 902-20-03-20) une España con Francia por la La Jonquera (Cataluña). Discurre desde Tarragona hasta la frontera franco-española, pasando por Barcelona y Girona. La autopista A-8 (información:·☎ 943-13-01-80) entra en Francia por Irún (País Vasco) desde Bilbao, pasando por San Sebastián. Desde Zaragoza se llega a Bilbao por la A-68 y a Barcelona por la A-2.
Para viajar en coche no olvidéis llevar (en regla) la siguiente documentación:
- Permiso de conducir.
- Permiso de circulación.
- Tarjeta de inspección técnica del coche (ITV).
- Seguro obligatorio con la correspondiente carta verde (el seguro internacional de suscripción obligatoria para toda clase de vehículos de motor y que, actualmente, ya incluyen todos los seguros de automóvil).

La información sobre carreteras y autopistas españolas la encontraréis en:
- *ASETA*: 💻 www.aseta.es Web de las autopistas españolas. Muy útil y sencilla, en ella encontraréis un mapa general y ampliable de España con todas las autopistas de peaje.
- *Dirección General de Tráfico*: 💻 www.dgt.es Una web muy completa sobre el estado y los itinerarios de carreteras y más información sobre las autopistas españolas, los precios de cada peaje y mapas.

Para calcular el coste del recorrido por autopista en suelo francés (precio de la gasolina y los peajes, etc.) visitad la siguiente página: 💻 www.trafic.asf.fr/default.htm Se trata de la web de las autopistas y carreteras en Francia (en francés e inglés).
La información sobre las autopistas italianas la encontraréis en 💻 www.autostrade.it (en italiano e inglés). Contiene un mapa de Italia con el recorrido de las autopistas, haciendo clic en el trayecto, os detallará los peajes, entradas y salidas de las autopistas y las tasas.
Otra forma de viajar en coche, fácil y económica, es compartiendo un vehículo con otra persona que realice el mismo trayecto o similar

al vuestro. Si disponéis de coche propio y queréis reducir gastos, este servicio también os puede resultar muy útil.

– ***Compartir, S.L.:*** c/ Creu Gran, 15, 08221 Terrassa (Barcelona). ☎ 647-61-38-67. ✉ control@compartir.org 💻 www.compartir.org
En esta web encontraréis todas las ciudades y países que los conductores ofrecen como destino.

AGENCIAS DE VIAJES

▲ **BARCELÓ VIAJES:** Pérez Galdós, 34, 07006 Palma de Mallorca. ☎ 902–11-62-26. ✉ info@barcelo-viajes.es 💻 www.barcelo-viajes.es
Disponen de una amplia red de oficinas en toda España (unas 240 oficinas repartidas por todo el mundo). Organizan viajes por los cinco continentes. A través de su web podréis buscar, de forma rápida y sencilla, las ofertas y los paquetes de viaje que tienen. También os informarán sobre temas concretos, como el aprendizaje de idiomas en el extranjero. Podéis hacer la reserva desde Internet.

▲ **CATAI:** O'Donnell, 49, 28009 Madrid. ☎ 91-409-11-25. Fax: 91-504-46-74. ✉ catai@catai.es 💻 www.catai.es
Por tratarse de una agencia mayorista, debéis solicitar y consultar sus catálogos de viajes en vuestra agencia. A modo de orientación, algunas de las agencias con las que trabaja Catai son:

– *En Barcelona*: Viajes El Corte Inglés: plaça Catalunya, 14, sótano, 08002.
– *En Bilbao*: Viajes Ecuador: Gran Vía, 81, 2ª planta, 48011.
– *En Madrid*: Viajes Iberia: Goya, 21, 28001.
– *En Sevilla*: Viajes Marsans: avenida Constitución, 13, 41004.
– *En Valencia*: Viajes Ecuador: Marqués de Sotelo, 7, 46002.

Consultad sus catálogos sobre Europa («Cita con Europa» o «Europa Secreta»); encontraréis como destino Roma, sola o combinada con otras ciudades italianas (o con la capital europea que elijáis). Podéis visitarlos en su web, donde además hay un apartado de información práctica y útil para el viajero y todos los datos actualizados sobre los paquetes turísticos que diseñan.

▲ **DA VINCI TOUR:** Montesa, 38, 28006 Madrid. ☎ 91-401-27-13. Fax: 91-402-63-43. ✉ davincitour@davincitour.com 💻 www.davincitour.com
Agencia mayorista especializada en programas de viajes a Italia. Desde su web podéis consultar los catálogos dedicados a Roma.

▲ **DE VIAJE:** Serrano, 41, 28001 Madrid. ☎ 91-577-98-99. Fax: 91-577-57-56. ✉ deviaje@deviaje.com 💻 www.deviaje.com
No es sólo una agencia de viajes, también es librería especializada, tienda de artículos y complementos para el viaje y foro de tertulias. Su especialidad son los viajes a medida, tanto para grupos pequeños como para familias. Para ello tienen una sección dedicada a los viajes con niños (de tres a trece años), que suelen ser itinerarios de

corta duración. En estos casos suelen evitar las grandes ciudades, pero no está de más consultarlo.

▲ **EUROPULLMAN:** Gregorio Mayans, 11, 46005 Valencia. ☎ 96-373-60-11. Fax: 96-333-12-46. central@europullman.com www.europullman.com

Agencia especializada en viajes en autobús por toda Europa: de estudio, en grupo o en solitario. Las rutas europeas que organizan –«Europa romántica», «Europa soñada», «Gran Europa»– por lo general recorren varias ciudades.

▲ **FRANTOUR:** www.frantour.es

- *En Barcelona*: Independencia, 367-369, entresuelo, 08026. ☎ 902-02-03-03. Fax: 902-02-02-93. barcelona@frantour.es
- *En Bilbao*: Alameda de Urquijo, 28, 4° D, 48010. ☎ 94-470-28-80. Fax: 902-02-02-94. bilbao@frantour.es
- *En Madrid*: Gran Vía, 88, Grupo 3 ascensores, planta 4ª, 28013. ☎ 902-02-01-01. Fax: 902-02-02-91. madrid@frantour.es
- *En Sevilla*: Virgen de Luján, 43 B, 6° C, 41011. ☎ 95-428-60-37. Fax: 902-02-02-95. sevilla@frantour.es
- *En Valencia*: Pintor Sorolla, 31, 2°, puerta 5, 46002. ☎ 96-352-10-75. Fax: 902-02-02-96. valencia@frantour.es

Turoperador especializado en Francia, Reino Unido, Portugal e Italia, que trabaja en España desde 1972. Principalmente ofrece estancias en las principales capitales de los países a los que se dedica (París, Londres, Lisboa y Roma), por lo que conviene consultar sus programas. En su catálogo dedicado a Italia encontraréis ofertas de fines de semana en la capital italiana en temporada media-baja y descuentos en los vuelos con Iberia.

▲ **HALCÓN VIAJES:** ☎ 902-43-30-00. info.central@halconviajes.es www.halconviajes.com

En su página web tenéis un buscador con las más de 700 oficinas que tienen en España.

También encontraréis numerosas ofertas de viajes (podéis encontrar vuelos a Roma desde 70 €). Dispone de un club del viajero donde, además de un foro donde podréis recibir y compartir información con otros viajeros que ya hayan visitado vuestro destino, también podréis participar en los concursos y sorteos de viajes que organizan.

▲ **JULIÀ TOURS:** www.juliatours.es

Sus agencias se encuentran en casi todas las ciudades españolas, aunque por ser mayorista también encontraréis sus catálogos en las agencias de viajes minoristas.

Empresa mayorista especializada en organizar recorridos guiados en autocar por Europa. Podéis optar entre viajar únicamente en autocar o combinar autocar y avión. Disponen de numerosos catálogos, accesibles también a través de Internet, donde también publican las ofertas de última hora. A través de ellos tenéis la posibilidad de contratar un seguro de asistencia en viaje.

▲ **POLITOURS:** www.politours.com

Turoperador español con décadas de experiencia en la organización de viajes por todo el mundo. Cuenta con varios catálogos de distintos lugares con una gran variedad de ofertas y entre los cuales podréis consultar el de Europa. En el apartado de Italia y, en concreto en «Ciudades con encanto», os sorprenderá la infinidad de propuestas para visitar Roma (sobre todo combinada con la visita a otras ciudades como Florencia, Venecia, etc.). A través de su página web también se consultan sus programas.

▲ **RUMBO:** ☎ 902-12-39-99. ✉ clientes@rumbo.es 💻 www.rumbo.es
Esta agencia, propiedad de Amadeus y Terra, ofrece las tarifas de Iberia con un 8 % de descuento y en billete electrónico. A través de su web podéis adquirir el billete de avión, alquilar vehículos o realizar reservas de hoteles, pero no podréis reservar por Internet todos los paquetes turísticos. Italia está entre sus destinos convencionales.

▲ **TRANSRUTAS:** 💻 www.transrutas.com
Otra mayorista con muchos años de experiencia en organizar viajes, dispone de propuestas interesantes, como son los circuitos en autocar por Europa. Aunque vuestro destino es Roma, no está de más consultar los itinerarios que tienen por Italia («Italia artística», «Bella Italia»...) con un montón de posibilidades de recorrerla pasando por Roma. También hay un apartado dedicado a recorrer Europa en avión. Podéis consultarlo a través de su web, muy completa y de fácil navegación.

▲ **TUI VIAJES:** ☎ 902-17-09-79. 💻 www.tuiviajes.com
Tienen oficinas en todas las comunidades autónomas españolas. Se trata de un potente turoperador alemán (resultado de la compra de Ultramar Express y Nouvelles Frontières) con oficinas por toda Europa. Ofrece viajes de todo tipo y aunque se especializan en el tema «playa» es muy recomendable echar un vistazo al montón de ofertas tanto en vuelos como en paquetes que ponen a vuestra disposición.

▲ **VIAJES EL CORTE INGLÉS:** ☎ 902-30-40-20 (información, reservas y venta). 💻 http://viajes-elcorteingles.es/informacionyservicios/paginas/2,inform.htm
Es una de las grandes agencias españolas, aunque no de las más económicas. Tienen bastantes catálogos especializados y una amplia red de agencias por toda España. Podéis consultar todos los servicios que ofrecen (desde los clásicos paquetes turísticos, billetes aéreos, alojamiento, seguros de viaje, alquiler de coche, etc.) y las ofertas periódicas que presentan según la temporada.

▲ **VIAJES IBERIA:** ☎ 902-11-62-21. 💻 www.viajesiberia.com
Esta agencia, perteneciente al grupo turístico Iberia, tiene gran implantación en nuestro país y trabaja como mayorista y minorista al mismo tiempo. Tiene oficinas en toda España y en el extranjero. No tendréis problemas para encontrar el tipo de viaje que buscáis, aunque sea para visitar únicamente una capital, y de beneficiaros de las muchas ofertas que os proponen. En su web tenéis un buscador de viajes, vuelos y hoteles en vuestra ciudad de destino y, además, garantizan el precio mínimo en los viajes que presentan en Internet. También encontraréis las ya imprescindibles ofertas de última hora.

▲ **VIAJES MARSANS:** ☎ 902-30-60-90. info@marsans.es www.marsans.es
Agencia pionera en el sector turístico, cuenta con una red de agencias asociadas que ofrecen un producto muy competitivo. Consultad la sección de ciudades europeas, suelen tener alguna capital en oferta y, por qué no, podría ser Roma. También venden circuitos por Europa, alojamiento, alquiler de coches, estancias y todos los servicios que caracterizan a una gran empresa.
▲ **VIAJES ZEPPELIN:** ☎ 902-38-42-53. Fax: 91-547-08-78. info@v-zeppelin.es www.v-zeppelin.es
Agencia especializada en el transporte aéreo, ideal para consultar los precios de los vuelos que ofrecen distintas compañías. También disponen de ofertas de última hora, un destino en oferta cada semana e información sobre hoteles, coches, seguros, paquetes y viajes a medida.

AGENCIAS DE VIAJES EN INTERNET

Cada día crece más el número de agencias de viajes que operan únicamente a través de Internet (las agencias *online*). Un paseo por la red y encontraréis un sinfín de ellas. Una de las principales ventajas que ofrecen, casi todas, son los precios económicos, sobre todo en los billetes de avión, y la posibilidad de consultar, reservar y comprar directamente desde vuestro ordenador. Para que no os perdáis en la selva del ciberespacio, a continuación os proponemos algunas para empezar a buscar.

▲ **http://www.lastminute.com**
Agencia de viajes muy popular entre aquellos viajeros acostumbrados a buscar precios «reventados» a través de la red. Su traducción en castellano significa «último minuto» y en un principio se especializó en la venta de plazas de avión a muy bajo precio, momentos antes del despegue. Ahora también ofrece todo tipo de paquetes de viajes y estancias, aunque en este caso los precios no son tan bajos.
▲ **http://www.muchoviaje.com**
Agencia de viajes con todo tipo de ofertas, muy completas. Podéis hacer la reserva de paquetes, estancias o, incluso, cruceros (que recalan en Roma, con salida desde Barcelona), aunque la confirmación de la oferta se realiza siempre por teléfono. Tienen las clásicas ofertas de última hora y descuentos según el destino y la época en que se reserva el viaje.
▲ **http://www.travelofertas.com**
Tampoco esta web es la de una agencia de viajes pero es muy útil porque reúne toda la información que reciben las agencias, gracias a que está conectada directamente con el sistema de agencias de viajes españolas. De esta manera, a través de ella podéis consultar

las últimas ofertas que envían los mayoristas a sus agencias y que luego las agencias minoristas presentarán en sus mostradores. Una buena forma de adelantarse y conocer lo último en viajes baratos.

▲ **http://www.123agencias.com**

Un sistema muy cómodo que os ahorra perder tiempo buscando la mejor oferta: introducís los datos de vuestro viaje y ellos se encargan de enviarlo a las más de 6 000 agencias de toda España y de haceros llegar de nuevo todas las ofertas que han encontrado.

▲ **http://www.despegar.es**

También podéis contactar por vía telefónica en el ☎ 902-50-03-33. Además de presentaros las ofertas disponibles, si lo deseáis os las envían por correo electrónico. Podéis consultar cualquier tipo de servicio: hoteles, vuelos, paquetes de viaje, alquiler de automóvil, etc. A parte de las ofertas disponen de promociones que pueden resultaros muy atractivas (como un 50 % de descuento en la compra anticipada en un periodo de tiempo concreto).

▲ **http://www.edreams.es**

Es una de las agencias pioneras en la red. Tiene una página muy completa en la que publica numerosas ofertas en todo tipo de viajes y vuelos. Incluye ofertas en vuelos de última hora, vuelos a partir de un precio ridículo, etc. La reserva final se realiza a través de una central telefónica (☎ 902-88-71-07).

▲ **http://www.viajarabajoprecio.com**

Esta web funciona por el sistema de ofertas. Hacéis una oferta según el destino al que vayáis y os responderán si alguna compañía aérea la ha aceptado o si debéis incrementar algo el precio de salida.

GENERALIDADES

Todos los caminos llevan a Roma, como es bien sabido. Resulta también superfluo decir que Roma constituye una de las grandes revelaciones de un viaje a Italia (a poco que se evite la canícula del verano). En ningún otro lugar encontraréis 28 siglos de historia tan presentes como en esta ciudad: los templos y los anfiteatros romanos, algunos sorprendentemente intactos (a pesar de la negligencia de las autoridades italianas), son parte integrante del urbanismo; las innumerables iglesias son un buen exponente de los primeros siglos de la cristiandad o de un barroco más o menos fastuoso; los palacios renacentistas, las fuentes y las plazas barrocas, así como las callejuelas con encanto medieval, la convierten en una ciudad donde están presentes todos los estilos.

Señas de identidad

- ***Superficie:*** 1 500 km^2.
- ***Población:*** 2 700 000 habitantes.
- ***Alcalde de la ciudad:*** Walter Veltroni (centro izquierda).
- ***Número de turistas al año:*** unos 12 millones (Roma es la ciudad más visitada del mundo).
- ***Tasa de desempleo:*** 9,2 %.
- ***Número de fuentes:*** cerca de 300.
- ***Número de iglesias:*** unas 400.
- ***Las 7 colinas:*** Capitolio, Palatino, Aventino, Quirinal, Viminal, Esquilino, Caelius.

Antes de partir

DIRECCIONES ÚTILES

■ ***Oficina italiana de turismo (ENIT):*** Gran Vía, 84, Edificio España, 1° 1, 28013 Madrid. ☎ 91-559-97-50. Fax: 91-559-88-85. ✉ italiaturismo@retemail.es 💻 www.enit.it (con versión en castellano). Horario: de 9 a 17 h.

■ ***Consulados generales de Italia en España:***

– *En Madrid:* Agustín de Bethencourt, 3, 28003. ☎ 91-210-69-10. Fax: 91-554-66-69. ✉ info@consitaliamadrid.org 💻 www.Consitaliamadrid.org

– *En Barcelona:* Mallorca, 270, 08037. ☎ 93-467-73-05. Fax: 93-487-00-02. ✉ cgbarcconsolare@infonegocio y ✉ cgbarcsegreteria@infonegocio.com 💻 www.italconsulbcn.org

■ ***Otros consulados de Italia:***

– *En Alicante:* Pintor Aparicio,

34, entresuelo izquierda, 03003. ☎ y Fax: 96-592-60-48.
- *En Bilbao:* Villarias, 2, 8°, 48001. ☎ y Fax: 94-424-32-93.
- *En Ceuta:* Daoiz, 5, 1° derecha, 11701. ☎ 956-51-06-47. Fax: 956-51-10-53.
- *En Las Palmas de Gran Canaria:* León y Castillo, 281, 35005. ☎ 928-24-19-11. Fax: 928-24-47-86.
- *En Pamplona:* Taconera, 2, 31001. ☎ 948-22-28-22. Fax: 948-22-37-26.
- *En Santa Cruz de Tenerife:* San Francisco, 9, 1° D, 38002. ☎ 922-27-57-09. Fax: 922-28-57-90.
- *En Sevilla:* Fabiola, 10, 41004. ☎ 95-422-85-76. Fax: 95-422-85-49.

■ ***Embajada de Italia:*** Lagasca, 98, 28006 Madrid. ☎ 91-423-33-00. Fax: 91-575-77-76. www.ambitaliamadrid.org

■ ***Institutos italianos de cultura:***
- *En Barcelona:* pasaje Méndez Vigo, 5, 08009. ☎ 93-487-53-06. Fax: 93-487-45-90. csci@iicbarcellona.com www.iicbarcellona.com
- *En Madrid:* calle Mayor, 86, 28013. ☎ 91-547-86-03. Fax: 91-542-22-13. iicmadrid@nauta.es www.nauta.es/iicmadrid

■ ***Librería italiana:*** Modesto Lafuente, 47, 28003 Madrid. ☎ 91-554-90-73. Ofrece libros de arte, obras de narrativa y vídeos en italiano.

FORMALIDADES

No hay controles en las fronteras, ya que Italia forma parte del espacio Schengen. Sin embargo, en determinados casos deben tomarse algunas precauciones.
- ***Para una estancia de menos de 3 meses:*** carnet de identidad no caducado o pasaporte.
- ***Para los menores no acompañados por sus padres*** es indispensable una autorización de salida del país.
- ***Para un coche:*** permiso de conducir, seguro obligatorio y carta verde de seguro internacional. Si no sois propietarios del vehículo es necesario que el dueño os dé una autorización.

CARNET INTERNACIONAL DE ESTUDIANTE (ISIC)

Prueba el estatus de estudiante en todo el mundo y permite beneficiarse de sus ventajas, servicios, reducciones, que afectan a 25 000 oportunidades en lo que concierne a transportes, alojamiento, cultura, ocio... Es la clave de la movilidad para el estudiante.
El carnet ISIC da también acceso a ventajas exclusivas con relación al viaje (billetes de avión especiales, seguros de viaje, tarjeta de teléfono internacional, alquiler de coches, autobús al aeropuerto...).
Para más información sobre el carnet ISIC contactad con alguna de las oficinas de turismo juvenil, donde se expide el carnet, o consultad en www.mtas.es/injuve.index2.htm y www.isic.org (en inglés).

Para obtenerlo en España

La documentación que debéis presentar para obtenerlo es la siguiente: DNI original (o pasaporte, certificado de residencia o carnet de conducir, en el documento tiene que constar la fecha de nacimiento); una fotografía; matrícula, carnet o certificado original de la facultad o escuela donde conste la matrícula del curso actual; *atención*: en el documento tiene que estar indicada la duración del curso, que no puede ser nunca inferior a seis meses. Cuesta 4,21 €.

CARNET INTERNACIONAL DE LOS ALBERGUES DE JUVENTUD (FUAJ)

La REAJ (Red Española de Albergues Juveniles), miembro de la Federación Internacional de Albergues Juveniles, expide un carnet de alberguista válido en más de 100 países, que permite beneficiarse de los 6 000 albergues de juventud de la red *Hostelling International* repartidos por todo el mundo. Los periodos de apertura varían según los países y albergues. Hay que destacar que el carnet AJ es interesante sobre todo en Europa, Estados Unidos, Canadá, Oriente Medio y Extremo Oriente (Japón...).

■ ***Red Española de Albergues Juveniles (REAJ):*** Consejería de Educación. Gran Vía, 10, 1°, 28004 Madrid. ☎ 91-522-70-07 info@reaj.com www.reaj.com Los teléfonos de los puntos de información juvenil de algunas comunidades autónomas son:
- *Andalucía:* ☎ 902-51-00-00. www.inturjoven.com
- *Aragón:* ☎ 976-71-47-97.
- *Cantabria:* ☎ 942-20-74-07.
- *Castilla-La Mancha:* ☎ 925-28-34-28.
- *Castilla y León:* ☎ 983-41-15-00.
- *Cataluña:* ☎ 93-483-83-63. www. tujuca.com
- *Galicia:* ☎ 981-54-48-55.
- *Madrid:* ☎ 91-720-11-65.
- *Navarra:* ☎ 948-42-78-54. www. cfnavarra.es/indj/juventud
- *País Vasco:* ☎ 94-501-95-11.

Para obtenerlo en España

Basta con presentar el DNI en regla y abonar el importe correspondiente según la categoría. Existen cinco categorías diferentes de carnets de alberguista:
- Juvenil (de 14 a 30 años): 5 €.
- Adulto (más de 30 años): 11 €.
- Grupo (mínimo de diez personas): 15 €.
- Familiar (matrimonio e hijos): 22 €.

Alojamiento

Tal como indica nuestro apartado «Presupuesto», la mayor parte de vuestros gastos estará consagrada al alojamiento. Además, en julio y agosto, es un eufemismo decir que resulta complicado encontrar una habitación, incluso fijando un alto precio. Para el verano, mejor reservar con antelación desde España. Pensad también en los periodos de fiestas, en los festivales locales, en los salones y en las ferias. Si pasáis por lo menos una semana en el mismo sitio, pensad en un albergue o un apartamento de alquiler: fórmulas más baratas que el hotel, por ejemplo.

Cámping

A veces se acaba pagando 30 € por una pequeña tienda para dos. No obstante, si buscáis bien, aún se encuentran cámpings a precios razonables (2 estrellas o equivalente), que oscilan entre 16 y 18 € para dos en temporada alta. Informaos si la ducha está incluida en el precio y a todas horas.
Si vais con niños, existe una tarifa «especial *bambini*» para menores de 12 años.
Podéis adquirir la lista completa de los cámpings editada por el Touring Club italiano, *Campeggi in Italia*, en las librerías de todo el país o, antes de partir, en las siguientes direcciones:

- ***Librería italiana en Madrid:*** Modesto Lafuente, 47. ☎ 91-554-90-73.
- ***Librería Altaïr:*** 💻 www.altair.es Librería especializada en viajes (mapas, guías de todo tipo, narrativa, etc.).
  – *En Barcelona:* Gran Vía, 616, 08007. ☎ 93-342-71-71. Fax: 93-342-71-78. ✉ altair@altair.es
  – *En Madrid:* Gaztambide, 31, 28015. ☎ 91-543-53-00. Fax: 91-544-34-98. ✉ altair.m@altair.es
- ***FNAC:*** ☎ 91-595-61-00 (en Madrid), ☎ 96-353-90-00 (en Valencia), ☎ 93-444-59-00, 93-502-99-00 y 93-502-99-50 (en Barcelona), ☎ 976-76-35-00 (en Zaragoza), ☎ 96-601-01-00 (en Alicante).

Albergues de juventud

La REAJ (Red Española de Albergues Juveniles) publica la guía *International Youth Hostel Federation* con las direcciones de los albergues juveniles de todos los países, además de otras dos específicas, una sólo de Europa y otra de España.
– No hay límite de edad para alojarse en los albergues. Sólo hay que estar inscrito.
– La REAJ os ofrece la posibilidad de hacer vuestra reserva desde España con seis meses de antelación y seis noches como máximo, gracias al sistema informático IBN (International Booking Network), en la mayoría de los albergues del extranjero. Para ello debéis tener una tarjeta de crédito. Con este sistema sabréis al momento si disponéis de plazas o no (si la respuesta es negativa no os cobrarán nada) y el precio por persona y noche. La gran ventaja es que, como los albergues suelen estar llenos, os aseguráis la cama para el momento de llegar (en dormitorio común, no hacen reservas de habitaciones individuales). Se paga la tarifa en España, además de

los gastos de reserva (unos 6 €). Es el precio de poderlo arreglar en español y antes de partir. A cambio se obtiene un resguardo del alojamiento que presentaréis en el albergue a vuestra llegada. Este servicio también permite la anulación y el reembolso de lo pagado. IBN es actualmente accesible a través de su página web 💻 www.hostelling international.com Con un simple clic obtendréis toda la información útil sobre los albergues vinculados al sistema, también podréis comprobar las disponibilidades hasta con seis meses de antelación, así como reservar y pagar en línea sin gastos extra.

■ ***Red Española de Albergues Juveniles (REAJ):*** 📧 info@reaj. com 💻 www.reaj.com Para consultar teléfonos de la REAJ, ver antes. Más información en: 💻 www.ostelionline.com

Casas de estudiantes

En la mayoría de ciudades italianas existe una *casa dello studente*. Las comidas pueden hacerse en los comedores de la universidad. Los precios son módicos. Para más información dirigirse a:

■ ***Associazione italiana degli alberghi per la gioventù:*** via Cavour, 44, 00184 Roma. ☎ 06-487-11-52. Fax: 06-488-04-92. 📧 aig@uni.net Ofrece una lista de casas para estudiantes, que permanecen abiertas sólo durante en verano.

Alojamiento en las instituciones religiosas

Para ser hospedado en los conventos no hace falta hacerse pasar por un beato. Lo esencial es mostrarse respetuoso. No obstante, las parejas no casadas mejor que se abstengan: el toque de queda y la segregación sexual se mantienen en vigor. Los puntos fuertes son la tranquilidad y la limpieza.

Bed & Breakfast

Os podéis hospedar en casa de ciudadanos romanos gracias al organismo *Bed & Breakfast* Italia, que ofrece 1 000 apartamentos o casas repartidos por toda Italia y permite obtener una habitación a partir de 2 noches, así como un apartamento para 6 personas durante un mes.

■ ***Central de reservas:*** corso Vittorio-Emanuele II, 282, 00186 Roma. ☎ 06-687-86-18. Fax: 06-687-86-19. 💻 www.bbitalia.it También se puede reservar vía Internet, funciona muy bien.

Pensiones

Hay muchas en Italia, y en ellas no es obligatorio comer, incluso a veces es imposible. Estas pensiones, llamadas *pensioni* o *locande*, resultan a veces más asequibles y más familiares que los hoteles.

Teóricamente, están controladas por la oficina de turismo y son correctas, pero en temporada alta ocurre que algunos habitantes transforman su casa en pensión temporal. El precio depende entonces de la ley de la oferta y la demanda. En tal caso no hay otra opción que acatar las reglas del juego.

Hoteles

Están clasificados en seis categorías (L por lujo y de 5 estrellas hasta 1 estrella para los más sencillos). Esta clasificación es un poco desproporcionada comparada con la nuestra. Además, los precios son muy superiores, para un confort y un servicio a menudo discutibles. Desconfiad como de vuestro peor enemigo de los edificios históricos transformados en hoteles. Muy a menudo, bajo el pretexto de estar vendiendo un pasado, han olvidado el confort del presente. Los precios están siempre en un cartel en las habitaciones.
En lo que concierne a los precios, hay que decir que los hoteles conceden importantes reducciones a los turoperadores. Es por ello que, en ciertos tipos de viaje, resulta muy interesante, en el caso de Italia, pasar por una agencia de viajes.
– Un consejo: no toméis el desayuno en el hotel porque a menudo es caro y decepcionante. Preferid las *pasticcerie-gelaterie-bar* donde sirven verdaderos cafés italianos y *brioches*.

Alquiler de apartamentos

El alquiler es una de las soluciones prácticas y económicas del alojamiento en Roma, a condición de que os quedéis varios días.

- ***Homelidays:*** www.homelidays.com/ES-Casa/it.asp Vía Internet tenéis acceso a todos los apartamentos y casas que se alquilan para pasar las vacaciones en toda Italia.
- ***Italy Home, S.L.:*** ☎ 91-559-05-60. Fax: 91-758-01-10. info@italyhome.org www.casasenitalia.com Especializados en alquiler de casas «con encanto» en Italia.

Intercambio de apartamentos

Esta fórmula, muy económica, proviene de Estados Unidos. Requiere más organización que las soluciones tradicionales de alojamiento, pero permite contactar con la gente en su propio espacio. Dos agencias reúnen los anuncios para el mundo entero y proponen una estructura contractual, para que todo el mundo pueda dormir bien, pero cada uno en casa de otro.

- ***Sas Internacional (representación en España de Intervac):*** Situado en la calle Consell de Cent, 226, 1º, 3ª, 08011 Barcelona. ☎ 93-453-31-71. Fax: 93-451-30-24. intervac.es@grossi-sas.com www.intervac-online.com (enlace a la página en español): www.grossi-sas.com/inter

■ ***Spainlink:*** Miquel Costa i Llobera, 1-5, 3° 3ª, escalera B, 08190 Sant Cugat del Vallès (Barcelona). ☎ y fax: 93-589-48-09. ✉ info@spainlink.net 💻 www.spainlink.net

Bebidas

Vinos del Lacio *(I vini laziali)*

Los productos locales siempre se agradecen. Así pues, seáis o no amantes del vino, no olvidéis el proverbio romano que dice *Buon vino fa buon sangue* (¿es necesario traducirlo?). Una recomendación de este tipo invita a olvidar los prejuicios y partir al descubrimiento de los vinos del Lacio (5,5 % de la producción nacional). El 15 % de la producción del Lacio tiene derecho a una denominación de origen local. Éstas alcanzan el número de 20, que a su vez se subdividen en tres *sottodenominazioni*.
– Los trotamundos se acordarán sin duda del ***blanco de los Castelli Romani***; región de los castillos romanos al sur de Roma. Denominación genérica que agrupa a muchas otras como el famoso *frascati*, así como también el *colli albani*, el *colli lanuvini*, el *marino* y el *montecompatri colonna*. Los dos tercios de la producción total de las denominaciones de origen del Lacio se producen aquí.
– Al margen de los blancos afrutados de los Castelli Romani, que se beben como si fueran leche (vinos de sólo 10,5 a 11,5 °), el Lacio produce en la región de Viterbo un blanco bastante reputado de Montefascione. Para cerrar el capítulo de blancos, a veces olvidamos mencionar –entre los vinos de la región– el *orvieto* (clásico o no), que se encuentra en la provincia de Viterbo... pero sobre todo en los parajes de Orvieto (Umbría).
– Antaño abundaban los ***tintos*** en la región de los Castelli Romani, antes de la plaga de filoxera que destruyó los viñedos durante la última guerra. Actualmente, los tintos son más bien una excepción. La mayoría de ellos provienen del sur de Roma (Frosinone): *velletri*, *cesanese del piglio*... o del norte de Roma: *cerveteri*.
– ***Vinos de mesa*** *(vini da tavola)*. Hay tintos muy buenos, empezando por el *torre ercolana* (uno de los mejores tintos de Italia; región de Agnani), el *colle picchioni* y el *vigna del vassalo*, ambos procedentes del mismo productor (en los Castelli Romani).
La buona cantina (cooperativa o dominio viticultor) *fa il buon vino*. Otro proverbio romano que incitará a nuestros lectores a ser prudentes.

Seguid nuestros consejos

– Para degustar un buen vino blanco de los Castelli Romani, pedid una botella de *frascati* (calculad de 4 a 8 € como máximo) escogida entre los siguientes productores: «Casale Marchese» (*Frascati*, via de Vermicino, 34, ☎ 06-940-89-32), «Castel de Paolis» (*Grottaferrata*, via Val de Paolis, ☎ 06-941-36-48), «Villa Simone» (*Monteporzio*

Catone, via Frascati Colonna, 29, ☎ 06-321-32-10), «Conte Zandotti» (*Frascati*, via Vigne di Colle Mattia, 8, ☎ 06-206-090-00), «Fontana Candida» (*Monteporzio Candida*, 11, ☎ 06-942-00-66).
– Los encantos orientales se manifiestan en la «Cantina Falesco» (*Montefascione*, SS Cassia Norte, km 94, ☎ 0761-827-032).
– Los amantes del tinto no deberán pasar por alto los vinos de la «Cantina Colacicchi» (*Anagni*, loc. Romagnano, ☎ 06-446-96-61), *torre ercolana*, *romagnono rosso*, o los de «Paola di Mauro-Colle Picchioni» (Marino, via Colle Picchioni di Marino, 46, ☎ 06-935-46-329), *vigna del vassalo*, *colle picchioni*, sin quedarse con los bolsillos vacíos (calculad de 10 a 20 €). Los vinos de Cerveteri, sobre todo el *vigna grande*, son bastante menos caros («Cantina Cooperativa di Cerveteri», via Aurelia, km 42, 700, ☎ 06-990-56-97).
– Desde hace algunos años, en Roma, las ***vinaterías*** proliferan como setas después de la lluvia. Son lugares privilegiados, al igual que los productores, para degustar vinos italianos, especialmente los del Lacio. Ver más adelante el apartado «Bares de vino *(enotoca)*».

Sambuca

Es el digestivo tradicional de los romanos, al que va asociado una marca de modo natural: ***Molinari***, nombre de la fábrica fundada en Civitavecchia que produce este alcohol a base de anís. Se bebe frío y a todas horas. En la costa adriática se añade un poco de *sambuca* al café *(caffè corretto)*. En Roma, el café no se toma con *sambuca*, sino con un poco de *grappa*.

Café

Resulta innecesario insistir en el renombre del café italiano. Los italianos juegan bien su baza en un mercado mundial dominado en su 80 % por cuatro gigantes internacionales: Nestlé, Kjs (Philip Morris, Kraft, Suchard), Sarah-Lee y Procter & Gamble. En Italia, tres personas se reparten el pastel. Por un lado, Giuseppe Lavazza, descendiente de Luigi, colmadero en Turín a finales del s. XIX; Ricardo Illy, cuyo abuelo, Francesco, creó la primera máquina *espresso* en Trieste en 1935; y finalmente el vendedor de kawa boloñés Massimo Zanetti, hoy en día a la cabeza de Segafredo. Así pues, en Italia son las grandes dinastías familiares las que controlan el mercado del café. Al basar su política comercial en la calidad, consiguen hacer sombra a las grandes compañías internacionales.
La península posee un número récord de establecimientos que distribuyen el famoso brebaje: no menos de 130 000 licencias de bar y 200 000 puntos de venta. Por otra parte, son pocos los que, en un bar, piden un simple *espresso*: algunos lo piden *ristretto* (corto), *lungo* (largo) o *macchiatto* (cortado con un poco de leche). Tal como lo cuenta el napolitano Luciano di Crescenzo en su obra humorística *Come parlo Bella Vista*, el momento del café en Italia corresponde a «un rito, una religión, a una necesidad de entrar en contacto con la humanidad».

Chocolate

La *cioccolata calda* es para algunos mejor que el *cappuccino*, que en algunos locales turísticos se ha convertido en un banal café con leche. La *cioccolata* es tan cremosa que uno experimenta un gran placer al degustarla con una cucharilla.

Agua

El agua del grifo es potable, pero no tiene muy buen sabor. Nunca se sirve en los restaurantes, donde os propondrán agua mineral y os mirarán mal si insistís en pedir una jarra. Pedid *naturale* si la queréis así, de lo contrario os traerán agua con gas *(frizzante)*.

Cine

El cine nació en Italia en 1895. Aquel año, un tal Alberini fabricó una máquina a la que llamó *Kinetografo Alberini*, destinada a rodar, montar y proyectar películas. Sin embargo, éstas eran dobladas en el famoso cinematógrafo de los hermanos Lumière que, desde 1896, enviaron a sus operadores a recorrer la península. Los primeros temas que trataron eran films... turísticos sobre Venecia, Génova, Turín, y sobre Roma, claro.

Tanto como tema cinematográfico como en cuanto lugar de producción, Roma ejerce un papel muy destacado en el cine italiano. La primera ficción importante, *La toma de Roma*, realizada en 1904, tenía como argumento y como cuadro la capital italiana. Aquel mismo año, se celebró en Roma la apertura del *Moderno*, el primer cine del mundo. Se asistía también al nacimiento de las primeras sociedades de producción, como la Cinès, creada en 1906 y antecesora de Cinecittà. Hasta la década de 1920, el cine italiano vivió un periodo de expansión que se vería truncado por la Primera Guerra Mundial. La revitalización tuvo lugar gracias al apoyo estatal, con la creación en Roma de dos instituciones sagradas para el cine italiano: la escuela *Centro Sperimentale* en 1935 y los inmensos estudios de Cinecittà en 1937. Las pantallas italianas ofrecían esencialmente por aquel entonces productos asépticos, los únicos tolerados por el régimen fascista. Habría que esperar hasta la década de 1940 para que apareciesen signos de renovación, cuando algunos escritores, periodistas y cineastas dieron a conocer sus críticas y opiniones al gran público dando lugar a un nuevo modo de concebir el cine. Fue tras la liberación, con *Roma, città aperta* (1945), de Roberto Rossellini, cuando nació el llamado neorrealismo italiano. La película tomó como escenario la capital ocupada. Fue la primera del género en tratar la historia inmediata en forma de ficción, escogiendo como patrón la vía del testimonio distanciado. Varias películas ilustran esa corriente innovadora, entre ellas *Ladrón de bicicletas* (1948), de Vittorio de Sica, una historia terriblemente anclada en la realidad mise-

rable de la Roma de posguerra y un film neorrealista de gran potencia ya que se rodó en decorados reales y con actores no profesionales. Al principio de la década de 1950, los productores estadounidenses se encapricharon con el pequeño «Hollywood sobre el Tíber», y vinieron a rodar un buen número de películas de época y otros films de costumbres. Este género no tardó en ser eclipsado en su función de puro divertimento por el *spaghetti western*, la mayoría de los cuales fueron rodados en Cinecittà.
Muy pronto, el gran Fellini ocuparía un lugar preeminente en los estudios. Realizó películas en las que Roma la loba, ciudad madre, alimentaba a todos sus hijos pero les dejaba libertad de movimiento: una especie de madre ideal. En 1972 rodó *Roma* e *Intervista*, en la que Cinecittà era ella misma un tema. No obstante, la película que permanece en la memoria de todos por encima de las demás, tras haber visionado sus escenas míticas en multitud de ocasiones es *La Dolce Vita*. De las avenidas romanas a la basílica de San Pedro, pasando por las calles desiertas de *Rome by night*, sin olvidar la célebre secuencia del baño de la actriz Anita Ekberg y de Marcello Mastroianni en la Fontana di Trevi. Después de Fellini, fue Pasolini quien retomó en sus películas el tema de la ciudad-madre, sobre todo con *Mamma Roma*, la historia de una madre prostituta en Roma, admirablemente interpretada por Anna Magnani (actriz romana por excelencia), que decidió cambiar de vida por su hijo. El film también muestra la historia del proletariado y de su precaria condición en la Roma de posguerra.
Finalmente, el gran cineasta de nuestra época es sin lugar a dudas Nanni Moretti. La primera parte de su *Diario íntimo* (1994) pone en imágenes la estratificación social de una ciudad tal como puede percibirse en la organización de sus barrios y sus casas. Observador lúcido del mundo que lo rodea, Moretti se va a dar una vuelta en vespa (capítulo titulado «Sobre mi vespa»), y sale a descubrir diferentes barrios de la ciudad eterna. Actualmente, al margen de los films de Moretti, el cine italiano llega poco a España, y a no ser que uno acuda a festivales como el de San Sebastián o Annecy, no se conoce demasiado lo que se crea en la Italia contemporánea. No obstante, películas como *Cinema Paradiso* de Giuseppe Tornatore (Óscar a la mejor película extranjera en 1990) y *La vita é bella* de Benigni hacen entrever días mejores para el cine italiano, con algunas sorpresas romanas.

Clima

Se puede ir a Roma durante casi todo el año, aunque las mejores estaciones son la primavera y el otoño. En verano hay muchos turistas y uno encontrará casi más extranjeros que italianos. Es también temporada alta: la temperatura y los precios suben. Si no podéis eludir este periodo en la que la temperatura alcanza a veces los 35 °C, haced la siesta entre las 14 y las 17 h y las visitas por la mañana y al atardecer.

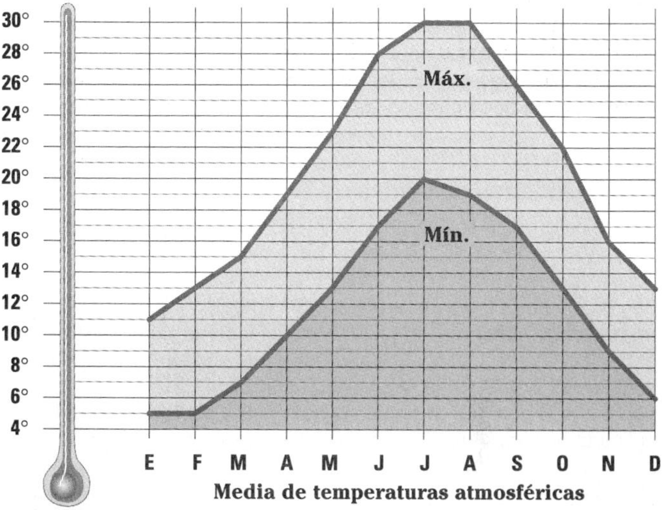

Media de temperaturas atmosféricas

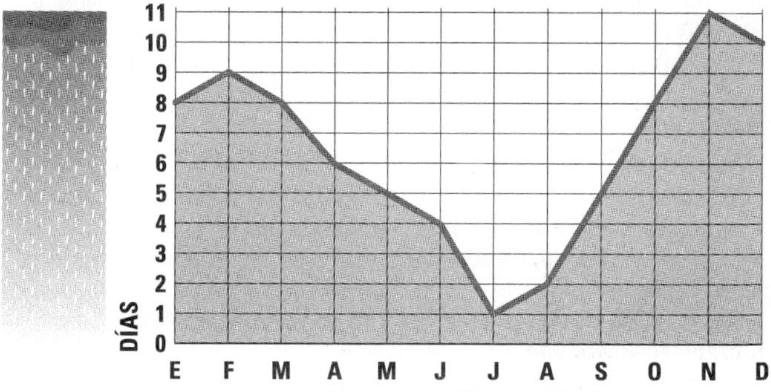

Número de días de lluvia

ROMA

Cocina

¿Cómo comer a la italiana?

La carta de los restaurantes se divide en cinco grandes capítulos: *gli antipasti*, *il primo*, *il secondo*, *i contorni* e *i dolci*. Uno debe escoger sabiendo que los propios italianos, salvo en ciertas comidas y fiestas, se contentan con dos o tres apartados según el hambre. Si no, adiós a la cuenta... Sobre todo no os dejéis llevar por el camarero.

Su método consiste en citar tantos platos que, viéndoos perdidos, suelta con aire de complicidad «Ci penso io» o «Faccio io»: «Yo me ocupo...» y ¡cómo! La nota se resiente de ello. Así pues, la mejor solución consiste en proceder por etapas: *il primo* o *il secondo*, después elegir lo que figura en los *antipasti* como plato o como guarnición.

Especialidades culinarias de Roma

La cocina romana es una cocina simple, sana, nutritiva... y sabrosa. Es muy variada: especialidades a base de pasta, carne (sólo blanca), despojos, pescado (por desgracia muy caro en Roma), y cantidad de recetas a base de verduras... Sin embargo, no es por lo general particularmente refinada. No se suele encontrar en Roma platos especialmente elaborados. Se trata de una cocina que respeta las estaciones, próxima a la naturaleza y a la tierra. Los romanos no tienen gusto alguno por la conserva. Lo que sí respetan es la tradición culinaria que impone *gnocchi* los jueves, bacalao *(baccalà)* los viernes y callos los sábados.
Ingredientes esenciales: las plantas aromáticas, el ajo y la cebolla, pero también la salvia, el perejil, el romero, la menta romana, el pimentón. Y el cerdo, que provee el condimento de base de las sopas y de las verduras.

Antipasti (entremeses)

He aquí algunos ejemplos:
– *Bruschetta:* pan tostado frotado con ajo, coronado con dados de tomate sazonado con sal gorda y aceite de oliva.
– *Crostini:* tartitas crujientes acompañadas a menudo con crema de hígado de pollo.
– *Suppli di riso:* bolitas de arroz frito con *provatura* (variante de la mozzarella) en su interior.

Primi piatti (primeros platos)

Entre los primeros platos podréis escoger entre la pasta y las sopas de caldo *(minestre)*.

Platos a base de pastas

– *Bucatini all'amatriciana:* espaguetis gigantes con un pequeño agujero, beicon y salsa de tomate con un poco de pimiento, todo ello aderezado con *pecorino* romano rayado.
– *Fettuccine alla romana:* pasta en tiras, especialidad romana, llamada en otros lugares *tagliatelle*.
– *Spaghetti (o bucatini) alla carbonara:* huevos batidos con beicon, ajo y *pecorino* rayado –la versión italiana de los huevos con jamón.
– *Spaghetti aglio, olio e peperoncino:* especialidad típicamente romana, de lejos la más simple. Acompañada o no de pimientos

(peperoncino), a veces se la denomina la *pasta dei cornuti* (cornudos), ya que es la única que la mujer de la casa, volviendo de estar con su amante, tiene tiempo de preparar a su marido.
- *Penne all'arrabbiata, gnocchi alla romana* (sólo los jueves para respetar la tradición): a base de patatas.
- *Gnocchi di patate.*
- *Gnocchi di semolino:* sazonados con *pecorino*, *parmigiano* o *grana* rayados.
- *Rigatoni con la pagliata:* pasta corta en forma tubular.
- *Ravioli con ricotta romana:* rellenos de *ricotta*.

Sopas y guisos

- *Minestra di fave* (habas), *minestre di farro*, *minestre di pasta e lenticchie*, *stracciatella* (caldo de carne al que se añade un preparado a base de huevos, parmesano y sémola, así como un punta de nuez moscada)... O también las pastas y brécoles en caldo de *arzilla* (pequeño pescado que se fríe).

Seconde piatti (segundos platos)

Platos a base de carne

- Si hay un plato que caracteriza la cocina del Lacio, éste es el cordero. *L'abbacchio al forno* (corderito asado al horno) o *l'abbacchio alla cacciatora* (en olla a presión), o también en una sartén. Por el contrario, las costillitas *(scottadito di abbacchio)* se sirven fritas, empanadas o a la plancha.
- Otra especialidad, la *saltimbocca alla romana*, que es una escalopa de ternera rellena de jamón y a la soja, todo ello sazonado con un poco de vino blanco.
- Finalmente, no debe omitirse la *porchetta* (cochinillo asado en fuego de leña y perfumado con hierbas aromáticas), que no hallaréis en los restaurantes sino vendida como bocadillo en los Castelli Romani.

Platos a base de despojos

En Roma se encuentran (sobre todo en el barrio de Testaccio), así como en su región, muchos preparados a base de despojos.
Para salir de lo habitual, pedid las *testine d'agnello al forno* (cabezas de corderito al horno), los intestinos de las terneras (la *pagliata*, a menudo servida con *rigatoni*).

Pescado

De entre los pescados del litoral del Lacio sólo llegan, y cada vez en menor cantidad, pequeños pescados para freír como el *palombo* y la *arzilla*. Por lo que respecta al Tíber, las *ciriole* (pequeñas anguilas que también se hallaban en las marismas) prácticamente han desaparecido. Solían prepararlas con guisantes. El bacalao, en cambio, es aún omnipresente en Roma... los viernes.

Contorni e verdure (guarniciones y verduras)

– Entre las verduras, las alcachofas son un producto típico del Lacio, cocinadas mayormente «a la judía»: *carciofi alla giudia* (una vez extraídas las hojas externas, las más duras, las alcachofas son cocinadas cabeza abajo en una sartén con aceite hirviendo). Además de este plato de origen hebreo que se encuentra en los restaurantes del ghetto, las alcachofas también se preparan *alla romana* (rellenas de ajo con un sofrito de menta).
– Otras verduras muy apreciadas: los guisantes *(piselli: carciofi coi piselli)*, las espinacas *(spinacci)*, los calabacines *(zucchine)*, las berengenas *(melanzane)*.
– En fin, las habas, que aquí se aprecian más que en el resto de Italia. A menudo se comen frescas con un trozo de *pecorino*. Acompañándolo todo con una copa llena de vino tinto. Es el plato típico de *Pasquetta* (el lunes de Pascua).

Dolci (postres)

Los italianos no comen muchos dulces al final de la comida, los prefieren hechos en casa, donde los comen por la tarde. ¿Cómo hablar de dulces sin evocar los famosos helados italianos *(gelati)*? Más que comerlos en un restaurante, pedid la dirección de una *gelateria* del barrio, donde podréis degustar un cono con vuestro gusto favorito. No son bolas, sino formas sin denominación hábilmente sostenidas por el soporte de la galleta.
– *Bigne di San Giuseppe:* buñuelos de San José, petisú a la crema inglesa espolvoreado de azúcar.
– *Budino di ricotta:* flan en forma de corona a base de *ricotta*.
– *Castagnaccio:* especialidad a base de harina de castañas con piñones de pino; típica de Siena.
– *Crostata di ricotta:* galleta (parecida al polvorón) con *ricotta*.
– *Fave dolci.*
– *Frappè:* pastelito frito algo pesado que se come en época de Carnaval y en particular el Jueves Lardero.
– *Tiramisù:* pastel a base de *mascarpore* (crema espesa) y de galletas empapadas de café, con cacao espolvoreado por encima.

Quesos del Lacio *(I fromaggi laziali)*

– ***Pecorino romano:*** el *pecorino* es un queso de leche de cordero que se prepara de distintas maneras según su pocedencia. *Pecorino toscano, pecorino sardo, pecorino siciliano...* y *pecorino romano*.
Aunque hoy se produce principalmente en Cerdeña, su origen es el Agro Romano (la campiña romana).
Su corteza es de color paja o castaño, más o menos fresca; su pasta –llena de agujeros–, de color blanco o amarillo pálido; en su punto, tiene un perfume y un sabor pronunciados. La marca de origen es reconocible por la cabeza de oveja estilizada y la mención «Pecorino romano».

Rico en proteínas, la tradición quiere que se les dé una ración de *pecorino* a las madres durante la lactancia.
En Roma y sus alrededores, es frecuente llevarlo a los picnics de primavera, con pan de payés, habas frescas y un vaso de tinto (preferentemente un Velletri o un Cesanese del Piglio), una delicia.
Lo encontraréis también como queso de mesa. Por otro lado, resulta irremplazable como queso rayado en un buen número de recetas culinarias del Lacio y de Italia meridional.
El *pecorino* tiene su *sagra* (fiesta), que se desarrolla todos los años en Antrodoco (provinvia de Rieti), en la carretera del Aquila viniendo de Rieti, el 26 de julio. Es una buena ocasión para degustar los distintos *pecorini*. Información: ☎ 07-465-62-32.
– ***Ricotta:*** queso fresco de una blancura inmaculada, es indispensable para la preparación de varios platos romanos *(maccheroni con la ricotta, ravioli con ricotta romana)* y postres. También se toma como queso de mesa.
– ***Caciotta:*** la más conocida es la de Urbino. Es un queso de cordero (3/4) y de vaca (1/4). Por otro lado, es el nombre que adopta toda la Italia central (por consiguiente también en el Lacio) para designar los quesos que hacen los pastores a partir de la leche de vaca y de cordero (o de cabra) o de una mezcla de leches. La *caciotta* del Lacio *(caciotta dei colli laziali, caciotta di leonessa...)* se produce en el Agro Romano de junio a noviembre, así como en los Castelli Romani y en el Agro Pontina (regiones de Pomezia, de Aprilia y de Latina). Una pequeña maravilla según Miguel Ángel, que siempre llevaba consigo su caballete, los pinceles... y una pequeña reserva de *caciotta*.

Pizza

Todo el mundo la conoce. Nació, hace mucho tiempo, en los barrios pobres de Nápoles, donde era el sustento de los estibadores. La pasta, amenizada con algo sencillo según las posibilidades del día (aceite, tomate, queso...), que enrollaban sobre sí misma y constituía el alimento del mediodía. Luego ha hecho un largo camino: según los especialistas hay 182 variantes en su preparación. La más corriente es *alla napoletana* (cubierta de tomate, mozzarella, tres anchoas y aceite de oliva). Pero para los puristas, la única forma aceptable en el plano histórico es la *margherita*. Fue Margarita de Saboya quien le cedió su nombre a finales del siglo XIX, ya que era su favorita (los colores de la guarnición coincidían con los de la bandera de Italia recién unificada: tomate, mozzarella y albahaca).
Las buenas pizzas son cocidas al fuego de leña y preparadas por un *pizzaiolo* que tiene la responsabilidad de la fabricación de la pasta, de su decoración y de su cocción. ¡Todo un arte! Resulta divertido constatar que los mejores *pizzaioli* son a menudo egipcios y libaneses.
También existen otros modelos además de las pizzas redondas con tomate. Hay, por ejemplo, la *pizza bianca* (pizza blanca) o la *pizza al*

taglio o *pizza al metro* (pizza a la copa o al metro). Son grandes rectángulos de pizza, cortados a la medida deseada, con guarnición a vuestra elección. Los carteles de estos comercios no son siempre muy visibles, simplemente puede leerse: *pizzeria*, *pizza pazza a pezzi* o *pizza al metro*. También podéis encontrar *suppli*, bolas alargadas de arroz, envueltas de mozzarella fundida, y también *crocchette di patate* (croquetas de puré, fritas).

Pasta

La pasta requiere un apartado para ella misma. Ver más adelante el apartado «Pasta».

El éxito del *slow food*

Cada vez hay más restaurantes italianos que ponen el cartel autoadhesivo «Slow food». Este movimiento nacido en Italia en 1989 ha decidido defender los valores auténticos de la cocina tradicional, sobre todo los de las pequeñas *trattorie* del terruño. Es la ocasión para salvaguardar los buenos productos de tradición como el queso de leche fresca. También respeta la naturaleza y prefiere esperar el buen momento para apreciar una verdura o una fruta. ¿De qué sirve comer una fresa (insípida) en diciembre?
Los restaurantes *slow food* (seleccionamos algunos) no son forzosamente caros. A veces la carta no existe (entonces el camarero recita lo que tiene para el día en su cocina) y, sobre todo, uno se toma su tiempo para comer y saborear los platos. Para más información: 💻 www.slowfood.it

Pequeño léxico culinario

– *Abbacchio*	cordero lechal
– *Acciughe*	anchoa
– *Aglio*	ajo
– *Agnello*	cordero
– *Ai ferri*	a la parrilla
– *Anguria*	sandía
– *Aragosta*	bogavante
– *Arrosto*	asado
– *Asparagi*	espárragos
– *Baccalà*	bacalao
– *Burro*	mantequilla
– *Calamari*	calamares
– *Carciofi*	alcachofas
– *Casalinga*	casera
– *Cipolla*	cebolla
– *Contorno*	guarnición de verduras
– *Costoletta*	costillita

– *Dolci*	postres
– *Fegatini di pollo*	hígados de pollo
– *Fegato*	*foie gras*
– *Formaggio*	queso
– *Fragole*	fresas
– *Frittura*	fritura
– *Frutti di mare*	marisco
– *Funghi*	setas
– *Gamberi*	gambas
– *Gelato*	helado
– *Grissini*	colín
– *Insalata*	ensalada
– *In umido*	guisado
– *Lenticchie*	lentejas
– *Maiale*	cerdo
– *Manzo*	buey
– *Mela*	manzana
– *Melanzana*	berenjena
– *Minestrone*	sopa de verduras y arroz
– *Ostriche*	ostras
– *Pane*	pan
– *Panna*	crema espesa
– *Pasticceria*	pastelería
– *Peperoni*	pimientos verdes o rojos
– *Pesce*	pescado
– *Pollo*	pollo
– *Pomodoro*	tomate
– *Ragù*	salsa de carne
– *Riso*	arroz
– *Risotto*	arroz cocinado
– *Salsa*	salsa
– *Sarde*	sardinas
– *Seppia*	sepia
– *Sogliola*	lenguado
– *Tiramisù*	pastel a base de crema espesa y de galletas embebidas de café
– *Torta*	pastel, tarta
– *Tortelli*	raviolis rellenos de hierbas y queso fresco
– *Uovo*	huevo
– *Uva*	uva
– *Verdure*	verdura
– *Vitello*	ternera
– *Vongole*	almejas
– *Zucchero*	azúcar
– *Zucchine*	calabacín
– *Zuppa*	sopa

Correos

Siempre bate los récords de lentitud en cuanto a la puesta en circulación de las cartas hacia Europa. No os sorprendáis, pues, si vuestras postales llegan a su destino después de vuestro regreso. De ocho a diez días al extranjero es cosa corriente, y son necesarios cinco días para atravesar la Bota. Para ganar tiempo, expedidlo todo en *express* o, en caso de urgencia, utilizad el fax. Desde hace poco, Correos de Italia ha puesto en circulación un sello «Posta prioritaria» a 0,62 €, que permite enviar una carta en un tiempo récord (1 día para Italia y de 2 a 3 al extranjero): un poco más caro que la tarifa normal, pero funciona.
También podéis mandar vuestras cartas desde el Vaticano; por un lado, los sellos del Vaticano son bonitos y el *caché* de la ciudad papal impresionará a vuestro destinatario. Además, el correo vaticano (sin hacer milagros) funciona bastante bien.
Para recibir correo en cualquier oficina, tened en cuenta los retrasos de llegada y pedid al remitente que redacte el sobre con la mención: «Fermo posta, posta centrale di...», y el nombre de la ciudad en italiano, precedido, si es posible, del código postal, como en España.

Costumbres, saber estar

– ***Atuendos en las iglesias:*** mejor llevar un atuendo correcto para entrar en ellas, sobre todo en la basílica de San Pedro de Roma. Allí hay un guardia para recordároslo, y no hay indulgencia para aquéllos a quienes se les considera indecentes (a saber, *shorts* para los hombres y ropa más arriba de las rodillas para las mujeres...).

La *pennichella*

La siesta (*il pisolino*, o, en Roma, la *pennichella*) forma parte de las tradiciones desde la antigüedad. Sobre todo en verano, la ciudad se duerme después de comer. Las tiendas cierran, la circulación se ralentiza y los trabajadores de la sexta hora (siesta viene de sexta hora) son la excepción. Entonces, dice el proverbio romano, «sólo los perros y los turistas pasean». Lo más sabio para el visitante, después de todo, sería seguir este ritmo considerado bueno para el cuerpo y el espíritu. Pero actualmente las autoridades están haciendo un esfuerzo para cambiar esta costumbre. El ejemplo viene de arriba ya que Juan Pablo II, el primer Papa no italiano desde el Renacimiento, ha acostumbrado a sus colaboradores a pasar de la siesta. En fin, ¡hay aguafiestas por todas partes!

La calle

Como en muchos países mediterráneos, la calle es ante todo un lugar social. Hacia las 16-17 horas, las personas mayores sacan sus sillas de paja y se instalan delante de su umbral (sobre todo en el barrio del Trastevere) y hablan de todo y de lo que sea: del pequeño que ha tenido éxito, del que sólo piensa en salir a trabajar y sobre todo... de fútbol. Ponen a hervir unas cuantas verduras para la cena mientras vigilan de reojo a los niños que juegan. Fijaos en que sus conciliábulos son a menudo sectarios. Las mujeres a un lado, los hombres en otro.

La *passeggiata*

Una costumbre venida del sur que se ha propagado por todo el país: entre las 18 y las 20 h las calles se llenany abarrotan de una multitud extraordinaria que sube y baja la calle a un ritmo inalterable. Para el observador extranjero, es una de las imágenes más evocadoras de la vida urbana, y también el mejor medio de constatar hasta qué punto han evolucionado las costumbres desde hace algunos años.

Dinero, bancos, tarjetas de crédito

Dinero

Desde enero de 2002, el euro reemplazó a la lira. No más quebraderos de cabeza por la conversión. Los viajeros procedentes de paises latinoamericanos, evidentemente pueden cambiar su dinero de origen a euros. Es preferible, por razones de seguridad, llevarse el máximo en cheques de viaje (en euros o en dólares americanos). No obstante, los cheques no son aceptados por todos los comerciantes, pero los bancos italianos no os deberían poner obstáculos para cambiarlos.
Buena noticia: desde el 1 de julio de 2002, la retirada de efectivo en el cajero automático ya no tiene comisión.

Bancos

Por lo general, abren de lunes a viernes de 8.30 a 13.30 h y de 14.30 a 16 h. Cierran los sábados, domingos y festivos. Algunos permanecen abiertos los sábados por la mañana, pero es más raro. Mejor comprobarlo con antelación. En algunos de ellos no se puede cambiar por las tardes. A menudo hay que armarse de paciencia ya que el servicio es lento. Evitad las agencias que, por razones de seguridad, os hacen pasar por un detector de metales. En tal caso, debéis utilizar una pequeña taquilla para guardar vuestros objetos. No hace falta deciros que las mochilas no pasan y que a veces hay que sacarse el cinturón a causa de la hebilla.

Tarjetas de crédito

Es una buena forma de hacer los pagos en Italia. En la mayor parte de los restaurantes, hoteles y estaciones de servicio las aceptan, y

en casi todos los comercios, salvo tal vez los muy tradicionales. Normalmente, los establecimientos indican si las aceptan, mediante una pegatina en la entrada que reza: «Carta Sí».
Los muchos cajeros automáticos *(Bancomat)* aceptan, entre otras, la tarjeta *Eurocard MasterCard* y la *Visa* internacional.
– ***Eurocard MasterCard:*** en caso de emergencia llamad al ☎ 800-87-08-66.
– ***Visa:*** en caso de robo o pérdida en Italia llamad al ☎ 800-81-90-14.
– ***American Express:*** en caso de robo o pérdida hay que contactar inmediatamente con el ☎ 902-37-56-37.
Antes de iniciar el viaje es recomendable anotar el número de teléfono de emergencia que suele aparecer en el reverso de la tarjeta o consultar con el banco que os la ha expedido para que os dé los teléfonos pertinentes.

En caso de urgencia

– ***Western Union Money Transfer:*** ☎ 900-63-36-33 (en España).
💻 www.westernunion.com

Fiestas y días festivos

Días festivos

No confundir *giorno feriale*, que en italiano significa laborable, por *giorno festivo*. Los días festivos vienen a ser los mismos que los nuestros, es decir:
– *el 1 de enero: Capodanno*
– *el 6 de enero: Epifania*; pero para todos los italianos es el día de la *Befana*, una simpática bruja que vuela sentada sobre su escoba de paja. Va a casa de los niños; a los que se han portado mal les mete carbón en sus calcetines tendidos en la chimenea y a los que se han portado bien les deja bonitos regalos y maravillosas confiterías. ¡Ah!, cuán lejos está el buen tiempo de la infancia...
– *el lunes de Pascua: Pasquetta.*
– *el 25 de abril: Liberazione di 1945.*
– *el 1 de mayo: festa del Lavoro*;
– *2 de junio:* fiesta del aniversario de la República.
– *el 15 de agosto: festa dell'Assunta, Ferragosto.*
– *el 1 de noviembre: Ognissanti.*
– *los 25 y 26 de diciembre: Natale y San Stefano.*

También se consideran semifestivos los días 14 de agosto, 24 y 31 de diciembre. Algunas fiestas como la del 15 de agosto pueden durar varios días y paralizar una gran parte de la vida económica. Atención, especialmente, a los cierres de los bancos.

Fiestas y acontecimientos que uno no debe perderse en Roma

En invierno

- ***Fiesta de la Inmaculada Concepción:*** el 8 de diciembre, piazza di Spagna.
- ***Misas del gallo:*** el 24 de diciembre, en la mayoría de iglesias.
- ***Año Nuevo:*** el 31 de diciembre, fuegos artificiales. (Ver también más adelante.)
- ***Fiesta de la Epifanía:*** principios de enero, piazza Navona.
- ***Carnavales:*** en febrero, desfiles de disfraces en las calles de Roma, y también una buena ocasión para degustar buñuelos y frituras.
- ***Fiesta de San José:*** el 19 de marzo, en el barrio Trionfale situado al pie del Monte Mario, entre el Vaticano y el Tíber. Fiesta del santo carpintero durante todo el día y una parte de la noche... con pantagruélicos festines a base de buñuelos y de *crêpes*.

En primavera

- ***Exposición de las Azaleas:*** entre marzo y mayo, piazza di Spagna, conocida también como la Festa della Primavera.
- ***Vía Crucis:*** el Viernes Santo, a las 21 h. Presidido por el Papa, sale del Vaticano y termina en el Coliseo.
- ***Bendición del Papa:*** el domingo de Pascua, a las 12 h.
- ***Nacimiento de Roma:*** el 21 de abril, piazza del Campidoglio, fuegos artificiales.
- ***Concurso hípico internacional:*** la última semana de mayo, villa Borghese, al nivel de la piazza di Siena.
- ***Los internacionales de tenis:*** la última semana de mayo, en el Foro Itálico.

En verano

- ***Conciertos y óperas al aire libre:*** en junio, julio y agosto; ver apartado «¿Dónde ir de marcha?».
- ***Fiesta de San Juan:*** el 24 de junio, piazza di porta San Giovanni. Una ocasión de probar la *porchetta*, cochinillo asado, y caracoles, servidos tradicionalmente con motivo de esta fiesta que sólo tiene un interés culinario.
- ***Fiestas de los santos Pedro y Pablo:*** los días 28 y 29 de junio, en el Vaticano.
- ***Roma Jazz Festival:*** en junio, Foro Itálico.
- ***Festival Roma Europa:*** en julio, villa Médicis. Conciertos, danza y teatro.
- ***Desfile Alta Moda:*** en julio, piazza de Spagna. Gran pase de modas de alta costura italiana en las escaleras de la Trinidad de los Montes.

– ***Fiesta de Noantri:*** del 15 al 30 de julio, en el Trastevere. Fiesta popular donde os encontraréis, un poco por todos lados, la indispensable *porchetta*... y una cantidad de manifestaciones.
– ***Fiesta de San Lorenzo:*** el 10 de agosto, barrio de San Lorenzo.
– ***Sagra dell'Uva:*** principios de septiembre, basílica de Majencio y Constantino.

En otoño

– ***Exposiciones de antigüedades:*** en octubre, los fines de semana, via dei Coronari.
– ***Fiesta del Vino nuevo:*** finales de noviembre, campo dei Fiori.

De septiembre a junio

El ***Calcio*** (campeonato de fútbol italiano) congrega todos los domingos por la tarde a una multitud enorme en el *stadio olimpico*. Dos equipos romanos juegan en primera división (*la AS Roma* y *el Lazio*). Localidades en las oficinas de los clubes. (Ver más adelante el apartado «Asistir a un partido de fútbol».)

La fiesta de Noantri

Del 15 al 30 de julio, en el Trastevere. Comienza con una procesión. Transportan la Virgen de la iglesia de Santa Ágata (piazza Sydney-Sonnino) y, después de dar una vuelta al barrio, el itinerario cambia todos los años según las ofrendas de los comerciantes. La Virgen se deposita durante una semana en la iglesia frente al cine *Reale*, piazza Sonnino. Los fieles acuden para encender una vela. Al final de la fiesta, es devuelta a su iglesia.
En el momento de la salida de la procesión, un poco más lejos, cerca de la piazza Mastai, empieza la contramanifestación con la banda de los *bersaglieri* y sus soberbios sombreros de plumas de faisanes negros, que tocan las músicas garibaldinas de la Liberación. Un ejemplo de la eterna confrontación entre los católicos y los ateos en Roma. Los romanos también disfrutan con la fiesta, y después de haber oído a los *bersaglieri*, van corriendo para ver pasar a la Virgen, puntualmente con retraso.

Año Nuevo *(Capodanno)*

En el mismo estilo de manifestación/contramanifestación. El 1 de enero al mediodía, Su Santidad proclama sus buenos deseos en la plaza de San Pedro y envía sus felicitaciones y bendiciones a todo el mundo. En el mismo instante, el señor OK se tiraba del puente Cavour al Tíber helado. El señor OK murió hace algunos años, llevó el ritual de su salto hasta el límite. Luego, algunos jóvenes tomaron el relevo para gran regocijo de la televisión regional, que siempre se hace eco de tales informaciones. Una pequeña armada, compuesta de embarcaciones de todo tipo, se forma rápidamente para asisitir al acto. No os lo perdáis.

Asistir a un partido de fútbol

«¡Romano, escoge tu campo!» Dos grandes equipos juegan en primera división: el Roma y el Lazio. Los seguidores del Roma –los *Romanisti*– vienen de la propia Roma, mientras que los del Lazio *(Laziali)* lo hacen preferentemente de los *borgate* (extrarradio) de la capital o de los Castelli Romani. Podéis imaginaros el odio entre unos y otros.
Para asistir a la *partita* del domingo, debéis ir al ***estadio olímpico***. Lo más fácil es que cojáis, en la piazzale Flaminio, el tranvía nº 225, que os dejará en 10 mn en la piazza Mancini. A partir de ahí, llegaréis al estadio olímpico cruzando el Tíber a la altura del puente Duca d'Aosta. En función de la importancia del partido, deberéis procuraros las entradas con menor o mayor antelación. Venta allí mismo antes de los partidos. Los *goles* (lugar más barato) se llaman *curve* (*curva Norte* y *curva Sur*). Las tribunas laterales se denominan *Tevere* (tribuna más próxima al Tíber) y *Monte Mario* (nombre de la colina al pie de la cual se encuentra el estadio). La segunda es la más cara, ya que está a la sombra en el momento del partido. Vosotros mismos. Se garantiza una gran afluencia (de 50 000 a 60 000 espectadores de media) gracias a los numerosos socios para quienes el domingo es una jornada doblemente santa: misa por la mañana y fútbol por la tarde.

Historia

Al principio era el Norte y el mar...

Orígenes

Se dispone de muy pocos elementos sobre la prehistoria en la misma Italia, salvo el «niño de Grimaldi», al oeste de Calabria (40000 a.C.), que prueba ya la existencia de ritos funerarios. No obstante, indicios de actividades humanas en regiones muy cercanas han salido a la luz: uno de los primeros asentamientos europeos (380000 a.C.) fue descubierto en tierra Amata, cerca de Niza; el hombre de Menton, por su parte, data de 28000 a.C. Hacia el 6000 a.C., con el descubrimiento de la piragua –aunque muy rudimentaria– puede pensarse que el Mediterráneo empezó a tener un papel importante en la evolución de los modos de vida. A partir de 4000 a.C. empezaron a llegar los pueblos procedentes del Danubio. En el interior de las tierras, tuvieron lugar los balbuceos de la arquitectura y de la alfarería, y la aparición de poblados lacustres (3000 a.C.) en los parajes de los lagos alpinos. En el litoral, el hombre no tardó en navegar e ir de isla en isla, a veces estableciéndose, creando así tipos de civilización particulares.

Un poco de mitología

Si bien Roma no se edificó en un solo día, a los romanos les gusta creer en la leyenda de los gemelos Rómulo y Remo amamantados por la loba, que simboliza el nacimiento de su ciudad. Esta leyenda se impuso ocho siglos después de la fundación de Roma a través de los escritos de Tito Livio y Virgilio, deseosos de celebrar la esencia divina del imperio de Augusto. Rómulo fundó Roma en el año 753 a.C., trazando sus límites con una carreta. Su hermano, Remo, se mofó de él saltando por encima del foso irrisorio que había formado. Rómulo lo mató pronunciando estas palabras: «¡Así muera todo aquel que, en el futuro, atraviese estas murallas!». La cosa empezaba bien...

La verdad

En realidad, a partir del segundo milenio a.C., dos olas sucesivas de invasores indoeuropeos vinieron a mezclarse con los elementos mediterráneos indígenas para dar lugar a pueblos muy diversificados desde los puntos de vista cultural, lingüístico y técnico. Si los fenicios y los griegos (775 a.C.) tuvieron un papel civilizador considerable, los primeros en intentar la unificación política y cultural de la península italiana fueron los etruscos. No se sabe gran cosa sobre sus orígenes, y su escritura aún no ha sido descifrada, pero son ellos los auténticos fundadores de Roma. Erigieron las primeras murallas (s. VIII a.C.), repartieron a los habitantes en cuatro zonas y organizaron un ejército. Fue en esta época cuando se construyeron los primeros grandes monumentos: el templo de Júpiter capitolino, el templo de Vesta en el foro, y el Gran Circo. Roma era ya la ciudad más poderosa del Lacio cuando la monarquía etrusca fue derrocada por la aristocracia romana (509 a.C.), estableciendo en su lugar un sistema republicano.

La República romana

Primeros aspectos

El gobierno republicano se basaba en el equilibrio de poderes, obtenido por el control mutuo de las distintas clases políticas: senadores, magistrados y pueblo. Los magistrados (cónsules, pretores, ediles, cuestores), elegidos por el pueblo (comicios centuriados y comicios tribales), ejercían el poder ejecutivo bajo la tutela del Senado, que representaba la autoridad permanente.

Hacia el exterior, la República romana poco a poco extendió su poder. A principios del s. III a.C., Roma ejercía su autoridad desde la llanura del Po hasta el mar Jónico. Luego llegó la conquista de la cuenca mediterránea, empezando por Sicilia. En menos de 40 años, Roma adquirió nuevas provincias: Macedonia, Asia Menor, África del norte y España.

Una de las guerras más importantes de esta época fue contra Cartago (no lejos de la actual Túnez), la única ciudad que podía amenazar realmente la hegemonía de Roma en esta parte del mundo. Aníbal, un general cartaginés reconocido como uno de los más grandes jefes guerreros de la Antigüedad, educado en el odio hacia Roma, sólo pensaba en una cosa: vengar a su pueblo que ya había sido humillado una vez. Fue él quien desencadenó la segunda guerra púnica, al atravesar España, los Pirineos, el sur de la Galia, hasta alcanzar los Alpes a la cabeza de un ejército formidable con una caballería formada por elefantes. Los elefantes africanos –al contrario de los indios– son difícilmente domesticables. Tal para cual... Los hombres de Aníbal eran igual de indómitos. Cerca de Florencia se han hallado los restos fosilizados de estos blindados de la Antigüedad. Aníbal había acumulado una impresionante serie de victorias contra los romanos cuando se adentró en Italia. Pero cometió el error de escoger como cuartel de invierno Capua (entre Roma y Nápoles, cuyas delicias iban a resultar fatales para el ardor marcial de sus soldados) sin explotar su victoria en Cannas (Apulia) en 216 a.C., dando a Roma tiempo para reorganizarse. Ésta mandó parte de sus tropas a África, y Aníbal fue derrotado en Zama el año 202 a.C. Roma pasó a ser entonces dueña de toda la cuenca mediterránea. Más adelante, temiendo que Cartago volviera a alzar la cabeza –el famoso *Delenda est Cartago* («Cartago debe ser destruida») del senador Catón–, las tropas romanas arrasaron a su peligrosa rival en 146 a.C.

Un coloso con pies de barro

La nueva dimensión de la República romana cambió la sociedad a partir del siglo II a.C. El divorcio fue autorizado y pasó a ser frecuente al final de la República, la mujer podía disponer de sus bienes, la familia perdió su autoridad, lo cual hubiera sido impensable en tiempos de un ferviente conservador como Catón. Incluso la aristocracia dio ejemplo limitando el número de nacimientos. Se vio entonces aparecer un nuevo tipo de romano, más «fino», cultivado, e interesado en la vida pública. Pero las grandes conquistas habían perturbado el equilibrio económico del país, y Roma se encaminaba hacia una gran crisis social que iba a causar la caída de la República. La clase rural, alejada de los beneficios que podían proporcionar las conquistas, se había empobrecido y estallaron grandes revueltas (las *guerras serviles*).

Espartaco –que Hollywood y Kirk Douglas hicieron famoso– fue el líder de la más importante, pero también la última, de las grandes revueltas de esclavos. Antiguo pastor, se escapó con 70 compañeros de una escuela de gladiadores de Capua en el año 73 a.C. e hizo un llamamiento a todos los esclavos para que cogieran las armas. Con varios miles de hombres, desafió a las tropas romanas una detrás de otra (hay que señalar que, afortunadamente para él, la mayoría de ellas se hallaban fuera de Italia), asolando la campiña antes de caer muerto en la batalla que lo enfrentó a Craso en 71 a.C. Vencidos, los esclavos sufrieron una represión terrible. Espartaco y

sus hombres han simbolizado en la posteridad el combate por la libertad. Rosa Luxemburg se acordó de ello en 1916 al fundar la liga Spartakus (ancestro del partido comunista alemán).
Once años más tarde, el gran Julio estaba presto para entrar en escena. En 60 a.C, tres cónsules, Craso, Pompeyo y César, formaron el primer triunvirato; para este último, la ruta hacia el poder se había abierto. Nombrado procónsul de las Galias en 59, dirigió con éxito la campaña contra los galos.

Los últimos sobresaltos de la República

Es gracias a los *Comentarios sobre la guerra de las Galias* de César que tenemos una idea de lo que era la Galia en el siglo I a.C. El país estaba en gran parte recubierto de zonas pantanosas y de bosques, los galos prácticamente no conocían la vida urbana, y su sociedad estaba dividida en tres clases: la nobleza guerrera, el pueblo, y los druidas, depositarios del saber y de las tradiciones religiosas. Aprovechando las incesantes querellas entre tribus, César sometió a la Galia, la Bretaña y los germánicos, para luego volver a Italia. En su ausencia, Vercingetórix organizó un levantamiento general a principios de 52 a.C. que obligó a las legiones romanas a intervenir de nuevo. Mientras el procónsul de las Galias conseguía una victoria decisiva en Alesia, la anarquía amenazaba a Roma. El triunvirato fue disuelto tras la noticia de la muerte de Craso, y Pompeyo, personaje ambicioso, se hizo nombrar por el Senado cónsul extraordinario, con plenos poderes. Exigió la renuncia de César y que se licenciara a sus tropas. Furioso, César cruzó el Rubicón (un pequeño río que separa la Galia italiana de la Italia romana) sentenciando con un *Alea jacta est* («La suerte está echada»). Marchó sobre Roma con sus legiones, se adueñó del país rápidamente, y fue nombrado dictador aquel mismo año. Vencido, Pompeyo huyó a Grecia, pero César no cejó en su empeño y acabó con su resistencia en Farsalia en 48 a.C.
Pompeyo se refugió entonces en Egipto, donde fue asesinado por el rey Tolomeo XIII, que con ello pensó que se atraería los favores de Roma. De hecho, sólo logró granjearse problemas: de repente, César se interesó algo más por ese país y empezó a meterse en sus asuntos. Hizo reemplazar a Tolomeo por su hermana, no la bella Elizabeth Taylor, sino Cleopatra, aquélla de quien se dice que hubiera podido cambiar la faz del mundo si su nariz fuera más pequeña. De regreso a Roma –con el calendario egipcio en su equipaje–, César emprendió una serie de reformas con el fin de restablecer un poco de orden y justicia a favor del pueblo y de los campesinos. Nombrado dictador vitalicio en 44 a.C., pudiera haber instaurado en Roma una democracia a la griega si no hubiera sido asesinado aquel mismo año por una conjura de jóvenes aristócratas entre los que se hallaba su propio hijo adoptivo, Bruto, a quien reconoció antes de morir, víctima de varias puñaladas.

El Imperio romano

Ajuste de cuentas

Tras la muerte de César, el mundo romano conoció un momento de incertidumbre antes de que Octavio, sobrino de César, llegara a imponerse. Su principal rival fue Marco Antonio, antiguo lugarteniente del dictador, hombre fuerte de Roma después del asesinato. Una vez vencido en Módena, Marco Antonio se aproximó a Octavio, y con Lépido, antiguo jefe de la caballería de César, formó el segundo triunvirato en 43 a.C. Los triunviros eliminaron al partido republicano con el asesinato de Cicerón, y aplastaron a los conjurados Bruto y Casio en Filipos. Luego se repartieron el mundo romano. Octavio se quedó con Occidente, Lépido con África (de la que fue desposeído muy rápidamente, en 36 a.C.). En cuanto a Marco Antonio, se casó con la hermana de Octavio y se quedó con Oriente. Pero se enamoró perdidamente de Cleopatra –a pesar de su nariz– y, dejándose llevar por ella, donó a Egipto todas sus posesiones, se desembarazó de la influencia romana, y alimentó la ambición de crear un nuevo imperio cosmopolita, helénico y oriental a un tiempo, granjeándose el odio del Occidente romano, fiel a sus principios y que vio en él a un traidor al que debía exterminarse. Vencido por mar en Actium el 2 de septiembre de 31 a.C. por Octavio, cuyas legiones asediaban también Alejandría, Marco Antonio se quitó la vida a raíz de un falso anuncio de suicidio de Cleopatra. A partir de entonces, Octavio reinó solo.

El primer Imperio

Por vez primera, todas las tierras que bordeaban el Mediterráneo pertenecían a un mismo conjunto político. Octavio, a quien el Senado había investido de una autoridad soberana otorgándole el título de Augustus el 16 de enero de 27 a.C., intentó configurar un Estado unificado e instaurar un nuevo orden. Empezó por garantizar las fronteras y reorganizar la administración de las provincias. La longevidad de su reinado (47 años) le permitió edificar, lentamente pero con seguridad, la nueva civilización imperial que intentaba conciliar la satisfacción de las nuevas necesidades y el respeto por el antiguo patrimonio cultural romano.

El «siglo de Augusto» fue la gran época de la literatura latina clásica: Virgilio, Tibulio, Propercio, Ovidio y Tito Livio. Fue también en esa época cuando se definió el arte romano. La política de «grandes obras» de Augusto respondía a las mismas exigencias que sus visiones religiosas y morales. Propició el surgimiento de un arte oficial, una suerte de síntesis entre tradiciones realistas italianas y una necesidad de idealización de su propia persona. Heredero de la estética griega, el arte romano tuvo que resolver problemas concernientes a la nueva civilización. La concentración urbana conllevó la construcción de edificios gigantescos (anfiteatros, termas, acueductos...)

en los que el deseo de impresionar prevalecía a menudo sobre el equilibrio de las formas. Así se multiplicaron los jardines, las fuentes y las villas de recreo.

La era cristiana de Nerón

Fue en un pequeño rincón alejado del gran Imperio romano donde iba a nacer uno de los personajes más importantes de la historia de la humanidad... el hijo del dios de los cristianos. Si su existencia está actualmente admitida, su vida viene generando por el contrario, y desde hace veinte siglos, una problemática histórica muy controvertida. Los Evangelios siguen siendo, a pesar de su visión imprecisa a menudo contradictoria, una interpretación muy elaborada. A partir de estos textos, suele fijarse el nacimiento de Jesucristo en 4 o 5 años antes de la era que lleva su nombre, y su muerte en 28 o 29 años de esta misma era. Los Evangelios, redactados en griego, fueron escritos según las enseñanzas de san Mateo, san Marcos, san Lucas y san Juan. El más antiguo, el de san Marcos –un judío converso que vivió en una comunidad romanizada, acaso en Roma– data de 75 d.C. Los primeros pasos de la cristiandad son pues históricamente muy difusos, y en realidad no reposan más que sobre los dogmas de la Iglesia católica. Según la tradición, san Pedro –al que Jesús llamó *Kephas* (es decir, piedra: «Eres una piedra, y sobre esta piedra construiré mi iglesia»)– llegó a Roma después de varias tribulaciones y se convirtió en el primer obispo antes de ser martirizado en la época de Nerón, en el 64 d.C. Fue sepultado en el monte Vaticano, en el mismo lugar donde se eleva la basílica que lleva su nombre.
El reinado de Nerón, un biznieto de Augusto, había empezado no obstante con buenos augurios gracias a los consejos de su preceptor, Séneca. Pero muy pronto Nerón se reveló como un déspota sanguinario, extravagante, desequilibrado, y dotado de una extraña sensibilidad unida a un miedo constante que, según los vaivenes de su carácter, le llevaba a amar o a ejecutar a aquellos que le rodeaban. Su propia madre fue una de sus primeras víctimas. Acusado de ser el causante del incendio de Roma del año 64, desvió hábilmente la responsabilidad sobre los cristianos, a los que hizo perseguir (ver *Quo Vadis*). Para cubrir sus suntuosos gastos, Nerón practicaba la aniquilación pura y simple de senadores o patricios bajo cualquier pretexto, para luego confiscar bienes y fortuna. Poco a poco el descontento fue en aumento, asociado al temor «de ser el próximo», hasta convertirse en abierta oposición. Galba fue proclamado emperador y Nerón, declarado enemigo público, fue expulsado de Roma y después literalmente empujado al suicidio.

La edad de oro del Imperio romano

El apogeo del Imperio romano se sitúa alrededor del reinado de los emperadores Nerva, Trajano, Adriano, Antonino y Marco Aurelio, periodo que va del año 96 al 192 d.C. Durante este segundo siglo gobernaron regímenes estables, moderados, a la vez que el mundo romano alcanzaba su mayor extensión y consolidaba sus nuevas fronteras. Así, el emperador Adriano hizo construir de un mar al otro el muro que lleva su nombre para materializar la frontera entre Escocia e Inglaterra. Este muro estaba destinado a impedir que los bárbaros saquearan los fértiles llanos que se extendían más al sur, ya que si bien los romanos conquistaron Inglaterra nunca pudieron penetrar en Escocia, tierra árida y poblada de «salvajes». Fue también durante el reinado de Adriano cuando el pueblo judío fue dispersado. Los hizo expulsar de Jerusalén y pobló Palestina de campesinos griegos... Ya conocemos el resto de la historia.

Marco Aurelio, príncipe filósofo, instauró una monarquía imperial luminosa y humanista. Pero no gobernó él solo. Por vez primera dos emperadores reinaron a la par, a raíz de la petición de Marco Aurelio de que su hermano adoptivo Verus recibiese poderes imperiales (este sistema fue reproducido más tarde por Diocleciano en 284, antes de llegar a la tetrarquía: cuatro emperadores). La civilización urbana se hallaba en su apogeo, la vida intelectual era brillante, aún más gracias al enriquecimiento del intercambio cultural entre Italia y las provincias. Es en este periodo cuando Roma fue más cosmopolita y políglota, a imagen de un Senado integrado por miembros elegidos de todos los extremos del Imperio.

El Imperio desbordado

En 180, el hijo de Marco Aurelio, Cómodo –que no lo era precisamente–, estableció un régimen absolutista y teocrático. Hubo muchos asesinatos durante esta época en el Imperio romano, y ser emperador se convirtió casi en garantía de no morir por causas naturales. El propio Cómodo fue víctima de su propio método de arreglar los litigios, que tanto había contribuido a «popularizar». Fue asesinado en su cuarto de baño el 31 de diciembre de 192. Entretanto, y desde los últimos años del imperio de Marco Aurelio, los bárbaros se agitaban en los límites del Imperio (Oriente y Germania) y algunas guarniciones empezaron a sentirse nerviosas, llegando a sublevarse. Así es como Séptimo Severo, un africano, fue conducido al poder por sus soldados y salió vencedor de una sangrienta guerra civil. La dinastía de los Severos cambió la naturaleza del régimen (emperadores-soldados), manteniéndose como una prolongación del reinado de Cómodo. En cierto modo, fue el cambio dentro de una continuidad. El ejército salió favorecido y desde aquel momento pasó a intervenir en la vida política, la burocracia fue reforzada, el peso del Estado aumentó a causa de la fiscalidad y sus intervenciones en la vida de las ciudades, siendo prioritarios los gastos de mantenimiento de las fronteras. En 212, Caracalla dio a todos los hombres libres del Imperio la ciudadanía romana: la unidad romana devino una realidad, pero la obra de los Severo no modificó demasiado las estructuras para poder asegurar la estabilidad.

A partir de la década de 230, el Imperio sufrió un asalto generalizado por parte de los bárbaros, debido a movimientos internos del mundo germánico y a la actitud ofensiva del nuevo imperio persa de los Sasánidas. En varias oleadas, alemanes, francos, godos y persas asolaron las provincias. Además, el hecho de que 40 emperadores se sucediesen en 50 años contribuyó a debilitar a un imperio amenazado por problemas sociales, revueltas campesinas, problemas económicos (precios en alza) y religiosos, con una persecución del cristianismo que por vez primera se convertía en sistemática y universal. Efectivamente, hasta entonces ésta había sido violenta pero siempre episódica y localizada: el cristianismo era antirromano, por lo que era «ilícito», y los cristianos eran a veces objeto de la vindicta pública, pero se beneficiaban de la tolerancia de las autoridades, incluso a veces en el propio entorno del emperador, y sus vidas no peligraban a no ser que fueran denunciados.

El fin del poder de Roma

Desarrollo del cristianismo

El 25 de julio de 306, Constantino I fue proclamado primer emperador cristiano por sus legiones de Germania. En el mismo momento en Roma, Majencio, secundado por la guardia pretoriana, era nombrado también emperador. El choque final se produjo el 28 de octubre de 312, en la batalla del Puente-Milvius. Durante la batalla, Constantino habría visto una cruz en el cielo con las palabras *In hoc signo vinces* («Por este signo vencerás»). Fue efectivamente después de esta batalla, de la que salió vencedor, que Constantino favoreció abiertamente la religión cristiana mediante el edicto de Milán en 313. Dio al mundo el «domingo festivo», ordenando que el «día venerable del sol» fuese un día de descanso obligatorio para los jueces, los funcionarios y los plebeyos urbanos. Este culto, celebrado por los adeptos al culto solar del que largamente formó parte el mismo Constantino, correspondía también con «el día del Señor» de las prácticas cristianas. A través de esta ley –que fue como un puente tendido entre dos religiones– también se encontraba oficializada la organización del tiempo en semanas que ignoraba el calendario romano. Finalmente, el 20 de mayo de 325, por primera vez en su historia, la Iglesia cristiana triunfante reunió abierta y libremente en Nicea a todos los obispos del Imperio romano en un concilio ecuménico que debía solucionar el delicado problema de la Santísima Trinidad.

Poco después de ser bautizado, Constantino murió en 337. Sus restos fueron sepultados en la iglesia de los Santos Apóstoles de Constantinopla. A su muerte, Roma, que ya no era la residencia imperial desde 285, vio cómo se levantaban las primeras basílicas cristianas gracias a las donaciones del emperador. Su asentamiento fue localizado en la periferia de la ciudad, sobre los antiguos cementerios cristianos convertidos en lugar de peregrinación. La primera basílica fue edificada sobre una propiedad imperial al lado del palacio Letrán, el cual sería la residencia de los papas y la sede de los servicios pontificios desde 313 a 1304, fecha en la que el papa Nicolás V las transfirió al Vaticano. Nicolás V hizo también demoler la primera basílica de San Pedro (edificada, según la tradición, sobre la tumba de éste mismo a cargo de Constantino) para reconstruirla con gustos arquitectónicos propios de la época.

La Iglesia disfruta del poder

Inicios y expansión de la Iglesia romana

Desde Jerusalén, el cristianismo se expandió en la diáspora judía y el mundo grecorromano, algo así como un reguero de pólvora. Lyon, por ejemplo, tuvo probablemente su primera iglesia desde el año 150 gracias a san Potín. Los godos, pueblo germánico de origen escandinavo, fueron los primeros bárbaros en aceptar el cristianismo. Hacia el año 350, uno de sus obispos llamado Ulfilas, tradujo la Biblia: es la primera traducción en una lengua bárbara del libro sagrado.

Desde el siglo II, el obispo de Roma poseía una cierta preeminencia, al constituir el «primado de Pedro» un fundamento de la autoridad pontificia. Cuando la Iglesia se desarrolló en el marco del Imperio romano gracias a Constantino I, recibió una posición oficial que marcó una etapa fundamental en su historia.

Teodosio el Grande (379-395) fue el último emperador en reinar sobre el territorio global del imperio. Lo dividió entre sus dos hijos: Honorio para Occidente y Arcadio para Oriente. Fue bajo su reinado que el cristianismo se convirtió en religión de Estado, pero ello no impidió que surgieran desavenencias con la Iglesia: san Ambrosio lo excomulgó por haber masacrado a 700 insurrectos en el año 390. Así, por primera vez, el Estado romano se sometió al poder de la Iglesia.

Roma pierde todo su poder

Bajo el reinado de Honorio, el 24 de agosto de 410, los visigodos penetraron en Roma con el rey Alarico a la cabeza. Honorio se hallaba entonces en su residencia de Rávena y se negó a acatar las condiciones que exigía Alarico. Los visigodos tomaron represalias y saquearon Roma. La capitulación de la ciudad, inviolada desde hacía ocho siglos, provocó una enorme conmoción, que hizo dudar a los paganos de su poderío. Ocho años después, el rey Wallia obtuvo del Imperio –o, mejor dicho, de lo que quedaba de él– el derecho de instalar a sus visigodos en Aquitania: era la primera vez que un reino bárbaro se establecía en territorio romano. Decididamente, la caída se precipitaba...

Luego les tocó el turno a los vándalos, primos hermanos –o más bien germanos– de los visigodos, que después de haber tomado

Cartago en 439, asolaron Roma durante quince días en 455, sin llegar a masacrar a la población ni a incendiar la ciudad gracias a un acuerdo con el papa León I. A continuación llegaron los ostrogodos, los godos del este del Dnieper –los cuales, ellos sí, ocuparon toda Italia, la Francia meridional hasta Arles y la antigua Yugoslavia.
El rey Teodorico mantuvo una estricta separación entre godos y romanos. La carrera militar se reservaba para los godos y las funciones civiles para los romanos. Cuando Teodorico se presentó en Roma en el año 500, fue acogido como un emperador romano por el Senado, el pueblo y el 51° papa: Simaco.

Nuevo calendario

En 526, Denis el Pequeño, monje originario de Escitia, publicó una «tabla pascual» destinada a fijar la fecha del domingo de Pascua para los años por venir. Para ello, escogió el sistema numérico alejandrino, no el romano. Aprovechó para inventar y adoptar un modo de fechar los acontecimientos basándose en una era que empezaba con el nacimiento de Cristo. Pero el año que escogió es de hecho posterior, al menos en cuatro años... y aún persistimos en dicho error.
En cuanto al día escogido –el 25 de diciembre– para festejar el nacimiento de Cristo, la Iglesia romana simplemente se apropió de una tradición pagana. La fiesta de Navidad –el día del solsticio de invierno– se celebraba en Oriente como el día del renacimiento solar. Este culto se extendió por el Imperio romano en el siglo III d.C.: la Virgen celeste, protectora de la raza y de su regeneración, daba a luz todos los años en la medianoche del 24 al 25 de diciembre al dios Mitra, símbolo del sol invencido. Situando la fiesta de la natividad del Señor en el mismo momento, la Iglesia competía con el culto pagano. Había que elegir entre Jesús y Mitra.

La Iglesia: un Estado dentro del Estado

En Quierzy, el 14 de abril de 754, al noroeste de París, el papa Esteban II se reunió con Pipino el Breve, rey de los francos, para firmar un tratado que iba a dar a la Iglesia un Estado situado bajo la soberanía de los papas (en realidad no fue fundado hasta que Pipino intervino militarmente en Italia contra el rey de los lombardos).
A cambio, el Papa reconocía la legitimidad real de la dinastía de los carolingios. Esta alianza, por un lado, permitió a la iglesia desprenderse definitivamente de la tutela política de Bizancio (Constantinopla), por otro lado reforzaba los vínculos entre el reino franco y el papado, lo cual constituyó uno de los factores políticos primordiales de Occidente. En efecto, la defensa de la Iglesia romana pasó a ser uno de los deberes de todos los soberanos... pero también una fuente de numerosos conflictos.

Carlomagno y su gran Imperio

El año 771 marcó la eclosión de Carlomagno, el cual derrotó a los lombardos y acabó de conquistar toda Italia (774). El 25 de diciembre del año 800 es nombrado sacro emperador de Occidente por el papa León III. El reino de Francia se extendía entonces del mar del Norte a Italia y del Atlántico (más el Ebro bajo los Pirineos) a los Cárpatos (Elba y Danubio). A la muerte de Carlomagno, el Imperio se repartió entre sus tres nietos, y fue en aquel momento cuando el mapa político de Europa quedó dividido entre el reino de los francos, el Imperio romano germánico y los Balcanes. Federico I Barbarroja fue el único que tomó el relevo del gran Carlomagno invadiendo Nápoles en 1162, haciendo retroceder a las hordas vikingas que habían invadido la región.
Por otra parte, varias ciudades se organizaron en minirrepúblicas independientes, gobernadas por una aristocracia «local». Fue en este espíritu de competitividad que surgió el Renacimiento.

De la edad de oro al oscurantismo

La Europa cristiana a través de Roma no siguió la vía trazada por los sabios de la Antigüedad (Aristóteles, Eratóstenes, Tolomeo...). Los geógrafos cristianos tuvieron que consagrar toda su energía a una visión del mundo teológicamente conforme a los dogmas de la Iglesia: la geografía no figuraba entre las «siete artes liberales» de la Edad Media.

Los Papas en Aviñón

El 5 de agosto de 1305, un francés, Bertrand de Got, fue elegido Papa. Sin embargo, nada lo había predestinado al pontificado y no formaba parte del Sagrado Colegio (era viñador). La designación de un papa italiano habría sin duda avivado el conflicto entre Felipe IV el Hermoso y Roma. Este conflicto era debido a la presión que Felipe, siempre corto de dinero, ejercía sobre la Iglesia. Así pues, hacía falta un hombre neutral para calmar el juego, que no fuera vasallo del rey, y Bertrand de Got fue el hombre escogido, ya que era de Burdeos, que por aquel entonces formaba parte del reino de Inglaterra. Avisado de su elección, adoptó el nombre de Clemente V y se encaminó enseguida para hacerse coronar en Viena antes de entrar en Italia. Pero Felipe el Hermoso lo había invitado a Lyon, y fue allí donde fue entronizado. Disuadido de ir a Roma, Clemente se instaló en Aviñón.
Durante 68 años, siete papas se sucedieron antes de que Gregorio XI devolviese el papado a su ciudad de origen. Urbano VI fue el primer papa elegido de nuevo en Roma en 1378, pero este personaje se hizo odioso para todos los cardenales, que en su mayoría eran franceses. Éstos eligieron entonces a Clemente VII, que regresó a Aviñón, provocando así el gran cisma de Occidente. Los dos papas, cada uno por su lado, tuvieron sucesores, y ninguno de ellos quiso

ceder. Ante tal situación y la impaciencia general, los cardenales convocaron el concilio de Pisa en 1409, lo cual no hizo sino complicar la situación: un tercer papa fue elegido. Antes de que la cuestión se resolviese de una vez por todas con la elección de Martín V en 1417, hubo una sucesión de cuatro papas en Roma, cuatro papas en Aviñón, y dos en Pisa... Pero Aviñón no dejó por ello de oponerse a Roma ya que, a raíz de la Revolución francesa de 1789, la ciudad se opuso a la autoridad del papa –que la administraba por mediación de legados– y el 12 de junio de 1790 votó su anexión a Francia.

Renacimiento

La religión pierde su poder sobre el arte

El término «renacimiento» *–rinascita–* fue utilizado por vez primera por el pintor Giorgio Vasari en su catálogo ***Vida de los más eminentes pintores, escultores y arquitectos***, publicado en 1550. Hasta hoy en día sirve para designar el vasto movimiento literario y artístico que se desarrolló en Italia –y luego en toda Europa– en los siglos XV y XVI. Evidentemente, la ruptura con la Edad Media no fue total, del mismo modo que el humanismo del Renacimiento no se limitó a redescubrir los conocimientos de la Antigüedad. Y aunque los valores religiosos dejaron de ocupar el primer lugar que les permitía ejercer el control absoluto sobre las demás disciplinas, sí conservaron sus derechos y su importancia, como lo demuestran las exacciones de la Inquisición.
Con el Renacimiento, la idea de «profundidad de campo» volvió a cobrar fuerza; gracias al deseo de una visión «naturalista» del mundo, los problemas de volumen y de relieve fueron desarrollados hasta llegar a alcanzar una pintura «escultural». La aparición de la pintura al óleo en Italia hacia 1460 –tal como Van Eyck la había propagado en Flandes– influenció seriamente la orientación de toda una generación de pintores acostumbrados a la práctica exclusiva del fresco y del temple.
La elección en 1447 del papa Tomás de Sarzana, un respetado humanista, marcó una etapa armoniosa y abierta en la historia de la Iglesia, que llevaría al reconocimiento de la soberanía de los papas. Habiendo escogido el nombre de Nicolás V, «el papa del Renacimiento» se dedicó a reedificar y fortificar Roma, confiriéndole el esplendor de la época antigua. Fue también en este periodo que se expandió el reino de Nápoles, el ducado de Milán y las repúblicas de Venecia y de Florencia.

Italia desgarrada

Desde 1492 se inició una nueva época. El país iba a convertirse en la proa de Europa: el descubrimiento de América por Cristóbal Colón acabó con la supremacía comercial de Venecia, y los papas fueron tímidos déspotas comparados con Rodrigo Borgia, un hombre

de siniestra reputación elegido con el nombre de Alejandro VI. Carlos VIII, rey de Francia, invadió Italia y se hizo coronar rey de Nápoles, poniendo en evidencia la debilidad militar y la desunión política de Italia. Pronto, los franceses y también los españoles (desde finales del siglo XVI hasta principios del siglo XVIII) –ayudados por mercenarios suizos– penetraron en las provincias italianas. Luego llegó el turno de los austriacos, tras el tratado de Utrecht en 1713.
En medio de todo este jaleo, podemos imaginar a los italianos que se consolaban atiborrándose de helado, descubierto en 1659 por Francisco Procopio, de Palermo.

Unificación de Italia

Del sueño a la realidad

Cuando Napoleón empezó su campaña de Italia el 11 de abril de 1796, no podía sospechar que estaba fomentando la eclosión de un sentimiento nacionalista. Esta nueva ocupación francesa duró hasta 1814. Entre el Vaticano y Napoleón, las relaciones no eran cordiales: el papa Pío VII rechazaba conceder el divorcio entre Jérôme Bonaparte y Mlle Paterson; Napoleón, por su parte, quería controlar la iglesia tanto en Francia como en Italia.
De 1806 a 1814, algunas guarniciones inglesas se encontraban allí y su comandante, lord William Bentinck, ejerció una gran influencia sobre Fernando II, rey de las Dos Sicilias (región de Nápoles y Sicilia). Se promulgó por votación una primera constitución liberal que tomaba como modelo la de Gran Bretaña. No obstante, con la partida de los británicos, la autoridad real volvió a ser absoluta. Este corto episodio bastó sin embargo para marcar a los italianos y ayudar a reforzar los sentimientos patrióticos.
El tratado de París, en 1814, devolvió Italia a los austriacos, pero el movimiento nacionalista era cada vez más activo, y desde 1821 se produjeron las primeras insurrecciones, sobre todo en Turín. En 1825, un genovés llamado Mazzini creó el «Movimiento de la joven Italia»; la conciencia de formar parte de una misma nación se hallaba desde entonces en el corazón de todos los italianos. Incluso el papa Pío IX, ferviente lector de los filósofos, se adhirió a las teorías de Vicenzo Gioberti, sacerdote filósofo y hombre político que promocionó la idea de una federación... bajo la dirección del Papa. Sin embargo, también fue simpatizante de las ideas de Mazzini, el cual aspiraba a formar una república. En 1848, todas las ciudades italianas estaban muy agitadas y el rey de Piamonte-Cerdeña, Carlos Alberto I –el cual, por otra parte, no tenía ninguna simpatía por dichos movimientos–, declaró la guerra a Austria. La causa italiana fue rápidamente reprimida, a pesar de que Venecia resistió hasta agosto de 1849. De estos acontecimientos se desprendía la siguiente lección: poco importaba la forma que cogería una Italia unificada, reino, federación o república, lo esencial era expulsar a los austriacos, y ello no podría lograrse sin ayuda exterior.

Los protagonistas de la Unidad

Camillo Benso de Cavour fundó en 1847 el periódico *Il Risorgimento*, moderado pero liberal. Llamado a desempeñar papeles ministeriales bajo el rey Carlos Alberto y su sucesor e hijo Victor Manuel II, se convirtió en el auténtico líder de la política piamontesa. Fundó una asociación en la que muy pronto un joven iba a sobresalir en esta carrera hacia la independencia: Garibaldi. Nacido en 1807, Giuseppe Garibaldi fue obligado a exiliarse a Brasil debido a sus simpatías por Mazzini. Tras esta etapa en las Américas, donde tomó parte en una insurrección brasileña y combatió a favor de Uruguay, volvió a Italia en 1848, fracasando militarmente, y luego en 1854, al lado de Cavour. Y poco a poco fue entreviéndose la fuerza que iba a expulsar a los austriacos.
El 14 de enero de 1858 se produjo otro acontecimiento: la tentativa de asesinato de Napoleón III a cargo de Orsini. Antes de ser ejecutado, Orsini escribió a Napoleón III para suplicarle que interviniese a favor de la unidad italiana. Impresionado por el contenido de la carta, el emperador llegó a un acuerdo con Cavour: Francia contribuiría con 200 000 hombres para ayudar a la liberación, pero a cambio el Piamonte cedería la Saboya y el condado de Niza. Algo reticente en un principio, Cavour acabó por asumir la necesidad de ese sacrificio. En 1859, Garibaldi capitaneó un ejército de 5 000 soldados y venció a los austriacos en Varese y Brescia. Al año siguiente, se apoderó de Sicilia y Nápoles gracias a los Camisas rojas, un ejército formado por soldados internacionales. Elegido diputado a continuación, Garibaldi no tardó en entrar en conflicto con Cavour a causa de la cesión del condado de Niza (no en balde era su ciudad natal) a los franceses, y más adelante a propósito del problema de los Estados pontificios.

Primeros pasos de la nueva Italia

Victor Manuel fue proclamado rey de Italia en 1861. Su reino comprendía –además del Piamonte y la Lombardía– la Romaña, Parma, Módena, la Toscana, el reino de las Dos Sicilias, las Marcas y Umbría. Quedaba por resolver el problema de Venecia y Roma, que había quedado en suspenso desde la muerte de Cavour. Victor Manuel II se puso a la cabeza del ejército italiano para intentar recuperar Venecia. Fue un fracaso humillante, pero por un extraordinario juego de tira y afloja diplomático (y la derrota de los austriacos frente a los prusianos en Sadowa), Venecia volvió a manos de Napoleón III, el cual, a su vez, la cedió a los representantes venecianos. Después de una votación de 647 246 votos contra 69, Venecia pasó a integrar la unión italiana y el rey Victor Manuel declaró: «Es el día más feliz de mi vida: Italia existe, aunque no esté todavía completa...». Se refería a Roma, que los franceses, no más que el Papa, no tenían intención de abandonar... El 18 de julio de 1870, el XXI Concilio ecuménico proclamó la infalibilidad del Papa. Pese a que las fuerzas francesas se habían retirado del territorio

desde el mes de diciembre de 1861, las fuerzas pontificias estaban ampliamente integradas por franceses.
El 16 de julio de 1870, Napoleón III tuvo la desacertada idea de declarar la guerra a los prusianos y, el 4 de septiembre, la noticia de la caída del Imperio francés planeaba por toda Italia. Las tropas pontificias depusieron las armas ante los italianos y Roma pasó a formar parte de la nueva nación. El gobierno italiano propuso un acta conocida con el nombre de Ley de Garantías Papales, en la que Italia reconocía la idea de una Iglesia libre en un estado libre, considerando sagrada la figura del Papa. Le fue acordada una suma anual de 3 225 000 liras, las propiedades del Vaticano y del palacio de Letrán, así como la villa de Castel Gandolfo. También le fue concedida una pequeña fuerza pontificia: la famosa guardia suiza.

De 1870 a nuestros días

Entrada al siglo XX

Para empezar, se instituyó un régimen parlamentario y el sistema de elecciones pasó a ser habitual. Apenas diez años después del fin de las luchas por la unidad, la derecha se reencontró en minoría y la izquierda llegó al poder. Italia sufría entonces grandes dificultades: el abismo económico y cultural entre el norte y el sur no hacía sino acentuarse.
Con la unificación, el crecimiento demográfico conoció su tasa más elevada. Fue también en ese momento cuando la emigración era más fuerte. Entre 1876 y 1910, emigraron unos once millones de personas, sobre todo a Estados Unidos y Argentina, enriqueciendo a los países de acogida con particularismos italianos.

Llegada del fascismo

Al terminar la Gran guerra, la paz devolvió Trieste, el Trentino, el Alto Adigio e Istria a Italia, pero en la posguerra aumentaron las huelgas y hubo una sucesión de gobiernos; todo ello creó un terreno abonado para el crecimiento del fascismo. Mussolini y sus Camisas negras dieron durante un tiempo la ilusión de una prosperidad de la que se aprovechó sobre todo la pequeña burguesía. Lanzado a la conquista de Etiopía y denostado por las democracias occidentales, Mussolini encontró en Hitler un alma gemela. Mucho más débil que su aliado alemán, el régimen fascista italiano tuvo que enfrentarse dentro de su país a una resistencia abierta desde 1941-1942. Literalmente ocupada por los alemanes, Italia fue la primera fuerza del Eje que sufrió el ataque de los británicos y los estadounidenses. Y Mussolini fue asesinado por unos partisanos italianos.
Después de la Segunda Guerra Mundial, Italia se hallaba en una situación dramática: fábricas, red ferroviaria, ciudades, todo estaba en ruinas. El cine italiano de la segunda posguerra se convirtió indirectamente en testimonio de la miseria de aquel entonces, que provocó una segunda ola de emigración, esta vez más europea.

La posguerra

Convertida en república por referéndum en junio de 1946, tras la abdicación de Victor Manuel III y el exilio de su hijo Umberto II, Italia conoció una etapa política particularmente agitada: entre 1947 y 2001 se sucedieron cincuenta y ocho gobiernos distintos. Ciertamente, la primera república italiana topó con muchas dificultades: extremismo de la izquierda (las Brigadas rojas) y de derecha, de tipo neofascista, corrupción generalizada entre el engranaje del Estado y que alcanzó a los más altos responsables gubernamentales, escándalos diversos (la logia secreta P2 y sus relaciones con los banqueros del Vaticano), etc.

En la década de 1990 pareció que la cosa tomaba un nuevo cariz al apuntar nuevos signos de fortaleza del Estado, aparentemente decidido a hacerse oír: rigor económico, operación «Manos limpias» que condujo a una gran limpieza de la vida política (1500 personas investigadas, de las cuales 251 eran parlamentarios). El socialista Bettino Craxi, antiguo presidente del Consejo de Ministros, decidió huir para escapar de la justicia y se refugió en Túnez, donde murió. Giulio Andreotti, otro antiguo presidente del Consejo de Ministros, del ala demócrata-cristiana, también estuvo a punto de ser condenado: tras cinco años de juicios, a falta de pruebas, fue absuelto de la acusación de asociación mafiosa. No obstante, su carrera política está acabada y su formación política desapareció.

A pesar de este arranque de honestidad política, lo cual permitió a Italia desembarazarse de los políticos corruptos, no tardaron en aparecer nuevos personajes, y no precisamente más fiables. Un histrión llamado Umberto Bossi surgió dispuesto a fanatizar a los italianos del norte para venderles su concepto fantasmagórico de Padania, «país» de fronteras inciertas cuyo denominador común es ser rico por oposición al sur de Italia, económicamente atrasado, corrompido y que depende de los italianos del norte. ¡Gran programa! El líder de la Liga Norte logró incluso, en 1994, ser el aliado de otro novato, Silvio Berlusconi, empresario mediático y del fútbol, que ese mismo año hizo una primera (corta) aparición en la vida política. Nuevas caras, sí, pero la experiencia no duró mucho y la izquierda volvió al poder en 1996. Parecía que Italia reemprendía su camino hacia Europa con relativa serenidad, con un gobierno que al menos lo intentaba. Pero el Olivo (nombre de la coalición de izquierdas) se quemó las ramas a raíz de sus divisiones internas, debilitado por el ejercicio de un poder de larga duración y el cumplimiento de una marcha forzada hacia Europa con las mismas coacciones de siempre.

Y luego vino Berlusconi...

En 1999 reapareció el hombre de Turín, *sua Emittenza*, resucitado para la política, que tuvo la brillantísima idea de formar una coalición con un nombre atractivo como un eslogan publicitario, el Polo de la Libertad: inquietó a la izquierda por primera vez en el año 2000, con ocasión de las elecciones regionales parciales, y ganó las elecciones legislativas de 2001.

Contrariamente a lo que ha venido diciéndose, no hubo maremoto Berlusconi el 13 de mayo de 2001. El partido de Berlusconi, *Forza Italia*, fue ciertamente la primera fuerza política transalpina (29,4 % de los votos). En las elecciones municipales que siguieron a las legislativas, la izquierda logró mantenerse en las grandes ciudades como Roma, Nápoles y Turín. Más que el auge de la derecha, lo que favoreció a Berlusconi fue el retroceso de la izquierda a escala nacional. Berlusconi se benefició de circunstancias particularmente favorables: la democracia-cristiana, el partido de derechas histórico definitivamente desacreditado, desapareció y su electorado se reencontró mayormente en el Polo de la Libertad; el partido comunista, remozado, no tenía ya nada de partido comunista; el partido socialista no sobrevivió al fraude de Bettino Craxi; y la coalición de centroizquierda que propugnó las reformas necesarias para recalificar a Italia se vio inmersa en disputas internas.

Uno de los principales problemas de la vida política italiana es la fuerte presencia del populismo. Incluso aquellos que atacaron el sistema vigente acabaron utilizando las mismas armas, como el juez Di Pietro, punta de lanza de la operación «Manos limpias», y no pudieron evitarlo, y fracasaron en su intento de renovar la política. El propio Berlusconi encarna el populismo mediático (no hay que olvidar la influencia subterránea que tuvieron sobre el electorado las tres cadenas que posee). Frente a la fragmentación de las fuerzas políticas (174 partidos y movimientos registrados en 2001), los italianos parecen fatigados y se muestran tentados por la solución del hombre providencial, aquél que promete más rápido que su sombra y maneja con destreza el insulto. ¿Qué tiene pues, este *Cavaliere*, para seducir a tantos transalpinos?

Berlusconi trata la política como los negocios: «maneja». Umberto Eco dijo que el empresario hacía más publicidad que política. Hemos llegado a oír en la calle que con un hombre tan rico (1ª fortuna de Europa, 14ª del mundo), no había nada que temer ya que él por lo menos no robaría de las arcas del Estado. Así pues, se aprecia la *success story* de este hombre con imagen de seductor (nació en 1936), admirador de Margaret Thatcher y de Reagan, salido de la nada y hoy al frente de un imperio financiero, la Fininvest, metido en inmobiliaria, edición, Internet, cine y, cómo no, fútbol (el A.C. Milan) y televisión.

Berlusconi arrastra consigo un historial judicial impresionante que haría palidecer de envidia a muchos otros políticos, si estuviera demostrado aritméticamente que la prima por caso judicial es políticamente rentable... He aquí a un hombre que ha sido condenado en primera instancia a un total de seis años y cinco meses de encarcelamiento en tres casos diferentes. Gracias a sutilezas en el procedimiento, ha sido absuelto o se ha beneficiado de prescripciones favorables, como la ley de impunidad aprobada en el parlamento. Y esto

por no hablar de los dossieres clasificados como los de sus conexiones con la mafia. No olvidemos que Berlusconi prometió crear una comisión encargada de vigilar a los jueces, a los que considera culpables de ensañarse con los políticos.
Berlusconi ha llegado a tener las manos libres para aplicar su política. Su programa es conocido por todos: una política de inspiración liberal, más bien ultraliberal (sobre todo en el plano de la fiscalidad) de las privatizaciones y de los grandes negocios. *Il Cavaliere* declaró que si no cumplía sus promesas en un plazo de cinco años, se retiraría de la vida política... Europa anunció que se mantendría a la expectativa, y Berlusconi se ha mantenido leal a Bruselas... Ello no impide que el número tres del gobierno formado en junio de 2001 fuese el inquietante Umberto Bossi, ministro de las Reformas, y que algunos ministros del equipo de Berlusconi tuvieron en el pasado propósitos poco compatibles con el ejercicio de funciones ministeriales.
Los primeros meses de su gobierno permitieron ver el alcance de los «talentos» del nuevo jefe de gobierno: fiasco en la cumbre del G8 en Génova en julio de 2001, marcado por la violencia policial conocida por todo el mundo, incumplimiento de ciertas promesas electorales como las reducciones de impuestos anunciadas. En lo que respecta a la justicia, se formuló una ley que complicaba extremadamente los procedimientos judiciales provenientes del extranjero. En julio de 2003, envuelto por la polémica por llamar nazi a un miembro alemán del Parlamento europeo, pasó a ocupar la presidencia de la UE tras pedir disculpas públicamente; si bien sus desaires y salidas de tono no acabaron ahí.

Principales fechas históricas

- ***800 a.C.:*** los etruscos.
- ***750 a.C.:*** helenización del sur de la península. Nacimiento de una pequeña ciudad en el monte Palatino: Roma.
- ***509 a.C.:*** nacimiento de la República romana.
- ***siglos IV-II a.C.:*** Roma conquistó progresivamente Italia en el marco de la ofensiva de la romanización; se logra la aculturación.
- ***395 d.C.:*** división del Imperio romano a cargo de Teodosio.
- ***476 d.C.:*** el último emperador romano murió exiliado en Nápoles.
- ***siglos VI-X:*** bárbaros, bizantinos y lombardos.
- ***siglos XI-XII:*** los normandos en Italia y en Sicilia. Italia es un conjunto de territorios desmembrados y rivales, incapaces de unificarse para crear un estado.
- ***s. XIII:*** algunas ciudades se organizaron en repúblicas aristocráticas, como Venecia, Génova y Florencia.
- ***1494:*** los franceses llegaron a Italia para recoger la herencia napolitana de Carlos VIII. Una liga antifrancesa los obliga a volver a Francia.
- ***siglos XVI-XVIII:*** dominación española; el propio reino de Nápoles es una provincia española; algunos estados conservan su independencia (Venecia, el Piamonte).
- ***1713:*** después del tratado de Utrecht, dominio austriaco.

- ***1796-1814:*** ocupación francesa en el curso de la cual se expandieron las ideas de unidad nacional. José Bonaparte y luego Murat fueron elegidos reyes de Nápoles.
- ***1814:*** con el tratado de París, vuelven los austriacos. Primeros levantamientos nacionalistas.
- ***1848:*** la agitación reinaba en todas las ciudades. Carlos Alberto I (Piamonte) declaró la guerra a Austria. Poco tiempo después, se firmó un armisticio y se restablecieron las antiguas fronteras. La represión fue violenta por todas partes. Venecia resistió un año antes de capitular. Pero los italianos tomaron conciencia de pertenecer a una misma patria.
- ***1858:*** Cavour se entrevistó con Napoleón en Plombières; discutieron sobre la futura Italia.
- ***1859:*** Napoleón III condujo con Victor Manuel II los ejércitos franco-piamonteses. Tras la victoria de Solferino, Cavour integró la Lombardía al Piamonte, y más tarde los ducados de Italia central. Niza y Saboya fueron anexionados a Francia después de un plebiscito.
- ***1860:*** auge del *Risorgimento*. La expedición de los Camisas rojas liderada por Garibaldi configura el movimiento de la unidad italiana.
- ***1866:*** guerra austroprusiana. Venecia pasó a ser italiana tras la derrota austriaca.
- ***1870:*** con la derrota de Francia frente a Alemania, cayó el último obstáculo para hacer de Roma la capital del reino de Italia. La Ciudad eterna se convirtió en primera ciudad del joven reino. El *Mezzogiorno* vio acentuarse su retraso económico y social, mientras el norte afirmaba su preeminencia económica.
- ***1918:*** la paz dio Trieste, Trentino, el Alto Adigio e Istria a Italia.
- ***1922:*** la marcha sobre Roma de un tal Mussolini abría la era fascista.
- ***1924:*** Mussolini instauró la dictadura fascista.
- ***1929:*** el Estado italiano y el Estado del Vaticano llegaron a una entente: el papado reafirmaba su soberanía sobre el Vaticano, y el Estado italiano encontraba a un buen aliado.
- ***1945:*** Mussolini y sus ministros fueron ejecutados.
- ***1946:*** plebiscito para la República italiana, que se caracterizó por una fuerte inestabilidad ministerial.
- ***1960:*** juegos olímpicos en Roma.
- ***1962-65:*** concilio Vaticano II.
- ***1970:*** fundación de las Brigadas rojas por Renato Curcio.
- ***1978:*** Aldo Moro, secuestrado por las Brigadas rojas, fue asesinado. Las leyes sobre el divorcio y el aborto marcaron una fuerte evolución de las mentalidades.
- ***1980:*** atentado neofascista en la estación de Bolonia, que provocó 85 muertos. Cayó el gabinete de Francesco Cossiga.
- ***1981:*** tentativa de asesinato de Juan Pablo II, el 13 de mayo. Primeros arrestos de los jefes históricos de Brigadas rojas, lo cual estabilizó la vida política.
- ***1987:*** en las elecciones legislativas, el partido socialista de Bettino Craxi obtuvo el 15 % de los votos, sus mejores resultados después

de 15 años. La democracia cristiana se mantuvo ampliamente como primer partido italiano (34 %), mientras que el PCI retrocedía al 26 %. El PCI perdió la mayor parte de ciudades italianas que administraba desde hacía diez años. Los Verdes entraron en el Parlamento con 13 diputados.

– ***1989:*** ¡histórico! El PCI anunció el inicio de su transformación en Partido democrático de la izquierda (PDS) sin la mención de la palabra «comunista». Recordad que el PCI fue el partido comunista más potente de Europa occidental (33 % de los votos en 1978).

– ***1991:*** 20 000 albaneses intentaron entrar en Italia. Las autoridades, desbordadas por los acontecimientos, hicieron acampar a los inmigrantes en un estadio antes de expulsarlos.

– ***1992:*** elecciones legislativas con una emergencia de la Liga lombarda como primera fuerza política milanesa y una de las más importantes de Italia del norte. Programa de denuncia de Mezzogiorno, considerado como una carga económica. Dimisión del presidente Francesco Cossiga, que dejó al país sin jefe de Estado durante varios meses. Asesinato de los jueces Falcone y Borsellino, en Palermo.

– ***1993:*** la investigación «Manos limpias» sobre la corrupción ligada a los partidos políticos vertía acusaciones sobre Bettino Craxi y sobre más de 150 políticos. Ello provocó la dimisión de varios ministros.

– ***1994***: «revolución» en Italia con el retorno de la derecha al poder. Dimisión de Berlusconi en diciembre seguida de una manifestación gigante en las calles de Roma.

– ***1995:*** una «nueva» derecha fascistoide o por lo menos inquietante (la Liga Norte), con su líder Umberto Bossi al frente, continúa su ascensión y aboga por la separación con el sur para no tener que compartir las riquezas (todas materiales) del norte.

– ***Abril 1996:*** verdadera alternativa desde 1946. Victoria de la coalición de izquierdas, con el prometedor nombre del Olivo, liderada por Romano Prodi.

– ***1998:*** Italia entró el 1° de mayo en el reducido club del euro tras las restricciones presupuestarias impuestas por Prodi. Segundo desafío inédito para un gobernante de increíble longevidad: reformar la constitución. Massimo d'Alema sucede a Romano Prodi en octubre.

– ***1999:*** en septiembre, nombramiento de Romano Prodi para la presidencia de la Comunidad europea.

– ***2000:*** elecciones regionales ganadas por la derecha, alrededor de Silvio Berlusconi, dimisión de Massimo d'Alema. Giuliano Amato, el *dottore sutile*, lo sucedió.

– ***2001:*** en mayo, las elecciones legislativas y senatoriales dieron una mayoría confortable al Polo de la Libertad, la coalición liderada por Silvio Berlusconi. Este último fue nombrado presidente del Consejo de ministros.

– ***2002:*** en marzo y abril, el movimiento social se agitó y manifestó su oposición a la política liberal de Silvio Berlusconi.

– ***Julio 2003:*** Silvio Berlusconi pasaba a ejercer el cargo de presidente de la Unión europea durante seis meses.

Horarios

A menudo sufren alteraciones impredecibles. Incluso los horarios oficiales, que os damos a título puramente indicativo, no son siempre respetados.

- *Bancos:* de lunes a viernes, de 8.30 a 13.30 h y de 14.30 a 16 h. Algunos abren los sábados por la mañana.
- *Correos:* de lunes a viernes, aproximadamente de 9 a 13.30 h, los sábados de 8.30 a 13 h y el último día del mes de 9 a 11.50 h. En las grandes ciudades, la central de correos está abierta por la tarde.
- *Despachos y administración:* abiertos sólo por la mañana.
- *Restaurantes:* de 12.30 a 15 h y de 19 a 23 h (más tarde en los sitios turísticos). Hay que tener en cuenta que almorzar antes de las 13 o 13.30 h, es una herejía. En cuanto a la cena, raramente se come antes de las 21 h. La posibilidad de ser servido hasta las 23 h y más allá no tiene nada de excepcional, sobre todo en Roma. Es práctico en los restaurantes donde muy a menudo los turistas extranjeros copan el primer servicio, mientras que los italianos toman el relevo en la segunda parte de la noche.
- *Iglesias:* la mayoría abren pronto para la misa. A veces sólo se las puede visitar los sábados y domingos, con motivo de las muchas bodas que se celebran. Las iglesias-museo tienen un horario más laxo. La mayoría cierran entre 12 y 15.30 h, pero hay que decir que algunos edificios religiosos no abren nunca sus puertas.
- *Museos:* ver más adelante el apartado «Museos, yacimientos y monumentos».
- *Almacenes:* sus horarios varían según el periodo del año. Por regla general, abren de 9 a 13 h y de 16 a 19.30 h, y están siempre cerrados el domingo y media jornada por semana (a menudo, lunes por la mañana, salvo los almacenes de alimentación que en principio cierran los jueves por la tarde en invierno y sábados por la tarde en verano).

Itinerarios

Hemos tratado de describir lo que vais a ver según itinerarios lógicos barrio por barrio, para permitir a aquellos que lo deseen dar un paseo mientras visitan. Si os remitís a un comentario preciso sobre un lugar también podéis dar un paseo durante el trayecto. Como es natural, no lograréis hacer de una sola vez todas las visitas que os aconsejamos. Haría falta toda una vida para llegar a ver los innumerables tesoros que ofrece esta ciudad. Para consolaros sabed que todo aquel que tira una moneda en la fontana de Trevi seguro que regresa un día a Roma.
Como las estancias son cada vez más cortas, hemos pensado que una serie de itinerarios podrían ayudar a los que permanezcan poco

tiempo. Si os apartáis de los lugares turísticos, la ciudad muestra otra cara. Así pues, no dudéis en perderos por las calles para descubrir lugares insólitos.

Roma en un día

En tan poco tiempo, es difícil ver otra cosa que los lugares «inevitables». Conviene dormir bien la víspera porque el itinerario está bastante cargado.
Al llegar por la mañana, id directamente a *San Pedro de Roma* (M.: Ottaviano-San Pietro o Cipro-Musei-Vaticani, línea A; o autobuses n°s 40, 62, 64) para admirar la basílica y la vista. Al salir del Vaticano, pasaréis delante del *castillo Sant'Angelo*, después tomad el paseo Victor Manuel II, en dirección a la *piazza Navona*. Caminad hasta la piazza della Rotonda para almorzar frente al *Panteón*.
Después de una buena comida, podréis retomar el paseo hacia el *Capitolio (Campidoglio)*, coged la via dei Fiori Imperiali, pasaréis frente al *Foro romano* (nos os detengáis porque no tendréis tiempo de ver el resto, que vale realmente la pena) y seguid hasta el *Coliseo*. Si las ganas y el tiempo os lo permiten merece la pena dar una vuelta por la *piazza Bocca della Verità* y el *Circo Massimo*. Si no, retomad la via dei Fori-Imperiali, después la via del Corso hasta la famosa *fontana de Trevi*. Basta con apreciar el encanto del lugar y el sonido del agua. Es bonito acabar rondando por la *piazza di Spagna* mientras saboreáis un merecido descanso.

Roma en tres días

Primer día: las iglesias

A primera hora de la mañana id a *San Pedro de Roma* (M.: Ottaviano-San Pietro o Cipro-Musei-Vaticani, línea A; o autobuses n°s 40, 62, 64) para admirar la basílica y la vista de Roma. Ocupad vuestra mañana con la visita de los *museos del Vaticano* repletos de tesoros *(capilla Sixtina)*, luego podéis hacer una pequeña pausa para comer en algún rincón (evitando los cazaturistas) para relajar vuestros pies ya cansados.
Por la tarde, rumbo al barrio de la estación Termini, hasta la parada de metro Cavour (línea B). Coged la via Cavour hasta abajo. La *iglesia San-Pietro-in Vincoli* se encuentra entonces a dos pasos en la parte alta de la via delle Sette-Salle. Continuad esta «peregrinación» hasta la basílica *Santa-Maria Maggiore*. Se continúa en dirección a la *piazza Trinità-dei Monti*, donde echaréis un vistazo a la fachada de la iglesia (absteneos de bajar los escalones ya que deberéis remontarlos para concluir el paseo). Recorred los jardines de la villa Borghese y deteneos en el Pincio para admirar la puesta de sol en la piazza del Popolo.

Segundo día: la Roma antigua

Utilizad un buen par de zapatos porque la jornada se presenta larga. Salid de la piazza Venezia, pasad frente a los *Foros imperiales* hasta el *Coliseo*, que podéis visitar. En este mismo sitio se encuentra la entrada para la visita del *Foro romano* y del *Palatino*. Aquí podéis hacer un alto para almorzar.
Luego id al *Circo Massimo* para hacer la digestión, y de ahí a la *piazza Bocca-della Verità*. A continuación coged la via Petroselli para terminar en el *Capitolio* (piazza d'Aracoeli).

Tercer día: las fuentes

¿Qué hay más agradable que un paseo refrescante cuando el calor se cierne sobre la ciudad?
Os proponemos que descubráis las fuentes más conocidas. Desde la *piazza della Repubblica,* donde se encuentra la *fonana delle Naiadi* (náyades), dirigíos al barrio de la via Veneto para admirar las fuentes *dell'Acqua Felice*, *del Triton* y *delle Api* (de las abejas). Tomad luego la via Sistina en dirección a la piazza Trinità-dei Monti, desde donde hay una vista admirable de la ciudad. Tras bajar las escaleras para llegar a piazza di Spagna, allí os espera la *fontana della Barcaccia*, y muy cerca de la plaza, la *fontana della Botticella*. Continuaréis hasta el Panteón para descubrir la *fontana del Facchino*. Una manzana más allá, se encuentra la piazza Navona y sus tres encantadoras fuentes: *dei Fiumi* (de los ríos), *del Moro* (del moro) y *del Nettuno* (de Neptuno). Si todavía no habéis comido podéis aprovechar que estáis en el barrio del campo dei Fiori para deteneros a comer algo en una terraza. No olvidéis ir hasta la piazza Farnese, situada unos metros más lejos.
A continuación encaminaos hacia la piazza Mattei, a fin de admirar la adorable *fontana delle Tartarughe* (fuente de las tortugas). Y finalmente, no os olvidéis de tirar una moneda en la *fontana de Trevi* para estar seguros de volver un día a Roma.

Roma en una semana

En una semana se descubre la ciudad sin muchas prisas. Podéis visitar los sitios «inevitables» más a fondo y ver barrios menos frecuentados. Os proponemos pasar una jornada de paseo en la colina del Gianicolo, almorzar en el barrio de Trastevere, y luego ir a la isla Tiberina. También os sugerimos visitar la villa Borghese y sus jardines, donde es posible alquilar un barco; así como el Castillo Sant'Angelo, y algunas iglesias un poco periféricas pero magníficas (San Pablo Extramuros, San Juan de Letrán...). En los alrededores de Roma, visitad los Castelli Romani y, si os queda tiempo, os sugerimos que hagáis una escapada a Ostia y a Tívoli. En fin, en una semana podéis disfrutar con cierto relajo.

Lengua

La lengua italiana es ciertamente una de la más melodiosas. Más que una lengua, parece música. Y esto es en parte porque se habla como se piensa. Para los hispanohablantes el italiano es una lengua fácil. En poco tiempo podéis aprender los rudimentos suficientes para defenderos, lo cual os abrirá bastantes puertas y os permitirá conectar con la gente. Dicho esto, muchos italianos hablan o chapurrean el español.
Italia es, por otra parte, un país de dialectos: siciliano, sardo, romañes, napolitano, milanés, bergamasco, y también de lenguas, como el griego, el albanés y el esloveno. En cualquier caso, siempre os queda la posibilidad de utilizar el gesto mientras habláis. Los italianos son expertos en este dominio, ya que la gestualidad ejerce un papel importante en sus conversaciones. Para iniciarse, o para evitar malentendidos, procuraos el *Diccionario de los gestos italianos* (ver apartado «Antes de partir»). A continuación os ofrecemos un pequeño vocabulario de ayuda que hay que agregar al léxico aportado en el apartado «Cocina», indispensable para descifrar una carta de restaurante. Atención a algunos equívocos: los días *feriali* son los laborables (por oposición a los *festivi*: los domingos o festivos).

Algunas expresiones básicas

Sí	*Si*
No	*No*
Señor	*Signore*
Señora	*Signora*
Buenos días	*Buongiorno*
Buenas tardes	*Buonasera*
Buenas noches	*Buonanotte*
Hasta luego	*Arrivederci*
Perdone	*Scusi*
Por favor	*Per favore*
Gracias	*Grazie*
Se lo ruego	*Prego*
¿Por qué?	*Perché?*
Todavía	*Ancora*
¿Puede decirme?	*Può dirmi?*
¿Tiene?	*Ha Lei?*
No entiendo	*Non capisco*
Hablad despacio	*Parli lentamente*
Mucho	*Molto*
Poco	*Poco*
Demasiado	*Troppo*
Suficiente	*Abbastanza*
Todo	*Tutto*

Nada	*Niente*
¿Cuánto cuesta?	*Quanto costa?*
Es muy caro	*È troppo caro*

El tiempo

Lunes	*Lunedì*
Martes	*Martedì*
Miércoles	*Mercoledì*
Jueves	*Giovedì*
Viernes	*Venerdì*
Sábado	*Sabato*
Domingo	*Domenica*
Semana	*Settimana*
Primavera	*Primavera*
Verano	*Estate*
Otoño	*Autunno*
Invierno	*Inverno*
Hoy	*Oggi*
Ayer	*Ieri*
Anteayer	*L'altro ieri*
Mañana	*Domani*
Pasado mañana	*Dopo Domani*
La mañana	*La mattina*
Por la tarde	*Nel pomeriggio*
Tarde (18 a 21 h)	*La sera*

Números

Uno	*Uno*
Dos	*Due*
Tres	*Tre*
Cuatro	*Quattro*
Cinco	*Cinque*
Seis	*Sei*
Siete	*Sette*
Ocho	*Otto*
Nueve	*Nove*
Diez	*Dieci*
Once	*Undici*
Doce	*Dodici*
Trece	*Tredici*
Catorce	*Quattordici*
Quince	*Quindici*
Dieciséis	*Sedici*
Diecisiete	*Diciassette*
Dieciocho	*Diciotto*
Diecinueve	*Diciannove*
Veinte	*Venti*
Veintiuno	*Ventuno*
Veintidós	*Ventidue*
Treinta	*Trenta*
Cuarenta	*Quaranta*
Cincuenta	*Cinquanta*
Sesenta	*Sessanta*
Setenta	*Settanta*
Ochenta	*Ottanta*
Noventa	*Novanta*
Cien	*Cento*
Doscientos	*Duecento*
Trescientos	*Trecento*
Mil	*Mille*
Dos mil	*Duemila*
Tres mil	*Tremila*
Un millón	*Un milione*

Desplazarse en tren o en autobús

Un billete para	*Un biglietto per...*
¿A qué hora sale?	*A che ora parte?*
¿A qué hora llega?	*A che ora arriva?*
Parada	*Fermata*
Llegar	*Arrivare*
Equipaje	*Bagagli*
Consigna	*Deposito*
Revisor	*Controllore*
Coche-cama	*Cuccetta*
Estación	*Stazione*
Horario	*Orario*
Salir	*Partire*
Andén	*Binario*
Maleta	*Valigia*

Desplazarse a pie

¿Dónde se encuentra?	*Dove si trova?*
Lejos	*Lontano*
Cerca	*Vicino*
Abierto	*Aperto*
Cerrado	*Chiuso*
Avenida	*Viale*
Cementerio	*Campo santo, cimitero*
Claustro	*Chiostro*
Patio	*Cortile*
Iglesia	*Chiesa*
Escalera	*Scala*
Gran plaza	*Piazzale*
Jardín	*Giardino, orto*
Mercado	*Mercato*
Museo	*Museo*
Palacio	*Palazzo*
Patio	*Cortile*
Plaza	*Piazza, largo*
Plazuela	*Piazzetta*
Paseo	*Passeggiata*
Calle	*Via*
Callejuela	*Vicolo*
Ruinas	*Rovine*
Salida	*Uscita*
A la derecha	*A destra*
A la izquierda	*A sinistra*

Dormir

Cámping	*Campeggio*
Albergue de juventud	*Ostello della gioventù*
Albergue	*Locanda*

Hotel	*Albergo*
Una pensión familiar	*Una pensione familiare*
Quisiera una habitación	*Desidero una camera*
Con una cama, dos camas	*A un letto, a due letti*
Habitación con cuarto de baño	*Camera con bagno*
Que dé a la calle	*Sulla strada*
Que dé al patio	*Interna, sul cortile*
¿Cuál es el precio?	*Quale è il prezzo?*
¿Servicio y tasas incluidos?	*Servizio e tasse compresi?*
Desayuno	*Prima colazione*
Despiérteme a...	*Mi svegli alle ore...*
Quisiera la cuenta	*Vorrei il conto*

Beber

Cerveza	*Birra*
Café	*Caffè*
Café crema	*Cappuccino*
Chocolate	*Cioccolata*
Agua	*Acqua*
Zumo de frutas	*Succo di frutta*
Té	*Té*
Vino blanco	*Vino bianco*
Vino tinto	*Vino rosso*

Comer

Carta	*Carta*
Cuchillo	*Coltello*
Cubierto	*Coperto*
Cuchara	*Cucchiaio*
Cucharita	*Cucchiaino*
Tenedor	*Forchetta*
Aperitivo	*Antipasti*
Menú	*Lista, menù*
Plato	*Piatto*
Comida	*Pasto*
Copa	*Bicchiere*
¿A qué hora es el desayuno?	*A che ora é il pranzo?*
¿Y la cena?	*E la cena?*

Libros de ruta

Los prospectos turísticos y los mapas os darán ya una idea. Pero para completar vuestra preparación, a continuación os proponemos una lista de obras sobre Italia. La mayoría de estos libros los encontraréis en cualquier librería en ediciones corrientes. No todos tienen Roma como referencia, pero algunos aportan visiones inéditas sobre tal o cual aspecto de Italia, y también hemos querido mencionarlos aquí.

– ***Crónicas italianas***, de Stendhal (Espasa-Calpe, 2000). Revisando los archivos de Civitavecchia, Stendhal redactó una sorprendente colección de procesos verbales relatando hechos diversos que mancharon de sangre algunas grandes familias italianas del siglo XVI: complots, amores, asesinatos con esa fiebre y exaltación latinas que, incluso en Italia, desaparecieron hace tiempo.

– ***La vida cotidiana en Roma en el apogeo del Imperio***, de Jerónimo Carcopino (Ediciones Temas de Hoy, 2001). La Roma de los Césares como si estuvierais allí... Con un lujo increíble de detalles, el autor nos hace descubrir las casas, las termas, la educación, los juegos del circo, pero también las costumbres de los romanos. Comprendemos que le hubiera gustado vivir alrededor del siglo II; cada uno tiene sus gustos.

– ***Los muchachos de la calle***, de Pier Paolo Pasolini (Editorial Planeta, 1973). La primera novela de Pasolini describe el mundo cruel de la periferia de Roma, de la que reinventa el lenguaje.

– ***La historia***, de Elsa Morante (Círculo de Lectores, 1992). La historia de una mujer medio judía en la Roma ocupada. Una obra que, según Alberto Moravia, marido de la escritora, evoca el sentimiento de la pequeña burguesía además del momento histórico. Adaptada al cine por Luigi Comencini.

– ***Los que van a morir te saludan***, de Fred Vargas (Ediciones Siruela, 2002). Policial. Un dibujo de Miguel Ángel, procedente probablemente de la biblioteca del Vaticano, hace una discreta aparición en el mercado. ¿Quién se arriesgaría a sustraer los tesoros de los archivos papales? Cuando el experto Valhubert llega a Roma para investigar el crimen, empiezan los problemas... Limpia y eficaz, esta novela policiaca está llena de personajes singulares y su trama resulta sorprendente.

Medios de comunicación

Televisión

Es difícil hablar de la televisión italiana sin tener en cuenta al grupo Fininvest de *sua Emittenza*. Silvio Berlusconi es accionista de un 53 % del tercer grupo multimedia de Europa (noveno del mundo). Sus ramificaciones son tentaculares y se infiltran en la prensa, las cadenas de televisión, la publicidad, la edición, la gran distribución, las redes de cable... En 1975 el monopolio del Estado llegó a su fin y las cadenas privadas invadieron la pequeña pantalla. Pero *Il Cavaliere* preparaba su golpe desde 1970. Fue en esta fecha cuando tomó el control de *Canale 5*, luego, a principios de la década de 1980, adquirió *Italia 1*, y finalmente *Rete-Quattro*.

La publicidad es omnipresente en la tele y, para evitarla, los italianos hacen *zapping (fare una carrellata)*. Sólo después de las elecciones de mayo de 2001, *sua Emittenza* se reencontró de nuevo más o menos directamente al frente de las cadenas de la RAI... A destacar igualmente algunos teleevangelistas o cartománticos que buscan a cualquier precio promocionar sus dotes como médium para hacer ganar la Loto, recuperar el amor de su marido, tener el porvenir favorable, etc. Curioso de ver, a veces...

Radio

La radio del Estado, la *RAI*, es muy poderosa, pero también se cuentan decenas de radios libres. La sección internacional transmite programas informativos radiofónicos en 26 idiomas. En lengua española lo hace para América, Europa y África. El informativo para Europa y la cuenca del Mediterráneo se transmite a las 23.10 h en onda corta (en las frecuencias de 6130 y 7290 Khz). También puede escucharse vía satélite (Hot Bird 1 en las frecuencias 7.56 Mhz del canal de televisión Raidue) o por Internet. Por estos dos últimos canales también podréis ver los programas que emite RTVE. 🖳 www.international.rai.it

Prensa escrita

Se pueden encontrar los periódicos españoles de mayor difusión, como *El País*, *La Vanguardia* o *El Mundo* en quioscos de prensa internacionales, aeropuertos y en las estaciones de trenes.

Museos, yacimientos y monumentos

Horarios

La temporada turística se extiende sobre todo desde finales de junio a finales de agosto. Así pues, tened en cuenta que raramente estaréis solos, salvo fuera de temporada, cuando se está mucho más tranquilo. En cuanto a los horarios, ya lo hemos dicho, es la anarquía total. *Chiuso* es una simple palabra italiana que significa «cerrado» y que decora la puerta de un museo que debería estar abierto. La fantasía, que forma parte del encanto de los italianos, no es excluyente de los horarios cuyas fluctuaciones escapan al común de los mortales –en realidad les importa un pito. Las razones por las que se cierran algunos museos son a veces algo oscuras: por ejemplo, cerrado el domingo 30 porque el martes 1 es fiesta.
En principio, los museos están abiertos de martes a sábado de 9 a 14 h y el domingo de 9 a 13 h. Cerrados los lunes (en principio, lo repetimos).
Desde hace algún tiempo los horarios de apertura de ciertos grandes museos italianos se han ampliado (abren a las 9 h y cierran a las 22 h). Y esto todos los días del año. Otros han visto también sus días de cierre considerablemente reducidos (con la apertura los domingos y en verano hasta las 22 h). Varios yacimientos a cielo abierto

son también accesibles de 9 h a la hora que precede la puesta de sol. Y luego la alcaldía, no queriendo ser menos, a veces ha tomado la decisión de alargar las jornadas de establecimientos culturales durante un tiempo indeterminado.

Tarifas

La mayoría de las tarifas son elevadas. No obstante, algunas son perfectamente asequibles.
Los jóvenes de menos de 18 años, así como los adultos de más de 65 años que forman parte de la Unión Europea, se benefician de la reducción o de la gratuidad en un buen número de museos y yacimientos nacionales. Llevad vuestro carnet de identidad. Las reducciones para estudiantes son poco frecuentes pero la tarifa reducida se aplica a menudo para los 18-24 años, lo cual permite a los estudiantes beneficiarse de ello. También son raras las explicaciones y comentarios traducidos en lenguas extranjeras. Lástima...

Pasta

Primeros productores de pasta seca, los italianos son también los primeros consumidores con no menos de 28 kg por persona y por año.

PEQUEÑA HISTORIA DE LA PASTA, O EL FIN DEL MITO DE MARCO POLO «INTRODUCTOR DE LA PASTA EN ITALIA»

Marco Polo, introductor de la pasta en Italia. ¡Cuántas veces hemos oído esta idiotez! La pasta se consume desde hace muchísimo tiempo. El colmo de la ironía es que un documento notarial de 1279 menciona la fabricación de pasta en Génova, veinte años antes de la publicación del *Libro de las maravillas del mundo*.
La Antigüedad también nos ofrece un buen número de pruebas, como los bajorrelieves de Cerveteri (célebre necrópolis etrusca al norte de Roma), representando diferentes instrumentos necesarios para la transformación de la *sfoglia* en *tagliatelle*, o bien el libro de cocina de Apicius, donde hallamos el ancestro de la *lasagna*, la *patina*. A través de estos testimonios etrusco y romano, los *macaroni* podrían reivindicar la paternidad de la pasta. Pero este italianismo no es tan evidente. La Sicilia árabe (siglos IX-XI) también parece haber sido el punto de partida de la introducción de la *pasta secca* en Italia. El refinamiento de la misma habría iluminado al resto del país.
Transcurridos los siglos con glotonería, he aquí que nos hallamos a finales del siglo XIX en Nápoles, que en muchos sentidos está considerada la patria de la *pasta secca*. Es aquí donde una verdadera industria creció favoreciendo la difusión por toda Italia de la *pasta secca*, que se transporta mejor que la *pasta fresca*. Pasta seca, pasta fresca, esta es la frontera entre el sur y el norte de Italia. El norte

es famoso por la fabricación de pastas frescas al huevo hechas a partir de harina de trigo tierno, el sur por las pastas secas hechas a partir de sémola de trigo duro.

GRANDES FAMILIAS DE PASTA

Los espagueti, o las pastas filiformes

¿Quién no tiene debilidad por los espaguetis? Esta modalidad de pasta se come desde hace mucho tiempo en toda Italia. Garibaldi y su famosa expedición de los Mil en 1860, remontando de sur a norte, habrían contribuido fuertemente a la generalización de las pastas secas y de los espaguetis en particular. ¡La unidad por la pasta!
- Los ***vermicelli***, ***cappelletti*** (también llamados ***cappellini***, es decir cabellos finos), ***capelli d'angelo*** (cabellos de ángel), ***bigoli***, ***pici*** o ***pinci*** forman parte de los espaguetis.
- Los ***bucatini***, muy populares en Roma *(bucatini all'amatriciana)*, son pastas bastardas que pertenecen a la familia de los *maccheroni*. Los nombres varían según su talla.

El arte y la manera

Las grandes recetas a base de espaguetis son originarias del sur de Italia y de la región de Roma.
Sofía Loren, que los adora, recomienda atraparlos como una aspiradora para tragarlos. Para los más pequeños, conviene proveerse de una cuchara, mientras que los demás se comen con tenedor, que por otra parte apareció en la corte de Nápoles precisamente para facilitar la degustación de los espaguetis. Si uno se encuentra desprovisto de cubiertos, puede imitar a los napolitanos de antaño y probar a comerlos con la mano, la cabeza echada hacia atrás y el brazo en alto. Y sobre todo no los cortéis antes de ingerirlos.

Maccheroni (macarrones)

Con esta palabra de origen griego (*macar* significa contento), se designa en el sur de Italia la totalidad de las pastas secas. El sentido figurado de *maccherone* (bobo sin nada en la cabeza) puede que alimente el humor negro de los visitantes españoles, aunque el calificativo de desprecio más corriente popularizado por las películas yanquis es «espagueti».
Los *maccheroni* pueden ser lisos *(lisci)* o estriados *(rigati)*, lo cual acostumbra a tener incidencia sobre el tipo de salsa, ya que se adherirá más o menos a la pasta. Una gran diversidad de salsas acompaña a esta pasta servida como *pasta asciutta*. Sin embargo, durante mucho tiempo fue servida simplemente con mantequilla, queso seco rayado, azúcar...
- Pertenecen a la familia de los *maccheroni* las siguientes pastas: ***penne, rigatoni, macaroni, tortiglioni, giganti, bombardoni, ziti***.

Los ***penne rigate*** representan por sí mismos cerca de un cuarto del mercado de la pasta seca, justo detrás de los espaguetis.

Otras pastas

– Símbolo de la multiplicación de las formas y del lado festivo de la pasta, los ***fusilli*** (originarios de Campania) son el resultado de evoluciones técnicas considerables. Al principio, los ***fusilli*** eran cordones de pasta de trigo enrollados en espiral alrededor de una aguja de hierro. La aguja se retiraba una vez la pasta estaba seca. También podríamos citar los ***farfalle*** (mariposas), pero estos últimos son originarios de la región de Bolonia.

Peligros y contratiempos

Robos

Como en otros países, el riesgo de robo existe, así que prestad atención. Es alucinante la imaginación que pueden llegar a tener los *scippatori* (ladrones que utilizan el método del tirón) en Roma. Tan pronto como se descubren sus variadas técnicas y se advierte a los turistas, ya han encontrado otras todavía más ingeniosas. He aquí dos que se han convertido en clásicas y una reciente (¡la última moda!).

La primera se practica sobre todo entre el Foro romano y el Coliseo: algunos jóvenes agitan viejos periódicos ante vuestras narices; mientras andáis ocupados apartándolos con un gesto de las manos, uno de ellos aprovecha para registraros los bolsillos con una destreza de artista. Así pues, una regla: nada en los bolsillos, sobre todo en los de atrás, fácilmente accesibles.

La segunda técnica es aún más peligrosa. Concierne a quienes lleven mochilas o cámaras fotográficas. Os empujan levemente y os rocían con un líquido (generalmente salsa de tomate) para que pongáis la bolsa en el suelo y comprobéis los desperfectos. En ese instante, un cómplice, probablemente un especialista en mil metros lisos, se abalanza precipitadamente y desaparece entre la multitud.

La tercera, practicada en los autobuses que dan la vuelta por las catacumbas (afueras de Roma) y el Coliseo, pone en acción a uno o varios ladrones disfrazados de turistas a la perfección que, mirando a las alturas, la mirada suspendida, no pierde ni un momento de vista vuestra bolsa, a la que se aproximan distraídamente.

Llevad siempre la bolsa cruzada a través del torso, y sujetadla bien si cogéis un transporte público. Los ladrones van provistos de cúters y cortan las correas para hacerse más fácilmente con el botín. Si tenéis la suerte de llevar un vehículo, no dejéis nada a la vista y dejad vuestro equipaje en el maletero el menor tiempo posible. Desconfiad si os paran en la calle por cualquier pretexto. Siempre os abordarán en el momento que menos lo esperéis. Llevad siempre los cristales

subidos. No hace falta deciros que los aparatos de música de los coches son una presa muy apetecible y que los remolques a veces también los desmontan de noche.
Tratad de ser más avispados que los ladrones y prevenid el golpe. En caso de pérdida o de robo, solicitad un atestado para vuestra compañía de seguros, dirigiéndoos a la comisaría de *carabinieri* más cercana.

Droga

Oficialmente hay 250 000 consumidores de drogas duras censados en la península. El tráfico está en manos de la mafia. El país tiene el récord europeo de muertos por sobredosis de heroína. La ley de 1975, que condenaba a los traficantes, ha sido modificada y hoy también se aplica a los consumidores.

En caso de urgencia

- ***Policía*** *(carabinieri):* ☎ 112.
- ***Primeros auxilios*** *(pronto soccorso):* ☎ 113.
- ***Bomberos*** *(vigili del fuoco):* ☎ 115.
- ***Asistencia en carretera:*** ☎ 116.

Personajes célebres

– ***Dominico de Sole:*** un romano de pura cepa. Desde hace ocho años ha revitalizado la celebérrima casa Gucci, cuyo número de ventas se ha cuadriplicado desde que él reasumió la dirección. Recientemente, ha conseguido mantener al margen a la competencia extranjera (sobre todo francesa), creando un rebrote «nacionalista» entre los grandes modistos italianos.
– ***Federico Fellini:*** cuando se le preguntaba dónde le habría gustado vivir, él respondía: «Cinecittà». Trabajó algún tiempo con Roberto Rossellini, como guionista, por ejemplo en *Roma, città aperta*. Con el éxito internacional de *La Strada* en 1954, entró en el círculo de los grandes. Impuso definitivamente su estilo con *La Dolce Vita* (1960). Le siguieron una serie ininterrumpida de largometrajes, obras audaces alejadas de la narración clásica, hasta su muerte en 1994.
– ***Familia Fendi:*** una casa de diseño de moda creada en 1925 en Roma por Edoardo y Adela Fendi, y desarrollada por sus cinco hijas (con la participación de Karl Lagerfeld, cuya carrera se inició en la década de 1960). Al principio, Fendi estaba especializado en las pieles y en el cuero. Pero el éxito de su bolso fetiche, creado en 1997 por Silvia Venturini, heredera de la casa, y del cual se vendieron más de 600 000 ejemplares, propulsó a Fendi hasta el pelotón de cabeza de las grandes firmas de lujo.
– ***Nanni Moretti:*** seguro que le gusta que se le compare con Woody Allen, salvo que este último es más bien el prototipo de antideportista mientras que Moretti es un as del waterpolo. En 1976, su primer

largometraje tenía un título revelador: *Soy un autárquico*. Luego vinieron, entre otros, *Sueños de oro* (*Sogni d'Oro*, 1981), *Se acabó la misa* (1986) y *Palombella Rosa* (1989). En su país no es muy locuaz y tiende a huir de la gente plomiza, es decir, los periodistas. Sus tergiversaciones falsamente cándidas de autor-realizador-actor en *Diario íntimo (Caro Diario)* le reportaron una Palma a la mejor puesta en escena en Cannes en 1994. Nanni Moretti con su *Vespa* se convirtió en una escena divertida de antología. Fundó su propia casa de producción, la Sacher Film. En 1998, *Aprile*, aunque bien acogida por la crítica, no fue un gran éxito de público. Su película *La habitación del hijo (La Stanza del figlio)*, en la que Moretti todavía interpreta pero se aleja de su propio personaje, recibió la Palma de Oro en Cannes en 2001.

– ***Alberto Moravia:*** definitivamente una de las principales personalidades literarias y culturales de la Italia contemporánea. Escritor precoz, publicó *Los indiferentes* (una novela que tuvo el efecto de una bomba en plena Italia fascista) a la edad de 19 años. Su ciudad natal le inspiró varios relatos: *La bella romana*, *El conformista*, *La Ciociara*, popularizados por el cine; y también *Noticias romanas* y *Otras noticias romanas* que, de algún modo, anticipaban la Roma de los «ragazzi» de Pasolini (ver «Libros de ruta»). En la década de 1960, Moravia empezó a viajar. Hombre curioso, levaba amarras regularmente, con destino a África, India, China y otros países del «tercer mundo», pero viajó poco a países ricos. París ha sido la excepción a la regla, ahí el escritor se siente como en casa. Si hubiera que trazar una «geografía moraviana», Roma sería el primer punto fijo, seguido de Milán y de París. Pero su verdadero universo era finalmente en cualquier lugar.

– ***Pier Paolo Pasolini:*** pintor, hombre de letras y poeta, luego profesor de colegio y periodista en Roma. Fascinado por una periferia a la vez violenta y audaz, la describió en las novelas *Ragazzi de vita* y *Una vita violenta*. La originalidad de su estilo y del lenguaje que empleaba despertó el interés de la comunidad intelectual, pero también de la justicia... que lo acusó de pornografía (fue absuelto). Pasolini empezó también a escribir guiones cinematográficos, entre otros para Fellini *(El prisionero de la montaña)*. En 1960, emprendió su trayectoria como realizador rodando su primera película, *Accatone*. Siguieron *Mamma Roma* (también denunciada por pornográfica), *La Ricotta, La rabbia, Edipo Rey, Medea, El Decamerón, Teorema, Los 120 días de Sodoma,* etc. También escribió una serie de obras críticas (entre las que destaca *Empirismo eretico*, ensayo sobre la lengua y el cine) y varias piezas de teatro. Pasolini fue asesinado en 1975, en circunstancias aún no dilucidadas.

– ***Isabella Rossellini:*** una gran persona al igual que sus progenitores, Ingrid Bergman y Roberto Rossellini. Ha colaborado con cineastas de la talla de Martin Scorsese, David Lynch y Gary Oldman. Desde que Lancôme decidió retirarla de la vida pública, esta romana de nacimiento pasó a ocupar la vicepresidencia de Lancaster, pero se reserva el derecho de exponer su magnífica silueta ante el objetivo. Intereses...

- ***Alberto Sordi:*** uno de los monumentos de la Ciudad eterna, sin discusión. Con más de 200 films rodados, entre otros muchos destaca *Nerón*, Alberto Sordi encarnó mejor que nadie la persona del romano medio, tanto por sus cualidades como por sus vicios mezquinos. Murió en 2002.

Presupuesto

Las tarifas son algo más elevadas que las españolas. Sólo el alojamiento podría acabar con vuestro presupuesto, por lo que a continuación os detallamos las categorías de los precios.

Alojamiento

Lo venimos diciendo y lo repetimos, el alojamiento en hoteles es caro, y aún más en Roma. Conviene saber que los precios no están expuestos en los hoteles. Con un poco de suerte, alargando el cuello, los veréis escritos detrás de la recepción, pero a veces resultan ilegibles... Son muy fluctuantes. Evidentemente, los precios que os indicamos descienden en temporada baja, pero también pueden hacerlo en temporada alta en función de la afluencia al establecimiento y de la «calidad» del cliente. En varias ocasiones hemos visto precios ligeramente distintos por la misma habitación: el recepcionista de la mañana no era el mismo que el de la tarde. Además, el precio que os dan es a menudo el de un tipo de habitación escogida entre las de categoría superior, con aire acondicionado, ventilador, W.C. o cuarto de baño. La mayoría de los hoteles de las categorías «Barato» o «Precio medio» y algunos de la categoría «Selecto» tienen varias habitaciones con distintas prestaciones.
Para una habitación doble en temporada alta, calculad:
- ***Barato:*** menos de 60 €.
- ***Precios medios:*** de 60 a 100 €.
- ***Selecto:*** de 100 a 160 €.
- ***Muy selecto:*** establecimientos excepcionales y de un precio muy elevado –más de 160 €–, que citaremos sobre todo en función de su prestigio y de su decoración, esperando que vuestro presupuesto os permita dejaros caer por allí un día u otro.

Para dormir más económicamente, siempre existe la solución cámping, AJ, alquiler de apartamento, agroturismo o... convento (ver antes el apartado «Alojamiento»).

Restaurantes

A diferencia de los hoteles, los restaurantes tienen cartas muy completas con todos los precios indicados. Prestad atención, no obstante, a los *antipasti* en el bufet, ya que no se ofrecen a voluntad, y también al pescado, facturado habitualmente según su peso.
Los precios escogidos para designar los tenedores de un restaurante corresponden a los precios medios indicados de un *antipasto* o de un

primo piatto seguido de un *secondo* y de un *dolce*; os dan la idea de los precios del establecimiento. A menos que tengáis un gran apetito, os costará incluso más barato (pastas + carne o pescado y postre en cada comida puede resultar excesivo, ¿no?). No obstante, salvo raras excepciones, deberéis añadir a la cuenta el *pane e coperto* (de 1 a 2,5 € de media) así como la botella de agua mineral (alrededor de 1,5 €), puesto que, como os decíamos antes, resulta casi imposible obtener agua del grifo. Puede también ocurrir que os cobren el servicio, con lo cual la cuenta puede subir muy rápido.

Para empezar a comer de manera interesante, es decir, degustar especialidades regionales y familiares con un menú completo (entrante, plato, postre, bebida, pan y cubierto), calculad unos 18 €, algo menos para un menú turístico. Por 27 € comeréis la misma cantidad, pero os servirán pescado fresco, aunque puede que sea por la calidad del servicio, el estilo o el barrio. Por encima de 32 € o más, pagaréis la clase... o, simplemente, la clavada.

En un café, la consumición mínima no baja de 1 €, y el precio aumentará un 50 % si os sentáis. Una botella de agua mineral se vende, según los lugares, entre 1,60 y 3 €.

En fin (trotamundos con presupuestos apretados, esto os concierne), a la salida de los museos hay que resolver el problema del avituallamiento. Una buena opción consiste en ir a un *alimentari* (almacén de alimentación) para hacerse hacer un *panino*; es decir que debéis escoger uno o dos *rosette* (en singular, *rosetta*, pequeño pan individual), o bien una porción de *pizza bianca* (pizza blanca) rellena con lo que os apetezca (mozzarella, jamón ahumado, etc.).

Como los hoteles, los restaurantes son en su mayor parte locales familiares.

Hemos clasificado los restaurantes en tres categorías, sobre la base de una comida sin contar la bebida:

- ***Barato:*** menos de 15 €.
- ***Precios medios:*** de 15 a 26 €.
- ***Selecto:*** más de 26 €.

Visitas a iglesias y museos

En el ámbito de la cultura, la mayoría de yacimientos o museos tienen la misma tarifa (4 €); los menores de 18 años y las personas de más de 65 años pertenecientes a la UE a menudo tienen derecho a una reducción del 50 %. Desde hace algún tiempo, Roma propone ***pases*** y ***carnets*** para facilitar la entrada a los museos. Por lo general ofrecen reducciones nada despreciables. Informaos en la oficina de turismo a vuestra llegada.

Propinas

Nada os obliga a dejar una propina (una *mancia*). Sois libres de decidir según la calidad del servicio del que habéis disfrutado.

Restaurantes

¿Dónde comer?

El trotamundos puede llegar a desorientarse los primeros días ante la variedad de carteles: *Ristorante, Tavola Calda, Osteria, Rosticceria, Pizzeria, Trattoria,* etc.

Por lo general, el snack-bar, el *caffè* y la *latteria* venden pasteles y bocadillos. La *rosticceria* vende platos para llevar, teóricamente, pero también tiene mesas donde uno puede sentarse a comer. Hay pizzerías donde se consume sentado y otras donde se compra para llevar. También se pueden comprar pizzas en algunas panaderías *(panetterie)*.

Las *tavole calde* eran lugares donde se comía una pizza o un plato de espaguetis de pie y de prisa. Cada vez se parecen más a las *trattorie*. Las verdaderas *tavole calde* se llaman actualmente *rosticcerie* (establecimiento donde se sirven asados) o *pizzerie-bar*.

Un poco por todas partes se encuentran menús turísticos ventajosos. También os podéis contentar con un plato de pasta o una pizza. Los más hambrientos pueden optar por los *tramezzini* (bocadillos variados con pan de molde), que pueden pedirse en cualquier café.

Cafés y bares

Aparte de ciertos lugares turísticos (piazza Navona y Campo dei Fiori), las terrazas son poco comunes y, salvo en temporada alta, es difícil encontrar un local con mesas y sillas. Los italianos consumen más bien de pie en la barra después de haber pagado el precio de su bebida en la caja de la entrada. Así uno se ahorra el servicio. Si os sirven en una mesa, el precio de la consumición puede aumentar un 50 %. Un pequeño detalle: algunos bares y cafés están desprovistos de lavabos, o si no hay que pedir la llave en la barra, que no siempre es fácil de obtener, todo hay que decirlo. De hecho, a menudo os dirán que los lavabos están *guasto* (fuera de servicio), sobre todo si pedís la famosa llave antes de empezar a beber.

Salud

Antes de partir, pedid a la Seguridad social el formulario E111, que posteriormente, en Italia, tendréis que presentar en las USL (unidades sanitarias locales) donde, a su vez, os entregarán un «talonario de asistencia sanitaria» que os da derecho a beneficiaros de sus servicios médicos. Aun así, en las visitas médicas, exámenes y diagnósticos hay que abonar una cantidad. Conservad bien todas las facturas para obtener el reembolso a vuestro regreso.

Vacunas

No hay ninguna obligatoria, pero es preferible tener la antitetánica al día, sobre todo si vais de cámping.

Seguros

No partáis sin contar con un seguro:
- ***RACC:*** Centro de atención al cliente: ☎ 902-41-41-43. info@racc.es www.movendus.com Hay oficinas por toda España.
- ***Europ Assistance:*** ☎ 902-15-85-85. Fax: 91-514-99-50. info@europ-assistance.es www.europ-assistance.es

Las agencias de viajes también suelen gestionar el seguro de viaje (los hay de varios tipos dependiendo de la duración y el lugar de destino).

Sitios en Internet

Sobre Italia

www.routard.com

Todo para preparar vuestro periplo, fichas prácticas, mapas, información del tiempo y la salud, posibilidad de reservar vuestras prestaciones en línea. Sin olvidar *Routard Mag*, revista completa con, entre otras cosas, sus carnets de ruta e informaciones varias para que estéis bien informados antes de partir.

www.paginegialle.it

Páginas amarillas italianas para consultar si es necesario.

www.museionline.it

En inglés o en italiano. Una web inevitable si os disponéis a visitar todos los museos de Italia. Están clasificados por categorías: arte, historia, arqueología, historia natural, ciencias y tecnología, con los precios, horario y el sitio web de cada museo. Además, esta web os da la lista de las exposiciones temporales que podéis ver en la región visitada (regularmente actualizada). Os la recomendamos sinceramente.

Sobre Roma

www.comune.roma.it

Web del ayuntamiento de Roma. Contiene información cultural, política, de deportes y otros eventos, noticias sobre la ciudad y datos prácticos. En italiano e inglés.

www.nauta.es/iicmadrid

Instituto italiano de cultura en Madrid. En español.

www.vatican.va

La web oficial del Vaticano. Repasaréis la historia del cristianismo y conoceréis todos los papas, desde León XIII a Juan Pablo II. Fondo bibliográfico importante y visita guiada de los lugares, en particular del museo.

www.romaturismo.it
En inglés y en italiano. La web portal de la ciudad de Roma, donde se encuentra sobre todo información de eventos culturales.
www.romace.it
En italiano. La web del semanario *Roma c'è* os ayuda a encontrar todas las películas en las pantallas de la Ciudad eterna.
www.beniculturali.it
En italiano. La web del ministerio del Patrimonio y de la Cultura. Informaciones sobre los eventos culturales, sobre las restauraciones en curso, etc. Posibilidad de adquirir entradas «on line» para visitar la galería Borghese, la galería Spada y algunas otras.

Sobre cine y prensa

www.rail.it
La web de la primera emisora de radio y cadena de televisión italiana.
www.cinecitta.it
Web del gigante italiano con la taquilla de cada semana, informaciones y la actualidad del cine.

Sobre coches italianos míticos

www.multimania.com/droop/Fiatou/fiatou.html
Web concebida para un *fan* del pequeño «Cinquecento» con una versión francesa y una inglesa. Para saber algo más sobre el coche pulga de la ciudad: su historia, el aspecto técnico, los anuncios y las informaciones.
www.ferrari.it
En otro registro, la web oficial del famoso coche rojo, en italiano y en inglés.

Sobre cocina y los vinos italianos

www.italianpasta.net
En italiano. En un entorno muy italiano, descubriréis el universo de la pasta: el gusto, la consistencia, el color. Más de 150 recetas, consejos para los aficionados y el acompañamiento de los vinos. También os podéis unir al club de la pasta, toda una institución en Italia.
www.saveurs.sympatico.ca
Una web para descubrir una buena selección de recetas italianas, de la Lombardía a Sicilia.

Telecomunicaciones, teléfono

El uso del móvil en Roma está muy extendido, pero su utilización es a veces excesiva, hasta el punto de que el reglamento prohíbe su utilización en algunos lugares públicos. Esta locura de los *telefonini* es tal que a menudo las líneas están saturadas.

En tanto que turistas, si os conformáis con teléfonos públicos, sabed que algunos aún funcionan con monedas, pero cada vez quedan menos; la mayoría requieren tarjetas magnéticas de 50, 100, 200 o 400 unidades *(scheda telefonica internazionale)* que encontraréis en las oficinas de correos, los estancos (marcados con una T) y en los cajeros automáticos. Pero también podéis telefonear en los centros Telecom Italia, o en la central de Correos de las grandes ciudades. No olvidéis doblar y despegar el extremo de plástico de la tarjeta para poder telefonear (distintivo por el que se sabe que no ha sido utilizada).

– No llaméis nunca desde vuestro hotel o desde un local privado. Os cobrarán un 70 % más sobre el precio de comunicación, lo cual no es ningún robo, pues ellos deben pagar el 45 % de IVA por el servicio.

– Para obtener ***información por teléfono***: ☎ 12 (llamada gratuita). Para una llamada a cobro revertido *(a carico)*, marcad el ☎ 15 o 170.

– Para una llamada de ***urgencia***, marcad el: ☎ 113.

Algunos números e indicaciones útiles

– ***España*** → ***Italia:*** 00 + 39 + 06 (indicativo de Roma) + número correspondiente.

– ***Italia*** → ***España:*** 00 + 34 + número correspondiente.

– ***Italia*** → ***Italia:*** hay que marcar el número deseado precedido del «0» y del prefijo de la ciudad.

Transportes

Autobús

Los billetes de autobús de las redes urbanas están en venta en los quioscos, en los estancos, en algunos cajeros automáticos, así como en algunos almacenes autorizados (señalados con un autoadhesivo). Por el contrario, una vez en el autobús, no es posible encontrar billete alguno a no ser que lo compréis a un pasajero que los tenga en reserva.

Escúter

¿Quién no ha soñado con recorrer Roma en escúter, con los cabellos al viento? Un consejo: si nunca habéis conducido una moto, no es el momento de empezar. Desde hace poco, es obligatorio llevar el casco (el número de accidentes en Italia ha aumentado terriblemente). Otra recomendación: verificad que estáis asegurados, un accidente siempre puede ocurrir...

Bicicleta

Un medio de transporte cada vez más extendido en el centro histórico, por las calles donde la circulación del automóvil está restringida.

Por otra parte, hay muchos lugares donde alquilan bicicletas. Un único problema (y no es el menor) para los turistas: saber esquivar los coches, lo cual no resulta tan fácil. Mismas recomendaciones que para el escúter. Os hemos prevenido.

Taxis

Tienen mala reputación y no es totalmente injustificada. Sólo tomad taxis oficiales, generalmente de color blanco o amarillo. Los suplementos anunciados en todos los taxis pueden ser exigidos por el equipaje, servicios de noche o días de fiesta. En caso de ausencia de contador, no olvidéis fijar el precio de la carrera antes de salir, si no, cambiad de taxi.

Coche

No demasiado aconsejable para visitar Roma, pero fantástico para visitar los alrededores.
Las estaciones de servicio son frecuentes en las autopistas, donde no cierran prácticamente nunca. Modernidad obliga, aceptan casi todas las tarjetas de crédito, *Visa*, *MasterCard*. Pero como aún no se han construido autopistas en plena ciudad, hay otras estaciones de servicio en la *città*.
Por lo general, éstas cierran de 12.30 a 15.30 h (la sagrada siesta), aunque ello depende del tiempo, del lugar y... de la edad del jefe. En esta franja horaria y los domingos, hay a menudo un cajero surtidor automático que nunca da tíquets.

Algunos principios de conducción

Para conducir serenamente en Italia, es indispensable tener presentes algunos principios muy simples. Para empezar, olvidad los buenos modales, las lecciones laboriosamente aprendidas, los reflejos adquiridos desde hace tiempo, etc. Una sola regla: adaptaos rápidamente al código de circulación local. Empecemos...
Parece que el panel STOP no sea más que un elemento de mobiliario urbano puramente decorativo. No os vamos a recomendar, evidentemente, que lo queméis, pero sólo debéis respetarlo con moderación, de modo que no alteréis el ritmo de la circulación. Seguidamente, la prioridad no existe. No se trata más que de una cuestión de fuerzas y de buen sentido. Cada uno sabe cuándo puede imponerse, hasta dónde puede llegar y qué límite no puede sobrepasar. Lo que cuenta es el espíritu de decisión, que no excluye nunca la prudencia.
Con la luz amarilla, incluso roja, pasad en lugar de frenar, con un ojo puesto en el cruce, ello os evitará bocinazos más vengativos que corteses. Todas las costumbres se pegan, sobre todo las malas.
El retrovisor es un accesorio casi inútil. Lo esencial, es vigilar lo que hay delante de uno, partiendo del principio que cada uno desconfía del que tiene enfrente. Ello, por otra parte, tiene bastantes puntos en común con la conducción en ciudades como Madrid y Barcelona.

La bocina se utiliza a menudo. Por muchas razones: porque os habéis detenido en un stop, porque tardáis en arrancar, porque... Tocan la bocina para saludar a un amigo, por nada, por placer. Reaccionad con aplomo porque se trata de un rito, nunca os pongáis nerviosos. El automovilista italiano no es arisco, sólo manifiesta una pequeña irritación si no os encuentra lo suficientemente incisivo (de ahí el claxon).

Os sorprenderéis del escaso número de accidentes o choques en la ciudad. No hay misterio, la ausencia de agresividad en las relaciones entre automovilistas, el espíritu de decisión, el reconocimiento de las relaciones de fuerzas calculadas, el respeto a un cierto consenso por encima del código se encuentran en el origen de esta situación «idílica».

Finalmente, apreciaréis esta forma de libertad, esta «anarquía» razonable, este rechazo a las coacciones (no se lleva casco ni cinturón de seguridad), esta burla gentil hacia la autoridad policial. Hemos visto camisetas con una banda negra transversal imitando el cinturón de seguridad. Ideal para engañar a la pasma... Por otra parte, esta última sólo interviene en cuestiones graves. El resto del tiempo, se mofa de las pequeñas infracciones (los automóviles sobrecargados no le provocan ningún tipo de inquietud). No está ahí para molestar al personal.

En fin, para circular contentos olvidad vuestras pequeñas manías y vuestros criterios de conducción, armaos de una buena dosis de humor, interiorizad el modo de conducir de los italianos, y el infierno de las ciudades os parecerá más alegre.

Aparcamiento

Constataréis, como en muchos otros países, que lo más difícil de ir en coche es poder aparcar. Cada lugar turístico o de la administración tiene su aparcamiento más o menos oficial. No dudéis en utilizarlo y no os sintáis cohibidos (ni intentéis esquivarlo) si el guardia se dirige hacia vosotros: vuestro coche estará realmente seguro, no racaneéis unos euros. Dadle el dinero con seguridad, directamente, verá que sabéis de qué va. El pago se os puede exigir a la llegada o a la salida.

Veréis que la gente estaciona de cualquier manera. Pasad de aparcar a 15 cm de la acera, que es lo reglamentario, os arriesgáis a perder tiempo, a bloquear la circulación y sobre todo a ocupar demasiado espacio. ¡Hay que ser cívicos! Cuando veáis que la mayoría de la gente sube el coche sobre la acera, haced lo mismo. El problema del aparcamiento en la ciudad será una pesadilla si sois demasiado disciplinados. Atención no obstante a la severidad de la policía si estacionáis en zona prohibida *(zona rimozione)*. La grúa se llevará el coche y la multa va a ser de aquí te espero. Paradojas de Italia.

ROMA

Para orientarse, ver el mapa general de la ciudad y el zoom del centro al final de la guía

Roma, siempre Roma. Hoy, como lo fue ayer y lo será sin duda mañana, sigue siendo la ciudad cargada de historia por excelencia, un lugar que uno debe visitar por lo menos una vez en la vida.
Hay que consagrar un mínimo de una semana al descubrimiento de la Ciudad eterna. En realidad, un mes sería lo ideal para captar realmente toda la grandeza de la civilización romana recorriendo sus numerosos vestigios, visitar sus innumerables iglesias y museos que encierran infinitas riquezas, partir al encuentro de sus múltiples plazas y plazuelas decoradas con bellas fuentes y, sobre todo, deambular por sus calles y callejuelas donde aparecen, al lado de casas humildes, orgullosos y magníficos palacios.
¿Pero quién hoy en día, aparte de algunos raros privilegiados, puede permitirse tal lujo? Además, al cabo de ese mes, ¿qué habréis visto de Roma, queridos viajeros, sino una parte de la misma? En efecto, aquí siempre hay algo para ver... para enriquecer vuestras vacaciones hasta el fin de vuestra estancia. Desesperante, nos diréis; más bien al contrario, ¡resulta excitante!
Amantes de la arqueología, las piedras con historia y las bellas artes, no olvidéis completar (y aderezar) vuestra estancia con el descubrimiento de la cocina romana e italiana. Olvidaos de vez en cuando de vuestra guía favorita y entrad donde mejor os parezca. Seguramente saldréis con franco buen humor, o con el estómago bien lleno.
Tampoco olvidéis aprovechar las oportunidades que se os presenten para conocer a los romanos, quienes quizá os propondrán ir a respirar aire puro en los agradables alrededores de la capital italiana.

Llegada al aeropuerto

Fiumicino-Leonardo da Vinci (a 26 km al suroeste de Roma)

Aquí aterrizan los aviones de las compañías regulares (Air France, Alitalia, British Airways, Iberia...). Para más información: 💻 www.adr.it
■ ***Oficina de turismo (Azienda di promozione turistica di Roma):*** ☎ 06-48-89-91. Abierta de 8.15 a 19 h. Cerrada los días festivos.
Desde Fiumicino, el medio más práctico y más barato de llegar a la ciudad es coger el ***tren***. Seguid las indicaciones «Stazione». Información en la oficina de la estación. Dos posibilidades:

➢ El tren directo, *Leonardo Express*, hacia Termini (la gran estación de Roma), más rápido pero más caro, o el que va a Tiburtina, más lento pero más barato. El primero sale cada 30 mn entre 6.37 y 23.37 h. Duración del trayecto: unos 30 mn. Compra de billetes en taquilla (abierta de 7.48 a 21.30 h) o en el expendedor automático de billetes (acepta tarjetas de crédito). Precio: 8,78 €. Para la vuelta (sentido Termini-Fiumicino), salidas a partir de las 5.51 h, el billete cuesta más caro, unos 10.30 €. El último tren sale a las 22.51 h.

➢ Para el segundo tren (dirección Tiburtina), bajad en Roma-Ostiense (otra estación de Roma). Desde allí, si queréis ir a Termini, coged el metro (línea B) dirección Rebibbia. Termini se encuentra sólo a cuatro paradas. Primer tren a las 6.27 h. *Atención, el último tren sale a las 21.27 h.* Frecuencia: cada 15 mn. Precio del billete: 4,65 €. Duración del trayecto: 27 mn de Fiumicino a Ostiense, luego unos 20 mn (transbordo incluido) hasta Termini. En sentido contrario, primera salida de Tiburtina a las 5.36 h. Última salida a las 20.36 h.

Os damos los horarios a título indicativo. A veces cambian de un año para otro... y puede que en el transcurso de un mismo año. Para estar seguros, conseguid el folleto *Collegamento Fiumicino-Termini* de los *Ferrovie dello Stato (FS)*, que encontraréis sobre todo en Termini (en las taquillas de billetes). Detalla todos los horarios. Si no, también podéis llamar al: ☎ 848-88-80-88 (información).

Ciampino (a 15 km al sureste de Roma)

Aquí es donde aterrizan los aviones de las compañías de vuelos chárter. A la llegada de cada vuelo os espera, en principio, un autobús que os dejará en Anagnina (la terminal de la línea A del metro). Armaos de paciencia, ya que a menudo se retrasa, sobre todo los domingos. Precio del billete: 1,37 €. Para llegar a Termini, bastará con que toméis la dirección Battistini... y bajar en Termini. Puntos de llegada: Termini o piazza Venezia. Es preferible reservar antes de partir hacia Italia.

– ***Información aeropuerto:*** ☎ 06-794-941.
– ***Taxis:*** ☎ 06-794-94-275.

Llegada a la estación Termini

La enorme estación de Roma fue reconstruida durante el Jubileo y desde entonces concentra, entre una agitación y un vaivén incesante, TODO aquello que el trotamundos que llegue cansado y algo desaliñado pueda necesitar: duchas (en el sótano), cafés, cafeterías, cajeros automáticos, supermercados, almacenes de juguetes, perfumerías, farmacias, consignas de equipajes, centro de Internet, oficina de turismo e incluso... un McDonald's. La estación es también el punto de conjunción entre las dos líneas del metro romano así

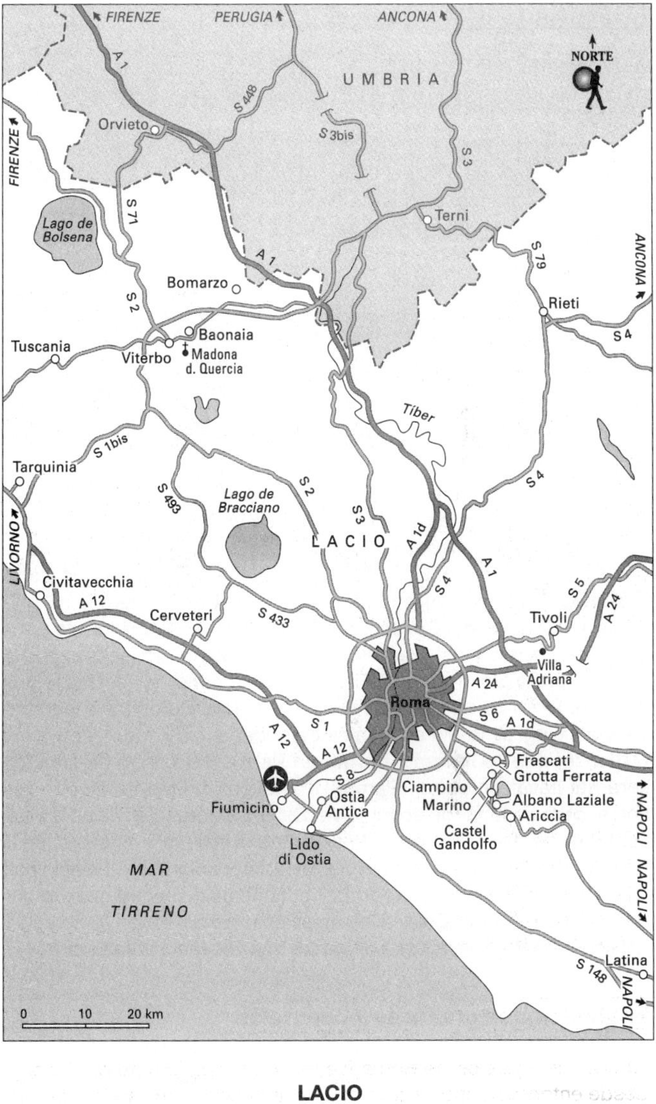

LACIO

como el lugar de salida y llegada del autobús nº 64, que atraviesa el centro histórico hasta llegar al Vaticano. La parada del autobús se encuentra frente a la estación, a unos 300 m. Para toda la información sobre los horarios de los trenes o el precio de los billetes, podéis llamar al: ☎ 848-88-80-88.

Llegada en coche

A los lectores que lleguen por el norte (autopista procedente de Florencia) les interesará entrar en Roma por el lugar y la carretera adecuada…
– Las zonas del ***Vaticano*** y de ***Prati*** son fácilmente accesibles por la via Aurelia (entrada nº 1 del GRA). Al final de la misma, tendréis que coger en su prolongación la via Gregorio VII, después la via di Porta Cavalleggeri. Os encontraréis entonces a dos pasos de San Pedro. Pero si las obras del túnel Principe Amedeo aún no se han terminado, apañaos para rodear el Vaticano por detrás.
– Los lectores que queráis acceder a la ***piazza del Popolo*** o a la ***piazza di Spagna*** entrad en Roma por la via Salaria (nº 8). Una vez en la piazza Fiume, seguiréis la muralla de Aurelio por el corso d'Italia y después el viale del Muro Torto, que os llevará directamente a la piazza del Popolo.
– Los que os dirijáis a las proximidades de la ***piazza Navona*** y del ***campo di Fiori*** escoged preferentemente la opción 1 (via Aurelia). Simplemente tendréis que cruzar el Tíber a la altura del ponte Pr. Amedeo Savoia Aosta para llegar al corso Vittorio Emanuele II.
– Quienes queráis llegar a los alrededores de ***Termini***, seguid la opción 2 (via Salaria). Una vez en piazza Fiume, dirigíos a la porta Pia antes de coger a vuestra derecha el viale Castro Pretorio.
– Los alrededores del ***Coliseo***, del ***Testaccio***, del ***Aventino***, de ***San-Juan-de Letrán*** y del ***Trastevere*** son fácilmente accesibles por la via Cristoforo Colombo (nº 27). Para el Aventino, el Testaccio y el Coliseo, tendréis que salir de la via Cristoforo Colombo a la altura del viale Guglielmo Marconi antes de coger a vuestra derecha la via Ostiense, que os llevará a porta San Paolo. Para el tramo final, os será útil llevar un plano. Para el Trastevere, haced lo mismo que antes, pero en lugar de coger la via Ostiense, tomad el viale G. Marconi, que os permitirá llegar sin dificultad al viale di Trastevere. Para San-Juan-de Letrán, seguid la via Cristoforo Colombo hasta el final. Cuando os halléis en porta Ardeatina, continuad vuestro camino por la via delle Terme-di-Caracalla y desviaos ligeramente a la derecha. Así llegaréis sin problemas a la piazza San Giovanni in Laterano.

Informaciones prácticas y culturales

Para saberlo todo de la actualidad cultural de la semana (cine, teatro, exposiciones…), comprad la revista *Roma c'è*, que sale los viernes. Incluye en sus páginas información sobre restaurantes, lugares donde ir, etc. En italiano, claro, pero nada difícil de comprender; además, al final hallaréis una sección en inglés que resume lo esencial. Si no, los jueves también podéis comprar el suplemento *Trova Roma* del periódico *La Repubblica*, que contiene una serie de informaciones sobre lo que se puede ver y hacer en Roma.

Direcciones e informaciones útiles

Información turística

■ ***Oficina de turismo*** *(plano general E3):* via Parigi, 5. ☎ 06-48-89-91. Fax: 06-48-19-316 💻 www.romaturismo.com Abierta de lunes a sábado de 9 a 19 h. Cerrada los domingos. Buena acogida y servicio competente. Podéis llamar todos los días de 9 a 19 h al ☎ 06-36-00-43-99. Es un número de información reservado a los turistas, presto a responder a todas vuestras preguntas. Distribuye varios catálogos y folletos (hoteles, museos...), así como el calendario de las actividades culturales y un mapa de la ciudad. Además se ocupa de reservar habitaciones de hotel.

– Para los interesados, es posible dar la vuelta a Roma en autobús turístico (bus nº 110). Salida cada 30 mn de la piazza del Cinquecento (delante de Termini), de 10 a 18 h en invierno y de 9 a 20 h en verano. Información y reservas en el: ☎ 06-46-95-22-52 y 06-46-95-22-56. Quienes deseen otro tipo de aproximación más original, pueden descubrir la ciudad desde lo alto (desde una avioneta) por unos 63 €. Salida del aeropuerto dell'Urbe, situado al norte de Roma. Información y reservas en el: ☎ 06-88-62-075.

■ ***Delegación provincial de turismo*** *(APT; plano general E3,* ***2****):* via XX-Settembre, 26. ☎ 06-42-13-81. Abierta de lunes a viernes de 9 a 13 h y de 14 a 16.30 h. Da información y documentación sobre la provincia (no la ciudad) de Roma.

■ ***Enjoy Rome*** *(plano general F3,* ***3****):* via Marghera, 8 a. ☎ 06-445-18-43. Fax: 06-445-07-34. 💻 www.enjoyrome.com No lejos de la estación. Abierto de lunes a viernes de 8 a 18 h y los sábados de 8 a 14 h. Centro privado de información turística, conocido por sus visitas guiadas temáticas (a pie o en bicicleta). También ofrece información de todo tipo, y puede encargarse de encontraros una habitación de hotel o incluso un apartamento si os quedáis en Roma algún tiempo.

■ ***Agriturist:*** corso Vittorio Emanuele II, 101 c. ☎ 06-685-23-42. Publica (y vende) un catálogo de unas 1 700 direcciones de casas de huéspedes o de albergues rurales por todo el territorio, con fotografías en color. Para salir de los senderos trillados y conocer otra Italia.

■ ***Punti informativi turistici:*** en algunos quioscos verdes hay puntos de información. Abiertos todos los días de 9 a 18 h, los hallaréis en las siguientes direcciones:

– *largo Goldoni:* via del Corso. ☎ 06-681-360-61.

– *piazza San Giovanni in Laterano:* ☎ 06-772-035-35.

– *via Nazionale:* a la altura del palacio de las Exposiciones. ☎ 06-478-245-25

– *barrio Santa Maria Maggiore:* via dell'Olmata. ☎ 06-478-802-94.

– *piazza delle Cinque-Lune:* corso Rinascimento (a dos pasos

ROMA

de la piazza Navona, lado norte). ☎ 06-688-092-40.
-*lungotevere Castel Sant Angelo:* piazza Pia, en la esquina del castillo Sant Angelo y la via della Conciliazione. ☎ 06-688-09-707.
– *piazza del Tempio della Pace:* al lado de los Foros imperiales. ☎ 06-699-243-07.
– *piazza Sydney Sonnino:* a dos pasos de la piazza G. G. Belli en el Trastevere. ☎ 06-583-334-57.
– *via Minghetti:* casi en la via del Corso a dos pasos de la fontana de Trevi. ☎ 06-678-29-88.
– *stazione Termini:* en la galería Gommata. ☎ 06-489-06-300. ¡Atención! Abierto de 8 a... 21 h.

Dinero, bancos

– Se puede retirar dinero en efectivo en la mayoría de los bancos con la presentación de la tarjeta *Visa* y del DNI o el pasaporte. Si no, los cajeros que encontraréis por la ciudad os servirán perfectamente. Dos bancos importantes en Roma: la *Banca di Roma* y la *Banca Commerciale Italiana*. Tienen evidentemente numerosas agencias, a destacar la de piazza Barberini y via Ottaviano (nº 48) para la primera, y piazza di Spagna y corso Vittorio Emanuele II (nº 152) para la segunda.

■ ***American Express*** *(plano general D3):* piazza di Spagna, 38. ☎ 06-72-28-01 o 06-676-41. Abierto de lunes a viernes de 9 a 17.30 h y los sábados de 9 a 12.30 h.

Correos, teléfono

✉ ***Central de correos*** *(plano general D3):* piazza San Silvestro, 19 (lista de correos, código postal 00186). ☎ 06-679-84-95. Abierta de lunes a viernes de 8.30 a 18.30 h y los sábados de 8.30 a 13 h. El servicio de teléfonos y el de telegramas funcionan día y noche. La mayoría de las otras oficinas de correos cierran sobre las 14 h durante la semana y a las 12 h los sábados. He aquí algunas de ellas: via Marsala, 77; via Arenula, 4 (cerca del Trastevere) y corso Vittorio Emanuele II, 330. También hay una oficina en Termini, abierta hasta medianoche.
✉ ***Correos Vaticano*** *(plano general A3):* piazza San Pietro. Abierto de lunes a sábado de 8.30 a 19 h. Vista la rapidez del correo italiano para enviar las cartas, utilizad el correo papal, más eficaz.
☎ ***Teléfono:*** hay teléfonos públicos casi por todas partes. La mayoría funcionan con una tarjeta (que podréis adquirir en las oficinas de correos y en los estancos). No os dejéis intimidar por la numeración italiana, algo pasada de vueltas (números de 4, 5, 6... cifras). Si queréis telefonear con un poco de tranquilidad, hallaréis varios locutorios en el barrio de Termini con cabinas, sobre todo en Phone Point de la via Solferino *(plano general E3, **4**)*, y en el de la via Carlo Alberto *(plano general E4, **5**)*. Están abiertos todos los días de 8.30 a 20.30 h.

Representaciones diplomáticas

■ ***Embajada de España en Roma:*** Largo Fontanella di Borghese, 19, 00186. ☎ 06-684-04-01. Fax: 06-687-22-56. ✉ ambespit@correo.mae.es 💻 www.ambaspagna.com

■ ***Consulado de España en Roma:*** Via Campo Marzio, 34, 00186. Para más información ☎ 06-687-14-01 y 06-687-38-22. Fax: 06-687-11-98. ✉ cgesproma@mail.mae.es

Instituciones españolas y librerías internacionales

■ ***Instituto Cervantes de Roma:*** via Villa Albani, 14-16, 00198. ☎ 06-853-73-61. Fax: 06-854-62-32. ✉ cenrom@cervantes.es

■ ***Accademia di Spagna:*** piazza San Pietro in Montorio, 3, 00153 Roma. ☎ 06-581-73-77. Fax: 06-581-75-28. ✉ acaesprm@tin.it

■ ***Scuola spagnola di Storia e Archeologia:*** via di Torre Argentina, 18, 00186 Roma. ☎ 06-681-00-01. Fax: 06-683-09-47. ✉ escuela@csic.it

■ ***Librería La Sorgente*** *(plano general C3):* piazza Navona, 90, 00186 Roma. ☎ 06-68-80-69-50. Fax: 06-686-97-01. ✉ libsorge@tin.it

■ ***Librería Herder*** *(plano general C3):* piazza di Montecitorio, 116-120. ☎ 06-679-46-28. Justo al lado de la Cámara de los diputados. Abierto de lunes a sábado de 9.30 a 13.30 h y de 15 a 19.30 h.

■ ***Librería Feltrinelli International*** *(plano general E3, **12**):* via Vittorio Emanuele Orlando, 78-81. ☎ 06-48-27-878. 💻 www.lafeltrinelli.it. Abierta de lunes a sábado de 9 a 20 h, y los domingos de 10 a 13.30 h y de 16 a 19.30 h. Sección de libros en español. Cassettes, VHS y DVD en v.o. Otras dos direcciones: via del Babuino, 39-40, a dos pasos de la piazza del Popolo, largo Torre Argentina, 5 a.

Urgencias

■ ***Urgencias médicas:*** ☎ 118.

■ ***Centro médico internacional:*** via Firenze, 47. ☎ 06-488-23-71. Abierto de lunes a sábado de 8 a 20 h. Los domingos o de noche, llamad al ☎ 06-488-40-51.

■ ***Farmacias:*** encontraréis farmacias, abiertas todos los días del año y durante las 24 h en el nº 67 de la piazza della Repubblica (☎ 06-488-04-10), también en el nº 228 de la via Nazionale (☎ 06-488-07-54) o en el nº 49 de la piazza Barberini (☎ 06-482-54-56).

■ ***Carabinieri:*** ☎ 112.

■ ***Policía:*** ☎ 113. En caso de robo o de agresión, llamad al ☎ 112 o al 113; os darán la dirección de la comisaría *(questura)* más cercana del lugar donde os encontréis.

■ ***Comisaría central de policía:*** via S. Vitale. ☎ 06-46-86-24-89.

■ ***Accidente en carretera (ACI):*** ☎ 116.

Compañías aéreas

- ***Iberia:*** via Bertoloni, 3/D, 00197 Roma. ☎ 84-88-26-236 (reservas), ☎ 06-807-57-15. Fax: 06-808-26-62.
- ***Alitalia:*** via L. Bissolati, 11. ☎ 06-65-641 (vuelos nacionales) y 06-65-642 (vuelos internacionales). En la estación Termini, encontraréis una oficina de Alitalia donde se puede obtener directamente la tarjeta de embarque si no se lleva equipaje... solamente para los verdaderos trotamundos.

Internet

Los cibercafés son actualmente bastante numerosos en Roma. Calculad de 3 a 5 € por una hora. Algunas direcciones.

- ***EasyEverything*** *(plano general D3):* via Barberini, 2. 🖳 www.easyeverything.com Abierto todo los días las 24 h. Es la famosa cadena de cibercafé, implantada en la mayor parte de las ciudades de Europa. Decoración y acogida bastante impersonales pero equipamiento puntero, número impresionante de PC, apertura permanente y precios muy competitivos (a partir de 0,5 € la conexión).
- ***The Net Gate:*** Termini, en el subsuelo (a la izquierda, a 30 m de la escalera automática que tomaréis si entráis en la estación por la via Marsala). ☎ 06-874-060-08. 🖳 www.thenetgate.it Un cibercafé abierto todos los días de 9 h a medianoche. Práctico para dar señales de vida cuando uno llega a Roma o justo antes de coger el tren de vuelta. Alrededor de 1 € por 10 mn y 4 € por una hora. Varios más en toda Roma.
- ***Internet Point*** *(plano general B3):* 312, corso Vittorio Emanuele II. ☎ 06-688-097-37. 🖳 www.internet-point.com Cerca del Vaticano. Abierto de 9 a 20 h. Calculad alrededor de 1,5 € por 20 mn y 3 € por una hora. Reducción para los estudiantes, (pero a partir de las 3 h de navegación).
- ***Starnet*** *(plano general B3):* borgo Santo Spirito, 17-18. ☎ 06-68-13-40-82. En una calle casi frente a San Pedro. Calculad 2,6 € la hora y 10,3 € por cinco horas. El concepto de *happy hour* de 13.30 a 15 h y de 17 a 18.30 h resulta interesante.
- ***TreviNet Pl@ce*** *(plano general D3):* via in Arcione, 103. ☎ 06-69-92-23-20. 🖳 www.trevinet.com Abierto de 10.30 (15 h los domingos) a 22.30 h. Para enviar un pequeño mail desde la fontana di Trevi... Alrededor de 1,05 € por diez minutos. Por una hora, calculad 3,6 €. Más barato si compramos varias horas, y *happy hours* (dos horas por el precio de una) entre 10.30 y 12.30 h. Reducción para los estudiantes.
- ***Pantheon Internet*** *(plano general C4):* via Santa Caterina da Siena, 48. ☎ 06-69-20-05-01. 2,6 € cada media hora. Es bastante caro, pero es justo al lado del Panteón. Sólo si habéis tenido un problema.
- ***Internet Café*** *(plano general D4):* via Cavour, 213. ☎ 06-47-82-30-51. Cerca del Coliseo.

Abierto todos los días de 9 a 1 h. Tres grandes salas coloridas para teclear con música de fondo. Unos 3 € la hora.

■ ***Roma Life Internet*** *(plano general D4):* via de Santa Agata de Goti, 36. ☎ 06-47-40-712. 💻 www.romalife.com Abierto de 9 h a medianoche. Una pequeña tienda en una callejuela, llevada por dos compañeros muy agradables. Precio que desafía a toda competencia: 2 € por 45 mn o 2 € la hora si tenéis su tarjeta de visita. Nada más fácil: sólo hay que pedirla.

■ ***Playnet*** *(plano general A2):* via degli Scipioni, 4. ☎ 06-39-76-18-89. Abierto todos los días de 9 h a medianoche. A dos pasos de los museos del Vaticano, en la esquina de la via Leone IV. Calculad, por una hora, 4 € por la mañana y 5 € por la tarde.

– Evidentemente hay otros, sobre todo en las numerosas lavanderías que hay en el barrio de Termini (una buena idea, de hecho, que permite aprovechar el tiempo que utilizáis en lavar la ropa sucia).

Varios

■ ***Consignas de equipajes*** *(plano general E-F3):* en la estación Termini. Dos posibilidades: las consignas automáticas, situadas al lado de los primeros andenes, o la consigna manual, que se encuentra en el subsuelo (una vez abajo, coged las aceras rodantes y seguid el icono de una maleta). Las primeras, más accesibles y más baratas (2 € por 6 h), están actualmente cerradas. Para la consigna manual, calculad 3,2 € por 5 h y 0,5 € cada hora suplementaria.

■ ***Alquiler de coches:*** *Tropéa,* via San Basilio, 60. ☎ 06-488-46-82. En una calle que sale de la piazza Barberini. Sucursales en nueve grandes ciudades italianas. Calculad unos 50 € por un coche estilo Fiat 600 (el más barato), si sólo lo alquiláis por un día (más económico evidentemente si lo alquiláis por más tiempo).
– Si no, las grandes agencias *(Avis, Hertz, Europcar, Budget...)* están situadas en Termini (al lado del andén nº 1), así como en el aeropuerto Fiumicino.

■ ***Lavanderías y tintorerías:*** encontraréis un gran número de lavanderías (por lo general en connivencia con un cibercafé) en los alrededores de la estación Termini: en el nº 59 de la via Palestro, en el nº 50 de la via Vicenza, en el nº 66 de la via Montebello, en el nº 33 de la via Varese y en los nº 70 y 118 de la via Principe Amedeo, por citar sólo algunas. También hay una lavandería en el nº 168 de la via Cavour, y una tintorería en el nº 38 del campo dei Fiori.

■ ***Piscinas:*** pedid la lista y las condiciones de entrada en la oficina de turismo.

Para ir a la ***playa Lido di Ostia****:* coged, en la estación Roma-Ostiense (conectada a la estación de metro Piramide de la línea B), el tren de cercanías dirección C.-Colombo, y bajad en Lido Centro. Si vais motorizados, no dudéis en ir a la ***playa de Fregene*** (al norte de Ostia), incomparablemente mejor.

¿Cómo desplazarse?

Instrumentos de navegación

– ***Abecedario de los transportes públicos romanos (ATAC):*** dos líneas de metro (A y B), así como muchas líneas de autobús y de tranvía os permitirán desplazaros. Un buen par de zapatos compensarán las insuficiencias de la red de transportes romanos. Son indispensables para el centro histórico, donde desde hace poco existen los minibuses eléctricos. Para informaros, un número Verde: ☎ 800-43-17-84 (comunicación gratuita de lunes a vienes, de 8 a 18 h) y una página web: 💻 www.atac.roma.it están a vuestro servicio.

– ***Comprar un billete de autobús o de metro: ¿dónde, cuál?*** Enteraos de una vez por todas, los italianos desconfían de los italianos que manejan dinero. Así pues, resulta imposible comprar un billete dentro de los autobuses. Muy bien, pero entonces ¿dónde podéis comprarlos? Simplemente en los estancos y en los quioscos... o bien en las taquillas de las estaciones de metro o en los expendedores automáticos, que se encuentran principalmente en las estaciones de metro (atención, estas máquinas a menudo están a averiadas o van cortas de monedas, así que proveeos de monedas de 0,02 €). En cuanto a los billetes: existen abonos anuales o mensuales *(abbonamento annuale o mensile)*, válidos para el metro, el autobús y el tren si no salís del municipio de Roma. Pero esto no os será demasiado útil. En cambio, el billete semanal *(carta settimanale; CIS)*, que permite utilizar todos los transportes públicos de Roma, será indispensable para aquéllos que permanezcan por lo menos cuatro días y que se desplacen mínimamente. Por menos de cuatro días, conviene comprar los billetes válidos todas las veces que uno quiera... pero para un solo día *(biglietto giornalero; BIG)*. Última posibilidad (quizá la más utilizada), el billete normal *(biglietto a tempo; BIT)* válido durante 75 mn para el autobús, pero limitado a un solo trayecto para el metro.

Calculad 0,77 € por un BIT, 3,1 € por un BIG y 12,4 € por un CIS.

No olvidéis, finalmente, marcar vuestro billete... si no os arriesgáis a tener que pagar una multa de más de 50 €, además del precio del billete. Últimamente se han multiplicado los controles, incluso los domingos.

– Un ***consejo***: procuraos el fascículo ***Roma Città: Bus-Tram-Metro***. Plano muy preciso de los transportes públicos de Roma que encontraréis (salvo que se haya agotado) en las oficinas del *ATAC*, via Volturno. También se encuentra información útil en los puntos turísticos mencionados antes y el punto de información sobre los transportes en Termini (☎ 06-46-95-22-56).

■ Dejad de vagar sin rumbo, deshaceos de la brújula... y acercaos a la tienda del ***Touring Club Italiano***, la librería de viajes más importante de Roma, situada en la via del Babuino, 20 *(plano* *general C2,* ***15****)*. ☎ 06-360-958-01. Encontraréis buenos instrumentos: mapas del *TCI* al 1/10000 (formato de bolsillo muy práctico y barato) o al 1/12500 (que comprende un plano del centro histórico y un plano del municipio (*comune*) de Roma al 1/100000). Índice de los nombres de calles, plazas, monumentos... en el reverso de estos dos mapas.

■ Las ***librerías Feltrinelli***: via Vittorio Emanuele Orlando, 78-81 *(plano general E3,* ***12****)*; via del Babuino, 39-40; largo Torre Argentina, 5 a. También están bien provistas de mapas... y guías.

Puede que os baste con los planos de Roma que encontraréis en los puntos de información turística, aunque son bastante limitados. Tienen también planos de transportes públicos, que son muy útiles.

Metro

Funciona de 5.30 a 23.30 h (medianoche los sábados con una media de trenes cada 10 mn). Muy práctico para ciertos destinos (San Pablo Extramuros, el EUR, Ostia Antica...), aunque es una lástima que se limite a dos líneas.
Único punto de enlace: ***Termini***. ¿Cuándo estará lista la línea C de metro que enlazará la villa Borghese con la vigna Clara (norte de Roma hacia la Cassia... por el centro histórico)? Un trayecto al que todavía le falta, vistas las dificultades que supone (los trabajos están bloqueados por razones esencialmente arqueológicas). Esta línea C puede seguir siendo por bastante tiempo la *futura línea C*.

Autobús y tranvía

Autobuses y tranvías funcionan de 5.30 h a medianoche. Más tarde, hay que coger el autobús nocturno. Un inconveniente: no hay nada que indique la progresión del trayecto en el interior del autobús. Nuevos autobuses acaban de ser puestos en circulación..., y nuevas líneas, desde el año 2000, que enlazan los principales puntos turísticos de la ciudad: línea J5 por ejemplo. *¡Atención! Estas líneas funcionan con los billetes Giubileo.*
Otra novedad: el tranvía nº 8 (muy bonito, todo verde), indispensable para ir al Trastevere. Lo cogeréis en el largo Torre Argentina. Os conducirá, vía la espina dorsal del barrio (el viale di Trastevere), a Casaletto, barrio de Monteverde (a dos pasos de la villa Doria Pamphili). Y todo esto a la velocidad del relámpago... o casi. Este tranvía ha originado un cierto caos entre los transportes romanos, ya que su puesta en funcionamiento ha supuesto la desaparición, o la modificación, de varias líneas. Tirad a la basura, pues, los antiguos planos, os podrían inducir a un error.
En cuanto a la frecuencia, salvo algunos autobuses (entre ellos el nº 64), es bastante surrealista... al igual que las decisiones –frecuentes– de modificar el itinerario sin previo aviso.

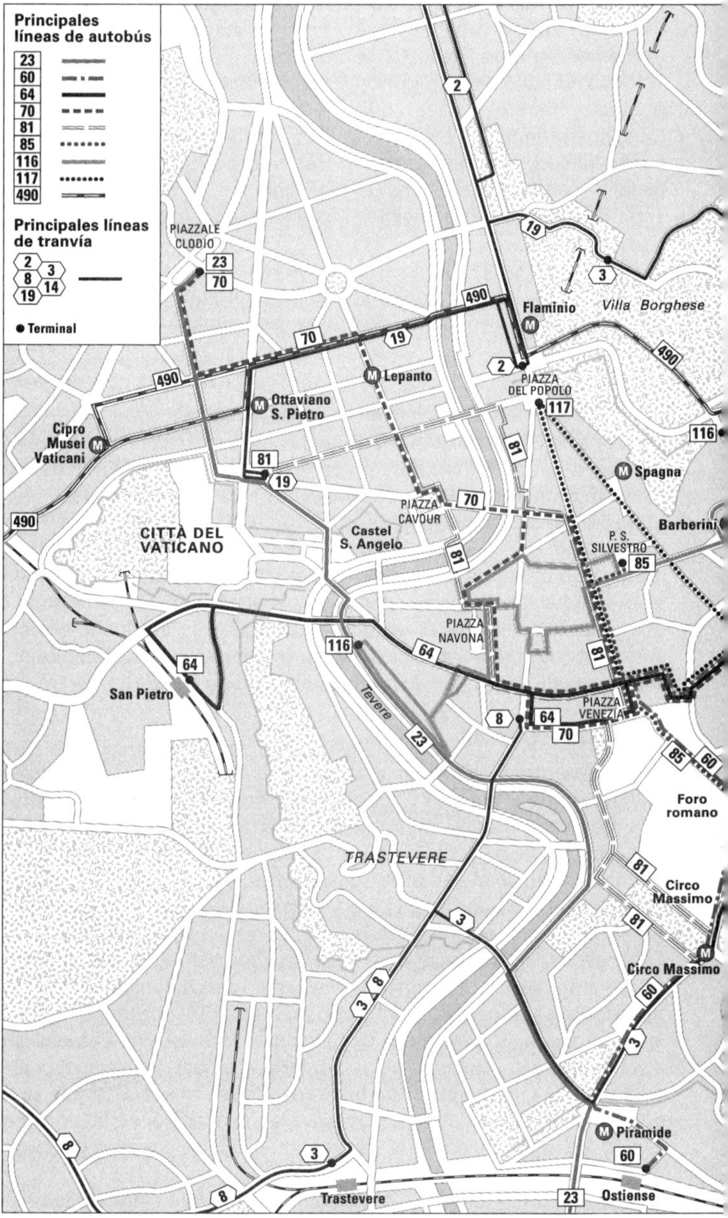
Principales líneas de autobús
23
60
64
70
81
85
116
117
490
Principales líneas de tranvía
2
3
8
14
19
Terminal
PIAZZALE CLODIO
Flaminio
Villa Borghese
Lepanto
PIAZZA DEL POPOLO
Ottaviano S. Pietro
Cipro Musei Vaticani
Spagna
PIAZZA CAVOUR
Barberini
CITTÀ DEL VATICANO
Castel S. Angelo
P. S. SILVESTRO
PIAZZA NAVONA
San Pietro
Tevere
PIAZZA VENEZIA
Foro romano
TRASTEVERE
Circo Massimo
Piramide
Trastevere
Ostiense

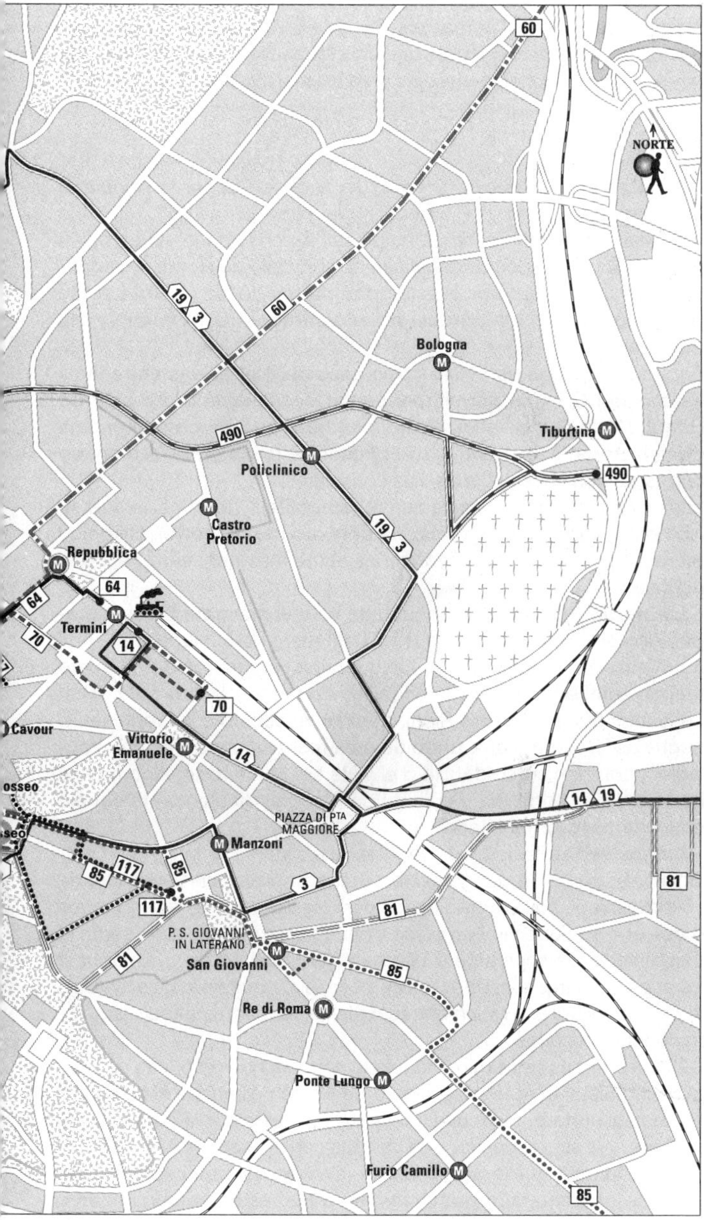

LÍNEAS DE AUTOBÚS Y TRANVÍA

– *Los autobuses nocturnos (linee notturne):* indicados en negro en los paneles del *ATAC*, toman el relevo (de 0.10 a 5.30 h) de los autobuses que sólo funcionan de día. Una letra «N» los distingue de los otros autobuses. Indispensables para salir... y volver.

Coche

– ***El GRA:*** por GRA hay que entender *Grande Raccordo Annulare*, gran ronda periférica de Roma construida de 1951 a 1961.

Más allá, en el límite de ésta, empieza l'Agro Romano –la campiña romana. En el interior, os halláis en el municipio de Roma, que ocupa unas 40 000 ha. Las tres cuartas partes de los habitantes de Roma residen en los barrios situados entre el GRA y la muralla de Aurelio.

Entradas y salidas del GRA: numeradas del 1 al 27, las entradas y salidas del *GRA* os permitirán, según decidáis, entrar o salir de Roma. Cada una de ellas lleva un nombre que evoca una página de la historia: nº 1, Aurelia; nº 6, Flaminia; nº 23, Apia. A menudo corresponden a las antiguas vías consulares.

Las *circonvallazioni*, Gianicolense (suroeste), Tiburtina (sureste), Nomentana (noreste), y otras: via del Foro Italico (norte), Olimpico (noroeste), delimitan una periferia bastante más pequeña... aunque más densa.

– ***La muralla de Aurelio:*** construida bajo el mandato de este emperador, separa el centro de Roma del resto de la ciudad. Si en el momento del principado de Constantino, el interior del augusto recinto estaba habitado por un millón de personas, hoy sólo están censados 600 000 en los Rioni, que han sucedido a las regiones... augustas. De una y otra parte de esta muralla, unas vías de circulación, como el corso d'Italia o el viale del Muro Torto, algo más al norte entre la porta Pia y la porta del Popolo, dibujan un tercer eje concéntrico muy transitado.

– ***Lungotevere:*** todas las avenidas que están a lo largo del Tíber llevan el nombre de «lungotevere». Estas amplias calles –siempre de sentido único– son de gran ayuda para los automovilistas –romanos o no– que no tienen el *Permesso Centro Storico*. A menudo serán el único medio de acercaros al centro histórico en coche... sin abusar de vuestros derechos. Desde hace poco, el parquímetro ha sustituido al *parcheggiatore*, a quien entregabais las llaves tras haber estacionado vuestro coche.

– ***ZTL:*** «Zona de tráfico limitada» que corresponde en buena medida al centro histórico (parte del centro de Roma delimitada al oeste por el Tíber, al norte por la muralla de Aurelio, al este por la colina de los jardines, y al sur por la plaza de Venecia), en el interior de la cual sólo los que tengan el *Permesso Centro Storico* pueden circular. Este permiso es entregado gratuitamente a los residentes en la zona. Informaos en vuestro hotel para saber si tenéis derecho a circular en coche por la zona donde se encuentra.

Desde 1995, la *fascia blù* ha ganado la partida a otras zonas del centro (zona comprendida entre la via XX Settembre y la via Cavour). En el interior de esta zona está prohibido circular de lunes a viernes de 6.30 a 18 h.

– ***Depósito... o aparcamiento:*** si vuestro coche desaparece, hay dos posibilidades. El robo, sobre todo para los «extranjeros»..., o los *rimozioni auto* (grúas). La segunda posibilidad es la más probable si habéis infringido el código local (lo mejor que os puede pasar es la multa). En tal caso, tomáoslo con calma y telefonead al *commando della polizia municipale* (☎ 06-67-691). Os costará unos 50 € + el IVA por el transporte del vehículo, y 5 € + el IVA por cada día de guardia.

Sea como sea, seguid los consejos del *GDR*, aparcad en lugares seguros: en los ***aparcamientos vigilados***. No son muy numerosos y suelen ser caros, como el de la villa Borghese (entrada viale del Muro Torto) o de Termini (entrada via Paolina, a dos pasos de Santa Maria Maggiore). El más interesante de todos es de lejos el aparcamiento municipal de Ostiense (estación de Roma al lado de la puerta de San Pablo), situada en la piazzale dei Partigiani. Bajo la colina del Janículo, se ha construido un gran aparcamiento, uno de los mil trabajos hercúleos que fueron realizados para el Giubileo 2000.

(Para los viajeros que llegan en coche, ver el apartado «Llegada a Roma en coche».)

Taxi

Coged los que tengan contador, y sobre todo, no tengáis fobia. Si tenéis miedo de que os timen –lo que afortunadamente no ocurre a menudo–, hay en cada taxi una ficha bien legible (con el número del taxi) en la que consta la lista (un poco larga) de los diferentes suplementos que se añaden al precio indicado por el contador. Por ejemplo, el suplemento de 3 € por ser de noche, variable, según los aeropuertos.

No es fácil encontrar taxis en Roma fuera de ciertos horarios. De noche, por ejemplo, sabed que tenéis probabilidades de que haya en piazza dei Cinquecento (delante de la estación Termini), piazza Venezia, largo Torre Argentina, corso Rinascimento o piazza di Tor Sanguina (al lado de la piazza Navona), piazza del Popolo, piazza Risorgimento (Parati)..., pero no en piazza San Pietro, mientras que durante el día hay coches amarillos o blancos por todas partes.

Bicicleta

Si el corazón os lo pide, a menos que no sean vuestros pies los que lo imponen, podéis salir a descubrir Roma en bicicleta. Algunas zonas peatonales (*isole pedonali*, zona del Tridente, sobre todo) permiten lanzarse a disfrutar del pedaleo sobre dos ruedas. Los domingos, estas «zonas» se extienden a la via del Corso, sobre todo. Algunos puntos de alquiler:

■ ***I bike Rome*** *(plano general D2):* en el aparcamiento subterráneo de la villa Borghese (sector 3°). ☎ 06-322-52-40. Entrada, ya sea por la escalera al lado del 156, via Vittorio Veneto, o por el viale del Galoppatoio en la villa Borghese (paneles redondos y azules con una bicicleta). Abierto todos los días de 9 a 19 h. Calculad unos 5 € por 24 h. Gran oferta para niños y adultos. También se alquilan escúteres.

■ ***Collalti*** *(plano general C4):* via del Pellegrino, 80 a 82. ☎ y fax: 06-68-80-10-84. Abierto de martes a domingo de 8.30 a 13 h y de 15.30 a 19.30 h. Aproximadamente 4 € por tres horas. Para una jornada, calculad 8 €. Más caro que el anterior, pero también más céntrico.

■ ***Rent Noleggio*** *(plano general D-E4):* via Cavour, 199. ☎ 06-474-39-41. Entre Termini y el Coliseo. Unos 10 € por una jornada (de 9 a 19 h). También se alquilan escúteres. Buena acogida.

Motocicleta

Pese a que puede presentar algunos riesgos, dentro de la circulación romana la motocicleta (o escúter) constituye un medio de locomoción muy práctico (y en Italia no se requiere el permiso de conducir). He aquí algunos establecimientos donde las alquilan, pero a buen seguro que encontraréis muchos otros (y es mejor alquilar cerca de vuestro alojamiento). Por lo general, piden un documento de identidad y una tarjeta de crédito (para la garantía). El precio incluye el seguro, el casco y una cadena antirrobo.

■ ***Scooters for Rent*** *(plano general D3, **13**):* via della Purificazione, 84. ☎ 06-488-54-85. M.: Spagna. Cerca de la piazza Barberini. Abierto todos los días de 9 a 19.30 h. Calculad unos 30 € por jornada, y 40 € por 24 h. También alquila bicicletas.

■ ***New Scooter for Rent*** *(plano general D4, **14**):* via Quattro Novembre, 96. ☎ 06-679-03-00. Cerca de la piazza Venezia. Abierto todos los días de 8.30 a 20 h. Más caro que en otras partes pero escúteres nuevos (calculad más o menos 50 € por 24 h). El propietario desarrolla este trabajo desde hace cuarenta años y conoce bien el negocio.

■ ***Roma in Scooter:*** corso Vittorio Emanuele II, 204. ☎ 06-687-69-22. Muy central, entre el Vaticano y la piazza Venezia. Tarifas bastante ventajosas: unos 35 € por 24 h.

■ ***Treno e Scooter for Rent:*** situado delante de la estación Termini. ☎ 06-48-90-58-23. Está abierto todos los días. Unos 40 € por 24 h.

¿Dónde dormir?

Alquiler de apartamentos desde España

Un buen medio de ahorrar dinero cuando vais a pasar varios días en Roma. Para más información, ver apartado «Alojamiento» en las «Generalidades», al principio de la guía.

Cámpings

⛺ ***Cámping Flaminio:*** via Flaminia Nuova, 821. ☎ 06-33-32-604. Fax: 06-333-06-53. 💻 www.villageflaminio.com Es el cámping más cercano al centro, está a 8 km. Al norte de Roma, en la carretera de Terni. Calculad por lo menos 20 mn de trayecto. Desde la estación Termini, coged el autobús nº 910 hasta el fin de trayecto, piazza Mancini, después el autobús nº 200 hasta el cámping (via Flaminia Nuova). Entrada frente al centro comercial *Euridile*. Abierto del 1 de marzo al 31 de diciembre. De 9 a 10 € por persona y de 4 a 6 € por tienda, en función de la temporada. Colmado, supermercado, restaurante y piscina. Limpio.

⛺ ***Cámping Tiber:*** en la via Tiberina, carretera de Terni, no lejos del Flaminio. ☎ 06-336-107-33. Fax: 06-33-61-23-14. ✉ tiber@camping.it Desde la estación de metro Flaminio (línea A), coged el tren hasta Prima Porta, donde un autobús del cámping os recogerá de forma gratuita. Si no, no es fácil de encontrar. Si llegáis de Florencia en coche, coged la salida Roma Norte, después la via Tiberina. Llegando de Nápoles, coged el GRA (la ronda periférica de Roma), dirección Florencia, después la salida nº 6 (Prima Porta Flaminia). A continuación seguid las indicaciones para Terni. Abierto del 1 de marzo a finales de octubre. Calculad 8 € por persona y 4 € por tienda. Bien equipado (piscina, bar, restaurante, supermercado...) y sombreado por álamos. Podéis obtener un plano de la ciudad con los principales monumentos, así como los horarios de los trenes y de los autobuses que conducen hasta allí. Inconveniente: el último tren que hay para volver de Roma al cámping por la noche sale a las 23 h.

⛺ ***Cámping Seven Hills:*** via Cassia, 1216 (km 8). ☎ 06-303-108-26. Para ir, coged el tren de cercanías en la estación San Pietro (enlaza con la estación de metro Valle Aurelia) y descended en la Giustiniana (siete paradas más lejos), donde el autobús del cámping os esperará entre 9.30 y 10.30 h y también entre 18 y 19 h. De otro modo, hay un paseo de 20 mn desde la estación. Abierto todo el año. La recepción cierra a las 23 h pero un guarda os abrirá la verja a cualquier hora de la noche. Calculad 7 € por persona y 4 € por tienda. Un cámping muy recomendable (bar, supermercado, piscina, disco, lavandería...), aunque de difícil acceso.

⛺ ***Roma Cámping:*** via Aurelia, 831. ☎ 06-662-30-18. A 4 km del Vaticano. Salida autopista «Via Aurelia» (salida nº 1). Frente al supermercado Panorama. O bien, desde Roma coged el metro (línea A) hasta la estación Cornelia, o el autobús nº 46, 49 o 490 hasta el fin de trayecto (Largo Boccea). De allí, tomad el autobús nº 246, que tiene parada frente al cámping (en principio hasta medianoche). Desde el Vaticano coged el autobús 247 (hasta el cámping). Abierto todo el año las 24 h. Calculad 9 € por persona y 5 € por tienda. Buenas condiciones, lavabos correctos, duchas calientes de pago, snack-bar, etc. Bastante sombreado.

⛺ ***Cámping Internazionale Castelfusano:*** via Litoreana, km 1200. ☎ 06-56-23-304. Fax: 06-56-47-02-60. ✉ MD5866@mclink.it Es el cámping más alejado del centro (a 30 km), situado en Lido-Ostia, al lado del mar, cerca de Ostia Antica. En coche, salida via C. Colombo, luego seguid la dirección via Litoreana hacia el sur. Desde Termini, metro B hasta la estación C. Colombo, luego bus nº 7 en dirección Castelporziano, con parada justo delante del cámping. En temporada alta, hay un autobús cada 15 mn. De 6 a 8 € por persona y de 6 a 8 € por tienda. También hay posibilidad de alquilar bungalows. Pequeño restaurante, pequeño supermercado, lavabos muy limpios.

Albergues y casas de estudiantes

Ostello per la gioventù Aldo Franco Pessina: viale delle Olimpiadi, 61. ☎ 06-323-62-67. De la estación de metro Ottaviano (línea A), coged el autobús nº 32 y bajad en la sexta parada (Foro Italico). O bien coged el autobús nº 910 de Termini hasta final de trayecto (piazza Mancini), luego cruzad el Tíber hasta la piazzale Foro Italico (el vialle delle Olimpiadi se encuentra a dos pasos). Calculad alrededor de 14 € por persona, desayuno incluido. Se exige el carnet de alberguista, y la estancia es de un máximo de seis días. Gigantesco albergue juvenil, de construcción reciente. En el interior, podréis tomar algún menú en un snack-bar. En el exterior, hay un jardín agradable para descansar del ruido y el calor de las habitaciones.

Instituciones religiosas

Hemos renunciado a catalogarlas ya que son muy numerosas (en esta ciudad lo contrario sería sorprendente). No obstante, no esperéis hallar grandes ofertas en cuanto a tarifas; corresponden ni más ni menos que a las tarifas de las pensiones. Dos inconvenientes que hay que tener en cuenta si escogéis esta fórmula de alojamiento: el toque de queda y la segregación sexual siguen en vigor. Los dos puntos fuertes son la tranquilidad y la limpieza.

Hoteles y pensiones

A menudo resulta difícil encontrar un hotel o una pensión baratos en Roma. Los mejores establecimientos están codiciados por todos, os aconsejamos que reservéis con bastante tiempo antes de vuestra llegada. Una simple llamada puede a veces ser suficiente (ya que no siempre se exige una paga y señal); pero, entonces preguntad cuánto os van a cobrar exactamente (los precios varían según la estación), a fin de evitar un malentendido (o una desagradable sorpresa). Dicho esto, no deja de ser conveniente que volváis a llamar poco antes de vuestra partida para verificar si la reserva sigue todavía vigente (nunca se es demasiado prudente).

Si no habéis reservado, una vez en Roma armaos de paciencia y de una buena guía (la nuestra, por ejemplo). Y sobre todo no hagáis caso a quienes en la calle pretendan acompañaros,... para luego intentar atracaros.

BARRIO DE LA ESTACIÓN TERMINI

Muchas pensiones entre las más baratas de la ciudad se ubican en este barrio, donde hay que estar alerta a todas horas del día, como en todas las estaciones del mundo. Nuestras preferencias son para el barrio de la via Palestro (a la derecha saliendo de la estación), más aireado y agradable que el barrio de la via Principe Amedeo (a la izquierda saliendo de la estación). Este último tiene la ventaja, no obstante, de encontrarse un poco más cerca del centro histórico. En cuanto a los lugares donde uno puede alojarse, es también al lado de la via Palestro donde se hallan los mejores. Varias razones, pues, para encaminarse hacia esta zona. Por otra parte, el servicio de reserva de habitaciones de hotel de la estación os permitirá encontrar buenas direcciones.

Via Palestro y alrededores

De barato a precios medios

Fawlty Towers Hotel and Hostel *(plano general E3, **1**):* via Magenta, 39. ☎ y fax: 06-445-03-74. www.fawltytowers.org A dos pasos de la estación. Entre 18 y 22 € por una cama en una habitación de 3 o 4 personas. Si no, habitaciones dobles con o sin lavabos privados, de 57 a 72 €. El lugar, reabierto desde hace poco, ha sido repintado con colores anaranjados, con camas a bajo precio en habitaciones comunes. Además, limpieza garantizada, clientela joven e internacional (recibimiento en inglés) y agradable ambiente «*fellow traveller*», propicio para los encuentros. No hay desayuno, pero sí la posibilidad de hacerse un café en la cocina (equipada con una nevera y un microondas). También posee una agradable terraza, tranquila e idónea para el reposo, rincón con TV y acceso a Internet.

Alessandro Palace *(plano general E3, **2**):* via Vicenza, 42. ☎ 06-44-61-958. Recepción abierta las 24 h. Calculad 20 € para una cama en dormitorio comunitario y 28 € en habitación triple. Desayuno incluido. Reducciones en temporada baja. Clientela internacional, en este albergue de juventud que parece un hormiguero multilingüe. Acogida trilingüe (italiano, español e inglés) muy atenta. Espacios comunes agradables. Acceso gratuito a Internet (¡mientras no paséis horas ahí metidos!). Autoservicio de café y té. Si está lleno os redirigirán hacia uno u otro de sus albergues, situados bastante cerca: ***Alessandro Down Town*** y ***Alessandro Independenza***.

M&J Place Hostel *(plano ge-*

neral E3, ***3****):* via Solferino, 9. ☎ 06-446-28-02. Fax: 06-490-467. 💻 www.mejplacehostel.com Calculad unos 20 € por una cama en dormitorio comunitario. También hay habitaciones dobles, triples y cuádruples, con o sin ducha y baño, que oscilan entre 54 y 70 €. Los precios incluyen el desayuno. Más barato en temporada baja. Es el mayor albergue de juventud privado de Roma, con 150 camas. Un gran establecimiento, pues, pero sin mucho encanto. Un poco polvoriento en algunas zonas, aunque la limpieza general es suficiente; por otra parte, esto encaja con la función del sitio, que es acoger al mayor número de trotamundos. Los espacios comunes (salón, rincón de TV, cocina) y la pequeña terraza (la única zona de fumadores del establecimiento) dan al lugar un ambiente de convivencia, que evidentemente se presta mejor a los encuentros que una pequeña pensión ordinaria... Varios dormitorios dan a una gran arteria (la via Solferino) pero el ruido está fuertemente atenuado por el cristal doble. Cafetera, máquinas de bebidas y acceso a Internet.

🏠 ***Locanda Otello Rossi*** *(plano general E3,* ***4****):* via Marghera, 13 (4° piso). ☎ y fax: 06-49-03-83. Habitaciones dobles sin cuarto de baño por 43 €. Muy próximas a la estación, este lugar sin pretensiones nos ha gustado por la gentileza de su acogida (sobre todo el de la señora Rossi, siempre adorable). Repartidas en dos niveles, las 11 habitaciones son pequeñas pero entre las más baratas de la ciudad. Ello no impide que el conjunto esté bien dispuesto. En una palabra, casi la panacea de los trotamundos de bajo presupuesto.

🏠 ***Hotel Marini*** *(plano general E3,* ***5****):* via Palestro, 35. ☎ 06-444-00-58. Habitaciones dobles sin cuarto de baño por 46 €. Pensión modesta, pero bien atendida por una pequeña mujer acogedora que habla un poco de inglés. Ocho habitaciones en total, repartidas en dos pisos. Algunas con bonita vista. Limpio en conjunto. Una relación calidad-precio bastante interesante para esta ciudad.

🏠 ***Hotel Virginia*** *(plano general E3,* ***6****):* via Montebello, 94. ☎ y fax: 06-445-76-89. Habitaciones dobles con cuarto de baño, de 40 a 70 €, y más barato con solamente un lavabo: entre 30 y 60 €. Por una habitación individual, calculad unos 50 € (en principio, os ofrecen el café). Una de las mejores, sino la mejor, relación calidad-precio de la ciudad de esta categoría: bonitos cuartos, bien arreglados (con tonos más bien rosados, impecables (cuarto de baño reluciente de tan limpio) y todo confort (TV, cable, teléfono y aire acondicionado), al mismo precio que el de tantas otras pensiones ordinarias... De hecho, sólo la ausencia de una sala para el desayuno parece distinguir este establecimiento de los de categoría superior. Conclusión: un hotel de dos estrellas, ciertamente, pero al cual podría añadírsele una tercera. En cualquier caso, un establecimiento excelente. Reducción del 10 % sólo en temporada baja.

🏠 ***B&B Holiday Rome*** *(plano general E-F3,* ***7****):* via Palestro, 49. ☎ 06-445-30-24. Fax: 06-44-70-

11-52. holidayrome@yahoo.it En el mismo inmueble del hotel Continentale y el hotel Positano (ver más adelante), en el 2º piso. Habitaciones dobles a 70 € e individuales a 42 €. Desayuno incluido. Cuarto de baño en el pasillo pero habitaciones bonitas, muy tranquilas e impecablemente limpias, con TV y teléfono. Una buena dirección (eso nos parece, incluso habiendo sido advertidos de que las habitaciones no se limpiaron durante la estancia del ocupante).

Hotel-pensione Papa Germano *(plano general E3, **8**):* via Calatafimi, 14 (2º piso). ☎ 06-48-69-19. Fax: 06-47-82-52-02. www.hotelpapagermano.it Situado en una calle perpendicular a la via Volturno. Habitaciones dobles, con o sin cuarto de baño, entre 48 y 90 € (según la temporada). Algunas triples (entre 78 y 98 €) y también cuádruples añadiendo una cama por 22 €. Pequeño hotel sin ningún carácter especial, pero llevado por una familia simpática. Muchos esfuerzos por renovar y conservar. Las habitaciones están bien, y tienen TV y teléfono. Como anécdota histórica, el nombre del hotel no tiene nada que ver con una eventual ascendencia germánica del propietario, sino que hace alusión al apodo atribuido al padre del mismo por sus amigos romanos a su regreso de París, donde vivía en Saint-Germain-des-Prés. Acceso a Internet.

Pensione Restivo *(plano general F3, **9**):* via Palestro, 55 (3º piso). ☎ 06-446-21-72. Fax: 06-445-74-16. De 35 a 77 € por una habitación doble con lavabo únicamente y calculad entre 55 y 100 € con baño completo (precios variables según la temporada). Más barato si os quedáis dos noches y más todavía en invierno. Desayuno incluido. Buena acogida de una *mamma* italiana y de su hijo, y limpieza garantizada, en fin, un lugar muy recomendable.

Hotel Cervia *(plano general E-F3, **9**):* via Palestro, 55. ☎ 06-49-10-57. Fax: 06-49-10-56. Habitaciones dobles con o sin baño de 52 a 72 €. Claras y más bien agradables, pero acogida normal. Menos seductor que el Positano de al lado, pero bueno..., también más barato. Cafetería.

¿DÓNDE DORMIR?

De precios medios a más selecto

Hotel Continentale *(plano general F3, **7**):* via Palestro, 49. ☎ 06-445-03-82. Fax: 06-445-26-29. www.hotel-continentale.com Habitaciones dobles con o sin cuarto de baño de 68 a 115 €, habitaciones individuales de 42 a 79 € (sólo con lavabo) y bastante bien de precio para una familia (precios variables según la estación). Desayuno incluido. Más barato si la estancia es de una semana. Atendido por la hija de la *mamma* siciliana de la *pensione* Restivo, he aquí un hotel que merece toda vuestra atención. Sus habitaciones decoradas con buen gusto y con tonos estivales son soberbias y muy confortables (TV, teléfono y aire acondicionado). Acogida simpática y desayuno servido en una alegre sala pequeña. Una excelente opción.

Hotel Positano *(plano general F3, **7**):* via Palestro, 49. ☎ 06-49-03-60. Fax: 06-446-91-01. hotposit@tin.it Calculad 100 € por una habitación doble con cuarto de baño, desayuno incluido. Más barato en temporada baja. Situado en el mismo rellano que el precedente, este elegante hotel tiene también buenos argumentos a su favor: sobre todo las bonitas habitaciones dotadas de todo el confort moderno (TV, teléfono, aire acondicionado, nevera, caja fuerte y secador). Una buena opción. Desayuno incluido.

Hotel Planet *(plano general E-F3, **10**):* via Milazzo, 3. ☎ 06-495-82-32. Fax: 06-445-42-51. www.italyhotel.com/roma/planet Casi al lado de la estación. Habitaciones dobles entre 70 € (con lavabo) y 110 € con cuarto de baño (según la temporada), desayuno incluido. Un poco más caro que los establecimientos anteriores, pero posee bonitas habitaciones, bien acabadas y confortables (TV, cable). El desayuno se sirve en una agradable zona decorada en tonos azules equipada con un bar.

Hotel Rubino *(plano general E-F3, **10**):* via Milazzo, 3. ☎ 06-445-23-23. Fax: 06-445-42-51. www.hotelrubino.com Situado debajo del anterior (en la 2ª planta) y regentado por la misma familia, este hotel ofrece más o menos en las mismas condiciones el mismo tipo de habitaciones (calculad entre 70 y 100 € la habitación doble con o sin sanitarios, TV, cable), aunque preferimos ligeramente las del Planet. Como en este último, se aceptan tarjetas de crédito. Desayuno incluido.

Hotel des Artistes *(plano general F3, **11**):* via Villafranca, 20. ☎ 06-45-43-65. Fax: 06-446-23-68. www.hoteldesartistes.com Habitaciones dobles, triples y cuádruples, con o sin baño, entre 73 y 195 €. Por la doble con sanitarios, calculad entre 103 y 150 €. Atención, desayuno no incluido en el precio de las habitaciones (7 €). Más barato en temporada media y baja. Bonito inmueble del siglo XIX, retomado por un joven equipo y muy bien renovado. Descubrid las habitaciones: ¡Son magníficas! Tapicerías muy trabajadas, elegante mobiliario (antiguo en algunas)... el acento está puesto en el encanto y la autenticidad. De hecho, este hotel es verdaderamente un chollo por las habitaciones dobles sin cuarto de baño, que cuestan solamente (es un decir) 82 € (47 en temporada baja). Bonita terraza también, provista de tumbonas. El desayuno se toma en una alegre salita. Os recordamos que los adictos al tabaco deberán abstenerse ya que el hotel es para no fumadores. Cabe señalar también que los precios aumentan si pagáis con tarjeta de crédito: ¡las habitaciones de 135 € pasan a 150!

Barrio San Lorenzo

Este barrio popular al este de Termini, de carácter bien definido, no es *a priori* el lugar que buscáis en realidad para alojaros, ya que aún está más alejado que el barrio precedente. De hecho, gustará a quienes quieran adentrarse en la auténtica vida social romana, sin llegar a exiliarse en la Garbatella.

Hotel Laurentia *(plano general F4, **12**):* largo degli Osci, 63. ☎ 06-44-50-281. Fax: 06-44-53-821. esam@flashnet.it Habitaciones dobles a 120 €, desayuno incluido. Bastante bien situado, justo frente al pequeño mercado local. Bonito vestíbulo de entrada (mármol, estucos, plantas verdes) y habitaciones agradables, bien decoradas y muy confortables. Tres de ellas (a reservar con mucho tiempo de antelación) disponen de una superterraza desde donde se dominan los tejados, con vistas sobre la iglesia.

Via Principe Amedeo

De barato a precios medios

Pensione di Rienzo *(plano general E3, **13**):* via Principe Amedeo, 79 a (2° piso). ☎ 06-446-71-31. Fax: 06-446-69-80. De 26 a 67 € la habitación con cuarto de baño, y de 23 a 57 € con solamente un lavabo. Pensión agradable, bien dispuesta por un patrón adorable ayudado por su esposa y sus tres hijas. Veinte habitaciones en tres niveles. Tenemos preferencia por las dobles n°s 10 y 12, pero las otras están igualmente bien. Evidentemente, os darán todas las llaves necesarias: la de abajo, la de la pensión y la de la habitación... Cada uno puede entrar, pues, a la hora que le convenga. Una de nuestras direcciones más antiguas, de carácter familiar bien marcado y de reconfortante regularidad. Se acepta tarjeta *Visa*. Atención, precisad desde vuestra llegada si tomaréis o no el desayuno.

Hotel-pensione Cortorillo *(plano general E3, **13**):* via Principe Amedeo 79 a (5° piso). ☎ 06-446-69-34. Fax: 06-44-54-769. Habitaciones simples o dobles con cuarto de baño entre 50 y 90 €. Desayuno incluido. Ubicada más arriba que las pensiones anteriores, esta casa se ha beneficiado de una renovación total y ofrece, desde su remodelación, habitaciones confortables equipadas con TV. Buena acogida y tarifas fácilmente negociables.

Hotel Milo *(plano general E3, **14**):* via Principe Amedeo, 76. ☎ 06-474-01-00. Fax: 06-474-53-60. En el primer piso. Habitaciones dobles, cuarto de baño en el rellano por 80 €. Desayuno incluido. Un delicioso hotelito con pequeñas habitaciones acogedoras, decoradas con tonos marrones claros y equipadas con teléfono y TV. Algunas con balcón. Además, acogida muy simpática. Una dirección muy recomendable.

Hotel Orlanda *(plano general E3, **14**):* via Principe Amedeo, 76. ☎ 06-488-01-24 y 06-488-06-37. Fax: 06-488-01-83. hotelorland@traveleurope.it Habitaciones dobles con cuarto de baño por unos 83 €. Mucho más barato en temporada baja. Alrededor de unas 23 habitaciones, claras y bien dispuestas. Todas con televisión y teléfono. Algunas tienen aire acondicionado (con suplemento). Atención, las habitaciones que dan a la calle pueden ser un poco ruidosas. Además, el dueño os propone un servicio de consigna para vuestro equipaje así como planos de la ciudad.

Hotel Teti *(plano general E3, **14**):* via Principe Amedeo, 76. ☎ y fax: 06-48-90-40-88. hotelteti@iol.it Calculad 100 € para dos, con cuarto de baño privado y desayuno incluido. Interesante sobre todo en temporada baja (tarifas bastante más bajas). Pensión tranquila y sin historia. Habitaciones bastante confortables (TV, aire acondicionado y caja fuerte) y clásicas.

Más selecto

Hotel Serena *(plano general E3, **15**):* via Principe Amedeo, 62. ☎ 06-481-82-14. Fax: 06-474-47-07. En el 2° piso. Habitaciones dobles desde 100 €. Importante reducción en temporada baja. Cuadro muy elegante (madera barnizada, tapicerías...) y bonitas habitaciones, con aire acondicionado, teléfono directo, TV satélite, caja fuerte y minibar. Una treintena en total. Bonitos cuartos de baño decorados a cuadros y alegre salita para el desayuno. Un hotel estupendo.

Barrio de los Monti

De barato a precios medios

Hotel Sandy *(plano general E4, **16**):* via Cavour, 136. ☎ 06-488-45-85. www.sandyhostel.com Situado en el 5° piso de un inmueble sin ascensor, entre Termini y el centro histórico. 15 € por persona, en una habitación de tres, cuatro o cinco camas. Lugar simple, bastante pequeño (25 camas en total), y habitaciones casi vacías pero luminosas y muy limpias. Sanitarios en el pasillo. Buena acogida y ambiente de trotamundos (pequeña recepción muy simpática con un gran panel tapizado de anuncios y de tubos...). Internet. En fin, una buena opción para el *backpacker* individual. Atención, a menudo completo (mejor llegar antes de las 11.30 h).

Roma Inn Youth Hostel *(plano general E4, **17**):* via Urbana, 96. ☎ y fax: 06-47-82-42-75. No lejos del anterior, en una calle paralela a la via Cavour. Calculad 15 € por una cama en dormitorio comunitario y 62 € por una doble sin cuarto de baño. Es el otro local trotamundos del barrio, menos arreglado y no tan agradable como el Sandy. Sin embargo, los dormitorios son bastante limpios y correctos. La cocina y recepción algo gastadas y polvorientas, aunque hay una remodelación proyectada. Acceso a Internet. Una alternativa aceptable para el aventurero poco afortunado que busca ante todo un alojamiento.

Albergo Perugia *(plano general D4, **18**):* via del Colosseo, 7. ☎ 06-67-97-200. Fax: 06-67-84-635. www.htl.perugia.id.it A dos pasos del Coliseo, en el encantador barrio de los Monti, y en la no menos encantadora via del Colosseo. Espaciosas habitaciones con cuarto de baño a 95 €. Si no, calculad 77 € por una habitación con los sanitarios en el rellano. Desayuno incluido, y servido en un pequeño comedor en la planta baja. Acogida muy agradable.

Más selecto

Santa Prassede *(plano general E4,* ***19****):* via di Santa Prassede, 25. ☎ 06-48-14-850. Fax: 06-47-46-859. Calculad 124 € por una habitación doble, desayuno incluido. Hotel tres estrellas situado a dos pasos de la basílica Santa Maria Maggiore. Acogida gentil e interior impecable, empezando por las habitaciones, realizadas con gusto y en tonos armoniosos. Todas ellas poseen cuarto de baño privado, TV y, la mayoría de ellas, aire acondicionado. Las más baratas, en lo alto, pueden no obstante ser muy calurosas en verano. Se aceptan tarjetas de crédito.

Hotel Grifo *(plano general D4,* ***20****):* via del Boschetto, 144. ☎ 06-487-13-95 o 06-482-75-96. Fax: 06-474-23-23. Habitaciones dobles con baño propio entre 160 y 230 €, desayuno (bufet) incluido. Hotel de dos estrellas situado en pleno viejo barrio de los Monti, no lejos de la via Nazionale (a 5 mn a pie del Coliseo). Tiene 20 habitaciones bien arregladas, luminosas y confortables (teléfono, TV, minibar). Algunas son encantadoras, con un gran espejo mural, bonitos tapices azules y un mobiliario de madera clara y lisa. Pequeño bar también, equipado con canapé y sillones de cuero, y agradable terraza. Tarjetas de crédito aceptadas y acceso para discapacitados.

CENTRO HISTÓRICO

Los hoteles y pensiones abundan en esta parte de la ciudad. Sin embargo, son raros aquéllos, o aquéllas, que ofrecen una relación calidad-precio conveniente, o simplemente comparable a la que hallamos cerca de Termini o en el Trastevere. Es el precio que hay que pagar para descansar en el corazón de la Ciudad eterna... De todos modos, hay algunas excepciones, que no dejaremos de señalaros.

Piazza di Spagna

Precios medios

Pensione Panda *(plano general C-D3,* ***28****):* via della Croce, 35 (2° piso). ☎ 06-678-01-79. Fax: 06-69-94-21-51. www.hotelpandaparadise.com Entre la piazza di Spagna y la via del Corso. Calculad de 62 a 93 € por una habitación doble con o sin cuarto de baño. Un lugar que tiene su gracia: de entrada, hay que caminar por unos pasillos sorprendentes, decorados con arcadas y bajorrelieves en piedra. Luego, descubriréis las habitaciones

¿DÓNDE DORMIR?

(equipadas con camas algo ortopédicas) y sobre todo los cuartos de baño, cubiertos de pequeños azulejos color salmón. Así pues, una pensión soberbia y admirablemente arreglada. Muy tranquila, también, aunque sólo a algunos metros de la agitación peatonal (casi todas las veinte habitaciones dan a un patio interior). En fin, hay varias razones para instalarse aquí. (No olvidéis reservar.)

Hotel Boccaccio *(plano general D3,* ***22****):* via del Boccaccio, 25. ☎ y fax: 06-488-59-62. A dos pasos de la piazza Barberini. En el primer piso. Calculad de 66 a 92 € por una habitación doble con o sin baño propio. Pequeña pensión muy sencilla con ocho grandes habitaciones, limpias y bien arregladas. Con cuarto de baño, resultan no obstante un poco caras. Lástima, pues la patrona es encantadora y servicial (cualidades que no se encuentran por todas partes en este tipo de establecimiento). Terraza que da a un bonito patio interior con plantas verdes. Se aceptan tarjetas de crédito. Hacen el 10 % de descuento en enero y febrero.

Selecto

Hotel-pensione Parlamento *(plano general C3,* ***23****):* via delle Convertite, 5 (3° piso). ☎ y fax: 06-699-210-00. www.hotelparlamento.it Bastante bien situado, entre las dos célebres plazas de Roma (la piazza di Spagna y la piazza Navona). Habitaciones para entre una y cuatro personas, con baño propio, entre 99 y 207 €. Por la doble, calculad 114 €. Desayuno (bufet) incluido. Más barato en invierno, así como en julio y agosto. Un dos estrellas enteramente renovado, que debe su nombre a la proximidad de la *Camera dei Deputati* (instalada en el palazzo di Montecitorio). Excelente acogida y habitaciones confortables: quizá no las más bonitas que hemos visto en Roma (sin ser del todo feas), pero con una relación calidad-precio muy conveniente. Las que dan a la calle podrían parecer muy ruidosas... pero son todo lo contrario, el cuádruple cristal no deja entrar ni un ruido. Pedid la n° 108 (con balcón) o la n° 110 (particularmente grande y clara). Los baños también son bonitos e impecables. Cuando hace buen tiempo, se puede tomar el desayuno en la terraza, desde donde se divisa todo el barrio. Se aceptan tarjetas de crédito.

Hotel Margutta *(plano general C2,* ***24****):* via Laurina, 34. ☎ 06-322-36-74. Fax: 06-320-03-95. Situado entre la via del Corso y la via del Babuino, a dos pasos de la piazza del Popolo. Habitaciones dobles con cuarto de baño por 104 €. También hay triples y cuádruples, por 140 y 155 € respectivamente. Desayuno incluido. Acogida simpática. Habitaciones cuidadas y bien arregladas, pero cuartos de baño exiguos. Posee 21 habitaciones en total, tres de ellas con terraza (un poco más caras). Algunas mucho más grandes que otras. Se aconseja reservar. Se aceptan tarjetas de crédito.

Hotel-pensione Suisse *(plano general D3, **25**):* via Gregoriana, 54. ☎ 06-678-36-49. Fax: 06-678-12-58. ✉ suisse.hotel@tiscalinet.it Habitaciones simples, dobles o triples, con cuarto de baño, entre 85 y 168 €. Un hotel bastante especial, con habitaciones originales (mobiliario rústico de madera vieja, parqué) y, lo habéis adivinado, impecablemente limpias (aunque el dueño no es suizo). No es el lugar para trotamundos por excelencia: clientela de parejas y de personas mayores y abierto hasta las 2 h. Interesará, pues, a aquéllos que aspiren a una cierta tranquilidad en un marco con solera o que quieran residir en el barrio de la piazza di Spagna (donde no abundan los hoteles adecuados a precios razonables).

Hotel Marcus *(plano general C3, **26**):* via del Clementino, 94. ☎ 06-68-30-03-20 y 06-68-73-679. Fax: 06-68-30-03-12. Entre la piazza di Spagna y la piazza Navona, cerca del Tíber. Habitaciones dobles con sanitarios por unos 165 €, ofrecen café (en principio). Es 15 % más barato en pleno invierno y en pleno verano, así como en noviembre. Situado en un palacio del siglo XVII, este hotel tiene habitaciones absolutamente confortables (teléfono directo, TV satélite, caja fuerte, nevera y, si lo pedís, aire acondicionado), pero no tiene mucho encanto. Decoración algo ajada y rústica. En fin, un lugar que, sin presentar puntos flacos, no tiene un gran atractivo. Se aceptan tarjetas de crédito.

Más selecto

Hotel Carriage *(plano general D3, **27**):* via delle Carrozze, 36. ☎ 06-699-01-24. Fax: 06-678-82-79. ✉ hotel.carriage@alfanet.it Calculad algo más de 200 € la habitación doble. Muchos estadounidenses recalan en este antiguo hotel (convertido en tres estrellas), y que presenta cosas buenas y cosas francamente no tan buenas. La situación (en la zona peatonal de la piazza di Spagna) es, ciertamente, bastante ideal; la sala del desayuno, decorada en tonos dorados y plateados, es magnífica; las habitaciones son muy bonitas, y tienen, sobre todo, la particularidad de poseer un auténtico mobiliario de época... En cambio, por el precio que cuesta, debería haber un televisor nuevo, y no uno de hace diez años, un cuarto de baño con agua cristalina y no unos sanitarios mediocres... En fin, vosotros diréis, pero a nuestro juicio las tarifas son demasiado elevadas.

Hotel Scalinata di Spagna *(plano general D3, **21**):* piazza Trinità-dei-Monti, 17. ☎ 06-69-94-08-96. Para la reserva: ☎ 06-679-30-06. Fax: 06-69-94-05-98. 💻 www.hotelscalinata.com Calculad 284 € para dos, desayuno incluido. Situado encima de los escalones de la plaza de España, no se puede soñar mejor emplazamiento. Imaginad una habitación espaciosa y encantadora, una terraza que domine Roma, en la que podéis tomar el desayuno, una acogida agradable. Pues bien, todo esto lo encontraréis aquí por una suma considerable, es cierto, pero cuando se está enamorado (o a gusto) no se hacen cuentas. Se aconseja reservar. Se aceptan tarjetas de crédito.

Muy selecto

Hotel d'Inghilterra *(plano general D3, **29**):* via Bocca di Leone, 14. ☎ 06-699-98-11. Fax: 06-699-222-43. www.hoteloinghilterra.it Tarifas muy variables. Normalmente no hay habitaciones dobles (en temporada alta) por debajo de 300 €, impuestos no incluidos. Entre la via dei Condotti y la via Borgognona, un hotel (hoy dotado de 4 estrellas) que eligió domicilio en esta pequeña calle hacia 1850. Algunas personalidades, famosos artistas, acostumbraban a frecuentarlo (Liszt, Mendelssohn, Hemingway...). ¡Ah! ¿Qué daríamos por poder saborear el glamour incomparable de otros tiempos? Quizá un día, si la suerte nos sonríe... Mientras tanto podemos degustar un whisky en el bar.

Barrio de Parioli

A dos pasos del parque de la villa Borghese, para aquéllos a quienes les guste el *jogging* y que dispongan de un coche, o que deseen alojarse en un barrio residencial tranquilo.

Hotel Paisiello Parioli *(plano general E2, **30**):* via G. Paisiello, 47. ☎ 06-855-45-31. Fax: 06-854-24-33. www.paisiello.com Habitaciones dobles de 109 a 199 €, desayuno incluido. Pequeño hotel familiar, apartado de la calle pero ruidoso, con jardín. Habitaciones espaciosas, equipadas con teléfono y TV. Algunas de ellas (en el 4° piso) con terraza, otras que se comunican, para las familias. Acogida amable.

Villa Porpora *(plano general D-E1, **31**):* via N. Porpora, 15. ☎ 06-84-40-861. Fax: 06-85-42-433. www.villaporpora.com Habitaciones dobles por 119 €, desayuno incluido. Decoración algo deteriorada, pero lo bueno de esta dirección es el patio, con sus mesas y exuberante vegetación. Tranquilidad garantizada y acogida amable.

Panteón - Piazza Navona

De precios medios a selecto

Pensione Mimosa *(zoom centro C4, **34**):* via Santa Chiara, 61. ☎ 06-68-80-17-53. Fax: 06-683-35-57. www.hotelmimosa.net Habitaciones dobles, entre 83 y 98 €, desayuno no incluido (5 €). Las habitaciones, limpias sin más, están amuebladas de cualquier modo, sin decoración y poco confortables... Últimamente se ha hecho un esfuerzo, ya que están todas equipadas con cuarto de baño. Cabe señalar que la sala del desayuno es más bonita que el resto, pero bueno... No aceptan tarjetas de crédito.

Hotel Navona *(zoom centro C4, **32**):* via di Sediari, 8. ☎ 06-688-42-03. Fax: 06-688-038-02. www.hotelnavona.com En la primera planta. Habitaciones dobles sin sanitarios por 100 € y a 120 € con ducha y WC. (aire acondicionado con suplemento.) Situado en un palacio del siglo XIV, uno de los hoteles más cercanos a la piazza Navona y aun así todavía asequible. Resultado: bastante movimiento de gente. Posee 26 habitaciones bastante pequeñas, pero agradables y bien arregladas. Las del último piso están adornadas con vigas aparentes. Cuarto de baño impecable. Buen recibimiento.

Albergo Abruzzi *(zoom centro C3, **33**):* piazza della Rotonda, 69. ☎ 06-679-20-21. Habitaciones dobles de 100 a 145 € (con o sin sanitarios). Para aquellos o aquellas que gusten de estar en el meollo, la situación es ideal: justo enfrente del Panteón. Por lo demás, no se trata de ningún chollo: las habitaciones están limpias pero completamente desprovistas de encanto. Y además, a este precio, no disponer de lavabo en la habitación... En fin, es sobre todo el barrio lo que eleva las tarifas. Si uno se aloja aquí, será por el emplazamiento... aunque también por la encantadora acogida de la patrona. No acepta tarjetas de crédito.

Hotel Coronet *(zoom centro D4, **35**):* piazza Grazioli, 5. ☎ 06-679-06-92 y 06-679-23-41. Fax: 06-69-92-27-05. hotelcoronet@tiscalinet.it Las habitaciones dobles con o sin sanitarios privados de 130 a 155 €. Desayuno incluido. Más barato en temporada baja. Situado en un ala del palacio de la princesa Doria Pamphili (donde viven sus herederos), este hotel de dos estrellas parece no tener gran cosa que ofrecer salvo un cierto carácter. Vastas habitaciones, limpias (con una buena altura de los techos) pero no muy bonitas (amuebladas con antiguallas), ni tampoco particularmente confortables. Por lo menos, las habitaciones interiores dan sobre el soberbio parque privado de la princesa y son tranquilas (contrariamente a las que dan a la calle). Esencialmente para los románticos, no muy arruinados y que no busquen la perfección.

Más selecto

Hotel Portoghesi *(zoom centro C3, **36**):* via dei Portoghesi, 1. ☎ 06-686-42-31. Fax: 06-687-69-76. www.hotelportoghesiroma.com Las habitaciones dobles con cuarto de baño entre 185 y 200 €. Por una cama suplementaria, calculad unos 25 €. También suites, a partir de 217 €. Desayuno (bufet) incluido. Es un encantador hotel de tres estrellas situado al norte de la piazza Navona, en una calle que debe su nombre a la iglesia nacional portuguesa adyacente. Posee 27 habitaciones, todas diferentes una de otra, amuebladas y arregladas con buen gusto, y evidentemente con todo confort (TV, cable). También bonitos cuartos de baño, y agradable terraza llena de plantas para poder desayunar. Lástima que la acogida sea deficiente.

Campo dei Fiori - Corso Vittorio Emanuele II

De precios medios a selecto

Hotel-pensione Barrett *(zoom centro C4, **37**):* via Torre Argentina, 47 (2° piso). ☎ 06-68-68-481. Fax: 06-689-29-71. Calculad 106 € por una habitación doble con cuarto de baño. Una vez cruzada la puerta de esta pensión, descubriréis una sala abovedada... soberbia. En todo caso bastante única en su género, un lugar sobrecargado de muebles y de objetos de decoración que asoman por todos lados. Las habitaciones son un poco por el estilo de la entrada, pero menos logradas: paredes parcialmente tapizadas, colores que a veces desentonan... Dicho esto, son muy confortables (TV, nevera); dispondréis de una pequeña cafetera y podréis picar algo (pagando) de los snacks contenidos en un pequeño botellero. Posibilidad de añadir otra cama en las habitaciones y de tener aire acondicionado mediante un suplemento (unos 8 €). Clientela (en cuanto al vestir) negligente mejor que se abstenga, ya que la casa acoge, desde hace ya algunos años, a diputados y magistrados... Una de nuestras mejores direcciones (sobre todo en este sector). No se aceptan tarjetas de crédito.

Hotel «Smeraldo» *(zoom centro C4, **38**):* vicolo dei Chiodaroli, 9. ☎ 06-687-59-29 y 06-689-21-21. Fax: 06-68-80-54-95. www.hotelsmeraldoroma.com Acceso para discapacitados. Calculad unos 124 € para dos, con cuarto de baño privado (78 € con lavabo). Si queréis el desayuno, calculad 6 € más. Probablemente una de las mejores relaciones calidad-precio de esta zona. Un lote de cincuenta habitaciones bien acondicionadas. Nada extraordinario en cuanto a la estética, pero de un porte excelente e impecablemente limpias. Equipadas con TV, cable, teléfono directo, y doble cristal cuando la situación lo requiere. Pequeño bar en la planta baja ambientado con algunas mesas y, para confirmar el conjunto, una acogida agradable.

Residenza San Pantaleo *(zoom centro C4, **39**):* piazza San Pantaleo, 3. ☎ 06-683-23-45. Fax: 06-686-80-73. www.residenzasanpantaleo.it Habitaciones dobles con ducha minúscula por 99 €; los precios aumentan el 1 de marzo y del 20 de diciembre al 7 de enero. Desayuno incluido. Habitaciones claras, bien decoradas. Acogida internacional (en inglés, francés y español) muy moderna y agradable. Una buena dirección en pleno centro, buena relación emplazamiento-calidad-precio. También tienen algunos estudios por 95 € (sin desayuno) al otro lado del corso Vittorio Emanuele II.

Albergo della Lunetta *(zoom centro C4, **40**):* piazza del Paradiso, 68. ☎ 06-686-10-80 y 06-687-76-30. Fax: 06-689-20-28. Las habitaciones dobles con baño a 103 €. Para una individual con baño calculad 57 €. En un antiguo palacio con una bonita escalera. Globalmente bien cuidado pero las habitaciones, de estilo moderno, no poseen el encanto del edificio. Algunas dan al patio. Acogida *così così* (mediocre).

Hotel Campo dei Fiori *(zoom centro C4, **41**):* via del Biscione, 6. ☎ 06-687-48-86 y 06-68-30-90-36. Fax: 06-687-60-03. www. hotelcampodefiori.com Las habitaciones dobles con o sin sanitarios de 100 a 140 €. La fachada de este hotel hace imaginar en su interior algo mucho mejor de lo que uno encuentra. De hecho, la habitación nº 105 es excepcionalmente bella (voluntariamente sombría, tapicería y cubrecama cosidos con hilo de oro y plata, paredes cubiertas de caña, espejo cimbrado tan limpio que parece que la habitación se prolonga...). Las del primer piso, aunque menos conseguidas, son de lo más apropiado... pero esto se degrada considerablemente en los pisos superiores, donde las habitaciones son francamente caras para lo que ofrecen: bastante feas (papel pintado floreado de mal gusto, bloque de ducha puesto ridículamente justo en medio de la pieza...) y no muy confortables. En fin, a nuestro parecer, es la nº 105 (o las otras del primer piso) o nada.

Hotel Pomezia *(zoom centro C4, **42**):* via dei Chiavari, 13. ☎ y fax: 06-686-13-71. hotelpo mezia@openaccess.it Las habitaciones dobles con cuarto de baño de 80 a 125 €. También posee habitaciones sin cuarto de baño e individuales entre 60 y 90 €. Desayuno incluido. Procedamos aquí con la mayor prudencia: este hotel ofrece, por una parte habitaciones que acaban de ser reconstruidas, magníficas y relucientes, y por la otra habitaciones antiguas, infinitamente inferiores a las anteriores y, sin embargo, al mismo precio. Conclusión: quedaos si os dan una habitación nueva, en caso contrario largaos (cuando os la muestren, veréis inmediatamente a cual de las categorías pertenece).

Hotel Arenula *(zoom centro C4, **43**):* via S. Maria dei Calderari, 47. ☎ 06-687-94-54. Fax: 06-689-61-88. Situado en el barrio del Ghetto, en una calle perpendicular a la via Arenula, a la altura de la piazza B. Cairoli. Habitación doble con cuarto de baño por 114 €. También tiene habitaciones individuales (88 €) y triples (134 €). Desayuno (bufet) incluido. En cuatro niveles, este hotel ofrece 50 habitaciones espaciosas, bastante bien arregladas, confortables (TV, teléfono), muy limpias e insonorizadas del lado de la calle. Aire acondicionado si lo requerís. El resto no está desprovisto de encanto, como lo anuncia el viejo hueco de la escalera que lleva a recepción, aunque la acogida podría ser algo más agradable.

VATICANO - PRATI

A dos pasos de San-Pedro hay un barrio muy agradable, el de Prati, situado a poco más de un cuarto de hora de la via del Corso. Bien comunicado por metro (estaciones de Lepanto y Ottaviano-San Pietro, línea A) así como por autobús, esta zona presenta la ventaja de contar con un buen número de establecimientos hoteleros asequibles. Desgraciadamente, los precios han aumentado sensiblemente desde el Jubileo.

Barato

Pensione Ottaviano *(plano general B3,* ***44****):* via Ottaviano, 6. ☎ 06-39-73-81-38 y 06-397-372-53. www.pensioneottaviano.com En el 2º piso. Calculad unos 15 € por una cama en una habitación comunitaria. También una doble (47 €) y una triple (62 €), y un dormitorio de cinco camas. Para reservar (indispensable) llamad la víspera. Situada en la elegante via Ottaviano, esta pensión, que existe desde hace cuarenta años, es la dirección que ofrece camas a precio trotamundos lo más cerca de San Pedro. Recepción y ambiente anglófonos. Ideal si queréis practicar la lengua de Shakespeare. En cuanto a los servicios: nevera, microondas, casilleros individuales y acceso gratuito a Internet. Pequeño rincón con TV.

Hotel Colors *(plano general B3,* ***45****):* via Boezio, 31. ☎ 06-687-40-30. Fax: 06-686-79-47. www.colorshotel.com M.: Lepanto u Ottaviano (línea A). Unos 15 € la cama en dormitorio comunitario. También dobles con o sin sanitarios privados de 70 a 86 €. Otro lugar apreciado por los *backpackers*. Y con razón: el lugar, muy colorido (¿no se llama Colors?), es alegre y su ambiente, cordial... Clientela joven y, nuevamente, más bien anglófona. Bonitas habitaciones y dormitorios agradables, pintados en tonos armoniosos. Limpieza garantizada. Además, soberbia cocina equipada con terraza. Lavadora e Internet. No hace falta recordaros que suele estar completo.

Hotel Amalia *(plano general B2-3,* ***46****):* via Germanico, 66. ☎ 06-39-72-33-56. Fax: 06-39-72-33-65. www.hotelamalia.com A sólo dos pasos de San Pedro y de los museos del Vaticano. Un hotel que de hecho tiene dos partes: una reciente y una más antigua. Antiguamente había una diferencia, ahora todas las habitaciones son muy caras, entre 110 y 190 € con cuarto de baño, y de 70 a 95 € con lavabo (TV, cable).

Precios medios

Hotel Paradise *(plano general B2,* ***47****):* viale Giulio Cesare, 47. ☎ 06-36-00-43-31. Fax: 06-36-09-25-63. www.webeco.it/hotelpanda De acceso fácil, a dos pasos de la estación de metro Lepanto (línea A). Entrando en el inmueble, tomad la escalera de la derecha. Calculad 88 € por una habitación doble con cuarto de baño. Individual sin cuarto de baño por la mitad de este precio (42 €). Hotel muy nuevo, limpio y muy tranquilo, que tiene una decena de habitaciones (con TV y cable), concebidas con gusto (mezcla de blancos y verdes). Regentado por la propietaria de la *pensione Panda* (muy recomendada), nos ha sorprendido haber descubierto un alojamiento de calidad media... No hay recibimiento de ninguna clase.

Marta Guesthouse *(plano ge-*

*neral B3, **48**):* via Tacito, 41. ☎ 06-324-04-28 y 06-68-89-29-92. Fax: 06-323-01-84. ✉ martaguesthouse@iol.it Muy cerca de la piazza Cavour. Habitaciones a partir de 65 €. Calculad sin embargo un poco más de 80 € por una habitación doble con baño. En el primer piso de un palacio del siglo XVIII. Pensión tranquila, a la que le falta algo de ambiente, pero las habitaciones están francamente logradas, luminosas, espaciosas y muy confortables (TV, teléfono) todo a la vez. Están amuebladas a la antigua, con objetos variados pillados por el barrio o en el mercadillo de la porta Portese. Además, acogida afable (lo cual está lejos de ser lo habitual).

Hotel Ticino *(plano general B2, **49**):* via dei Gracchi, 161. ☎ 06-324-32-51 y 06-324-33-07. Fax: 06-324-30-84. Hotel con dos partes diferenciadas: una que acaba de ser restaurada y una más antigua. En esta última, habitaciones dobles, limpias sin más, con ducha y lavabo (baños en el pasillo) por 83 €. En la parte restaurada, bonitas habitaciones, evidentemente todas nuevas y confortables (TV, teléfono, caja fuerte y minibar) por 139 €. Acogida simpática.

TRASTEVERE

Hasta el año 2000, había escasas direcciones interesantes en este barrio de Roma, pero el Jubileo pasó por ahí y la zona se ha convertido en una de las que concentran los mejores sitios para alojarse (sobre todo por los precios), aunque no encontraréis ningún lugar verdaderamente barato. Una excelente razón para echar un vistazo, puesto que de noche no falta animación y es bastante céntrico.

Precios medios

Locanda Carmel *(zoom centro B5, **54**):* via Goffredo Mameli, 11. ☎ 06-580-99-21. Fax: 06-581-88-53. ✉ hotelcarmel@hot mail.com Situado en una avenida selecta y aireada del Trastevere. Habitaciones dobles con baño y TV por 90 €, desayuno pagando (8 €). Habitaciones realmente sorprendentes para el precio que tienen (tapicería roja, artesonado claro), bien acabadas y muy limpias. Cuarto de baño decorado con azulejos de porcelana. También tiene una agradable terraza y un comedor donde se puede cenar. Para el desayuno, podéis ir a un bar que hay al lado. Un hotel que merece toda la atención. Se acepta la tarjeta *Visa*.

De precios medios a selecto

Hotel Trastevere *(zoom centro C5, **50**):* via Luciano Manara, 24. ☎ 06-581-47-13. Fax: 06-588-10-16. De 103 a 113 € para dos, con cuarto de baño privado. También hay habitaciones individuales, triples y cuádruples. Desayuno (bufet) incluido. Otra de estas direcciones recomendables del Trastevere. Acogida encantadora y servicial. Marco armonioso, bien arreglado y habitaciones (casi) perfectas: bonitas, amplias, luminosas y bien equipadas (TV, teléfono). El hotel también alquila agradables apartamentos, situados al lado. Una buena fórmula para los grupos animados. Se aceptan tarjetas de crédito.

Villa della Fonte *(zoom centro C4, **51**):* via della Fonte d'Olio, 8. ☎ 06-580-37-97. Fax: 06-580-37-96. Habitación doble con sanitarios por 145 €. Por la individual, calculad 92 €. Hotelito encantador, nuevo y limpio, de apenas cinco habitaciones. Éstas, bien arregladas y dotadas de unos soberbios lavabos, ofrecen todas las comodidades que se pueden esperar de un hotel de esta categoría (TV, teléfono, nevera). Algunas dan a la piazza Santa Maria in Trastevere, que también se puede contemplar desde el solarium. En fin, muy bonito, pero un poco más caro que las dos direcciones precedentes, por un tipo de prestaciones relativamente equivalentes.

Hotel Cisterna *(zoom centro C5, **52**):* via della Cisterna, 7-8-9. ☎ 06-581-18-52 y 06-581-72-12. Fax: 06-581-00-91. Habitaciones dobles con cuarto de baño por 119 €. Individuales por 98 € y triples por 155 €. Desayuno (bufet) incluido. Un tres estrellas instalado en un palacio del siglo XVIII, que ofrece habitaciones distintas las unas de las otras. No las más extraordinarias de la ciudad, pero acogedoras y provistas de lo que hace falta. Pequeño espacio bastante agradable en la planta baja y patio interior donde se puede tomar el desayuno de primavera a otoño.

Muy selecto

Hotel Santa Maria *(zoom centro C4, **53**):* vicolo del Piede, 2. ☎ 06-589-46-26. Fax: 06-589-48-15. www.htlsantamaria.com Situado a 100 m del hotel Villa della Fonte. Las habitaciones dobles de 130 a 200 € más o menos, según la época. Más barato si se permanece varias noches. Un hotel verdaderamente encantador, que se distribuye alrededor de un pequeño patio decorado con bonitas mesas verdes, donde el desayuno se sirve cuando hace buen tiempo. Si no, hay una sala prevista para ello, absolutamente magnífica (tonos suaves, manteles coloridos). Las habitaciones están a la altura del resto, muy bonitas y ultraconfortables.

¿Dónde comer?

Por más que lo sepáis todo sobre la capilla Sixtina o sobre la Roma antigua, no podéis presumir de conocer Roma si vuestros caminos se apartan sistemáticamente de los restaurantes. Y es que... en esta ciudad son una verdadera institución. Aquí todo se celebra alrededor de la mesa. Si tenéis prisa o poco dinero, un buen plan consiste en ir a un *alimentari*, donde encontraréis queso, charcutería, pan... El comerciante os podrá preparar un *panino* (bocadillo). Y por sólo 2 o 3 €.

TAVOLE CALDE (BARES DE COMIDAS)

Los hallaréis por toda Roma. Suelen tener siempre lo mismo: *panini*, *tramezzini*, *pizzette*, *supplì di riso*... Pero a veces también auténticos platos, como en casa *Volpetti*. Fórmula ideal para comer. He aquí algunas direcciones:

Volpetti *(zoom centro C3, **71**)*: via della Scrofa, 31-32. ☎ 06-686-19-40. Otra dirección es via Marmorata, 47. ☎ 06-574-23-52. Abierto sólo al mediodía. Cerrado los domingos. Menú de almuerzo por unos 6 €. Se trata en realidad de una charcutería que, en la esquina izquierda del local, ofrece platos preparados, que pueden ser llevados o consumidos allí mismo en una especie de pequeño laberinto de pasillos situado en el sótano. Menús muy interesantes. Un bar ideal para llenar el estómago agradablemente... y sin arruinarse.

Kasher Zi Fenizia *(zoom centro C4, **72**)*: via Santa Maria del Pianto, 64-65. ☎ 06-689-69-76. Abierto de 7 a 21.30 h. Cerrado los sábados y durante las fiestas judías. *Pizza al taglio* (pizza al corte –cada uno escoge la talla de su pizza–)... y algunas preparaciones hebreas (normal, estamos en pleno Ghetto).

Sisini *(zoom centro C5, **73**)*: via San Francesco a Ripa, 137. ☎ 06-589-71-10. Abierto de 9 a 21.30 h. Calculad alrededor de 3 € por una porción. Siempre hay *pizza al taglio*. Y esta vez en pleno corazón del Trastevere.

RESTAURANTES (TRATTORIE, RISTORANTI, PIZZERIE, OSTERIE)

Sirven por lo general de 12 a 15 h y de 19 a 23 h (los romanos tienen el hábito de comer a partir de las 13 h y de cenar hacia las 21 h). En los lugares concurridos, la reserva *(prenotazione)* es muy aconsejable los sábados por la noche, día de gran afluencia, así como el domingo y lunes por la noche (día de cierre semanal de numerosos restaurantes). En fin, sabed que en el mes de agosto a veces resulta difícil encontrar un restaurante abierto (aquí, como en España es el periodo de vacaciones anuales *–chiuso per ferie–*).

Centro histórico – Piazza Navona

Lugar muy turístico, pero con la abundancia de restaurantes de todo tipo uno puede, pese a todo, sentirse a gusto.

Los trotamundos que se lo puedan permitir irán al restaurante ***Il Convivio*** *(zoom centro C3, **74**)*: vicolo dei Soldati, 31. ☎ 06-686-94-32. Cerrado los domingos y los lunes por la noche. Cierre anual variable. Sin ninguna duda, uno de los mejores restaurantes romanos. Imposible, no obstante, comer por menos de 50 € como mínimo. Se aconseja reservar.

A dos pasos, los menos solventes podrán ir a ***L'Orso'80***, via dell'Orso, 33. ☎ 06-686-49-04 y 06-686-17-10. Cerrado los lunes. Muy buenos *antipasti*.

Barato

La Montecarlo *(zoom centro C4, **75**):* vicolo Savelli, 13. ☎ 06-686-18-77 y 06-686-22-00. Permanece abierto hasta la 1 h (2 h los sábados). Cerrado los lunes. Vacaciones anuales del 10 al 25 de agosto. Entre 8 y 11 € el plato. Pizzería situada en una callejuela peatonal que enlaza el corso Vittorio Emanuele II con la via del Governo Vecchio. Terraza abierta cuando hace buen tiempo. En el interior, bonitas bóvedas y decorado de botellas. Aquí encontramos, como tiene que ser, toda la gama clásica de pizzas *(margherita, quattro formaggi, calzone, frutti di mare, funghi...)*, servidas en grandes platos metálicos. Nosotros preferimos la *montecarlo*, la más completa... pero la más cara. En la carta también figuran los inevitables *crostini* y *bruschette* (pan tostado frotado con ajo y rociado con aceite de oliva, a veces guarnecido con tomate). De postre, el *tiramisù* o la tarta del día colmarán las expectativas de los golosos. El vino es servido a granel o embotellado. Servicio joven y rápido.

Pizzeria da Baffetto *(zoom centro C3-4, **76**):* via del Governo Vecchio, 114 (y Sora). ☎ 06-686-16-17. Abierta todas las noches a partir de las 18.30 h. Precios muy democráticos. Llegad pronto o después de las 22 h. Nunca se ha visto tanta cola (¡y gente paciente!). Probablemente la pizzería más popular del histórico centro. En el interior, pequeñas salas y decoración de fotos. Es preferible la terraza concurrida y animada.

Trattoria A. Bassetti *(zoom de centro C3, **77**):* via del Governo Vecchio, 18. Permanece cerrada los sábados por la noche, los domingos y durante el mes de agosto. Platos alrededor de 7 €. El simplísimo pequeño restaurante de barrio, tal como nos gustan, sin pretensiones, con su clientela local y su simpática atmósfera. Muy lleno de noche. Buena cocina, abundante, pero atención al *vino rosso della casa* en jarra: bastante malo (mejor el blanco en botella).

Navona Notte *(zoom centro C3,**78**):* via del Teatro Pace, 44-46. ☎ 06-686-92-78. Está abierto todos los días de 17.30 a 3 h. Menú a 9 €. Todas las pizzas (pasta muy fina), lasaña y pasta a 6,5 €. Filete a 10 €. A 100 m de la piazza Navona, os lo indicamos ante todo porque cierra tarde, no es caro y más bien correcto. Además, lo frecuentan jóvenes romanos no muy adinerados. Terraza tranquila en callejuela peatonal algo menos turística.

Insalata Ricca *(zoom centro C4, **89**):* largo dei Chiavari, 85. ☎ 06-85-68-80-36. Está situado entre el Campo dei Fiori y la piazza Navona. Dispone de una salita con decoración kitsch y de una terraza muy agradable. Aquí se viene por las ensaladas, son suficientemente copiosas para constituir una comida en sí mismas. Calculad entre 6 y 9 € la ensalada. Con una bebida y el pan, todo os puede salir por unos 13 €. Varios jóvenes en la sala.

Precios medios

Maccheroni *(zoom centro C3, **79**):* piazza delle Coppelle. ☎ 06-68-30-78-95. Cerrado los domingos. *Antipasti* y *primi* por unos 9 €. Para el segundo plato, calculad de 9 a 15 €. Otro de estos restaurantes que siempre están llenos. ¿La razón? La encontraréis en el plato. Muy buena cocina, en efecto, no espectacular ni original, pero cuidada, muy sabrosa y copiosa. Probad los *maccheroni* (por algo se llama así el establecimiento) *all'amatriciana*, excelentes y baratos. Algunas mesas en la terraza y, otra particularidad poco habitual, cocina a la vista en medio de diferentes salas.

Más selecto

Alfredo alla Scrofa *(zoom centro C3, **80**):* via della Scrofa, 104 a. ☎ 06-68-80-61-63. Abierto todos los días al mediodía y por la noche. *Antipasti* y *primi* por 10 y 14 €. *Secondi* de 15 a 17 €. En servicio desde 1907, este restaurante se ha convertido en una institución en Roma. No regalan nada pero no se han dejado nada al azar: la cocina está cuidada y muy bien presentada, el marco elegante y los camareros son simpáticos, «políglotas» y divertidos. Probad los soberbios *fusilli* con champiñones y almejas. Además, como entrante también hay los apetitosos *fettuccine all'Alfredo*, preparados ante vosotros según una receta tradicional. ¿Un poco hartos de pasta? No dudéis en pedir *insalata di gamberi e polpa di granchio*, la *grigliata mista di pesce* o la ternera con jamón y queso.

San Eustachio *(zoom centro C4, **81**):* piazza dei Caprettari, 63. ☎ 06-686-16-16. Cerrado los domingos y quince días en agosto. *Antipasti* comprendido entre 9 y 13 €. *Primi* de unos 10 a 12 €, y platos expresos de 12 a 17 €. Calculad alrededor de 23 € por un menú (al mediodía), y 35 € por una comida completa. Marco de madera, ladrillo y cobre, tipo casa antigua rústica. Terraza para el buen tiempo a la sombra de una torre del siglo XIV. Cocina de tradición que posee su batallón romano de viejos fieles. Buena selección a la carta: cabe mencionar la fritura de pescado (especialidad), el *carpaccio* de salmón con albahaca, los *tagliolini all'astice* (astice: bogavante) y los *linguine allo scorfano*.

Centro histórico – Campo dei Fiori

Situado al otro lado del corso Vittorio Emanuele II con relación a la piazza Navona, este barrio tiene muchos restaurantes a todos los precios, algunos de los cuales han sabido conservar cierta autenticidad.

De barato a precios medios

Dar Filettaro a Santa Barbara *(zoom centro C4, **82**):* largo dei Librari, 88. ☎ 06-686-40-18. Abierto de 17 a 22 h. Cerrado los domingos. Atención, el cartel del restaurante indica más bien «Filetti di Baccalà». En las paredes, cuadritos bonitos y algunos artículos de prensa. Terraza animada sobre una agradable placita al margen del furor del *campo*. Restaurante simple y popular. Casi sólo romanos y algunos fans de *baccalà* (filete de bacalao), porque es casi la única especialidad, aderezado con un buen *vino bianco della casa*. La desenvoltura y familiaridad de los camareros forma parte del color de la casa. Atención, en ningún caso es una etapa gastronómica, sólo una pequeña institución romana que no está nada mal.

Settimio al Pellegrino *(zoom centro B-C4, **83**):* via del Pellegrino, 117. ☎ 06-68-80-19-78. Abierto de 20.30 h a medianoche. Cerrado dos semanas en agosto. Situado en una calle paralela al corso Vittorio Emanuele II. Platos del día entre 12 y 14 €. Pequeña trattoria de habituales regentada por una familia. No hay carta, el camarero os relata los platos del día, siempre frescos y buenos. Entre los clásicos de la casa, citemos los *fettuccine al pomodoro*, las *polpette* (albóndigas), el *baccalà* (evidentemente los viernes) y las *paste e ceci* (sopa de pastas con garbanzos). Mejor reservar.

Al bistrò *(zoom centro B4, **84**):* via dei Banchi Vecchi, 140 a. ☎ 06-686-52-74. Abierto solamente por las noches. Cerrado los miércoles y del 15 de julio al 15 de agosto. Calculad de 8 a 15 € por un plato y 25 € por una comida completa. Un restaurante que destaca por su discreción, su ambiente íntimo, pero también su calidad. Pensad en reservar una mesa en el fresco y agradable patio de atrás. Si no, sala de paredes blancas con cuadros modernos. Cocina seria e imaginativa, hecha con productos frescos bien seleccionados. También muy buena carta de vinos, que ofrece vinos caros por una parte, y vinos a partir de 10 € por la otra, como el *Vitiano 99* o un *brindisi rosso 98*. Algunos platos de una carta que evoluciona siguiendo el mercado: *lasagnette con cipola e arancia*, *risotto con carciofi e menta*, *arosto di maiale con prugne* (cerdo con ciruelas), etc.

Selecto

Arnaldo ai Satiri *(zoom centro C4, **85**):* via di Grotta Pinta, 8. ☎ 06-686-19-15. Abierto al mediodía y por la noche. Cerrado los martes. Una dirección original a dos pasos del corso Vittorio Emanuele II y del teatro de Pompeyo (hoy desaparecido, lo reencontramos en forma de calle edificada –con arcos circulares– en su emplazamiento). La acogida, un poco desabrida, pasa a ser muy pronto sonriente y atenta. Entorno moderno e íntimo (ligera penumbra y música suave). Buena selección de platos vegetarianos. Dos especialidades de la casa: *rigatoni alla crema di cavoli* (pasta con crema de coliflor) y *funghi ripieni con lumache al forno* (setas con caracoles).

Más selecto

Al Bric *(zoom centro C4, **86**):* via del Pellegrino, 51-52. ☎ 06-687-95-33. Permanece abierto solamente por las noches (salvo los domingos). Cerrado los lunes. *Antipasti* de 8 a 12 €, *primi* de 10 a 15 € y *secondi* de 12 a 20 €. *Osteria-enoteca* del mejor vino local. Además de una selección de vinos inmensa, como atestiguan las centenas de etiquetas en madera colgadas en las paredes, esta casa tiene un arte culinario de primer orden. En lo referente a los *primi*, hay que decir que son, sobre todo, pasta *(gnocchi fatti a mano con mazzancolle e pecorino romano...)*; mientras que los *secondi* se centran principalmente en las carnes *(salsiccia della Valnerina alla brace con verdura saltata...)*. Dos platos *di mare* también, como el soberbio *timballo di gamberi, pere e gorgonzola naturale* (un plato a base de gambas y de pera, adornado con una salsa espesa de *gorgonzola*, mmm)...

En fin, buena acogida y servicio más bien moderno (aunque a veces algo desbordado). Se recomienda hacer reserva, por lo menos si no se quiere guardar la (larga) cola que suele formarse a la entrada.

Pierluigi *(zoom centro B-C4, **87**):* piazza dei Ricci, 144. ☎ 06-686-13-02 y 06-686-87-17. Está cerrado los lunes. Para los *antipasti* y *primi*, calculad de 7 a 9 €. Platos fuertes entre 11 y 18 €. Da sobre una soberbia pequeña plaza en pleno corazón del *Centro Storico*, que con el buen tiempo se ve invadida por una parra virgen. Un verdadero decorado teatral con una iglesia en la esquina. En el interior, sucesión de salas decoradas con pinturas y telas de Mastroianni, el hermano del malogrado actor Marcello Mastroianni. Conviene destacar sin embargo que cuando la terraza se llena (tienen la plaza para ellos solos), la cosa se convierte un poco en un lugar no precisamente intimista.

En cuanto a la cocina, Pierluigi y sus ayudantes tienen buen crédito. La carta, generosa y variada, ofrece numerosas y seductoras especialidades: *antipasti di mare, pasta e broccoli con arzilla, pasta e fagioli, risotto alla crema di scampi,* o también (como *secondi*) *stracetti con rughetta* y *tagliata di mare con rughetta*. Buena selección de vinos.

La Carbonara *(zoom centro C4, **88**):* campo dei Fiori, 23. ☎ 06-686-47-83. Está cerrado los martes, y durante el mes de agosto. *Primi* de 10 a 12 € y platos express escalonados de 12 a 20 €. La comida completa cuesta entre 35 y 40 €.

Se trata de un gran restaurante con salas rústicas; las del primer piso os permitirán apreciar la animación del mercado a la hora de la comida. Terraza muy solicitada. Entre la pasta más selecta se encuentran los *taglionini* y otros espaguetis y *bucatini*. El resto está al nivel de lo anterior... pero atención a la cuenta, un poco excesiva para la calidad de la comida (en general, correcta pero no excepcional).

Centro histórico – Panteón – Argentina

Barato

🍽 ***Enoteca Corsi*** *(zoom centro C4,* ***90****):* via del Gesù, 87-88. ☎ 06-67-90-821. Está abierta solamente a la hora de comer, de 12 a 15.30 h. La enoteca propiamente dicha está abierta de 8.30 a 13 h y de 17 a 20 h. Cerrada los domingos y en agosto. Primeros platos por unos 6 €, segundos por 9 € y comida completa por 15 €. A dos pasos de la célebre iglesia de Gesù... y de la antigua sede de la democracia cristiana, encontraréis la enoteca Corsi, que es más una bodega que un restaurante. También su decorado, desprovisto de encanto, es típico de la cantina tal como uno la imagina. No obstante, el ambiente confiere al conjunto un calor y un lado simpáticos, al ser la clientela bastante heterogénea. Y *basta così.*

Centro histórico – Ghetto – Isla Tiberina

Encajado entre el Tíber al sur, la via Arenula al oeste, la via delle Botteghe Oscure al norte y la via del Teatro di Marcello al este, el barrio, sin ser muy grande, aglutina algunas buenas direcciones varias de las cuales son conocidas por muchos romanos.

Barato

🍽 ***Sora Margherita*** *(zoom centro C4,* ***91****):* piazza delle Cinque Scuole, 30. ☎ 06-686-40-02. Abierto solamente a la hora del almuerzo. Cerrado los sábados y domingos, así como las tres últimas semanas de agosto. En una pequeña plaza situada a dos pasos de la via Arenula. Ningún cartel anuncia esta pequeña *trattoria*, cuya entrada, muy cerca de la iglesia S. M. di Pianto, consiste en una simple cortina de plástico. Verdadera taberna tomada al asalto por los trabajadores de la zona. Patrona encantadora. La carta se reduce a una simple hoja llena de garabatos, esto se debe a que cada día de la semana tiene sus especialidades, que son muy apreciables como comida casera (probad, entre otras, los *fettuccine al agnaletto* o bien los *polpette aliciotte con l'indivia*). Los martes y viernes: pescado fresco (lenguado y pescado frito sobre todo). En fin, las tartas y los *crostate* completan agradablemente la comida...

Selecto

🍽 ***Piperno*** *(zoom centro C4,* ***92****):* monte dei Cenci, 9. ☎ 06-68-80-66-29. Cerrado los domingos por la noche y lunes, así como en agosto. Se aconseja reservar. Situado en una pequeña calle del Ghetto que enlaza la piazza dei Cenci con la piazza delle Cinque Scuole. Calculad un poco más de 11 € por un *antipasto*, los platos van de 15 a 21 €. *Contorni* no muy baratos tampoco. Una dirección cara, pero ideal para degustar la cocina «judeo-romana». Descubriréis –o encontraréis– todos los clásicos (empezando por las frituras): *carciofo alla giuda*, *fiori di zucca* (hojas de calabacín rellenas de *mozzarella* y de anchoa), *filetto di baccalà* (filete de bacalao), así como numerosos despojos (tripas a la romana y otra cola *–coda di bue–*) y el delicioso cordero *(abbacchio)*. Marco evidentemente acomodado y servicio irreprochable. Un valor seguro.

🍴 ***Sora Lella*** *(zoom centro C4, **93**):* via Ponte Quattro Capi, 16. ☎ 06-686-16-01. Está cerrado los domingos. Vacaciones anuales variables. Aperitivos de 8 a 13 €. Calculad de 12 a 15 € por un primer plato y de 13 a 24 € por un segundo. Se aconseja reservar. Una institución local instalada en pleno corazón de la isla Tiberina desde 1943, año de la fundación de *Sora Lella* por Lella Fabrizi, tan buena cocinera como actriz. Lella era la prima de Aldo, que algunos conocen desde su notable interpretación en el film de Rossellini, *Roma, ciudad abierta* (interpretaba el papel del sacerdote). Actualmente, es el hijo de Lella (Aldo Trabalza) quien perpetúa la tradición familiar. Dos salas con vigas a la vista y cuadros. Clientela bastante selecta y atmósfera más bien conformista. La verdad, nuestra última visita no nos dejó un recuerdo imborrable: servicio muy lento, camareros poco motivados. Restaurante que vive de su reputación... No obstante, numerosas especialidades romanas *(ravioli di ricotta alla tiberina, gnocchi all'amatriciana, minestre, abbacchio al forno, baccalà in guazzetto...)* y buena carta de vinos (especialmente del Lacio: *cesanese del piglio*, *colle pichioni*, *cerveteri*...).

Centro histórico – Piazza di Spagna – Piazza del Popolo – Barrio del Parlamento

En esta zona hay muchos restaurantes pero suelen estar invadidos de turistas, aunque sobre todo hay que evitar a toda costa los restaurantes «baratos» de la piazza di Spagna en los que no se habla italiano... más que en las cocinas. Bien, lo habéis adivinado, nuestras direcciones preferidas se inscriben más bien en la categoría de «Precios medios», por la calidad de su cocina pero también por su clientela más local.

Barato

🍴 ***Pizza Re*** *(plano general C2, **94**):* via di Ripetta, 14. ☎ 06-321-14-68. Abierta todos los días. Cerrada la segunda y tercera semanas de agosto. Calculad de 8 a 12 €. Buena pizzería. Preparan unos cuarenta tipos de pizzas. Hay que tener en cuenta, la *pizza Re*, claro, pero también la *salsiccia e friarelli* o la *sostanziosa*. Algunas especialidades napolitanas completan la lista: los *pagniatelli* (bocadillos hechos a base de pasta de pizza), *mozzarella in* *carrozza, parmigiana di melanzane*. También se puede optar por una ensalada... a la espera de los postres. También hay menús que incluyen una bebida... y un plato (pizza, *primo del giorno* o ensalada). Vinos de Campania *(greco ditufo, aglianico del taburno)*. Marco banal, pero una alternativa correcta en el barrio para bajos presupuestos.

Il Leoncino *(plano general C3,* ***95****):* via del Leoncino, 28. ☎ 06-687-63-06. Permanece abierto al mediodía y por la noche durante la semana, pero únicamente por la noche los fines de semana. Está cerrado los miércoles y 15 días en agosto. Pizza de 7 a 10 €. Dirección discreta, en una calle discreta. He aquí un lugar que casi no ha cambiado en un cuarto de siglo. La pizza es siempre excelente (hecha en auténtico horno de leña), los pasteles son suculentos, el servicio es rápido y poco formal, y la cuenta ligera. Todo reunido en un mismo lugar. No está mal, ¿eh?

Precios medios

Trattoria dal Cab. Gino *(plano general C3,* ***96****):* vicolo Rosini, 4. ☎ 06-687-34-34. Abierta al mediodía y por la noche hasta las 22 h. Cerrada los domingos y en agosto. A medio camino entre la piazza di Spagna y la piazza Navona. Aperitivo y *primi* por unos 7 €. Platos entre 10 y 12 €. Pequeño restaurante perdido en un callejón sin salida, la dirección secreta por excelencia. Marco cálido; frescos campestres en las paredes con pátina. Regentado por la misma familia desde hace más de cuarenta años, este restaurante es bien conocido por los diputados del cercano Parlamento, donde degustan una auténtica cocina popular, con buenos vinos de la casa *(toscane, piemonte, frascati)*. Algunos clásicos de la casa: el conejo y los ravioli.

Fiaschetteria Beltrame *(plano general C3,* ***97****):* via della Croce, 39. Sin teléfono, ni reservas, ni tarjetas de crédito, una auténtica «arqueotaberna». Abierta al mediodía y por la noche hasta las 23 h. Cerrada los domingos, así como dos semanas en agosto. Situada en una calle que desemboca en la piazza di Spagna por un lado y a la via del Corso por el otro. *Antipasti* y *primi* alrededor de 10 € y carnes por unos 12 €. Lugar minúsculo, decorado con numerosos cuadros y dibujos, que existe desde 1886. Os aconsejamos que lleguéis temprano ya que a menudo no es fácil encontrar sitio. Cocina tradicional. Podéis pedir una deliciosa *rughetta* servida con tomates de Sicilia y *parmigiano reggiano*, todo aderezado con aceite de oliva.

La Buca di Ripetta *(plano general C2,* ***98****):* via di Ripetta, 36. ☎ 06-321-93-91. Abierto sólo por las noches y el sábado todo el día. Cerrado los domingos y lunes, así como en agosto. *Antipasti* por unos 8 €. *Primi* de 7 a 10 € y *secondi* de 8 a 14 €. Pequeño restaurante agradable y limpito. Manteles blancos y algunos yugos de buey para dar una minitonalidad rústica. Una banqueta de madera dispuesta alrededor de toda la sala. Cocina italorromana sin historia (no hay mucho que elegir), servicio eficaz, aire acondicionado, vino a granel y precios moderados. ¿Qué más se puede esperar, en un barrio turístico como éste?

De precios medios a más selecto

🍽 ***'Gusto** (plano general C-D3,* ***100**):* piazza Augusto Imperatore. ☎ 06-322-62-73. En la plaza donde se encuentra el mausoleo de Augusto. Abierto todos los días al mediodía y por la noche. El nombre del lugar procede de la contracción de Augusto. La decoración es soberbia, en un estilo neoyorquino. Y cada uno hallará lo que guste ya que el lugar tiene una pizzería, un *winebar* y un *ristorante*. Buena selección de *pizze rosse* o *bianche*, de *bruschette*, de *primi al gratin*, etc. Calculad 10 € por una pizza. Al lado de la pizzería, la vinatería, también muy agradable. Cuadros modernos sobre fondo de vigas y pequeña orquesta (jazz excelente). Vinos apuntados en una pizarra que cambian cada tres días. Ambiente un poco modernillo. En el primer piso, el restaurante (se recomienda reservar). Aquí no se puede ir de tirado y la cuenta no es ningún regalo (y eso que el servicio está incluido). Todos los platos se sitúan más o menos entre 12 y 17 €. Clientela de clase media alta enrollada y yuppies con pretensiones intelectuales, así como empleados de empresas. Marco muy agradable, con un matiz a la vez sobrio (a la japonesa) y cálido. Cocina *slow food*, con asociaciones divertidas de gustos. También pequeños deslices en algunas ocasiones... Además, buena selección de verduras en «wok», pastas, carnes (*sella di coniglio ripiena*, *tagliata di manzo al madeira*, cuarto de *agnello* presalado), pescados e incluso cuscús...

🍽 ***Al 34** (plano general C3,* ***99**):* via Mario-dei-Fiori, 34. ☎ 06-679-50-91. Cerrado los lunes, así como en agosto. Calculad de 9 a 12 € para los aperitivos. Comidas frías y *secondi* entre 11 y 16 €. Bonitas salas abovedadas con vigas decoradas con acuarelas y objetos kitsch. Con fuertes calores, el aire acondicionado y los ventiladores son siempre de agradecer. Clientela de hombres de negocios de clase media y ambiente bastante agradable. En definitiva, no precisamente trotamundos; pero la cocina tiene una excelente reputación (de inspiración meridional, Apulia y Calabria). Casi una institución. Larga carta de la que extraemos un generoso *fritto misto di paranzi*, los *taglionini con carciofi e pomodoretti piccanti*, el *rombo al forno*, el *baccalà alla vicentina*, etc. También buena carta de vinos.

Centro histórico – Barberini – Trevi

Aquí, como en el barrio anterior, pululan los turistas, lo cual no deja de tener una cierta influencia, a menudo nefasta, sobre la calidad.

Precios medios

🍽 ***La Colline Emiliane*** *(plano general D3,* ***101****):* via degli Avignonesi, 22. ☎ 06-481-75-38. Está abierto al mediodía y por la noche. Cerrado los viernes, así como en agosto. Calculad 7 € por un *antipasto*, 10 € por un *primo* y de 11 a 14 € por un *secondo*. Menús a 20 y 30 €; calculad 25 € por una comida completa. Situado en una pequeña calle paralela a la via del Tritone (no lejos de la piazza Barberini), este restaurante presenta la particularidad de servir, en un marco de madera bastante sobrio, una cocina de la región de Bolonia (la Emilia Romagna): salami y carnes frías, *tagliatelle* y *tortellini*, carnes hervidas... Los vinos, como el resto, vienen de esta región. Calidad constante y servicio cuidado. Conviene reservar.

Barrio de los Monti

Barato

🍽 ***La Tavernelle*** *(plano general D4,* ***102****):* via Panisperna, 48. ☎ 06-474-07-24. Cerrado los lunes. *Primi* de 7 a 9 € y *secondi* de 9 a 15 €. Uno de los más viejos restaurantes de la Ciudad eterna (lo cual no es decir poco). Una de las guaridas de Fellini (de quien se ha conservado la silla del estudio nº 5, a la derecha de la entrada). También otros grandes han pasado por aquí, entre ellos Robert de Niro, a quien podréis ver en la pared... Platos rotulados en inglés, en francés, en alemán, y también... en japonés, cuestión de evitar malentendidos, según el patrón. Cocina esencialmente mediterránea y especialidad en pescados. También un bufet de entrantes muy tentadores, y una buena carta de vinos. Y para terminar (la comida), la *dolce vita*, un pastel realizado por el chef en homenaje a Fellini. Una de las mejores direcciones del barrio.

🍽 ***Al Giubileo*** *(plano general D4,* ***103****):* via del Boschetto, 44. ☎ 06-48-59-29. Un enorme restaurante, que tiene la particularidad de ofrecer plato «pizza a voluntad» por 10 € por persona. Simpático cuando os encontráis en grupo. Selección de *antipasti*, grandes ensaladas, pastas, etc. Y algunas otras especialidades que habitualmente se encuentran en las *tavole calde*: croquetas de arroz y de patata. Se come por unos 15 € (servicio incluido). De postre, la *panacotta* al caramelo no está mal, pero también podéis optar por la *pizza a la nutella*... En fin, un local que funciona, ¡hasta hay cola para entrar! En el interior, ambiente cálido, y resulta curioso observar la destreza de los camareros, que cargan tranquilamente 5 o 6 pizzas en los brazos.

Aventino – Testaccio

Una verdadera mina de restaurantes. Además, el barrio posee, como San Lorenzo, una fuerte identidad cultural. Otra manera de sentir el latido del corazón romano.

De barato a precios medios

Volpetti Più *(plano general C6,* ***104****):* via Alessandro Volta, 8-10 (en la esquina con la via Marmorata). ☎ 06-574-43-06. Anexo del famoso colmado Volpetti. Cerrado los domingos y en el mes de agosto. Pizzería y *tavola calda* en forma de *self-service* a precios asequibles (platos en la barra desde 7 €), todo ello con la calidad de la casa madre garantizada. Menú a 10 € (mediodía y noche) y comida completa por 16 €. La carta cambia todos los días. Probad, sobre todo, las excelentes croquetas de patata y de queso por menos de 2 €. Productos la mayor parte de ellos de Umbría, de donde proceden los Volpetti. En el colmado, también hay que destacar la enorme mortadela, digna del *Libro Guinness de los récords.*

L'Oasi della Birra *(plano general C5,* ***105****):* piazza Testaccio, 38-41. ☎ 06-574-61-22. Abierto de 19.30 a 1 h. Cerrado los domingos. Calculad unos 12 € por un surtido de quesos o de salami, y entre 8 y 11 € por el resto. He aquí un lugar que, en Roma, sale de lo ordinario... en la planta baja, una simple enoteca, pero en la bodega (abovedada y fresca como debe ser), un bar-restaurante donde se sirven (hasta) quinientos tipos de cerveza del mundo entero. Es Bélgica quien está en cabeza (con sus cervezas de Hoegaarden, su Chimay y sus Mort Subite), seguida por Alemania, aunque también hay cervezas de Brasil, Cuba o China. En la carta hay no menos de ochenta tipos de quesos (de diferentes regiones de Europa), decenas de salamis, setenta tipos de enormes *bruschette*, pero también otros platos que no son frecuentes en Roma *(brasato di carne alla Guinness, gulash di manzo con polenta e patate...).* Los surtidos de quesos, servidos muy copiosamente en una bandeja redonda, son bastante extraordinarios. Y si no sabéis por cuál decidiros, fiaos del buen gusto del camarero, en principio no os decepcionará. Aconsejable reserva los fines de semana.

Taverna Cestia *(plano general D6,* ***106****):* via della Piramide Cestia, 65. ☎ 06-574-37-54. Está cerrada los lunes, así como la segunda quincena de agosto. *Trattoria-pizzeria* situada en las proximidades de la piazza di Porta San Paolo, donde está la pirámide de Caius Cestius. Frecuentada tanto por los funcionarios de la FAO (Organización Mundial de la Agricultura y la Alimentación), instalados en el viale delle Terme di Caracalla, como por la gente del barrio. Una buena pequeña cantina que no ofrece sorpresas desagradables en lo que respecta a sus platos. En la carta hay pizzas, pero también algunas cosillas que os dejamos descubrir. Gran terraza cubierta. Bastante concurrido los fines de semana, conviene reservar.

«Da Oio» Casa Mia *(plano general C6,* ***107****):* via Galvani, 43-45. ☎ 06-578-26-80. Abierto al mediodía y por la noche, y en principio en agosto. Cerrado los domingos. Primeros y segundos platos entre 9 y 11 €. *Trattoria* típica del Testaccio, que ha sabido ampliar su clientela sin perder su alma. Con el buen tiempo, terraza evidentemente muy solicitada. En el interior, marco muy simple, aireado, con algunas fotos antiguas, dibujos y botellas. Acogida algo seca y servicio un poco descuidado, pero aquí descubriréis la auténtica *cucina romana povera: coda alla vaccinara, pagliata alla cacciatora* (buena salsa perfumada), *rigatoni al sugo di coda*... y otras especialidades, como la *minestra d'arzilla e broccoli,* el *abbacchio al forno*, el filete, etc. *Gnocchi* los jueves. Ciertamente no es un lugar muy refinado, pero es una cocina sólida que no se puede desligar de su ambiente amigable en sintonía con el espíritu del barrio. Aderezado, eso se da por supuesto, con un buen *vino della casa*.

Lo Scopettaro *(plano general C5,* ***108****):* lungotevere Testaccio, 7. ☎ 06-575-79-12. Abierto al mediodía y por la noche. *Antipasti* y *secondi piatti* por unos 10 €. Por un *primo*, calculad 7 €. Probablemente no es el mejor restaurante del Testaccio, pero, aun así, tiene una buena reputación y, sobre todo, es uno de los pocos que abren en el mes de agosto. Marco agradable, tipo albergue rural (manteles rosados, vigas, mazorcas, hileras de botellas, etc.). La terraza, por el contrario, tiene que soportar la circulación de la avenida. Antiguo matadero, el local ha heredado algunas de estas especialidades: *pagliata d'abbacchio alla cacciatora* (tripas de cordero), *coda alla vaccinara* (rabo de buey), *corratella d'abbacchio con carciofi* (corazón de cordero). Además, algunos platos tradicionales. Servicio bastante precario, echaréis de menos que algunos platos no estén en el menú y que las porciones no sean más consistentes (como los *antipasti all'italiana*).

Precios medios

Da Felice *(plano general C6,* ***109****):* via Maestro Giorgio, 29. ☎ 06-574-68-00. Abierto al mediodía y por la noche hasta las 22.30 h. Cerrado los domingos. *Trattoria* situada a dos pasos de la piazza S. M. Liberatrice, donde no es fácil conseguir mesa... a menos que vayáis con clientes habituales, que tienen a menudo una mesa reservada. No hay carteles, lo cual confirma que en verdad no se busca la clientela exterior. Marco bastante sencillo, algunos pegotes en las paredes y un viejo bufet. La cocina sencilla es verdaderamente buena: probad, preferentemente, el *pollo alla romana*, el *abbacchio al forno* o el pescado.

Perilli *(plano general C6,* ***104****)*: via Marmorata, 39. ☎ 06-574-24-15. Abierto al mediodía y por la noche hasta las 23 h. Cerrado los miércoles y en agosto. Pastas alrededor de 10 € y platos del día entre 11 y 12 €. Un gran clásico de la cocina testacciana. Por otra parte, no os presentéis sin reservar, no tendríais derecho ni a una sola mirada. Decoración de *trattoria* a la antigua: bóvedas, madera barnizada, frescos campestres, patrón algo tosco. Clientela habitual a la que molestamos los ocasionales. Atmósfera animada y ruidosa. Cocina familiar bien preparada y especialidades locales, entre las cuales hay que citar los *rigatoni alla carbonara* y los *bucatini all'amatriciana*.

🍽 ***Luna Piena*** *(plano general C6, **110**):* via Luca della Robbia, 15. ☎ 06-57-50-279. Abierto al mediodía y por la noche (de noche sólo abre en julio y en agosto). Cerrado los miércoles. Cocina *slow food*, otra buena alternativa culinaria si no os habéis quedado en Da Felice o en Perilli. Dos grandes salas agradables decoradas con interesantes pinturas y grabados. Pequeña terraza donde las plazas se pagan caras. Buena carta, platos del día en la pizarra negra: de entrada, los grandes clásicos del local *(coda, animelle arroste, coratella con carciofi...)*, luego el pollo, el cordero al horno, las *seppie con piselli*, *gnocchi della casa*, etc.

Selecto

🍽 ***Checchino dal 1887*** *(plano general C6, **111**):* via monte Testaccio, 30. ☎ 06-574-38-16 y 06-574-63-18. Cerrado los domingos y los lunes. Cierre anual en agosto y Navidad. Se aconseja reservar. Calculad más o menos 45 € por una comida completa. Pero también varios menús (mediodía y noche) de 31 a 60 €. Situado en el corazón del Testaccio, a dos pasos de los antiguos mataderos. Checchino es una referencia en Roma. Una dirección ineludible para los amantes de los despojos (la especialida del lugar). El restaurante no es muy reciente, podría ser incluso el más antiguo de la ciudad. En todo caso, siempre estuvo en manos de la familia Mariani. Simple bodega en su origen, *l'albergo dell'Olmo* –el árbol que hace sombra al restaurante– fue transformado en *osteria* en 1925. Como el patrón de la época tenía una silueta achaparrada, fue apodado «Checco»... luego «Checchino» (su diminutivo). Tras la Segunda Guerra Mundial, Checchino es un lugar cada vez más frecuentado por la buena sociedad romana. Gran sala abovedada alargada, agradable y confortable. Servicio eficiente. En lo que respecta a la comida, es un lugar ideal para descubrir una cierta cocina romana. *I piatti della tradizione* (los platos tradicionales) que ofrece la casa están bien preparados, empezando por las *minestre asciutte* (sopas y cocidos), como la *stracciatella*. La pasta tampoco se queda corta con los inolvidables *rigatoni con pagliata*. Los quesos, muy variados, son excepcionales (¿por qué no acompañarlos con Puntarelle?). Y luego, probad también el *misto picante*... Finalmente, muy buena carta de vinos. ¿Qué más decir?

La Garbatella

De barato a precios medios

🍽 ***Moschino*** *(fuera del plano general por C6):* piazza Benedetto Brin, 5. ☎ 06-513-94-73. A 10 mn del metro Garbatella. Saliendo de la estación, seguid el vicolo della Garbatella hasta la pequeña plaza Pantera. Seguid luego a la derecha por la calle Guglielmotti (que sube). Se encuentra a 250 m de allí, en la plaza B. Brin. Cerrado los domingos. Esta modesta dirección os hará descubrir uno de los barrios injustamente desconocidos de Roma: la Garbatella. En casa Moschino (fijaos en la arquitectura original del edificio), la cocina es familiar y los platos típicos excelentes. Sirven los *nervetti* (nervios de buey en su salsa) que prácticamente no se encuentran en ninguna otra parte, salvo en las marmitas de las *mammas* y de las *nonnas* romanas. Extraordinarios *polpette di bollito fritte* (albóndigas de ternera fritas), *rigatoni alla gricia* y melocotones al vino, deliciosos en verano. Especialidades de *pagliata, padellotto, crocchette di bollito*, etc. El patrón es un poquito arisco. Los que tengan humor apreciarán al personaje, a los demás no les hará mucha gracia. Una cuenta relativamente asequible que ronda los «Precios medios» si se toma una comida completa.

Esquilino – Viminal – Termini

Es mejor desconfiar de los numerosos restaurantes ubicados alrededor de la estación Termini. Anunciando menús turísticos de 12-14 €, a menudo son frecuentados por todos los huéspedes ocasionales de la zona… y sirven una comida digna de las cafeterías de nuestros hipermercados. Aquí y allá, sin embargo, hay algunas excepciones de las que damos referencia. Esquilino, por su parte, tiene restaurantes de calidad a precios muy asequibles.

Barato

Da Luciano *(plano general E3, **112**):* via Giovanni Amendola, 73-75. ☎ 06-488-16-40. A 100 m de la estación. Abierto de mediodía a 21 h. Cerrado los domingos y la segunda y tercera semanas de agosto. Pastas alrededor de 5 €, *antipasti* entre 4 y 6 € y platos de 6 a 7 €. Menú a 8,5 € mediodía y noche, calculad 11 € por una comida completa. A dos pasos de la estación Termini, una pequeña cantina de barrio barata (comprobad los precios) y que sin embargo ofrece una cocina de calidad, muy gustosa y llena de autenticidad. Los platos están expuestos detrás de una vitrina cerca de la caja, lo que facilita la elección y permite evitar sorpresas desagradables. El local suele estar bastante concurrido, por lo que más vale llegar pronto (aunque la espera nunca es muy larga).

Est! Est! Est!!! *(plano general E3, **113**):* via Genova, 32. ☎ 06-488-11-07. En una calle perpendicular a la via Nazionale, a medio camino entre Termini y la piazza Venezia. Abierto de 19 h a medianoche. Cerrado los lunes. *Antipasti* de 6 a 8 € y pizzas de 7 a 9 €. Nombre curioso para un restaurante… De hecho, se trata de uno de los vinos de la carta, bautizado así (según la leyenda escrita en un cartel del establecimiento) en el... siglo XII por el llamado príncipe «Defuk de Germania». ¿Por qué? Porque éste, tras viajar a Italia, se empeñó en exclamar *Est* cada vez que probaba un buen vino. Al degustar el de Montefiascone (pequeño pueblo cercano a Roma), quedó tan agradablemente sorprendido que pronunció la palabra *Est* tres veces. El vino en cuestión sigue existiendo y se sirve en esta pizzería que ha tomado prestado su nombre (para más detalles, remitíos a la leyenda). Cerrado el paréntesis, no os halláis en un marco cuidado con bonitos manteles y todo tipo de objetos colgados en las paredes, sino en una vasta taberna popular por la que desfila una clientela muy diversa en un simpático jolgorio. En cuanto a la cocina, sobre todo pizzas que, si no prodigiosas, sí son muy resultonas. En definitiva, ante todo un lugar para comer a bajo precio en una cálida atmósfera, bastante alejada de lo común.

Cantina Cantarini *(plano general E2, **114**):* piazza Sallustio, 12. ☎ 06-48-55-28 y 06-474-33-41. A unos 500 m de la estación, al otro lado de la via XX Settembre. Abierto al mediodía y por la noche. Cerrado los domingos. Vacaciones anuales la segunda quincena de agosto y del 24 de diciembre al 7 de enero. Calculad de 6 a 13 € por un *secondo piatto*. También un menú por 15 €, servido al mediodía y por la noche. Calculad 19 € por una comida completa (postre incluido). Barrio alejado de la fiebre turística. En una encantadora plaza cuyo centro tiene bonitos restos antiguos, rodeados por una reja. Sala abovedada con la fotografía de la familia colgada en la pared. Aquí las especialidades son de la región de Las Marcas: *fegato impanato alla salvia, veneta o marchigiana*. En cuanto al pollo, viene del pueblo del patrón. Entre las otras especialidades, el salteado de marisco. También pescado fresco del día los jueves por la noche, viernes y sábado (mejor reservar porque esto se sabe). Acogida francamente simpática.

De precios medios a más selecto

La Cantinola *(plano general E2, **115**):* via Calabria, 26. ☎ 06-428-205-19 y 06-427-439-62. Acceso para discapacitados. Cerrado los domingos y tres semanas en agosto. Calculad unos 8 € por un *primo* y de 10 a 12 € por un *secondo*. Pequeña *trattoria* en forma alargada, frecuentada por los empleados que trabajan en el barrio. Servicio muy rápido. Llegada habitual de pescado fresco de Cerdeña. Excelentes *antipasti* de la casa, compuestos sobre todo por marisco del día. También disfrutamos con los *spaghetti alle vongole veraci*. *Gnocchi* los jueves. Interesante selección de vinos, y un *vino locale* barato.

Trattoria «Abruzzese» *(plano general E3, **116**):* via Napoli, 4. ☎ 06-488-55-05. Abierto de mediodía a 15 h y de 19 a 23.30 h. Cerrado los domingos. Pastas alrededor de 8 € y platos principales entre 10 y 12 €. Salas con bóvedas en el sótano, mesas vestidas de rosa, camareros de verde y fotografías en las paredes que nos recuerdan que Roberto Benigni y Sergio Leone pasaron por aquí (no parecían descontentos de haber venido). Comida sabrosa, franca, sin rodeos, y no muy cara. Todo tipo de pescados y de carnes (probad la excelente escalopa *marsala*), pero también numerosas pastas y bonitos *contorni* expuestos debajo de la vitrina (probad las berenjenas, exquisitas). Un buen restaurante.

La Gallina Blanca *(plano general E3,* ***117****):* via Antonio Rosmini, 9. ☎ 06-474-37-77. Abierto todos los días al mediodía y las tardes hasta medianoche (1 h los viernes, sábados y domingos). Pastas y pizzas de 6 a 9 € y segundos platos de 8 a 13 €. *Atención, uno de los raros restaurantes que cobran el servicio aparte.* Marco divertido y colorido: pequeños manteles de vichy azul y blanco que hacen juego con las camisas de los camareros, paredes amarillas y madera clara con muchos animales colgados de ella. ¿Y en los platos? Buenas pizzas, *crostini*, pastas perfectamente cocidas, *spiedini del buttero*, *verdura marinata* (copioso bufet de verduras), algunos platos internacionales, etc. Clientela joven (muchos estudiantes) y un poco ruidosa, ambiente de gran cantina. No es aquí donde haréis una cena de enamorados. Algunas mesas en la acera.

Da Vincenzo *(plano general E2-3,* ***118****):* via Castelfidardo, 6. ☎ 06-484-596. Cerrado los domingos y en agosto. Primeros platos alrededor de 10 € y *secondi* comprendidos entre 10 y 15 €. Restaurante de barrio encantador de buena reputación. Sólo hay que ver al personal haciendo cola para pillar un sitio en la terraza. Cocina tradicional basada en el pescado, pero que también tiene un buen repertorio de pastas. No se trata de gran cocina, pero la acogida es simpática y los productos frescos (y de calidad) garantizados, lo cual es suficiente para tener una clientela local fiel (tirando a selecta).

San Lorenzo

Barrio popular muy frecuentado por intelectuales. Uno de los bastiones de las actividades sociales contestatarias en Roma. Situado al sureste de la ciudad universitaria, está rodeado por la via Tiburtina, dei Reti, el viale dello Scalo di San Lorenzo y las fortificaciones que bordean las vías de la estación Termini. Varios restaurantes pequeños, muy baratos y sin carta ofrecen, además, sus terrazas cuando hace buen tiempo, aunque muchos de ellos cierran en verano. En la mayor parte de ellos la comida es simple y correcta. Seguid vuestro instinto.

De barato a precios medios

Formula Uno *(plano general F4,* ***119****):* via degli Equi, 13. ☎ 06-445-38-66. Abierto hasta las 0.30 h. Una dirección que lleva bien su nombre, ¡con su servicio ultraexprés! Las especialidades de la casa son las pizzas (33 a escoger) y la cerveza (a presión o en botella). Sin embargo, los *antipasti* (en autoservicio) son altamente recomendables. Precios bajos: se come por menos de 15 €. Ambiente de taberna: un poco ruidoso, pero muy animado y cálido. Muchos jóvenes, pero no exclusivamente. De él haríamos nuestro garito habitual.

🍽 ***Da Pommidoro*** *(plano general G3,* ***120****):* piazza dei Sanniti, 44. ☎ 06-445-26-92. Cerrado los domingos y en agosto. *Antipasti* y *primi* entre 8 y 10 €. Por el plato principal, calculad entre 8 y 12 €. De noche, sólo con reserva. Restaurante regentado por Anna y Aldo, donde se suele venir en temporada de caza, por las piezas que la pareja trae de su pueblo (a veces cazadas por el propio Aldo). Los productos de base (aceite, vino, fruta, ensalada..) también proceden de allí. Para hacer abrir apetito, gran parrilla a la vista presta para acoger los trozos de carne expuestos al lado. Si no, cocina familiar (*minestrone, pasta alla carbonara*, muy buena carne evidentemente, *alla griglia*...). Terraza cubierta separada del restaurante.

🍽 ***Tram-Tram*** *(plano general G4,* ***121****):* via dei Reti, 44-46. ☎ 06-490-416. Cerrado los lunes y la semana del 15 de agosto. Se aconseja reservar, los fines de semana es obligatorio. Calculad unos 10 € por un *primo* y de 12 a 15 € por un *secondo*. Menú entre 20 y 22 € los mediodías, por la noche y los domingos. Por una comida completa, preved 32 €. Es el viejo tranvía que pasa al lado lo que dio el nombre al restaurante. Bonita dirección de barrio que perpetúa una cierta tradición culinaria con una auténtica cocina familiar en la que sólo intervienen buenos productos (cocina *slow food*). Reencontramos mezclados con gracia todos los perfumes y sabores que nuestras abuelas sabían hacer emerger de sus calderos. También unos doscientos tipos de vinos. En cuanto al resto, clientela joven y enrollada, salpicada de un puñado de familias populares y de *mammas* clásicas. Y luego, ambiente agradable los domingos al mediodía en la sala principal, tal como lo demuestran las caras coloradas de los comensales. Buen *vino della casa* a granel.

🍽 ***Da Franco al Vicoletto*** *(plano general F4,* ***122****):* via dei Falisci, 1 a. ☎ 06-495-76-75. Abierto de 13 a 15 h y de 20 a 23.30 h. Cerrado los lunes y las tres útimas semanas del mes de agosto. Tres menús de 17 a 22 € servidos al mediodía y por la noche: abundante *antipasto misto*, tres platos de pasta diferentes y media botella de vino, buena parrilla mixta de pescado. Si no, calculad unos 7 € por un *primo* y de 7 a 12 € por un *secondo*. He aquí la dirección secreta que incluso nuestros amigos romanos nos escondían. Uno de los restaurantes de pescado y de marisco más populares de Roma a precios de antes de la guerra. A la carta, probad la *insalata* o los *tartufi di mare*, o si no los *vongole alla marinara*. Rodaballo o lubina a la parrilla excelentes. Lástima que la acogida no esté a la altura...

🍽 ***Pizzeria Maratoneta*** *(plano general F4,* ***123****):* via dei Sardi, 20. ☎ 06-490-027. Abierto sólo por la noche, a partir de las

18.30 h. Cerrado los domingos. Selección de 26 buenas pizzas, en un lugar que, pese a algunos frescos, hace pensar más en un snack que en un restaurante. Dicho esto, no es caro, y es popular y animado. Algunas mesas en la acera. Es esencialmente el punto de encuentro de los jóvenes de la zona.

De precios medios a más selecto

Il Dito e la Luna *(plano general F4,* ***124****):* via dei Sabelli, 47-49. ☎ 06-494-07-26. Abierto de 20 h a medianoche. Cerrado los domingos y en agosto. Calculad unos 32 € por una comida completa. En una calle poco transitada, sin cartel llamativo, se trata de un establecimiento que se ha forjado una sólida reputación. A medio camino entre el restaurante y una bodega, tanto por el decorado como por el tipo de clientela. Salas abovedadas, luces tamizadas, atmósfera modernilla. Cocina que reintroduce viejas recetas desempolvadas, ligeras y gustosas todo a la vez. Restaurante *slow food*. Algunos platos: *flan di cipolla*, delicioso, *polpi in guazzetto* (pulpo con tomate y hierbas), *insalata di spatola*, *pasta colla molica*, *involtini siciliani*, etc. Buena selección de vinos. La cosa arranca con un vaso, continúa con la botella de blanco de Sicilia y acaba con el *chambolle-musigny*. Se recomienda reservar. No se aceptan tarjetas de crédito.

Via Appia Antica

Osteria Antica Roma *(plano general E6):* via Appia Antica, 87. ☎ 06-513-28-88. Al sur de Roma. Abierto al mediodía y por la noche. Cerrado los lunes. Calculad unos 32 € por una comida. Después de una visita a las catacumbas, a uno le apetece entrar en este restaurante, uno de los más antiguos de Roma (data de 1798). Su patio reposa sobre las ruinas de las salas sepulcrales de una casa patricia que habría pertenecido a Augusto. Se está rodeado de pequeños nichos y cada uno contiene fragmentos de ánforas que otrora guardaron las cenizas de esclavos.... ¡Ambiente, ambiente! Por la noche, queman bujías de ámbar. En cuanto a la cocina, tampoco está mal. Probad las gambas con melón, servidas en sorprendentes conchas de Santiago. Muy buena parrillada mixta de pescado también y *tiramisù* de la casa. En fin, para que podáis vivir la Roma antigua, el chef os propone (todos los martes y los jueves) degustar la cocina de aquella época, la de un gran cocinero de la corte imperial que nos ha dejado su «libro» de recetas. Se aceptan todas las tarjetas de crédito.

Trastevere

Barato

Il Forno *(zoom centro C4,* ***143****):* via del Moro. Cerrado los lunes. Calculad entre 2 y 3 € la porción de pizza. Ideal para apaciguar el hambre a precios más que razonables. Los buenos olores que emanan del horno os incitarán sin duda a degustar una pizza, y las hay para todos los gustos: a las hierbas (orégano, albahaca), al tomate, a la anchoa, a la alcachofa, etc. También vende un pan muy bueno así como algunos panecillos de Viena romanos. Lo habéis adivinado, nos gusta mucho esta dirección, ineludible en el barrio.

Pizzeria Dar Poeta *(zoom centro B-C4,* ***130****):* vicolo del Bologna, 45-46. ☎ 06-588-05-16. Abierto todos los días. Calculad 10 € por una comida completa. Un nombre curioso para una pizzería creada hace algunos años. *Dar Poeta* significa simplemente el poeta en dialecto romano. Dos pequeñas salas, con el horno detrás, un servicio joven –como la clientela– y rápido, y una acera invadida por una cola que se forma y se alarga rápidamente. Este es el decorado. En cuanto a la comida: *bruschette*, *crostini* o ensaladas como entrantes... y después *pizze* o *calzoni*, tan buenas unas como las otras (gracias al excelente *pizzaiolo*). Para acabar la comida, postres caseros (probad la *bodrilla*) o helados. Vinos de Castelli o de otras partes.

Da Augusto *(zoom centro C4,* ***131****):* piazza de Renzi, 15. ☎ 06-580-37-98. Cerrado los sábados por la noche y los domingos, así como de mediados de agosto a mediados de septiembre. *Primi* entre 5 y 6 €, *secondi* entre 7 y 9 €, y platos del día entre 7 y 8 €. En una encantadora plaza, justo detrás de la piazza Santa Maria in Trastevere. Aquí el ambiente es popular: vasos irrompibles y servilletas de papel. En cuanto a la cocina, Augusto, un patrón algo tosco, y su hijo Sandro os reservan un buen repertorio de platos: probad el *brasato*, la *pasta e ceci* (garbanzos), los *fettuccine al sugo di involtini* o también el *coniglio alla cacciatora* (conejo de caza). Super *tiramisù* como postre.

Panattoni *(zoom centro C5,* ***132****):* viale Trastevere, 53. ☎ 06-580-09-19. Abierto de 18.30 a 2.30 h. Cerrado los miércoles. Todo gira alrededor de los 7 €. Os aconsejamos llegar pronto, a partir de las 19 h. Lo que aquí os espera es una buena comida tradicional, sin florituras, compuesta, de entrada, de *suppli*, *crocchette*, *olive ascolane* y *baccalà fritto*. Luego una pizza de las más clásicas. Probad luego los *fagioli all'uccelleto* (judías blancas con cebollas crudas, apio y aceite de oliva). No es especialmente digestivo, pero es típico y no está nada mal. No se aceptan tarjetas de crédito.

Trattoria da Enzo *(zoom centro C5,* ***133****):* via dei Vascellari, 29. ☎ 06-581-83-55. Abierto al mediodía y por la noche. Cerrado los domingos. *Antipasti* por unos 5 €, *primi* alrededor de 7 € y *secondi* por unos 8 €. En una de las zonas que aún son populares, una cantina que atrae a una clientela de artesanos locales (doradores, fabricantes y montadores de marcos...). La propia patrona, Tamara, hace vidrio artesanal al lado. Su cocina es familiar, sin tonterías, abundante y buena. Ante todo, las especialidades locales bien preparadas: *coda alla vaccinara*, *pollo con peperoni*, *osso buco*, *trippa*, deliciosa *seppie con piselli*, etc. Aderezado con un fresco *cabernet del Friuli* o de un *greco di tufo*. Pequeña terraza sobre la callejuela, evidentemente siempre llena.

Da Lucia *(zoom centro B4, **134**)*: vicolo del Mattonato, 2 b. ☎ 06-580-36-01. Cerrado los lunes y tres semanas en agosto. Calculad de 7 a 8 € por un *antipasto* o un *primo*, y de 9 a 11 € por un *secondo*. Si soñaseis cenar en una callejuela transformada en terraza, es aquí donde hay que venir, en el vicolo del Mattonato. Estáis en pleno corazón de una de las zonas más populares del Trastevere. Platos del día entre los que destaca la pasta y también otras especialidades romanas. Encontraréis unos tres o cuatro *antipasti*, algunos *primi* y un puñado de *secondi*. Especialidades los jueves *(gnocchi al pomodoro)* y viernes *(baccalà al guazzetto)*. Una cocina simplísima y sabrosa que acompaña maravillosamente un vino blanco de los Castelli Romani. Servicio algo lento... pero, aun así, ¡qué placer! No aceptan tarjetas de crédito.

Da Olindo *(zoom centro B4, **135**)*: vicolo della Scala, 8. ☎ 06-581-88-35. Cerrado los domingos y en agosto. Entre 7 y 9 € el plato. Dirección vecina de la anterior (Da Lucia) y representativa de las tascas de la zona. Además, se le parece en varios aspectos (agradable terraza que invade la calzada cuando hace buen tiempo, servicio y cocina familiares, precios módicos). No aceptan tarjetas de crédito.

Da Paolo *(zoom centro C5, **129**)*: via S. Francesca a Ripa, 92. ☎ 06-58-12-393. Cerrado los domingos. Una *trattoria* familiar que acoge a los habituales, y a nosotros... *Antipasti* entre 3 y 5 €, *primi* por unos 6 € y *secondi* por 8 € o, si tenéis hambre, menú completo por 21 € (muy abundante). Probad las berenjenas marinadas y la *pasta all'amatriciana*. Vino de los Castelli Romani por 3 € el jarrón. Por este precio, igual os tomáis otro... No aceptan tarjetas de crédito.

De precios medios a selecto

Osteria della Gensola *(zoom centro C4, **137**)*: piazza della Gensola, 15. ☎ 06-58-33-27-58. Fax: 06-581-63-12. ♿ Cerrado los sábados al mediodía. Cierre por vacaciones del 14 al 24 de agosto. Menú a 16 € al mediodía, y entre 25-30 € de noche. Una de las *osterie* más antiguas de Roma –data del siglo XVI–, situada casi en la piazza Piscinula. El interior, agradable sin ser particularmente cálido, está compuesto por dos salas. Reservad preferentemente en la segunda, mucho más grande y cómoda. La larga carta se articula alrededor de dos áreas –*Terra* y *Mare*– y ofrece numerosas especialidades sicilianas todas igual de excelentes. Entre estas últimas os recomendamos los *antipasti*, la *caponata* o los *alici marinate*. Entre los *primi*, dejaos tentar por los *linguine con le sarde* o los clásicos *rigatoni alla Norma*. Los *secondi* no son menos interesantes (*saltimbocca di Messina, paler-*

mitana y otros platos *di mare*). También muy buenos postres sicilianos (el *cannolo siciliano* en particular). Carta de vinos bastante completa y servicio eficaz y afable.

– ***La piazza dei Mercanti y sus alrededores inmediatos*** *(zoom centro C5)*: en esta plaza –tomada al asalto por los turistas estadounidenses y japoneses cuando hace buen tiempo– sopla un aire refrescante (el famoso *ponentino*). Aquí reina una atmósfera única, por el aislamiento del lugar, a dos pasos de Santa Cecilia. Un buen número de restaurantes se ha instalado en la zona, en viejas y soberbias viviendas iluminadas con antorchas por la noche. Aunque muy turísticos, tampoco se trata de evitarlos sistemáticamente. Los precios no son bajos, pero la calidad es correcta... y el marco soberbio. Podéis escoger entre las direcciones siguientes:

La Taverna dei Mercanti *(zoom centro C5,* ***138****)* y ***Da Meo Patacca*** *(zoom centro C5,* ***138****)*, situadas a uno y otro lado de la plaza dei Mercanti.

Un poco más lejos (a 50 m del anterior), encontraréis ***Da Ciceruacchio*** *(zoom centro C5,* ***139****)*: via del Porto, 1. ☎ 06-580-60-46. Instalado en una casa soberbia que antaño fue la cárcel del Trastevere. Abierto sólo por la noche. Cierre semanal los lunes.

Il Ciak *(zoom centro C4,* ***140****)*: vicolo del Cinque, 21. ☎ 06-589-47-74. Abierto sólo por la noche. Cerrado los lunes, así como de principios de julio a principios de septiembre. Se aconseja reservar. Calculad de 5 a 8 € por un *antipasto*, de 7 a 11 € por un *primo* y de 10 a 15 € por un *piatto del giorno*. El decorado es el de las *osterie* toscanas (predominio de la madera, rusticidad, sobriedad). El sitio tiene reputación por la calidad de su carne y de su caza. Aparte de esto, encontraréis los clásicos de la cocina florentina (*crostini* a la cabeza, la famosa *ribollita*, los *pappardelle* que habrá que tomar *al sugo di cinghiale*, los deliciosos *porcini* –setas–...). En cuanto a los postres, la carta propone, además de la *panna cotta*, algunos dulces típicamente toscanos como los *biscotti di Prato* que se mojan en el *santo* (vino) o el *castagnaccio* (postre a base de harina de castaña). Finalmente, por lo que respecta al vino, las etiquetas de montalcino (*rosso* o *brunello*) y el chianti (*classico* o no) se llevan la palma.

Más selecto

Sabatini in Trastevere *(zoom centro C4,* ***141****)*: piazza S. M. in Trastevere, 13. ☎ 06-581-20-26. Cerrado los miércoles. *Antipasti* entre 12 y 25 €. Calculad más o menos lo mismo por un plato de pasta o de carne, más si coméis pescado. Soberbio decorado para cenar: precioso interior y terraza con vistas a la famosa piazza S. M. in Trastevere. Una institución en el barrio, frecuentada tanto por los romanos como por los turistas. Las *linguine alla Saba-*

tini nos dejaron un gran recuerdo. Debéis tener en cuenta, también, los *spaghetti in bianco* (no están en la carta pero los podéis pedir). Los *secondi* no están menos logrados, sobre todo los platos de pescado (normal, el restaurante es famoso por esto). Buena carta de vinos. Cuidado con el bambú de la entrada y con los camareros que incitan a consumir. Se aconseja reservar.

● Si no encontráis sitio en casa *Sabatini*, podéis acudir a la otra institución local, ***Checco e Carrettiere*** *(zoom centro C4,* ***142****):* via Benedetta, 10-13. ☎ 06-580-09-85. Cerrado los domingos por la noche. No hay cierre anual. Calculad unos 12 € por un *antipasto*, de 10 a 14 € por una pasta y de 12 a 15 € por un plato del día. Especialidades romanas.

● La otra alternativa a *Sabatini* es ir a uno de los restaurantes actualmente más considerados de Roma, ***Antico Arco*** *(plano general C4):* piazzale Aurelio, 7. ☎ 06-581-52-74. Abierto sólo por la noche. Cerrado los domingos y en agosto. Calculad 47 € en total (sin los vinos). Cocina imaginativa mezcla de inspiraciones diversas (italiana, pero también francesa). Buen sitio. Reserva obligatoria.

Vaticano - Prati

Barato

● ***Hostaria dei Bastioni*** *(plano general A3,* ***127****):* via Leone IV, 29. ☎ 06-39-72-30-34. Frente al Vaticano. Abierto al mediodía y por la noche. Cerrado los domingos. Vacaciones anuales del 20 de julio al 15 de agosto. *Antipasti* y *primi* de 7 a 9 €, y *secondi* de 8 a 12 €. Menú a partir de 11 € (sólo al mediodía); calculad entre 15 y 20 € por una comida completa. *A priori*, un lugar donde no pensaríamos ir a comer: decoración banal (artesonado color salmón, algunas botellas en las paredes), televisión en funcionamiento (!), mesas que cojean un poco, vasos no perfectamente limpios... Y sin embargo, no se come nada mal (aunque las porciones puedan ser algo nimias) a precios bastante razonables. Además, el tinto de la casa es muy bueno, y el servicio, simpático y sonriente... A grandes rasgos, esto es lo que viene a ofrecer este lugar. Una alternativa no desdeñable en un barrio que no destaca por sus pequeños locales baratos.

Precios medios

● ***Il Matriciano*** *(plano general B3,* ***126****):* via dei Gracchi, 55. ☎ 06-321-30-40. M.: Ottaviano. Calle paralela a la via Cola di Rienzo. Cerrado los miércoles en invierno, los sábados en verano, y en agosto. Calculad unos 10 € por un *primo*, y de 12 a 17 € por un *secondo* de carne o de pescado. Restaurante clásico frecuentado por gente del cine y de la televisión. Cocina clásica y fina: *taglionini alla barcarola* o con *funghi porcini*, cordero asado o pescado a la parrilla... No decepciona.

La Pilotta *(plano general A3, **125**):* via di Porta Cavalleggeri, 35-37. ☎ 06-63-26-43. En la gran calle a la izquierda mirando a la basílica de San Pedro. Aperitivo, pasta y primeros platos alrededor de los 10 €. De 11 a 16 € por un segundo plato. Bonita *trattoria*, decorada a la inglesa, estilo «Old Country», en colores crudo y verde botella. Pastas de todo tipo y para todos los gustos. A no ser que tengáis un antojo particular, lo mejor es tomar el *tris* (tres tipos de pasta, cuyas combinaciones cambian a diario). Lo mismo para el postre, el *tris* de pastelería permite que os sirváis dos o tres pasteles en una misma ración. Fijaos que en el menú hay un nombre de pasta bastante curioso para un restaurante colindante con el Vaticano: *strozza prete alla putanesca*, que significa «estofado curado al modo de las putas», si, sí, ¡habéis leído bien! La *putanesca* es una salsa roja de olivas, típica romana. ¿Decepcionado?

La Caravela *(plano general A-B2, **128**):* via degli Scipioni, 32. ☎ 06-39-72-61-61. A dos pasos de san Pedro, en la esquina de la via degli Scipioni y la via Vespasiano. Menú a 11 € que comprende un *primo*, un *secondo* y una bebida. A la carta, calculad unos 20 €. Una cocina correcta (nos gustaron mucho los mejillones a la marinera), en una bonita terraza muy agradable.

¿Dónde comer un buen pastel?

Cecere *(plano general B-C5):* via B. Musolino, 27. ☎ 06-589-50-14. Permanece abierto hasta las 21 h. Cerrado los domingos por la tarde. La pastelería del Trastevere. Aquí hallaréis todo lo que deseéis, desde la gran pastelería hasta la pequeña pasando por las pastas de té. Y lleno de cosas buenas (sobre todo *tramezzini*) por unos pocos céntimos.

La Dolceroma *(zoom centro C4, **259**):* via del Portico d'Ottavia, 20 b. ☎ 06-689-21-96. Abierto de 8 a 13.30 h y de 15.30 a 20 h; los domingos, sólo de 10 a 13 h. Cerrado los lunes, así como en julio y agosto. Para los amantes de lo exótico, también tienen especialidades estadounidenses y austriacas: *brownies*, *cheesecake*, *carrot cake*, *Sachertorte*, *Apfelstrudel*, tartas de yogur, etc.

Pasticceria «Boccione» *(zoom centro C4):* via del Portico d'Ottavia, 1. ☎ 06-687-86-37. Abierta de 8.30 a 19.30 h. Cerrada los sábados. Lo mejor de la pastelería judía. Probad la tarta de *ricotta*.

D'Angelo *(plano general C3, **260**):* via de la Croce, 30. ☎ 06-372-50-52. En pleno centro, justo al lado de la piazza del Popolo, una de las mejores pastelerías-salones de té de Roma. La buena sociedad romana se da cita aquí a la hora del café. Enorme oferta de pequeños productos al horno, salados y dulces, todos ellos deliciosos. Nos entusiasmaron los *mini-tiramisù*... Precios asequibles. Café, en la sala, a 1,5 €.

Panella *(plano general E4, **261**):* largo Leopardi, 2. Abierto de lunes a sábado (salvo los jueves) de 8 a 13.30 h y de 17 a 20 h, los jueves y los domingos de 8 a 13.30 h. No lejos de la estación Termini. Panadería-pastelería, salón de té, enoteca... todo en uno en esta gran tienda que hace esquina y da a una bonita plaza. Selección de *crostini* impresionante: de sésamo, de amapola... y todo tipo de otros panes crujientes, sin olvidar los pequeños pasteles.

Antico Forno *(zoom centro C3, **262**):* via della Stelletta, 2. Justo al lado de Volpetti. Lleno de pasteles y suculentas galletas que venden a peso y no por pieza. También hay especialidades: la pizza *napoletana* y los *calzoni al forno*. Sus panes también son buenísimos. En fin, una buena opción para el desayuno, la comida o la merienda. Lástima que el personal no sea tan delicioso como lo que sirven...

Dagnino *(plano general E3, **263**):* galería Esedra, via Vittorio Emanuele Orlando, 75. ☎ 06-48-18-660. Gran salón de té-heladería-pastelería. Buena oferta de pasteles y helados sicilianos que podéis degustar en una luminosa y tranquila galería. Un lugar ideal para hacer la pausa de la tarde, a dos pasos de Termini.

¿Dónde tomar un buen café?

Caffè Sant'Eustachio *(zoom centro C4, **195**):* piazza Sant' Eustachio, 82. ☎ 06-686-13-09. Abierto todos los días de 8 a 1 h. Sin discusión, uno de los mejores cafés de Roma, ubicado a dos pasos del Panteón y del palazzo Madama (el Senado italiano). Para consumir sin moderación, las grandes especialidades de esta casa fundada en 1938: *gran caffè, cappuccino, granita di caffè, granita di limone*... Ineludible.

Caffè Tazza d'Oro *(zoom centro C3, **196**):* via degli Orfani. Abierto de lunes a sábado de 7 a 20 h. Situado en una pequeña calle encajada entre la piazza della Rotonda y la piazza di Montecitorio, este café (no lo confundáis con muchos otros del mismo nombre) reivindica el mejor *espresso* de la ciudad. Antes de salir, probad la *miscela regina di caffè* (una deliciosa mezcla de café). Degustación en el bar (no hay mesas) y venta en el mismo lugar. La gran especialidad es la *granita di caffè* con o sin *panna* (crema).

Latteria *(plano general C4):* vicolo del Gallo, 4. Abierto de 9 a 14 h y de 17.30 a medianoche. Cerrado los lunes. Un pequeño cafetucho de los que ya no se ven, situado en uno de los *vicoli* del centro histórico, entre el campo dei Fiori y la piazza Farnese. Aquí, el tiempo no parece haber pasado... salvo quizá para la adorable anciana que sin duda veréis y que pasó mucho tiempo atendiendo a los clientes antes de pasar el testigo a su hija. Originalmente una *vaccheria* (establo), el lugar fue transformado en *latteria* (granja) a principios del siglo XX. Desde entonces se consume café y repostería, pero es sobre todo por el inmutable decorado (algunas mesas de hierro con planchas de mármol, paredes tapizadas de latas en conserva), la atmósfera que despide y la encantadora acogida.

¿Dónde tomar un buen helado?

Palazzo del Freddo Giovanni Fassi *(plano general F4, **270**):* via Principe Eugenio, 65-67. ☎ 06-446-47-40. En el barrio de la estación, cerca de la piazza Vittorio Emanuele II. Abierto hasta las 0.30 h. Cerrado los lunes. No es sólo una de las mejores heladerías de Roma, sino que su decorado de principios del siglo XX no tiene nada que envidiar a sus productos. ¡El más grande de Italia!, se dice. Fue creado en 1928. En un rincón, algunas máquinas antiguas y viejas etiquetas cuentan un poco su historia. Los sabores suenan como notas musicales: *zabaione*, *torrone*, *frutti di bosco*, *fragola*, etc. Algunas mesas en el patio de atrás. No olvidéis pedir una copa mixta. ¡Un regalo! Mucha gente los domingos por la tarde (de seis a siete filas de consumidores delante de la barra). Es en casa Freddo donde hemos constatado que los helados son una auténtica religión en Italia.

Tre Scalini *(zoom centro C4):* piazza Navona, 28. ☎ 06-68-80-19-96. Abierto de 9 h a medianoche. Cerrado los miércoles. Sin ningún tipo de encanto y sobrevalorado. Servicio expeditivo. Pero hay que probar el *tartufo*, célebre crema helada de chantillí incrustada con verdaderos trozos de chocolate. Excelente, pero no recomendable precisamente para quien quiera adelgazar.

Gianni e Anna *(zoom centro C3):* via di Tor Millina, 22 a. Cerrado los lunes; vacaciones en enero y febrero. Minúscula tienda, pequeña empresa familiar aunque dispuesta a afrontar el gran gentío de la piazza Navona. Especialidad en helados y batidos de fruta fresca. Probad el de frutas del bosque. Diabólicamente delicioso. Además, porciones generosas.

Fiocco di Neve *(zoom centro C3):* via del Pantheon, 56. ☎ 06-678-60-25. Abierto hasta medianoche. Uno de los preferidos por los adolescentes. Buenos helados cremosos que llevan por nombre *cassate*, *more blackberry*, *yogourt*, etc.

Gelateria Blu Ice *(zoom centro C4):* via dei Baullari, 141. ☎ 06-687-61-14. Al lado del Campo dei Fiori. Helados reputados, muy cremosos. Uno de los mejores helados de yogur que hemos probado nunca.. Un verdadero pecado. Y otros gustos como *mela verde*, *cubana* (café y Nutella), *fjordilatte*, *malaga*, etc.

Della Palma *(zoom centro C3, **271**):* via della Maddalena, 20-23. ☎ 06-688-067-52. Pequeña calle situada detrás del Panteón y que da a la piazza C. Marzio. Abierto todos los días de 8 a 2 h. Decorado un poco hollywoodiense. Estilo starckiano más colorido (y más vulgar). No es precisamente la más romana de las heladerías, pero tienen todos los helados imaginables (un centenar de gustos en una decena de metros de mostrador). Además, los podréis saborear sentados (lo cual no se da en todas partes). Ambiente piano-bar a la hora de comer y proyección de vídeos por la noche. También una sandwichería y una confitería.

🍦 **Giolitti** *(zoom centro C3, **272**):* via degli Uffici del Vicario, 40. Detrás de la piazza Colonna. Abierto de 7 a 1 h. Cerrado los lunes. Probad su legendario *tartufo* o uno de los otros cincuenta sabores acompañados de *panna montata*. Acaso nuestra heladería favorita. También está bien para tomar el café.

🍦 **Vanni** *(plano general B3):* via Col di Lana, 10. ☎ 06-322-36-42. Está situado al norte de la piazza Mazzini, accesible por el metro Lepanto (línea A). *Gelateria-pasticceria* fundada en 1960. Los *vannini* (unos pequeños helados recubiertos de chocolate, de nuez de coco, de café...) son muy conocidos por los romanos. Unos 40 gustos, sobre todo los de frutas frescas de temporada. Otro establecimiento en via Frattina, 94. ☎ 06-679-18-35. Local donde también se puede comer algo.

¿Dónde tomar una copa?

Cafés

– ***La piazza Navona*** *(zoom centro C3-4):* un lugar para recordar tanto de día como de noche, y donde siempre estamos tentados de volver, para instalarnos en una terraza y no movernos durante horas. Aquí no tendréis problemas para escoger, ya que los precios de las consumiciones son bastante razonables. Un lugar agradable para pasar un buen rato es la ***Bevitoria Navona*** (ver más adelante), pero el ***Caffè di Colombia*** (en el nº 88), donde Moravia aparecía de vez en cuando, también tiene cafés excelentes. Al otro lado de la plaza, el ***Tre Scalini*** vale el desplazamiento por su célebre crema helada de chantillí con trozos de chocolate incrustados, el *tartufo*. Y luego, a 150 m de allí, en via della Pace, está el ***Caffè della Pace*** (ver también más adelante) soberbio tanto por dentro como por fuera.

– ***La piazza della Rotonda*** *(plano general B3):* otra plaza simpática para tomar una copa antes o después de la visita al Panteón. Un poco más caro que la piazza Navona, y un poco melancólica en el crepúsculo. La ***Dolce Vita*** es el sitio apropiado, como su nombre indica, para matar el tiempo.

– ***La piazza Santa Maria in Trastevere*** *(plano general C4):* invadida de día y de noche, esta plaza tiene el encanto de la provincia y de los buenos viejos tiempos. No dudéis en deteneros para consumir vuestra bebida favorita.

🍸 Y luego, claro, ***L'Antico Caffè Greco*** *(plano general C-D3, **180**):* via dei Condotti, 86. Abierto de 8.30 a 20.30 h. Cerrado los domingos y en agosto. A dos pasos de la plaza de España. En un decorado ultrarretro, este café, fundado en 1760, es uno de los lugares más selectos de Roma (hasta está indicado en los planos de la ciudad). Tranquilos, el café no es mucho más caro que otros... si permanecéis en la barra. Sentados, en cambio, os costará cuatro veces más. Es el punto de encuentro de artistas y escritores. Se enorgullece de haber contado entre sus clientes a Goethe, Gogol, Stendhal, Baudelaire, Wagner, Orson Welles y Sophia Loren. Id sólo para tomar un café con un pastel a la polenta (como Monica Vitti) y abrid bien los ojos. Los fans de Fellini pedirán la mesa del fondo, llamada «del autobús», que gustaba particularmente al director de cine.

CENTRO HISTÓRICO

El triángulo ***piazza del Fico***, ***vicolo della Pace***, ***via di Tor-Millina*** *(zoom centro C3)* es uno de los lugares más animados de la ciudad. Dad la espalda a la piazza Navona, meteos dentro, y encontraréis sitios repletos de romanos. Los cafés son numerosos en este lugar, pero tenemos nuestras preferencias:

🍸 ***Caffè della Pace*** *(zoom centro C3):* via della Pace, 3-4-5-7. ☎ 06-686-12-16. Abierto de 9 a 2 h. Cerrado los lunes por la mañana. Magnífica fachada cubierta de una parra virgen. El menos romano de los cafés de Roma, donde el ambiente es interesante a partir de las 22 h, mientras que por la tarde parece más bien un asilo. El interior, con su mobiliario de época y su zinc, es igualmente soberbio.

🍸 ***Bramante*** *(zoom centro C3):* via dell'Arco della Pace, 25. ☎ 06-68-80-39-16. Abierto todos los días de 18 a 2 h. Situado justo enfrente del anterior. Pese a su reputación de café literario y su bonito decorado (barra de mármol, pequeñas sillas muy estilizadas, frescos en las paredes), el Bramante palidece un poco al lado de otros establecimientos de la zona. Mucho menos animado que el *Fico*, por ejemplo.

🍸 ***Jonathan's Angel*** *(plano general C3):* via della Fossa, 16. ☎ 06-689-34-26. Al lado de la piazza del Fico. Abierto todos los días de 13 a 2 h. Una dirección ineludible de las noches romanas, dirigido por una celebridad local, Nino Medras, antiguo acróbata y figurante de cine. Lo reconoceréis fácilmente puesto que es él quien está caracterizado (acá de obispo, allá de senador romano) en las paredes. Una figura increíble, con su eterna camiseta negra con cuello grisáceo… He aquí el personaje. En cuanto al lugar, resulta indescriptible. Atmósfera hipersofisticada. Varias salas reducidas donde suele haber grupos de chicas jóvenes modernas y enrolladas. Es el reino del kitsch, con una mención particular a los lavabos, donde la gente se agolpa.

🍸 ***Bar del Fico*** *(zoom centro C3, **197**):* piazza del Fico, 26-28. ☎ 06-686-52-05. Abierto todos los días de 8 a 2 h. En tiempo de nuestras abuelas era una *latteria*. Después, las cosas han cambiado un poco. El bar está en el centro del famoso triángulo. Fijaos, al pasar por ahí, que *fare il fico* es lo que los romanos hacen mejor. Es decir… vacilar. Además, *fico* tiene también otro significado para las mujeres. Tema tabú. Si no, ambiente enrollado, sofisticado. La terraza ocupa casi toda la plaza.

🍸♪ ***Susky*** *(zoom centro C3, **198**):* via S. Maria dell'Anima, 18. ☎ 06-683-39-46. A 75 m de la piazza Navona, en la esquina con la via di Tor Millina. Venid sobre todo por la música *live* que se puede escuchar tres veces por semana: de simple blues los lunes, el reggae los martes y *acoustic blues* los miércoles. Entrada libre, pero consumiciones algo caras en esas noches.

🍸♪ ***Il Locale*** *(zoom centro C3):* vicolo del Fico, 3. ☎ 06-687-90-75. Abierto de martes a domingo de 22.30 a 2.30 h. Entrada gratuita, pero tarjeta mensual de socio por 5 €. Uno de los locales que hemos preferido por su ambiente francamente suelto y por la agradable acogida que recibimos. Varias salas se suceden. La primera está reservada a los conciertos (rock, pop o jazz) de los grupos más prometedores de la escena italiana. En las otras salas, se beben copas y cerveza entre colegas. Ambiente amigable.

Centro histórico – Campo dei Fiori

Una maravilla a todas horas del día. El mercado por la mañana, colores soberbios por la tarde alumbrando las fachadas con sus matices de ocre, una multitud increíble de noche en los alrededores de estos dos pulmones que son la *Vineria Reggio* y la *Drunken Ship*. Muchas veces, no sólo el Campo dei Fiori entero está a reventar de gente, sino también la vecina piazza Biscione.

🍸 ***Vineria Reggio*** *(zoom centro C4, **199**):* Campo dei Fiori, 15. ☎ 06-688-032-68. Cerrada los domingos por la tarde y dos semanas en agosto. Más conocido con el nombre de *Vinaio di Campo dei Fiori*, es un lugar que no se vacía jamás. Punto de encuentro de numerosos habituales y algunos turistas que pasan, comprenderéis por qué. Roma tembló tras declararse un incendio en estos parajes durante la primavera de 1997. Más miedo que daño, afortunadamente. Buen surtido de vinos, empezando por los de crianza (vinos blancos afrutados como el *moscato d'asti*). Local de paso obligado.

🍸 ***The Drunken Ship*** *(zoom centro C4, **199**):* Campo dei Fiori, 20-21. ☎ 06-683-005-35. A sólo 50 m de la dirección interior. Sólo la via dei Baullari que va hacia Farnese los separa. Abierto de 10 a 2 h. El local es despejado y resueltamente moderno por lo que respecta a la decoración. Más *cool*, algo menos de gente que en la *Vineria Reggio*. Bueno es saberlo: los martes, tequila a la mitad de precio; los jueves, tres cervezas por el precio de dos; los viernes y sábados, algunas bebidas a tarifas reducidas y *ladies' night* los domingos (cócteles a mitad de precio para las chicas). Música de hoy, pero también de los años 1970 y 1980.

🍸 ***Crisca Nimagu*** *(zoom centro C4, **200**):* piazza de la Cancelleria, 87. ☎ 06-68-30-88-88. Abierto de 7 a 2 h. Cerrado en mayo. A dos pasos del Campo dei Fiori, un café-pub que acoge a una clientela un poco más joven y un poco más tranquila que la de la plaza misma. Dicho esto, la cosa se calienta en verano y las noches de concierto.

🍸 Otros lugares que nos gustan son: ***Al Goccetto***, ***L'Angolo Divino*** (ver «Bares de vino») y, finalmente, ***La Cura di Bacco*** *(zoom centro C4,* ***201****)*, donde parece que César fue asesinado.

Centro histórico – Piazza Navona

Atestado de gente permanentemente, no es el lugar donde preferimos pasar la noche. Pero apreciamos la *Bevitoria Navona*, y sobre todo el *Jazz Café*, situado a dos pasos de aquélla.

🍸 ***Bevitoria Navona*** *(zoom centro C3):* piazza Navona, 72. ☎ 06-688-010-22. Abierta todos los días de 12 a 1 h (2 h los viernes y los sábados). Cerrada del 15 al 31 de agosto. Beber un vaso de vino siempre resulta un placer. Pero cuando se trata de tomarlo en un marco agradable como la Bevitoria Navona, donde, además, uno es bien recibido, evidentemente es aún mejor. Vitrinas y cajones de madera de los de antes. Está bien visitar la magnífica cava, donde veréis vestigios del estadio de Domiciano. Posibilidad de comer unas tapas (precios razonables). Y, claro, desde la terraza, uno de los más bellos decorados de teatro que uno haya soñado.

🍸 ♪ ***Jazz Café*** *(zoom centro C3,* ***202****):* via Zanardelli, 12. ☎ 06-686-19-90. Abierto de 21 a 3 h. Permanece cerrado los lunes. Una de las coctelerías más conocidas de Roma, situada a dos pasos de la piazza Navona. Agradable gran bar en forma de herradura, pequeñas mesas bajas, divanes de cuero marrón claro y arte moderno en las paredes. En la parte inferior, pequeña discoteca amañada de manera informal. Además, la acogida es simpática.

Centro histórico – Panteón y alrededores

Mejor evitar la plaza del Panteón, demasiado turística, y salir a descubrir la vida nocturna.

🍸 ***Trinity College*** *(zoom centro D3,* ***203****):* via del Collegio Romano, 6. ☎ 06-678-64-72. Abierto de 8 a 4 h. Buen pub instalado en un pequeño palacio a la sombra de la célebre Compañía de Jesús (el Collegio romano y San Ignazio están muy cerca). La distribución interior es clásica, con sus diferentes niveles y su escalera de caracol. Una pequeña reliquia donde podéis comer algo (*insalate, patate fritte, bistecca di manzo* o *primo del giorno*, en función de la hora del día). Cervezas a presión y buena selección de whiskies. Los fines de semana hay muchísima gente, hasta el punto que los seguratas deciden quién entra y quién no (lástima, esto no corresponde a un pub irlandés, todo hay que decirlo).

Bar San Silvestro *(plano general C3):* piazza San Silvestro. Una gran terraza tomada al asalto y diez móviles por metro cuadrado. También es *gelateria* (pero no es su fuerte), pastelería y también restaurante. Ver y ser visto (y oído por el móvil) parece ser la principal actividad. Clientela del *show business*, falsos productores importantes, niñas clonadas, tipos que por lo menos han intentado montar un pub de jugos de fruta... Atmósfera superenrollada un poco fría y vulgar pero... Id para verlo como una curiosidad.

TRASTEVERE

Denominado a veces el *ombelico di Roma* (el ombligo de Roma), el Trastevere tiene locales simpáticos donde pasar la noche. Los romanos lo saben y se agolpan ahí para cenar, pero también para salir. Aquí, como en el centro histórico, hay perímetros que se deben «privilegiar»: la zona vicolo del Cinque, via del Moro, via della Scala; la via della Lungaretta, las piazze Santa Maria in Trastevere y San-Calisto...

Vicolo del Cinque, via del Moro y via della Scala

Big Hilda Caffè *(zoom centro C4):* vicolo del Cinque, 33-34. ☎ 06-580-33-03. Pequeña calle situada entre la piazza Trilussa y la piazza di Sant'Egidio, donde reina una gran animación. En realidad, se trata más de una *birreria* que de un pub. El lugar está siempre lleno de humo pero es muy simpático. A evitar si se busca intimidad, ya que las mesas están colocadas unas frente a las otras y se bebe codo a codo. La cerveza fluye que da gusto, facilitando así las discusiones encendidas.

Treno Club *(zoom centro C4):* via del Moro, 10. ☎ 06-581-66-93. Pequeña calle que sale de la piazza Trilussa y que desemboca en la piazza S. Apollonia (situada al lado de la piazza S. M. in Trastevere). Cerrado los lunes. Pequeño bar de vinos, que además ofrece comida ligera. Los habituales del *Orient Express* se encontrarán con un decorado familiar. Una vez dentro, uno se instala en una de las mesas del vagón restaurante y espera a que la encantadora camarera venga a tomar nota. Uno tiene la agradable sensación de viajar a ritmo de jazz o de *bossa nova*... Y luego, entre un par de tragos, os fijaréis en el decorado de madera, cálido y francamente logrado. Ideal para pasar una velada tranquila.

También ***Il Cantiniere di Santa Dorotea*** *(zoom de plano general B4,* ***216****):* ver «Bares de vino (enoteca)».

Via della Lungaretta

De pasaje obligado para todos aquellos que vienen del viale di Trastevere y llegan a la piazza Santa Maria in Trastevere (la calle enlaza la parte baja del primero con la segunda).

🍸 ♪ ***Stay*** *(zoom centro C4):* via della Lungaretta, 81. ☎ 0349-819-76-60. Pequeño *Irish pub* donde se está uno sobre otro, como en casi todos los *Irish pubs*. *Live music* (rock y country), los martes y miércoles y karaoke los jueves.

🍸 ***Traste*** *(zoom centro C4, **213**):* via della Lungaretta, 76. ☎ 06-589-44-30. Cerrado los lunes. Nada que ver con la dirección anterior. El decorado es refinado, los muebles de diseño (pequeñas mesas bajas siguiendo el contorno de los pequeños y bajos divanes), el ambiente afieltrado... Ideal para tomar una infusión o un cóctel, así como para no gastar mucho.

🍸 ***Garbo*** *(zoom centro C4, **214**):* vicolo di S. Margherita, 1 a. ☎ 06-58-32-07-82. Abierto de 22 h (21 h los fines de semana) hasta el... alba. Cerrado los lunes. Una coctelería que ofrece un ambiente muy diferente del local anterior, con su atmósfera sombría e intimista, su música suave, sus paredes de piedra, sus espejos imponentes y su gran arpa al fondo. El dueño, un irlandés, no deja entrar a todo el mundo... Resultado: una clientela más bien *gay* pero, como él mismo dice, *hetero-friendly*. Así pues, casi todo el mundo es bienvenido.

Piazze Santa Maria in Trastevere y San Calisto

Dos plazas que están prácticamente pegadas, generalmente atiborradas de gente por la noche.

🍸 Varias terrazas dan a la plaza Santa Maria, incluida la del restaurante ***Sabatini in Trastevere***, toda una institución local.

🍸 Afluencia récord en el ***Bar San Calisto***, situado delante mismo de la iglesia que lleva idéntico nombre.

LUNGOTEVERE DEGLI ANGUILLARA

A la altura del ponte Cestio que va a la isla Tiberina, seguro que veréis a partir de las 23 h una multitud que se dirige a una casucha (ver a continuación *Sora Mirella*).

🍸 ***Sora Mirella*** *(zoom centro C4):* en efecto, es un lugar muy apreciado por los romanos para terminar la noche. Es la especialista de la *grattachecca*, que no debéis confundir con la *granita* (granizado rociado y aromatizado con lo que queráis: *amarena*, *arancio*, *limone*, *fragola*, *latte di mandorla*...). Cuando os hayan servido, apoyaos en la balaustrada y sorbed vuestra *grattachecca* mientras disfrutáis del variado espectáculo de la calle.

– Encontraréis *grattachecca* en otros lugares de Roma, empezando por su competidor más directo ubicado en lungotevere Raffaello Sanzio, a la altura del ponte Garibaldi. Otra buena dirección para la *grattachecca* es: ponte Cavour (al otro lado del palacio de Justicia).

– Otra joya muy apreciada por los romanos para terminar la noche en verano: la sandía (vendedor instalado en el mismo lugar). Hallaréis muchos puestos ambulantes en los alrededores de Termini.

BARRIO DE SANTA MARIA MAGGIORE

Es cierto que el barrio de la basílica no es el más animado de Roma, ni mucho menos, pero a pocos metros unos de otros encontraréis una serie de pubs simpáticos donde el elemento anglosajón es el que prima.

🍸 ♪ ***Charity Café*** *(plano general E4,* ***204****):* via Panisperna, 68. ☎ 06-478-25-881. Permanece abierto a partir de las 16 h. Un café-concierto completamente *jazzy* en una bonita sala abovedada con las paredes amarillo pálido. Se puede consumir antes o durante los conciertos que empiezan todas las noches a las 21.30 h. Consumiciones de 2,6 a 5,2 € y botellas de vino a partir de 13 €. *Happy hours* de 16 a 22 h.

🍸 ***The Fiddler's Elbow*** *(plano general E4,* ***205****):* via dell'Olmata, 43. ☎ 06-487-21-10. Abierto todos los días de la semana de 17 a 1 h. Es el pub irlandés más antiguo de Roma, que también podéis encontrar en Florencia y en Venecia. Tienen Guinness, Harp y Kilkenny de barril. El bar es un poco chiquitín, pero ya va bien si queréis palique con la vecina o con el asiduo de cada noche con los codos sobre la barra. Hay mesitas y bancos de madera para sentarse un poco por todas partes.

🍸 ♪ ***Druid's Den*** *(plano general E4,* ***206****):* via S. Martino ai Monti, 28. ☎ 06-489-047-81. Abierto de 18 a 1.30 h. Otro pub irlandés donde a veces se celebran conciertos improvisados. Está situado en una calle perpendicular a la via Merulana. Tiene dos pequeñas salas separadas por la barra. Muy pronto estaréis codo a codo junto a alguien en este cálido lugar donde la Guinness y la Kilkenny son de barril.

🍸 ***Birreria Marconi*** *(plano general E4,* ***207****):* via San Prassede. Es una calle que desemboca en la plaza Santa Maria Maggiore. Durante la primavera sacan algunas mesas fuera, aunque es una lástima que no veáis el interior, realmente formidable. Hay expuestas antigüedades un poco raras (aparatos de radio viejos y antiquísimas cafeteras) dentro de rinconeras de cristal, paredes forradas de madera, una barra que da el pego. Decididamente, un local simpático. Venid, pues, a verlo, juzgaréis vosotros mismos.

🍸 ***The Flann O'Brien*** *(plano general E3,* ***208****):* via Napoli, 29. ☎ 06-488-04-18. Abierto todos los días de 7 a 2 h. Cerrado quince días en agosto. Situado a dos pasos de la via Nazionale y de Saint Paul's within the Walls (consagrado al rito anglicano), es un pub demasiado grande, a nuestro entender, para ser realmente cálido. Sin embargo, la decoración enteramente de madera le imprime un carácter auténticamente irlandés y al contrario que en los demás, podréis tomar un bocado, y más de una vez al día: desayuno americano por la mañana, varios platos (del día) o también fríos al mediodía (*brunch* los domingos de 12 a 15 h) y pizza, ensaladas, *primi* y *secondi piatti* por la noche. Todo comprendido entre 7 y 15 €. Finalmente, de lunes a viernes, *happy hours* de 17 a 19 h.

TESTACCIO

Por la noche, al pie de la colina artificial, una gran animación inunda este barrio que se ha puesto tan de moda en Roma desde hace unos años. A pesar de que hay algunas direcciones que están bien (no vayáis sobre todo a sitios como *L'Alibi*), nosotros preferimos el ambiente campechano del Trastevere.

🍸 ♪ ***Caruso Caffè Concerto*** *(plano general C6,* ***210****):* via Monte Testaccio, 36. ☎ 06-574-50-19. Permanece abierto de 22.30 a 3 h. Cerrado los domingos y los lunes. Entrada a 10 € los viernes y sábados. Os encontraréis una clientela más bien clásica. Los chicos y chicas se desenfrenan al ritmo de música latinoamericana. Además, el local es lo suficientemente grande para poder respirar, pero no tanto como para llegar a sentirse solo: en el interior hay en realidad tres salas muy diferentes entre ellas (una sala donde está el bar, una sala hip-hop, rap y R&B y una tercera definitivamente salsera).

🍸 ♪ ***Caffè Latino*** *(plano general C6,* ***211****):* via Monte Testaccio, 96. ☎ 06-574-40-20. Abierto a partir de las 22.30 h. Cerrado los lunes y en mayo. Entrada entre 5,2 y 10,5 €. Otro lugar agradable donde podréis escuchar jazz –romano e internacional–, así como música latinoamericana. Es nuestro lugar preferido para empezar la noche.

🍸 ♪ ***Zoo Bar*** *(plano general C6,* ***212****):* via Monte Testaccio, 96. Abierto a partir de las 23.30 h. La entrada cuesta 5 €. Es un bar-concierto-club bastante grande: ¡400 m^2 para contonearse en todos los sentidos! Mucha animación los fines de semana. Un concierto importante cada mes. Programación musical de tendencias pop-rock-funk, con guiños al ragga-rap. En verano, esta gran sala se transforma en discoteca al aire libre.

🍸 ***Clamur*** *(plano general C5):* piazza dell'Emporio, 2. ☎ 06-575-45-32. Abierto de 19.30 a 1 h (2 h los fines de semana). Cerrado durante el mes de mayo. Es un gran local situado a orillas del Tíber y delante de porta Portese. Se trata de un pub inmenso donde caben 450 personas. ¿Os imagináis qué ambientazo cuando el local está a tope, cosa que ocurre a menudo los fines de semana? Es un lugar ideal para calentar motores antes de salir de marcha por los alrededores. Tienen Guinness, Harp y Kilkenny de barril.

OSTIENSE

♪ ***Lola*** *(fuera del plano general por D6):* via degli Argonauti, 18. ☎ 06-57-30-54-82. M.: Garbatella. Abierto a partir de las 19.30 h. Cerrado los lunes. Un *lounge-bar* musical periférico un poco sofisticado, pero que tiene interés por tres razones: la cocina es buena, la decoración acertada y el programa musical de calidad. Cerca de varias discotecas.

Bares de vino (enoteca)

Desde la década de 1970, no dejan de florecer. Como su nombre indica, son lugares donde ante todo se bebe vino, pero que también ofrecen algo de comida que casa muy bien con la susodicha bebida. Resulta inútil recordar que los hay muy buenos. Os aconsejamos, evidentemente, los míticos *Cul de Sac* y *Cavour 313*, pero no solamente éstos...

– ***Vino:*** hay una buena selección, más bien considerable, de botellas (no menos de 1 400 etiquetas en *Cul de Sac*); en cuanto a vasos, la oferta será a veces algo limitada.

– ***Comida:*** la charcutería y los quesos ocupan el lugar preeminente. No obstante, hay muchos otros platos fríos y calientes.

Centro histórico – Piazza Navona

🍷 🍴 ***Cul de Sac*** *(zoom centro C4,* ***182****):* piazza Pasquino, 73. ☎ y fax: 06-688-010-94. Abierto todos los días de 12.30 a 15 h y de 19.30 a las 0.30 h. Da a una pequeña plaza (situada a 100 m del ángulo suroeste de la piazza Navona) donde el famoso Pasquino monta siempre la guardia. Los romanos tenían la costumbre de escribir en el zócalo de la estatua algunas coplas satíricas. Sala alargada. El local, con mucho carácter, ofrece una carta de vinos francamente impresionante (se cuentan no menos de 1 400 etiquetas). En cuanto a los vasos, la elección es mucho más restringida.

Por lo que respecta a la comida (calculad de 7 a 9 €), los quesos (delicioso *gorgonzola al mascarpone*) y la charcutería que se ofrece (pedid las mezclas de patés y de embutidos *–misto di pasticcio e salumi–*, presentadas en platos muy abundantes) acompañarán vuestro vino a la perfección. También hay algunos platos: *brandade di baccalà ai crostini*, paté de conejo *tartufato*, lasaña, salmón marinado. Calculad 16 € por una comida completa.

🍷 🍴 ***Il Piccolo*** *(zoom centro C3,* ***183****):* via del Governo Vecchio, 74-75. ☎ 06-688-017-46. Abierto de 12 a 15 h y de 17 a 2 h. Cerrado los martes, así como del 1 al 15 de agosto. Bar de vinos minúsculo situado cerca del anterior en una calle que empieza a la altura de la plaza Pasquino. Encontraréis buenos vinos italianos y algunos extranjeros (burdeos, borgoña, beaujolais y chablis, sobre todo). Surtidos de quesos (por unos 7 €), tortas y quiches, se trata de combinar sabores. Con el buen tiempo, sacan al exterior tres o cuatro mesas. Buena acogida.

Centro histórico – Corso – Piazza di Spagna

🍷 🍽 ***Vini e Buffet*** *(plano general C3,* ***184****):* piazza della Torretta, 60. ☎ 06-687-14-45. Abierto al mediodía y de noche. Cerrado los domingos. Para comer, calculad de 8 a 11 €. A dos pasos de la via del Corso, este local nos gusta mucho por su marco fresco pero cálido. Encima de la puerta, la inscripción «Vino e olio» dulcemente estampada. Tres pequeñas salas se suceden, con mesas de madera y ventiladores en el techo. En medio, el rincón *mescita*, donde se sirven las bebidas. Y para llenar el estómago, la casa ofrece ensaladas variadas (porciones pequeñas o *giganti*), *crostini*, diferentes pastas y quesos... Pero también algunos platos calientes. En cuanto a los *vini*, bonita pequeña carta con vinos de toda Italia, incluido el Lacio (tintos: *colle picchioni*, blancos: también *colle picchioni*; y varios *frascati*, sobre todo *villa simone*). También se ofrecen vasos de vino (a partir de 4 €). Una dirección ideal para la comida.

Precios medios

🍷 🍽 ***Enoteca Antica di via della Croce*** *(plano general C3,* ***185****):* via della Croce, 76 b. ☎ 06-679-08-96. A dos pasos de la piazza di Spagna. Abierto todos los días hasta la 1 h. Viejo bar de vino que ha sido restaurado hace algunos años. Dos partes muy distintas componen su interior: un gran y magnífico bar de madera y mármol en forma de arco, y una sala al fondo con mesas y sillas. Refugio muy fresco para los grandes calores. Gran selección de ensaladas pero también de *antipasti (bruschette, prosciutti, salumi, involtini)*, así como platos calientes (entre 8 y 11 € por un plato). Los amantes del vino no saldrán decepcionados (posibilidad de tomar varios de ellos por vasos).

🍷 🍽 ***Shaki*** *(plano general D3,* ***186****):* via Mario dei Fiori, 29 a. ☎ 06-679-16-94. Abierto de 11 h a medianoche. Un establecimiento recién estrenado. La idea de los propietarios era crear un lugar donde se dieran a probar los productos de su almacén, situado en piazza di Spagna. Resultado: un *wine bar* versión selecta, que capta bastante público. El vaso de vino (muy bueno) no es ningún regalo, es lo menos que podemos decir (calculad 8 €), pero es servido con varios canapés y se consume en un marco bastante logrado, una soberbia salita de una blancura inmaculada y muy de diseño, con todo tipo de refuerzos y cavidades para colocar las botellas. También se puede comer, y a un precio bastante correcto puesto que nada rebasa los 12 €.

Centro histórico – Campo dei Fiori

🍷 🍽 ***Al Goccetto*** *(zoom centro B4, **187**):* via dei Bianchi Vecchi, 14. ☎ 06-686-42-68. Abierto de 10.30 a 14 h y de 16.30 a 23 h. Cerrado los domingos y en agosto. El local, situado a dos pasos del corso Vittorio Emanuele II, tiene su gracia. Aquí también, un antiguo *vino e olio*. El marco ha cambiado poco. Decorado únicamente con botellas, desde el suelo hasta el techo. Vieja barra de madera al lado de la vitrina de quesos. Atmósfera especial. La selección de vinos, sin ser nada del otro mundo –unas cuarenta marcas a lo sumo–, es suficiente (además, la selección varía cada diez días). La calidad está en el servicio También tienen vinos dulces y *spumanti* (espumosos). Podéis comer algo (platos fríos por unos 7 €), pero la gente viene aquí más que nada para tomar una copa entre amigos.

🍷 🍽 ***L'Angolo Divino*** *(zoom centro C4, **188**):* via dei Balestrari, 12. ☎ 06-686-44-13. Cerrado los domingos y lunes por la noche, así como quince días en agosto. Se encuentra en pleno corazón del centro histórico, en la esquina de un edificio de donde procede el perfecto nombre ambiguo («Ángulo divino» o «Ángulo del vino»). Está muy cerca del palacio Farnese y del Campo dei Fiori. Constituido hasta hace poco por un bar y dos pequeñas salas, el local ha pasado a ocupar una parte de la planta baja y del sótano. Además de una buena selección de vinos blancos y tintos, los discípulos de Baco podréis tomar platos fríos y calientes a partir de 13 € (ensaladas, *bruschetta toscana*, *insalata al petto d'oca*, *quiches*, embutidos, quesos) y calculad 23 € por una comida completa. Sin olvidar los postres de la casa, que no están nada mal.

Centro histórico – Ghetto

🍷 🍽 ***Bottega del vino di Anacleto Bleve*** *(zoom centro C4, **189**):* via Santa Maria del Pianto, 9 a 11. ☎ 06-686-59-70 y 06-683-00-475. Abierto sólo al mediodía. Cerrado los domingos, así como tres semanas en agosto. Era una casa de vinos situada muy cerca de la sinagoga que se ha transformado en un restaurante-bar de vinos a la hora del almuerzo. Sirven muchas cosas deliciosas, sobre todo los ineludibles *salumi* y *formaggi*. Hacen un exquisito *pesce affumicato*. Tampoco debéis olvidar los *involtini*. Además, también preparan ensaladas y postres. Buena selección de vinos, principalmente a granel. Sólo añadir que el vino que hayáis tomado con el almuerzo lo podéis encontrar con toda seguridad en la *bottega*. Precios medios.

Centro histórico – Trevi

🍷 🍽 ***Vineria Il Chianti*** *(zoom centro D3, **190**):* via del Lavatore, 81-82. ☎ 06-678-75-50. Está abierto todas las noches hasta las 2.30 h. A dos pasos de la fontana di Trevi, encontraréis este «rinconcito toscano», como su nombre indica. Los vinos de esta región –chianti *(classico* o *putto)*, montalcino *(rosso* o *brunello)*, montepulciano *(rosso* o *nobile)*...– están muy bien representados. En cuanto a la cocina (carta bastante completa), calculad de 6 a 9 € por un aperitivo y de 8 a 20 € por un plato de carne. Bonita sala, que se llena, y terraza para el buen tiempo.

Coliseo

🍷 🍽 ***Enoteca Cavour 313*** *(plano general D4,* ***192****):* via Cavour, 313. ☎ 06-678-54-96. Abierto de 12.30 a 14.30 h y de 19.30 a las 0.30 h. Cerrado los domingos en julio y agosto. Vacaciones anuales en agosto. Ensaladas por unos 7 €; por un plato de embutidos o quesos italianos o un plato caliente, calculad de 9 a 11 €. A dos pasos de los foros imperiales, es un agradable bar de vino –frecuentemente abarrotado por las noches– regentado por cinco dinámicos compañeros. Bonita barra de madera y mármol. Varias salas. La carta de vinos es muy rica (no menos de quinientas etiquetas), pero teniendo en cuenta que están clasificados por regiones, no os perderéis mucho.

Termini

🍷 🍽 ***Trimani-Il Wine Bar*** *(plano general E3,* ***191****):* via Cernaia, 37 b. ☎ 06-446-96-30. Está abierto de 11.30 a 15 h y de 18 a las 0.30 h. Cerrado los domingos y del 11 al 25 de agosto. Plato del día por unos 7 €, el resto entre 7 y 19 €. Este bar (de nombre pretencioso), que depende de la casa Trimani (nombre de la familia que lo regenta desde 1821), propone una carta de vinos impresionantes. Lo contrario nos hubiera sorprendido. Por vasos, nosotros solemos elegir los tintos del Lacio, *torre ercolana* o *romagnano*. Si tenéis poco dinero, los vinos del mes. En lo que concierne a la comida: pasta del día, polenta, embutidos, quesos (*parmiggiano* riquísimo), carne y también pescado... Marco sobrio y elegante, en madera clara. Antes de dejar el barrio, entrad en la tienda situada a dos pasos, via Goito, nº 20.

Trastevere

🍷 ***Il Cantiniere di Santa Dorotea*** *(zoom centro B4,* ***216****):* via Santa Dorotea, 9. ☎ 06-581-90-25. Abierto de 19 a 2 h. Cerrado los domingos. Tienen una gran selección (unas 800 etiquetas) de vinos a granel y sobre todo de botella: vinos de toda Italia, pero también de Francia, de España, de Sudáfrica, de California, de Nueva Zelanda... Detrás de la barra hay una pequeña sala algo tristona donde podréis picar alguna cosa (todo alrededor de 8 €).

🍷 🍽 ***Enoteca Ferrara*** *(zoom centro C4,* ***217****):* piazza Trilussa, 41.

☎ 06-58-33-39-20. Abierto de 12 a 2 h. Cerrado los domingos en verano y los martes en invierno. Marco espacioso arreglado con mucho gusto. De hecho, el bar de vino se encuentra en un extremo, en dos salas blancas abovedadas con vigas en el techo. Gran selección (850 tipos) y cada uno de los vinos tiene derecho a su pequeña nota explicativa. Ello confirma la seriedad y la indagación de esta casa, que también ofrece una buena selección de embutidos y quesos. Para acceder a él, hay que atravesar el restaurante (bastante selecto), donde siempre hay ambiente de noche (calculad 30 € por un menú al mediodía y 45 € por una comida completa).

🍷 🍽 Y también... ***Fidelio*** *(zoom centro C4, **218**):* via dei Stefaneschi, 5-7. Un auténtico pequeño bar de vino de barrio, mucho más popular que los anteriores. Este garito debe su nombre a la ópera de Beethoven (su primer propietario era alemán). Agradable tinto de la casa. Calculad 10 € por un vaso de vino y un plato de embutidos.

🍷 🍽 Finalmente, ***San Michele aveva un gallo*** *(zoom centro C5, **219**):* via San Francesco a Ripa, 73. ☎ 06-580-01-05. Abierto a la hora del almuerzo y de la cena. Cerrado los domingos.

Borgo – Prati

Sólo dos direcciones merecen ser mencionadas:

🍷 🍽 ***Il Simposio di Piero Constantino*** *(plano general B-C3, **193**):* piazza Cavour, 16. ☎ 06-321-15-02. Cerrado los sábados al mediodía, los domingos y en agosto. ♿ Sin ningún tipo de discusión, uno de los mejores bares de vino de Roma. Menú a 35 € al mediodía y por la noche, calculad 45 € por una comida completa. Marco magnífico, ambiente muy selecto. Aceptan tarjetas de crédito.

🍷 🍽 ***Tastevin*** *(plano general B2, **194**):* via Ciro Menotti, 16. ☎ 06-320-80-56. Situado a dos pasos de la piazza Mazzini. Permanece cerrado los sábados al mediodía, los domingos y en agosto. Más de 480 etiquetas. Bonitos platos de quesos italianos (algunos de los más viejos) acompañados de una deliciosa confitura de pera. Música ambiental agradable.

¿Dónde ir de marcha?

Si queréis enteraros de los acontecimientos organizados en Roma durante vuestra estancia, id a un quiosco a comprar *Roma c'è*. Sale todos los viernes, cuesta apenas 1 € y es equivalente a la *Guía del ocio* española. Encontraréis lo mismo... pero en italiano. El suplemento de *La República*, «Trova Roma» (que sale los jueves), también ofrece información sobre espectáculos.

Cine

La televisión, invasora y desesperante, acapara a la mayoría de italianos, por lo que no van casi nunca al cine. Este desinterés afecta a todo el país, que hace 25 años tenía cinco veces más salas de cine que ahora (4 000 en 1975 y 750 en 1995...). Por ello, lógicamente, la producción nacional está cayendo en picado (hoy en día se hacen menos de cien películas, por año, de las cuales una gran cantidad son una birria). Sin embargo, encontrar un cine en Roma no es muy difícil, ya que la Ciudad eterna tiene más de cien. La mayoría de ellos proyecta las películas en *prima visione* (exclusiva) –normalmente las últimas superproducciones internacionales– para el regocijo de un público charlatán. El precio de las localidades para estas películas recientes, que acostumbran a ser dobladas más que subtituladas, es generalmente de 8 € (los miércoles es el día del espectador). Algunos cines de arte y ensayo proponen clásicos del cine y algunas películas recientes por precios más moderados. Os señalamos sobre todo el ***cine Azzuro Scipioni*** (via degli Scipioni, 82. ☎ 06-39-73-71-61. M.: Ottaviano) que, además de ser un lugar con magia, propone retrospectivas de directores italianos y extranjeros. Finalmente os diremos que en verano se hacen proyecciones al aire libre organizadas por ***Nuovo Sacher*** (largo Ascianghi, 1; ☎ 06-581-81-16).

Teatro y ópera

– ***El teatro:*** los romanos aficionados al teatro no tienen mucho interés por las novedades, razón por la que no hay muchas. Las producciones clásicas –algunas de ellas están en cartelera en el teatro Argentina (una antigua sala de ópera situada en el 56 del largo Torre Argentina)– arrastran a los amantes de los ineludibles Pirandello y Goldoni. Los amantes del teatro que estéis deseando ver algo distinto a estos tostones repetidos hasta la saciedad debéis consultar el programa del *teatro Vittoria*, piazza S. Maria Liberatrice, 8 (☎ 06-574-01-70), ubicado en el barrio del Testaccio.

– ***La ópera:*** las grandes óperas populares representadas en la sala del teatro dell'Opera (via Firenze, 62; ☎ 06-481-70-03) atraerán a los amantes del arte lírico.

Conciertos de música clásica

El panorama musical romano, contrariamente a lo que podría parecer *a priori*, no es de los más brillantes. Las salas, escasas, cuya acústica a menudo deja mucho que desear, y las orquestas no están a la altura de las grandes formaciones, especialmente las alemanas. La orquesta de la RAI toca regularmente en el auditorio del *Foro Italico* (piazza Lauro de Bossis, 5; ☎ 06-320-14-98, pero también en el *teatro Olimpico* (piazza Gentile da Fabriano, 17; ☎ 06-36-00-51-84). Lo mismo sucede con la *Accademia filarmonica di Roma*. La orquesta de la *Accademia de santa Cecilia* (☎ 06-68-43-91), que toca tanto en su auditorio de la *via della Conciliazione*, 4 como en

la *sala accademica di via dei Greci,* 18, presenta el programa más rico y sus buenos conciertos están muy concurridos.
En verano, se hacen conciertos en los patios de los palacios y en las ruinas antiguas (basílicas de Magencio y Constantino sobre todo). La música sacra, y también la profana, puede escucharse en iglesias, empezando por las basílicas (el 5 de diciembre, en San Pedro, la orquesta de la *RAI* ofrece tradicionalmente un concierto en presencia de Su Santidad).

Conciertos de rock, jazz...

No faltan lugares, por lo que nos contentaremos con daros sólo algunas pistas. Debéis saber que, de entrada, tendréis que comprar un carnet de socio *(tessera)* antes de pagar, algunas veces, un derecho de entrada suplementario (no os alarméis, a pesar de todo sigue siendo mucho más barato que la ópera). En el barrio del Testaccio hay una gran sala de conciertos más o menos acondicionada en un antiguo matadero –el *Villagio Globale il Mattatoio* (lungotevere Testaccio; ☎ 06-573-003-29) que tiene mucha fama. Idem para el *Forte Prenestino* (via F. del Pino –antigua prisión donde ahora se celebran conciertos de rock–) e *Il Locale* (vicolo del Fico, 3; ☎ 06-687-90-75). Los amantes del jazz, fuera de la temporada del *Roma Jazz Festival* (en el mes de junio), iréis al *Palladium* (piazza B. Romano, 8; ☎ 06-511-02-03), al *Alpheus* (via del Commercio, 36; ☎ 06-574-78-26) o bien al *Alexander Platz* (via Ostia, 9; ☎ 06-39-74-21-71).

Discotecas

La mayoría están situadas fuera del centro histórico, pero aquí os daremos algunas pistas para aquellos que no podéis vivir sin ellas aunque estéis en Roma. Sin temer la mirada desaprobadora de Su Santidad, a quien no le gustan nada este tipo de distracciones que fomentan el despertar de los demonios que todos llevamos dormidos en nuestro interior, podéis ir a:

♪ ***Piper*** *(plano general E1,* ***230****):* via Tagliamento, 9. ☎ 06-841-44-59. Abierto de jueves a sábado de 23 a 4 h y los domingos de 16 a 20 h. La discoteca más antigua de Roma. En el elegante barrio de Salario, a un cuarto de hora a pie de la porta Pia.

♪ O también el ***Allien*** *(plano general E2,* ***231****):* via Velletri, 13-19. ☎ 06-841-22-12. Abierto de martes a sábado de septiembre a mayo y los viernes y sábados sólo en junio y julio. Situado en el mismo lugar (a dos pasos de la piazza Fiume). Clientela de menos de 25 años sobre todo. Música house, trance y garaje.

♪ ***Goa*** *(fuera del plano general por D6):* via G. Libetta, 13. ☎ 06-574-82-77. M.: Garbatella. Está abierto de 23 a 3 h. Cerrado los lunes. Precio de entrada según la noche, a partir de 10 €. Una de las discotecas más populares de Roma, en gran parte gracias a las veladas *Automatik* de los viernes, del DJ local Stefano Gamma. Los sábados, noche «classics on»: house y garaje, y los miércoles noche *Marrakech*. Decoración exótico-oriental con incienso.

♪ ***La Saponeria*** *(fuera del plano general por D6):* via degli Argonauti, 20. ☎ 06-57-44-69-99. M.: Garbatella. Abierto a partir de las 20.30 h. Cerrado los lunes. Entrada por 15 €, 25 € si hay evento especial. Un bar-club donde podéis empezar la velada cenando y acabarla bailando. Las noches del jueves son particularmente apreciadas y animadas: aquí también (como en el Goa), es Stefano Gamma quien pincha. La selección puede ser algo ruda de entrada... uno está en la onda o no lo está...

♪ En el barrio del Prati (situado en la otra orilla del Tíber, a dos pasos de San Pedro), hay veladas retro en el ***New York, New York*** *(plano general A2):* via Ostia, 29. ☎ 06-372-40-61. En una pequeña calle perpendicular a la via Leone IV (que empieza a la altura de la piazza Risorgimento).

♪ ***Gilda*** *(plano general C2):* via Mario dei Fiori, 97. ☎ 06-678-48-38. Abierto de septiembre a junio, de 23 a 4 h. Cerrado los lunes. Restaurante-discoteca situado no lejos de la piazza di Spagna. Recientemente redecorado con colores rosados, melocotón y salmón. Os gusta o no os gusta... La dirección menos trotamundos de la guía, frecuentada por múltiples personalidades romanas (ruda selección a la entrada). Antes, se podía encontrar frecuentemente a Gianni de Michelis, el antiguo ministro de asuntos exteriores (un tipo muy famoso, conocido sobre todo por haber escrito un libro sobre las discotecas).

♪ ***La Maison*** *(plano general C3):* vicolo dei Granari, 4. ☎ 06-683-33-12. Abierto de 23 a 4 h. No hay cartel en la entrada, pero sí unos seguratas muy grandotes... En el interior, todo bien. Pero, atención, id bien vestidos, también es *trendy-chic*. A veces hay potagonistas del mundo de la moda italiana. La decoración está lograda, mezclando clásico y fantasía: canapés leopardos y lámparas de araña de plástico imitación de diamantes. ¿La música? Son DJs de la escena nacional e internacional quienes se ocupan: de vieja música disco a música «étnica».

¿Dónde ir de compras?

¿DÓNDE COMPRAR ALIMENTOS?

Supermercados y «grandes superficies»

Las «grandes superficies» se encuentran lejos del centro histórico. Es mejor ir en coche, aunque también se puede coger el metro o el autobús. No vemos qué interés puede tener ir tan lejos, cuando en el centro de Roma hay supermercados que os deberían bastar. El más conocido es el *Standa*. No menos de veinte *Standa* están censados en Roma, los más céntricos son: viale di Trastevere, 62-64; via Cola di Rienzo, 173, y corso Trieste, 220-226.

Pequeños colmados

Hay bastantes pequeños colmados y algunos ofrecen productos de gran calidad a precios asequibles.

La *pasta fresca* (¿hace falta traducción?) se encuentra un poco por todos lados pero la mejor es la casa ***Gatti ed Antonelli***: via Nemorense, 211 –en el barrio africano–, que merece el desplazamiento (desde Termini, autobús nº 319).

Los *formaggi* pueden adquirirse en ***Prodotti di Bufala Avenati***, en el barrio del Quirinal: via Milano, 44; o en la casa ***Parrina Doc***, que por lo menos tiene cuatro almacenes en Roma (el más céntrico se encuentra cerca de la piazza Navona: largo Tonolio, 3).

El vino lo escogeréis preferentemente en ***Buccone*** (via di Ripetta, 19-20; a dos pasos de la piazza di Popolo), donde se ofrece, en un marco magnífico, cantidad de buenas botellas de Italia y también de Francia y España. ***Il Goccetto*** (via dei Banchi Vecchi, 14; calle perpendicular al corso Vittorio Emanuele II, a la altura de la chiesa Nuova) y ***Trimani*** (via Goito, 20; en el barrio de Termini) también cumplen los requisitos. Otra dirección: la ***enoteca Al Parlamento*** (via dei Prefetti, 15).

Podéis comprar el pan en la ***panetteria Piastra dal 1895*** (via Labicana, 12-14; M.: San Giovanni).

La carne y la charcutería son deliciosas en ***Annibale*** (no es el personaje encarnado por Anthony Hopkins), ubicado en las proximidades de la piazza del Popolo: via di Ripetta, 236-237.

Los alimentos dietéticos los encontraréis en, entre otros, ***L'Albero del Pane***, en el barrio del Ghetto: via S. Maria del Pianto, 19-20.

Mercados

El hecho de que los mercados suelan estar situados al aire libre os proporcionará nuevas sensaciones olfativas... y, sobre todo, os permitirá llenar el carro por menos dinero. Los encontraréis todos los días, excepto los domingos, de 7.30 a 13.30 h.

– El primero, el ***mercato del Campo dei Fiori*** *(zoom centro C4)*, que encontraréis por casualidad mientras paseáis, os va a encantar por su aire pintoresco. Allí podéis comprar flores y las indispensables frutas, verduras, carnes y pescados.

– El ***mercato della piazza Vittorio Emanuele II*** *(plano general E-F4)*, situado muy cerca de Termini, con unos precios que desafían a la competencia. Podréis comprar frutas y verduras, y también especias. Es el lugar de compra habitual de todos los africanos y asiáticos del barrio.

– El ***mercato de San Giovanni di Dio***, en Monteverde (autobús nº 44), tiene productos de igual calidad que el anterior y al mismo precio (pero no tiene especias).

– Cerca del Panteón, un pequeño ***mercado alimentario*** (frutas, verduras y flores) anima la piazza delle Coppelle. Es mucho más caro que los anteriores.

– También debéis tener en cuenta el ***mercato coperto della piazza dell'Unità*** (a dos pasos de la piazza del Risorgimento, en el barrio de Prati; *plano general B2*), el ***mercato di Testaccio*** (piazza Testaccio), donde encontraréis un excelente pescado, y en último lugar el ***mercato della via Alessandria*** (situado cerca de la porta Pia; *plano general F2*) que vendrá muy bien a los que estéis hospedados en el barrio de Termini.

Otras compras

Libros

Los libros nuevos los encontraréis… en las librerías, evidentemente.

☻ ***La Procure*** *(zoom centro C3, **11**):* piazza S. Luigi dei Francesi, 23. ☎ 06-683-075-98. Abierto de 9.30 a 19.30 h; a partir de las 15 h los lunes. En julio y agosto, abre de domingo a viernes de 11 a 13.30 h y de 16 a 20 h.

☻ ***Feltrinelli*** tiene nada menos que tres de las librerías más importantes de la ciudad: via del Babuino, 39-40, a dos pasos de la piazza del Popolo; largo Torre Argentina, 5 a, y via V. E. Orlando, 78-81 (a dos pasos de la piazza della Repubblica).

☻ También destacamos, por la importancia de su selección: ***Rizzoli***, largo Chigi, 15, y via Tomacelli, 156, cerca del Corso.

☻ ***Spazio Corto Maltese*** *(plano general C2):* via Margutta, 96. ☎ y fax: 06-32-65-05-15. 🖳 www.spaziocortomaltese.com Como su nombre indica, es una galería-librería consagrada principalmente a Corto Maltés y Hugo Pratt, está ubicada en una bonita calle llena de glicinias en primavera. Todos lo libros de Pratt en original, así como bellas litografías.

Los libros viejos los podréis comprar en el ***mercato delle Stampe*** que funciona de lunes a sábado de 7 a 13 h en el largo della Fontanella di Borghese (la calle homónima se une con el Corso a la altura de la via dei Condotti). Además de libros viejos, también encontraréis postales, sellos raros antiguos y viejos grabados a precios sorprendentes.

Antigüedades

– Si el corazón os lo pide y si vuestra cuenta bancaria está lejos de los números rojos, podréis hallar la felicidad cerca de la piazza di Spagna (dad un paseo por la *via del Babuino* y *via Margutta*).
– Más apartadas, pero aún en la zona de Campo de Marte, hay otras calles que también están llenas de antigüedades (la ***via dei Coronari***, sobre todo, al otro lado del Corso, cerca de la piazza Navona).
– Finalmente, en el barrio del ***Campo dei Fiori*** (hacia la via dei Cappellari), por todas partes veréis artesanos reparando muebles delante de vuestras narices.
– ¡Cuidado con los timadores! Con unos precios que raras veces están puestos, os pueden timar de lo lindo.

Trapitos

– ¿Dónde podéis comprar esos zapatos que tanta falta os hacen... a pesar de que tengáis unos cuantos pares muertos de risa en el armario de casa? ¿Y los artículos del *prêt-à-porter* local? ¿Y el complemento que andáis buscando desde que tenéis uso de razón? Todo esto y mucho más seguro que lo encontraréis en el ***barrio de la via dei Condotti***, donde están instaladas todas las grandes firmas de la moda italiana. Las mejores compras las haréis durante el periodo de los *saldi* (rebajas), que duran desde mediados de julio a mediados de septiembre, y de la víspera de Navidad a la víspera de Pascua.

– Los más tacaños se conformarán con el ***mercato delle pulci di porta Portese***, que tiene lugar cada domingo de 6.30 a 14 h en el barrio de Trastevere. Aquí siempre encontraréis de todo. Algunos rusos se han instalado aquí. Venid pronto. *Atención a los innumerables carteristas que abundan en la zona.*

– Podéis hacer buenas compras de lunes a sábado de 8 a 13 h en el ***mercato di via Sannio*** (fuera de la muralla de Aurelio, justo detrás de San Giovanni; M.: S. Giovanni). Por lo general, los vendedores hacen ofertas a finales de semana (los viernes y los sábados).

Cocina

c.u.c.i.n.a *(plano general C2):* via Mario dei Fiori, 65. ☎ 06-679-12-75. Abierto los lunes de 15.30 a 19.30 h, de martes a sábado de 10.30 a 19.30 h. Para llevarse una auténtica y bonita cafetera italiana o una cacerola de pasta, o mejor, un utensilio para hacer la pasta fresca y, por qué no, un rayador de parmesano. Hay bastante objetos bonitos, un poco caros, pero al fin y al cabo la filosofía de la casa es «como una buena cocina inspira nuevos apetitos». Acogida algo distante... Otras dos direcciones: via Flaminia Vecchia, 679 y piazza Euclide, 40.

¿Qué visitar?

Con el transcurso de los días y los paseos, hay algo que salta a la vista: que la muralla de Aureliano (completada en la orilla derecha por la muralla Leonina) no encierra una sola Roma, sino varias. La orilla izquierda posee, en efecto, por lo menos tres partes bien diferenciadas. La primera, la ***Roma antigua***, colmará las expectativas de los aficionados a las piedras antiguas. Aquí, en lo que antaño fue el centro monumental de la Roma de los césares, las ruinas antiguas son muy abundantes. A esta amplia zona arqueológica que engloba la de los foros y las dos célebres colinas (el Palatino y el Capitolio) se ha añadido el Coliseo, el Circo Máximo y las Termas de Caracalla. Finalmente, la colina del Aventino y el Testaccio también pueden considerarse parte de la «Roma antigua».

La segunda, la ***Roma barroca***, instalada en el llano del Campo de Marte, ofrece un aspecto radicalmente diferente de la primera. Hay también algunas huellas de la Roma antigua dispersas, pero, en esta zona, que creció durante la Edad Media mucho más que las otras, lo más destacable es la omnipresencia del barroco. Las iglesias, palacios y fuentes –construidos en el mismo estilo arquitectónico, el barroco– confieren a la llanura del Campo de Marte una coherencia apenas alterada por algunos tesoros del Renacimiento.

La tercera, la ***Roma moderna***, se encuentra en la amplia zona de las *colle* y los *monti*, que van de la villa Borghese a San Giovanni, y que se parece en muchos aspectos a todas las ciudades del mundo. Convertida en capital de la Italia unificada en 1870, Roma tuvo que transformarse para albergar al personal de los innumerables ministerios y oficinas que se instalaron aquí. Se abrieron avenidas, confiriendo así a esta parte de Roma, deshabitada desde la caída de la *Urbs* –la ciudad imperial–, un aspecto tan poco agradable que no invita demasiado a callejear por ella. Y, sin embargo, sería un gran error no querer pasar por allí, aunque sólo sea para visitar las basílicas de San Giovanni y de Santa Maria Maggiore.

Crucemos ahora el Tíber, donde volveremos a encontrarnos la muralla de Aureliano que ciñe el barrio único del Trastevere, que ha sabido conservar su encanto popular pese a que los nuevos tiempos lo han convertido en protagonista de la vida romana desde hace unos años. A este lado del Tíber, en primer lugar se divisa la ***Roma pontificia***, que no dejó de transformarse hasta el inicio de la Segunda Guerra Mundial... dado que los italianos no dudaron, llegado el caso, en arrasar el barrio medieval para trazar una bella perspectiva desde el Tíber hasta la plaza de San Pedro.

Más allá de la antigua muralla que se prolonga en la zona del Vaticano por la muralla Leonina, han crecido algunos barrios donde se puede ir a dar una vuelta y descubrir cosas interesantes. Es la ***Roma periférica***, donde se encuentran las basílicas de San Paolo y San Lorenzo. Debéis saber que, muy a menudo, no hay folletos explicativos sobre los monumentos, así que mejor no olvidar *La guía del Routard*.

LA ROMA ANTIGUA

★ ***FORO ROMANO Y PALATINO*** *(Forum romanum e Palatino; plano)*

Via dei Fori Imperiali. ☎ 06-39-96-77-00.

– ***Acceso:*** metro Colosseo (línea B). Varios autobuses también: n°s 30, 44, 81, 85, 87, 186, 673...

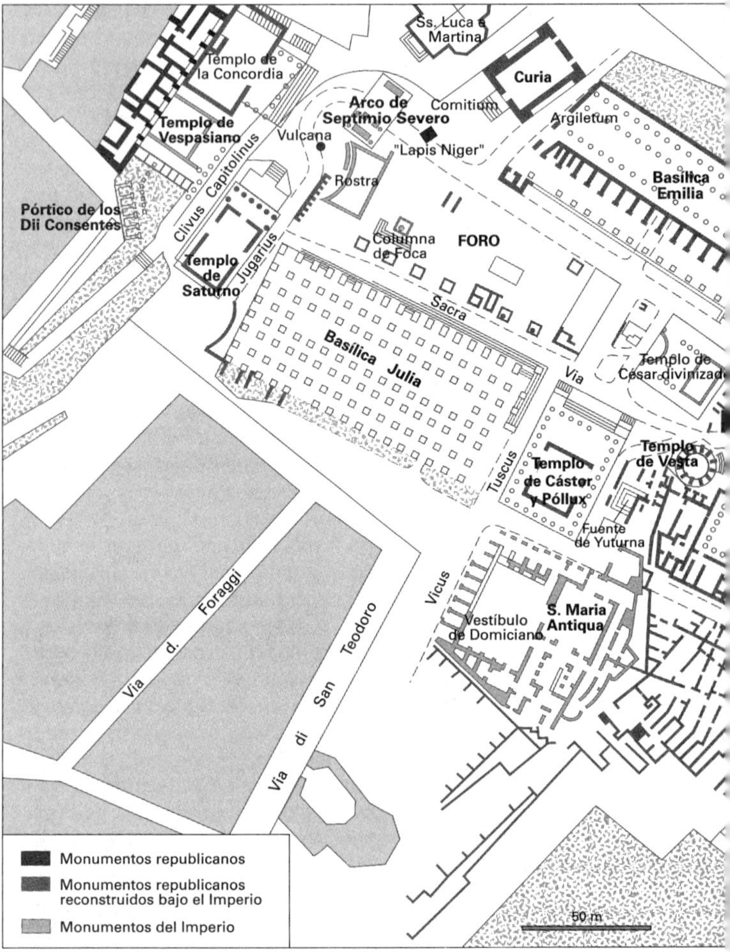

– ***Horarios de visita:*** de 9 a 19.15 h. Cerrado los lunes. Del 1 de junio al 30 de septiembre, también los sábados de 21 a 23.45 h (sólo con reserva).

– ***Entrada:*** libre para el Foro. Para el Palatino y su museo, calculad 8 €. Mitad de precio para los jóvenes de 18-24 años y gratuito para los menores de 18 años y los mayores de 65, ciudadanos de la Unión Europea.

Cabe lamentar que en esta zona arqueológica, de visita obligada y apasionante, no haya un museo que ayude a los visitantes a conocer mejor la historia romana.

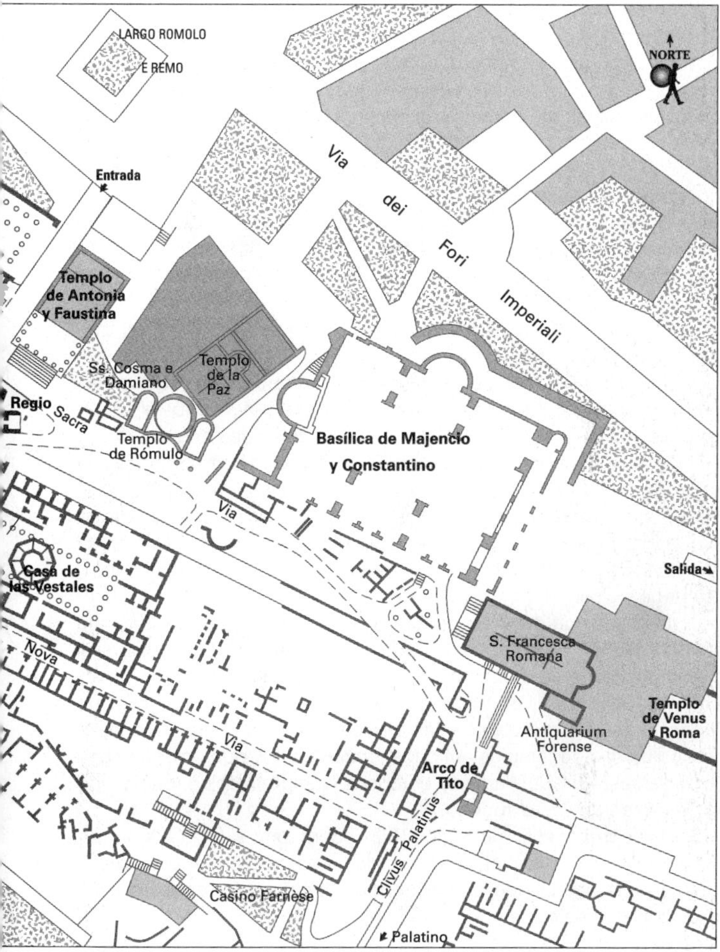

FORO ROMANO

Foro romano *(plano)*

✻✻✻ Antes de entrar, acercaos a la terraza del Capitolio para tener una vista panorámica del Foro romano. Desde la colina sagrada se contemplan, no sin sentir un pequeño estremecimiento en el corazón, doce siglos de civilización romana llegados hasta nosotros a pesar de los daños producidos por el tiempo y los hombres. Después, simplemente hay que bajar por la carretera situada junto al palacio senatorial y alcanzar la via dei Fiori Imperiali, donde se encuentra la entrada de la zona arqueológica.

– ***El Foro romano bajo la República y el Imperio:*** cronológicamente, los terrenos pantanosos precedieron a Roma y a su antigua plaza pública. Delimitada por el Capitolio, el Palatino y el Esquilino, la depresión del Foro drena en primer lugar las aguas que fluyen de las colinas vecinas, que se vierten a continuación en el Tíber a través de la vía trazada por el pequeño valle del Velabro. Amenazado constantemente por las aguas, este medio poco hospitalario, donde se construyó una necrópolis, permaneció deshabitado hasta el momento (a principios del siglo VI a.C.) en que los etruscos desecaron la zona mediante un importante sistema de alcantarillado.
Desde entonces, las operaciones de construcción realizadas en oleadas sucesivas, otorgaron a Roma, convertida en capital de un vasto imperio tras las guerras púnicas, un centro a su medida del que podía enorgullecerse.
César fue el primero que se esforzó en poner un poco de orden en este conjunto anárquico de construcciones. A él también se debe el impulso por la construcción de un nuevo foro... seguido de otros cuatro.
– ***El Foro romano de la Edad Media al Renacimiento:*** por falta de espacio, a partir del siglo III se dejó de construir. La estabilidad previa a la agonía comenzó a principios del siglo V con la presión de los bárbaros. Saqueada y destruida la antigua plaza pública, testigo de los grandes episodios de la historia romana, fue abandonada durante varios siglos.
La cristianización del viejo centro de la Roma pagana, junto con la transformación de edificios antiguos en iglesias, fue lo que salvó el patrimonio de la destrucción total a partir del siglo VI.
Una vez olvidadas las querellas medievales, el foro pasó a ser un lugar donde los animales venían a pacer tranquilamente. Sólo algunas columnas de templos antiguos recuerdan hoy que en otra época este modesto prado, llamado entonces Campo Vaccino, había sido el centro de un vasto imperio.
– ***Excavaciones:*** el fin del siglo XVIII y sobre todo el siglo XIX permitieron, gracias a las excavaciones, descubrir pacientemente la primera Roma, de la que se desconocía incluso el emplazamiento exacto de los edificios.

Basílica Emilia: entrando por la via dei Fori Imperiali, encontraréis a la derecha las ruinas de una de las tres basílicas civiles del foro. Como todas las basílicas paleocristianas, no tenía una función religiosa sino comercial y judicial. Construida en el año 179 a.C., fue restaurada en varias ocasiones. Su estado actual data del siglo I d.C. Sus dimensiones (100 m de largo por 40 m de ancho) son comparables a las de nuestras catedrales góticas, lo mismo que la división del interior –antes decorado con mármol– en varias naves (cuatro aquí) por columnas.

Via Sacra: delante de la basílica. La via Sacra antaño la utilizaban los cortejos de los grandes triunfadores que desfilaban a la vuelta de sus campañas hasta el templo de Júpiter en el Capitolio.

🙢 ***Argiletum:*** entre la basílica y la curia se encuentra esta vía populosa y muy concurrida, que desembocaba en el poco recomendable barrio de Suburra.

🙢🙢 ***La Curia*** actual data del siglo III d.C. Hay que imaginarse las paredes recubiertas de mármol y de estuco. Las puertas de bronce fueron transportadas a San Juan de Letrán en el siglo XVII, y han sido sustituidas aquí por una copia. La Curia era el lugar donde se reunían los senadores (sobre las gradas). Era también un espacio consagrado por un ritual especial, y todas las sesiones del Senado comenzaban con una consulta a los augures (predicciones).

Los *bajorrelieves de Trajano*, expuestos en la Curia, representan escenas de este emperador en toda su magnificencia; los animales que aparecen en la otra cara estaban destinados a ser sacrificados a los dioses. Estos bajorrelieves adornaban originariamente la tribuna de los discursos públicos (llamada también *Rostra*, nombre de los mascarones de proa de los navíos que la decoraban después de la victoria naval de Actium).

🙢 ***Comitium:*** espacio situado ante la Curia, donde tenían lugar las asambleas populares (los comicios).

🙢 ***Lapis Niger*** *(la Piedra Negra):* estela que se ve sobre una especie de pozo. Lleva la inscripción latina más antigua que se conoce (siglo VI a.C.). Su texto sigue siendo un misterio, pero da testimonio de la realidad histórica del periodo real de Roma que durante mucho tiempo se creyó que era leyenda. César hizo proteger estos lugares porque pensaba que Rómulo había sido enterrado aquí.

🙢🙢 ***Arco de Septimio Severo:*** adornado con escenas guerreras que ilustran las victorias de este emperador sobre los partos, el arco fue erigido en el año 203 d.C. para celebrar los diez años de reinado de Septimio Severo. En su origen, estuvo también dedicado a sus hijos Geta y Caracalla. Este último hizo borrar el nombre de su hermano... a decir verdad, ¡acababa de ordenar que lo asesinaran!

🙢 Al lado del *Volcanal* (altar de Vulcano) se encuentran las ruinas de ladrillo de un pequeño edificio circular que marcaba el centro de la ciudad: el *Umbilicus* (¡el ombligo!) *Urbis*.

🙢 Ya no se ve gran cosa de la *Rostra* (la tribuna para los discursos públicos). Aquí se expusieron las manos y la cabeza de Cicerón después de ser declarado enemigo del Estado y asesinado.

🙢🙢🙢 Del ***templo de Saturno*** quedan ocho columnas dóricas que producen un efecto bellísimo. Fue construido a partir del año 488 a.C., pero los restos actuales se remontan al siglo IV d.C. El tesoro público se guardaba en el podio del templo.

🙢 ***Tabularium:*** construido en tiempos del dictador Sylla, albergaba los archivos del Estado (algunas viejas leyes romanas escritas sobre tablas de bronce, de ahí su nombre). Sus restos imponentes sirven de fundamento al palacio senatorial del Capitolio.

Templo de la Concordia: construido en el año 367 a.C., para celebrar la paz entre patricios y plebeyos, cuyos enfrentamientos duraban desde hacía muchos años.

Templo de Vespasiano: se conservan tres elegantes columnas coronadas por un friso. Los emperadores eran considerados dioses, y era normal dedicarles un templo a su muerte.

Pórtico de los Dei consentes *(de los Dioses consejeros):* albergaba las estatuas de los doce dioses más importantes de la religión romana: Júpiter, Juno, Neptuno, Minerva, Marte, Venus, Apolo, Diana, Vulcano, Vesta, Mercurio y Ceres.

Columna de Focas: construida en honor de este emperador de Oriente en el siglo VII, es el último monumento erigido en el Foro. De hecho, la columna se había sacado de otra construcción: era una época de decadencia. La higuera, la viña y el olivo sagrados, símbolos de la prosperidad de Roma, fueron replantados junto a la columna.

Basílica Julia: Julio César ordenó su construcción en el emplazamiento de una basílica anterior *(basilica Sempronia)*, pero la terminó Augusto en el año 12 d.C. Marca el inicio de la monumentalidad arquitectónica, como muestran sus dimensiones considerables (109 m de largo por 40 m de ancho). El interior, dividido en cinco naves (una nave central y cuatro naves laterales, dos a cada lado), debió ser magnífico, con un pavimento de losas de mármol, sobre el que todavía se distinguen los grafiti y los últimos grabados que hicieron gentes de paso. Sobre todo, no hagáis lo mismo creyendo que dentro de dos mil años los arqueólogos se interesarán por vuestro caso...

Templo de Julio César: erigido en el año 29 a.C. en el mismo lugar en que César había sido solemnemente incinerado después de su asesinato.

Templo de Cástor y Pólux: con sus tres magníficas columnas corintias (de la época de Augusto), es una de las imágenes más célebres del foro. Fue construido en el siglo V a.C. después de que Cástor y Pólux («los Dioscuros») apareciesen milagrosamente junto a los romanos mientras combatían contra los latinos en el lago Regilo. Al lado se encuentra la fuente de *Yuturna*, donde los célebres gemelos abrevaron sus caballos después de la batalla, y donde anunciaron la victoria al pueblo romano.

Iglesia de Santa Maria Antiqua: habilitada en el siglo XVI en unas dependencias del palacio de Tiberio y Calígula, está cerrada al público por obras; que en 2004 acometen la tercera fase de su restauración. En el interior alberga frescos destacables de la alta Edad Media (siglos VI a VIII). Únicamente es posible visitarla en grupos de 25 personas, tras solicitarlo a la dirección del Foro.

Templo de Vesta (diosa del fuego doméstico): su aspecto actual data del siglo III d.C., pero su origen se remonta al siglo VI a.C., y por lo tanto a los primeros tiempos de Roma. La forma circular del templo (bastante poco habitual) sería el recuerdo de una choza primitiva que albergaría un hogar. La *casa de las Vestales* era una amplia vivienda de dos pisos alrededor de un *atrium*, un bello patio rodeado de pórticos y de estatuas de vestales con un estanque central. Sacerdotisas durante treinta años (diez años de instrucción, diez años de práctica, diez años de enseñanza: ¡se tenían ganada esta hermosa casa!) y siempre procedentes de familias prestigiosas, las vestales eran cuatro al principio, luego seis y finalmente siete. Encargadas de mantener el fuego sagrado de la ciudad, hacían voto de castidad para dedicarse por completo a su tarea. ¡Ay de la que sucumbiera: la enterraban viva!

Regia: habría sido la casa del rey Numa Pompilius (715-672 a.C.), el sucesor de Rómulo, y luego del Pontifex Maximus, o sumo sacerdote, el personaje más importante de la religión romana.

Templo de Antonino y Faustina: no puede pasar desapercibido por su sólida columnata elevada sobre un podio. Hacia el siglo VIII, se habilitó una iglesia entre sus muros, y fue reconstruida en el siglo XVII, de ahí la fachada barroca que hay en segundo término detrás de la columnata. Junto a este templo transformado en iglesia se encuentra una necrópolis, que data de la época de Rómulo, y que ha proporcionado algunos de los objetos expuestos en el Antiquarium Forense (ver más adelante).

Templo de Rómulo: edificio circular, cuya sala posterior fue transformada en la iglesia de los santos Cosme y Damián. Este Rómulo en cuestión no es el fundador de Roma, sino el hijo de Majencio; este último fue quien hizo construir el templo. Tiene una magnífica fachada con dos columnas de pórfido y puertas de bronce del siglo IV d.C.

Basílica de Majencio y de Constantino: destinada también a los asuntos comerciales y jurídicos, esta basílica iniciada por Majencio, pero terminada por su rival y sucesor Constantino, se diferencia claramente de las dos basílicas anteriores por su audacia arquitectónica y su volumen interior. La basílica (dividida en tres naves) albergaba grandiosas estatuas. Los fragmentos de la de Constantino, antaño situada en el ábside occidental, se pueden ver en el patio del «palacio de los Conservadores». Además, había ocho columnas corintias, adosadas a las columnas que separaban las tres naves. Una de ellas, intacta, se eleva hoy ante la basílica cristiana de Santa Maria Maggiore. El lugar, actualmente, es conocido por los conciertos de música clásica que se celebran en verano.

Antiquarium Forense: instalado en el antiguo convento de la iglesia de Santa Francesca Romana (interesante sobre todo por su claustro renacentista), el Antiquarium del foro alberga objetos encontrados allí, empezando por los que proceden de la necrópolis arcaica contemporánea de Rómulo. En principio, el Antiquarium está abierto durante las horas de visita del foro. Urnas y objetos funerarios. Interesantes esquemas gráficos y maqueta del lugar. Fragmentos de tumbas, alfarería diversa, fíbulas, estatuillas de barro cocido, residuos de madera. Grandes colecciones de lámparas de aceite, pequeños frascos de perfume y muchas otras cosas.

Arco de Tito: erigido por este emperador en el año 70 d.C. para celebrar la toma de Jerusalén (que resultó destruida), este arco estaba situado en el límite de la ciudad antigua, en el lugar donde empezaba la via Appia. Está adornado con magníficos bajorrelieves: apoteosis de Tito cuya alma es elevada al cielo por un águila; Roma guiando la cuadriga imperial con Tito y la Victoria...

Palatino

Ahora podéis continuar la visita al Foro romano, con una visita al Palatino. Para ello, id por el Clivus Palatinus que comienza a la derecha del arco de Tito. Llegaréis así a la *domus Flavia*. También se puede subir al Palatino desde la via de San Gregorio. En este caso, veréis en primer lugar las termas de Septimio Severo. Aviso: para el Palatino y su museo, calculad 8 € (ver antes las modalidades de entrada).
De las siete colinas de Roma, el Palatino es la más célebre, sin ninguna duda. Su celebridad se debe a la leyenda de los gemelos Rómulo y Remo. Las condiciones de la fundación provocaron una lucha entre los hermanos que le costaría la vida a Remo, muerto después de haber entrado en el futuro emplazamiento de la ciudad, al que su hermano le había prohibido el acceso. Los escépticos dirán que se trata de una leyenda, pero después de la Segunda Guerra Mundial los arqueólogos descubrieron restos de cabañas de los siglos VIII y VII a.C., en el emplazamiento de la casa de Rómulo. El origen mitológico y el origen histórico parecen, pues, coincidir.
El Palatino, barrio residencial en la época republicana, se convertiría durante el imperio en el lugar de la residencia imperial. Calígula hizo incluso unir su palacio con el Capitolio mediante una pasarela gigante, para poder entrevistarse más cómodamente con Júpiter. Más adelante, con el transcurso de los siglos, decadencia y construcción se fueron sucediendo, de ahí el esfuerzo de imaginación que debe realizar el turista para recrear en su mente el esplendor de la colina antigua. Pasear temprano por ahí en un día fresco y soleado, antes de que aparezca la riada de turistas, se revela como un momento maravilloso, mágico.

Domus Flavia: viniendo del Clivus Palatinus, es el primer enclave de la visita del Palatino. El palacio de los Flavios (también llamado palacio de Domiciano) sirvió de residencia imperial hasta finales del siglo III d.C. Por desgracia, hoy se encuentra completamente arrasada y es difícil imaginarse cómo fue.

Antiquarium del Palatino: situado entre la *domus Flavia* y la *domus Augustana*, el Antiquarium del Palatino, habilitado en un antiguo monasterio, fue enteramente renovado. Soberbia museología.

– *En el sótano:* columnas funerarias, máscaras de tierra policromadas, bonitas terracotas negras, ánforas, restos de un increíble vaso del siglo VI a.C, urnas funerarias, maqueta de un hábitat primitivo.
– *En el 1º piso:* la estatuaria, interesantes cabezas (efebos, harpócratas, etc.), bustos de Antonino Pio y de un filósofo. Decorado en mármol, vestigios de frescos. Sala VI, contiene delicados frescos. Vuelta a la sala V por sus interesantes estatuas de mármol negro y sus magníficos bajorrelieves de terracota (periodo augustiniano).
– *En la galería:* un Hermes de bella factura y una Hera Borghese con elaborados pliegues.

✱✱ ***Domus Augustana:*** no es, contrariamente a lo que se podría pensar, la casa de Augusto, sino la de los augustos; dicho de otra manera, la de los emperadores. Se trataba de la residencia personal de estos últimos, donde se encontraban sus apartamentos privados y los de su familia. Las habitaciones rodeaban un peristilo.

✱ ***El estadio:*** dominado por la *domus Augustana*, se trata de una excelente construcción, antaño adornada con un pórtico de dos pisos, que sufrió posteriormente varias modificaciones, como la pequeña pista oval. Jardines, centro de ejercicios deportivos, lugar de espectáculos... éstas fueron las utilidades de este hipódromo, de una longitud de 160 m y una anchura de 80 m.
Junto al estadio se encuentran las termas y la casa de Septimio Severo.

✱ ***Templo de Apolo:*** situado al otro lado de la *domus Augustana*, construido por Augusto, ha perdido parte de su magnificencia. En efecto, sólo podréis «apreciar» el podio.

✱✱ ***Casa de Augusto y de Livia:*** a menudo llamada casa de Livia (la esposa de Augusto), parece, tras algunas serias investigaciones, que el emperador también residió en ella. Esta suntuosa vivienda republicana (siglo I a.C.) posee numerosas habitaciones donde todavía se pueden admirar los frescos de tema mitológico.

✱ ***Templo de la Magna Mater:*** buen ejemplo de la tolerancia de los romanos hacia los cultos extranjeros, incluso hacia la influencia que éstos, especialmente los orientales, pudieran ejercer sobre ellos. En el año 204 a.C., un oráculo había anunciado que la segunda guerra púnica tendría un desenlace feliz para los romanos si la *Magna Mater* (la «Gran Madre», diosa frigia también llamada Cibeles) se instalaba en Roma. Entonces el Senado hizo trasladar la Piedra Negra, que se suponía que la encarnaba, desde Frigia hasta Roma, y se le construyó este templo.

✱ ***Poblado prehistórico:*** al sur del templo de la Magna Mater se encuentra este poblado donde, según los antiguos, se elevaba la casa de Rómulo. Por otra parte, se han descubierto aquí algunas cabañas que datan de la edad de hierro (siglo IX a.C.).

♥ ***Palacio de Tiberio:*** al norte de la casa de Augusto y de Livia se encuentra esta amplia vivienda (modificada por Calígula, Trajano y Adriano), en gran parte recubierta por los magníficos jardines del cardenal Farnese. Hoy no queda gran cosa, salvo los arcos de la parte posterior del palacio.

♥ ***Criptopórtico:*** en este pasillo subterráneo que une la casa de Augusto y Livia con los palacios imperiales, Calígula fue asesinado por el tribuno de la plebe Casio Caerea (enero de 41 d.C.).

♥♥ ***Jardines Farnese:*** una escalera desde el criptopórtico permite alcanzar estos jardines creados en el siglo XVI por el ilustre cardenal Farnese en las ruinas del palacio de Tiberio. Después de pasear por ellos, acercaos a la terraza del Casino para disfrutar de la vista sobre el Foro y el Coliseo, o a la terraza opuesta, que ofrece también una excelente vista sobre el Tíber y el Vaticano.

➢ Para visitar lo que sigue, salid del Palatino por el Clivus Palatinus, y luego por la via Sacra, cerca del arco de Tito.

♥ ***Templo de Venus y de Roma:*** edificado en el emplazamiento del vestíbulo de la *domus Aurea* de Nerón, era el mayor templo de la ciudad (110 × 53 m). El emperador Adriano en persona proyectó los planos. El arquitecto Apolodoro de Damasco tuvo la ocurrencia de hacer algunas observaciones negativas sobre la concepción del edificio: las pagó con su propia vida. Por ello, os recomendamos vivamente no criticar nunca a un emperador.

♥ ***Iglesia de Santa Francesca Romana:*** magnífico campanario del siglo XII. Bonito interior.

♥ ***Iglesia de los santos Cosme y Damián:*** erigida en el s. VI d.C., fue la primera iglesia que se construyó en el interior de un edificio del Foro romano, incluso de dos, el templo de Rómulo y la biblioteca del Foro de Vespasiano. El mosaico del ábside es absolutamente magnífico. Admirad también el techo.

♥ ***Prisión Mamertina:*** excavada en la roca de la colina del Capitolio en el siglo II a.C., se compone de dos piezas superpuestas. Muchos enemigos del Estado se pudrieron en esta oscura prisión. Entre ellos, el guerrero galo Vercingetórix, quien halló aquí la muerte tras haber sido exhibido al pueblo con motivo del triunfo de César. En la Edad Media, se contaba que san Pedro y san Pablo habían estado encerrados aquí. San Pedro, empujado por los carceleros, dejó un agujero en la pared al golpearse con la cabeza. Pero no les guardó rencor, porque luego los bautizó junto con otros 47 prisioneros (¿cómo cabrían todos allí dentro?)... Y como no había agua, ¡hizo brotar una fuente en la prisión!

★ *FOROS IMPERIALES (plano general D4)*

– ***Acceso:*** M.: Cavour o Colosseo (línea B). Autobús: n°s 60, 75, 84, 85, 175, 186...

– ***Visita:*** ninguno de los cinco foros imperiales se visita verdaderamente, salvo permiso especial. Sin embargo, desde la via dei Fiori Imperiali o desde las calles vecinas, podéis apreciar lo esencial.
– PRECAUCIÓN: recordad las mismas observaciones que hemos hecho anteriormente sobre robos. Ver en el capítulo «Generalidades», el apartado «Peligros y contratiempos».
A partir del siglo I a.C., el Foro romano resultó demasiado pequeño para cumplir las diferentes funciones que le correspondían (política, judicial, comercial). Entonces fue necesario emprender la construcción de un nuevo foro para aligerar el viejo foro republicano. César fue el primero que ordenó las ampliaciones indispensables; luego le seguirían otros ilustres romanos, provistos del título de emperador (Augusto, Vespasiano, Nerva, Trajano), de ahí el nombre de foros imperiales.
Éstos formaban en su origen un conjunto coherente y compacto, desgraciadamente interrumpido con la inauguración en 1932 de la via dei Fori Imperiali que une la piazza Venezia con el Coliseo. Algunos restos de estos foros están, pues, ocultos bajo el magnífico pavimento de esta gran arteria.

¿QUÉ VISITAR?

⁂ ***Foro de César:*** situado a lo largo de la via dei Fori Imperiali, está cerrado al público pero se alcanza a ver sin dificultad lo más importante del recinto del campo de excavaciones. Observad sobre todo los restos (tres hermosas columnas corintias y el podio) del templo de Venus Genitrix, edificado por César para agradecer a la Venus Madre el haberle permitido vencer a su rival Pompeyo (48 a.C.). El humilde Julio César se creía, en efecto, descendiente de Venus a través de Eneas. El edificio contenía antiguamente una estatua de la diosa y otra de oro de Cleopatra, así como algunas pinturas griegas. Finalmente, ante el templo se encontraba la estatua del caballo de César.

⁂ ***Foro de Augusto:*** situado al otro lado de la via dei Fori Imperiali, hay que observarlo desde la via Alessandrina. Su construcción comenzó en el año 31 a.C. Sin embargo, Octavio, futuro Augusto, pensaba en la construcción de este nuevo foro desde hacía mucho tiempo, ya que en el año 42 a.C., tras haber derrotado a los ejércitos de Casio y Bruto (los asesinos de Julio César), ya expresó su deseo de construir un templo.
El *templo de Marte Vengador* se eleva al fondo del foro, en el emplazamiento de la muralla que separaba el barrio de mala fama (ya los había en aquella época) de este nuevo conjunto urbanístico. La espada de César se conservaba aquí como reliquia. También se ve, dominando el lugar, la *casa de los caballeros de Rodas* (antiguo priorato romano de los caballeros de San Juan de Jerusalén).

⁎ ***Foro de Vespasiano:*** se extiende aproximadamente desde la torre dei Conti (via Cavour) hasta la iglesia de San Cosme y San Damián (antigua biblioteca del foro convertida en edificio cristiano), aunque hoy ya no queda gran cosa. Hubo un templo de la Paz (erigido tras la victoria sobre los hebreos en el año 71 d.C.), donde se guardaban los restos de otro templo, el de Jerusalén, empezando por las tablas de la ley de Moisés.

Foro de Nerva: entre el foro de Vespasiano y los de César y Augusto. Entrada grauita, previa reserva, solamente los sábados y los domingos., En la actualidad tampoco se conserva casi nada de este foro, iniciado por Domiciano pero terminado por Nerva. Sin embargo, aún se pueden ver dos hermosas columnas y algunos fragmentos de friso decorando la pared de la muralla, a pesar del desgaste sufrido con el tiempo.

Foro de Trajano: construido a petición del emperador por Apolodoro de Damasco, éste era el mayor de los foros imperiales. Delimitado por los mercados de Trajano, el foro de César y la basílica de Ulpia, estaba unido al sureste con el foro de Augusto mediante un arco de triunfo.
La *basílica de Ulpia* (que cerraba el foro al noroeste) se reconoce fácilmente por los restos de las columnas de mármol que separaban las cinco naves. Dos *bibliotecas* (una griega y otra latina) se encuentran tras ella y encuadran la magnífica *columna trajana*, que ilustra las victorias del emperador sobre los dacios. Esta obra genial se debe también a Apolodoro de Damasco. Los paneles esculpidos de mármol rodean la columna, que alcanza los 18 m. La estatua de Trajano que coronaba el monumento fue sustituida por una estatua de san Pedro. En el interior se encontraba la urna funeraria de Trajano, pero en la Edad Media pasó por allí un ladrón, la urna era de oro y... En el interior de la columna hay una escalera.

★ *MERCADOS DE TRAJANO (plano general D4)*

Via IV de Noviembre, 94. ☎ 06-679-00-48.
– ***Horarios de visita:*** de 9 a 18.30 h (16.30 h en invierno). Cerrado los lunes.
– ***Entrada:*** 6 €.
Aquí hubo cerca de 150 tiendas de tres pisos (algunas de ellas todavía siguen en pie) que servían antiguamente como centro de aprovisionamiento, de reparto y de distribución de productos. Visitadlas porque desde ningún otro lugar de Roma se puede imaginar mejor el aspecto de las calles de la ciudad antigua, con altas fachadas de ladrillo (ver sobre todo la via Biberatica).

★ *CAPITOLIO (Campidoglio; zoom centro D4)*

– ***Acceso:*** metro Cavour o Colosseo (línea B), estaciones situadas a 5-10 mn a pie del Capitolio. Autobús: ver acceso a la piazza Venezia más adelante, en «La Roma barroca».
Dos elevaciones (el Capitolio propiamente dicho al oeste y el Arx al este), con una depresión central, el Asylum. Esta colina domina el Tíber y el valle del Foro, además del Campo de Marte. Una verdade-

ra fortaleza natural por consiguiente, cuya función militar fue declinando, con el paso del tiempo, en beneficio de su función religiosa. Fue aquí, en efecto, donde se construyó, posteriormente adornado y embellecido según las circunstancias, el gran templo dedicado a Júpiter, Juno y Minerva (la famosa tríada capitolina), lo que se convirtió en centro de la antigua religión romana... hasta su destrucción en el siglo V por los vándalos.

La Edad Media vio desaparecer poco a poco los antiguos monumentos de la colina sagrada, ocupada por los benedictinos del convento de S. Maria in Aracoeli. Los últimos vestigios emergen aquí y allá entre viñas y jardines; el Arx pasó a ser llamado monte caprino (monte de las cabras).

No obstante, con el despertar de las ideas de libertad municipal, el Capitolio recobró el esplendor de antaño. Todos los grandes protagonistas de la escena local (de Cola di Rienzo hasta el general Clark, pasando por Napoleón y Garibaldi) han pasado por aquí, ya que éste es el sitio donde se han pronunciado las grandes misas políticas desde 1143 (tanto en el exterior, en la plaza, como en el interior del palacio de los Senadores, donde hoy tienen su sede las instituciones locales).

Depresión central (el Asylum): plaza del Capitolio

★★★ Desde la piazza d'Aracoeli, situada justo debajo del Capitolio, basta con subir las escaleras de la Cordonata, la majestuosa rampa de acceso, flanqueada tanto en la base como en la parte superior por estatuas antiguas restauradas. Observad de paso las estatuas de los *Dioscuros* junto a sus caballos (representan a Cástor y Pólux y datan de finales de la época imperial), así como los *trofeos de Mario* (colocados sobre la balaustrada, conmemoran las victorias de Domiciano sobre los malvados teutones).

★★★ ***Plaza del Capitolio:*** la depresión central de la colina sagrada está ocupada hoy por la plaza del Campidoglio. Tal como la vemos en la actualidad, fue construida según los planos de Miguel Ángel a petición de Pablo III, el cual deseaba resolver el inconveniente que planteaba la falta de una gran plaza en Roma, digna de recibir a las cabezas coronadas de la época.

El artista florentino sacó, pues, sus lápices y se puso a diseñar una nueva plaza rectangular, accesible desde la piazza de Aracoeli. En el centro de la plaza del Capitolio, decorada con un magnífico pavimento, se colocó la estatua ecuestre de Marco Aurelio. Tres de sus cuatro lados debían ser ocupados por otros tantos palacios: el *palacio de los Senadores*, completamente restaurado, y, uno frente a otro, dos palacios idénticos (*el palacio de los Conservadores*, reconstruido, y el *palacio Nuevo*). El cuarto lado, abierto mediante una balaustrada mirando hacia la ciudad, terminaba de airear este espacio, que ya lo estaba gracias a que ninguno de los tres edificios se tocaba. Los planos del maestro, que comenzaron a realizarse en 1538, habrían podido quedar olvidados en sus cajones tras su muerte, acae-

cida en 1564. Pero no fue así. Sus sucesores, Giacomo della Porta y luego Girolamo Rainaldi, apenas se apartaron del proyecto inicial... que no fue terminado hasta 1655.
Desde entonces, aunque ya era así desde las construcciones medievales que sirvieron a Miguel Ángel como punto de partida, el Capitolio da la espalda a su ilustre pasado, la Roma antigua (concretamente las ruinas del Foro romano) para mirar la llanura del Campo de Marte, donde se concentraba lo esencial de la vida de la nueva Roma en aquella época.
De los edificios que cubrían, en tiempos de los césares, esta parte del Capitolio, no queda por así decir casi nada... fuera de la imponente construcción subterránea del *Tabularium* (visible desde el Foro), que hoy sirve de base al palacio de los Senadores.

*** Museos Capitolinos:*** instalados en los dos palacios frente a frente. Abren de 9 a 20 h. Cerrados los lunes, así como el 24, 25 y 31 de diciembre, el 1 y el 5 de enero. Información y reservas: ☎ 06-39-74-62-21. Entrada: 6,2 €. Tarifa reducida: 4,13 € 💻 www.museicapitolini.org La entrada es válida para el conjunto de los museos. También se puede adquirir un billete de 8,3 € que da acceso a todos los museos Capitolinos y también a la Central Montemartini. Las colecciones de estos museos son tan ricas y numerosas que no os podemos sugerir que escojáis un museo sin tener en cuenta los otros (e incluso, dentro del escogido, privilegiar una sección sobre otra). Pese a ello, si os sentís impulsados a verlos todos, cambiad el paso de senador por uno atlético. Agradable vista panorámica desde la terraza de la cafetería.

Museo del palacio de los Conservadores: es el museo que se encuentra a la derecha según se viene de la piazza d'Aracoeli. A finales de la Edad Media, este palacio albergaba las deliberaciones de los consejeros municipales. En la actualidad encierra maravillas: una colección de esculturas antiguas así como una rica pinacoteca (grandes obras de la pintura europea de los siglos XVI y XVII). El museo ha sido muy bien restaurado.
En el patio interior, se observan los fragmentos de una *estatua colosal de Constantino* (emperador del siglo IV) procedente de la basílica de Majencio y de Constantino. La cabeza mide 2,60 m, el pie 2 m... Por más que uno sea grande y fuerte, se siente realmente muy pequeño.

Salas de los Conservadores: corresponden a las estancias de lujo del Ayuntamiento romano.
Destaca en primer lugar la *sala de los Horacios y los Curiacios* (nombre atribuido a esta sala por los frescos que decoran las paredes, realizados a finales del siglo XVI y principios del siglo XVII por el caballero de Arpino, y representan la historia antigua de la ciudad y el célebre duelo). En esta sala, varias estatuas merecen la atención: la primera, de mármol, obra de Bernini, representa a Urbano VIII; la segunda, de bronce, obra de Algardi, representa a Inocencio X, y

una tercera, *Hércules en bronce dorado*. En la sala siguiente, la *sala de los Capitanes*, pinturas del siglo XVI evocan episodios legendarios de la Roma republicana. Después de echar un vistazo al bonito techo artesonado, pasad a la sala de los *Triunfos de Mario* (se trata de un general romano –un friso lo representa, en efecto, guerreando contra los cimbrios y los teutones–). Aquí, hay que detenerse ante la *Cabeza de bronce* llamada de Bruto (realizada en el siglo III a.C.) y el *Espinario* (siglo I a.C.). La *sala de la Loba* que viene a continuación permite admirar... la famosa *Loba capitolina* (un bronce etrusco del siglo V a.C., al que se añadieron en el Renacimiento los gemelos Rómulo y Remo). Las salas siguientes, sin dejar de ser interesantes, no contienen ninguna obra verdaderamente excepcional (sin embargo, no os aconsejamos tampoco recorrerlas a toda velocidad).

Museo de los Conservadores: esta sección comienza con la *galería de los Jardines de Lamia*, a la cual se accede desde la *sala de los Fastos modernos*, llamada así porque en ella se encuentran algunas esculturas procedentes de los jardines de Elius Lamia, cónsul del siglo III, situados sobre el Esquilino. Hay una bella estatua del siglo I a.C. que representa a Venus, así como un busto de Cómodo (el hijo de Marco Aurelio) dotado para la circunstancia de los atributos de Hércules (finales del siglo II) y una cabeza de centauro. En las salas del fondo hay algunas obras destacables, entre ellas la estela funeraria de la *Muchacha de la paloma*, que dataría del siglo V a.C. Volviendo al nivel de la galería, avanzad hacia delante y luego a la derecha para visitar varias salas dispuestas en fila. En la primera, hay algunos *sarcófagos* de los siglos III y IV decorados con escenas de la Biblia y, en la segunda, una hermosa colección de antefijas. Una vez en la *sala de los Bronces*, descansad junto al lecho funerario adornado con bronces mientras admiráis el colosal Constantino. Continuad hacia la última sala que contiene obras procedentes de los jardines de Mecenas, de los que quedan algunos restos en la colina del Esquilino.

Pinacoteca: contiene algunas grandes obras de la pintura europea de los siglos XV al XVIII: la *Sagrada Familia* realizada por Dosso Dossi, en la sala 2. En la sala 3, la revolución del color, marca de la pintura veneciana del siglo XVI, se plasma en el *Bautismo de Cristo* de Tiziano. Las salas 4 y 5 contienen obras menores que permiten establecer una comparación con las otras salas donde están expuestas las obras maestras del siglo XVII en Roma, (sobre todo la sala 7). La sala 6 está dedicada a la renovación radical introducida en la pintura boloñesa con la fundación de la Academia de los Carracci. Así, en el *San Sebastián* de Guido Reni, se privilegia el misticismo del episodio más que el sufrimiento del santo. En la sala 7 (amplio salón), se encuentra una inmensa tela de Guercino *(Los funerales de santa Petronila)* y otra de Caravaggio *(La echadora de buenaventura)*, pero también una pintura de *San Juan Bautista* plasmada de manera revolucionaria: sin atributos religiosos, el santo es sorprendido en una torsión atlética, como un joven pastor. Es aquí también donde se puede admirar la gran tela que Rubens pintó en Amberes alrededor de 1617: *El reencuentro de Rómulo y Remo*. La sala 8 permite admirar *El rapto de las sabinas* y otras obras importantes de Pedro de Cortone.

Museo del Palacio Nuevo: museo situado a la izquierda según se viene de la piazza d'Aracoeli. Este palacio, terminado en 1654, fecha en que se transfirieron una parte de las colecciones del papa Sixto IV, contiene el más viejo museo público del mundo (su creación se remonta a 1734: ver el epígrafe encima de la fuente, en el patio). Distribuido en dos niveles, contiene sobre todo algunas esculturas que datan de la Antigüedad. Antes de entrar en las salas, echad un vistazo a la colosal *Minerva* cuyo modelo procede probablemente de una de las preciosas estatuas de Atenea realizadas en Grecia por Fidias en el siglo V a.C. En la sala lateral, a la derecha, se ha instalado provisionalmente, por razones de conservación, la *estatua ecuestre de Marco Aurelio* en bronce. En la *sala del Gladiador*, donde comienza la visita, uno puede llegar a emocionarse ante *El galo muriendo* (bella réplica romana de una estatua griega del siglo III a.C.). También cabe destacar *La amazona herida*, cuyos pliegues recuerdan los de las amazonas presentes en la decoración del Partenón. Ya en la *sala del Fauno*, la vista se posa naturalmente sobre el mármol rojo del Fauno que es también una réplica romana de un bronce helenístico procedente de la villa Adriana. En el *Gran Salón* con su extraordinario techo barroco, dos centauros en mármol y un Hércules en basalto. Bonita cabeza de Amazona. En la *sala de los Filósofos*, donde hay cerca de 80 bustos de filósofos y poetas, echamos de menos no poder debatir alguna cuestión con Sócrates. En la *sala de los Emperadores*, poned a prueba vuestros conocimientos en materia de civilización romana intentando poner algún nombre sobre esas 64 caras. Calígula y Nerón son los que resultan más familiares… y por otra parte tan diferentes. Sabed que, en muchos casos, se trata simplemente de retratos de ciudadanos a los que se les ha asignado arbitrariamente un nombre imperial para contentar a los coleccionistas. En el *gabinete de Venus*, la visión de la diosa desnuda (siglo II) hará palpitar a más de uno, mientras que la *sala de las Palomas* devuelve la serenidad al contemplar el bello mosaico de las *Palomas bebiendo*, procedente de la villa Adriana. Finalmente, en la galería, se puede contemplar la *estatua colosal de Hércules* y también la del joven dios alado, el bien llamado Eros, que pone una cuerda a su arco con el que lanza sus flechas de amor.

Capitolio: recuerdo del templo de Júpiter Capitolino

La elevación occidental, el Capitolio propiamente dicho, antaño representó un papel de gran importancia al contener el templo de Júpiter Capitolino, el principal santuario de la Antigüedad. Desde el paso de los vándalos en el año 455, esta zona de la colina sagrada parecía estar habitada por fantasmas. Ignorada por la Iglesia cristiana, que nunca se dignó a instalarse en este lugar destacado del paganismo, la colina se vio rápidamente invadida por las viñas y los jardines a donde venían a pastar las cabras tranquilamente... de ahí el nombre de monte Caprino, atribuido por un tiempo a este montículo, nombre que da prueba de su estado de abandono. Hoy, aparte de un modesto jardín y de construcciones dispersas, no hay nada.

Templo de Júpiter Capitolino: imaginaos al alba del quinto milenio. El cristianismo está olvidado desde hace mucho tiempo, y su principal santuario, la basílica de San Pedro, reducido a polvo desde hace no menos tiempo (una visión apocalíptica que puede asustar a algunos). ¿Habría por eso que pasar por alto lo que representaban, todavía en el crepúsculo del tercer milenio, esta creencia y estos lugares simbólicos para millones de personas? ¡No, por supuesto! De la misma manera, nosotros no podemos pasar por alto lo que fue, para la Roma antigua, el templo de Júpiter Capitolino ni cuál era su aspecto.

Su historia se remonta a la más remota Antigüedad, a la época de los etruscos, exactamente cuando comenzó la construcción del templo de la Tríada capitolina. Ahora bien, la tradición determinó la fecha de inauguración de este templo (que rápidamente se convirtió en centro de la vieja religión romana) en el año 509 a.C., dicho de otra manera, al principio de la República romana liberada entonces de la realeza etrusca.

Tres incendios (83 a.C.; 69 y 80 d.C.) obligaron a los romanos a reconstruir este santuario que no dejó de embellecerse con sus sucesivas remodelaciones. Pero, aunque el templo pudo renacer en cada ocasión de sus cenizas, no sucedería lo mismo tras el paso de los vándalos en el año 455. Abandonado tras este episodio trágico, se convirtió rápidamente en un montón de ruinas. Sus últimas columnas perduraron, sin embargo, hasta el siglo XV... antes de ser destruidas para hacer cal. Hoy, de este templo sólo quedan algunos modestos fragmentos (algunos de los cuales se encuentran en el palacio de los Conservadores) que únicamente interesarán a los arqueólogos.

Una importante escalera frontal (situada al nivel de la via del Templo di Giove) permitía acceder al porche, de cuya profundidad puede dar idea la presencia de tres columnas frontales sucesivas. Otras dos columnas laterales terminaban de empujar hacia el fondo del edificio el corazón del santuario, es decir, las tres *cellae* (la estatua de culto de Jupiter Optimus Maximus se hallaba, como debe ser, en la sala central). Mirando al sur, donde se encontraba entonces el centro de Roma, el santuario debía tener un bonito aspecto, debido, sobre todo, a que estaba elevado sobre un podio, a una altura de 9 m, y que dominaba la plaza pública que se encontraba a sus pies, como una estatua sobre su base. Las miradas de los piadosos romanos tendían aún más a dirigirse hacia él por cuanto estaba adornado con una espléndida fachada coronada por un frontón con una cuadriga de bronce. El conjunto, por su parte, estaba cubierto de tejas doradas. Una explanada precedía el santuario. Lo que queda de él (ya que su superficie se ha ido reduciendo como consecuencia de los sucesivos derrumbamientos desde la Antigüedad) está hoy ocupado por el jardín público del templo de Júpiter. El Área Capitolina, punto de llegada de los cortejos triunfales, estuvo poblada antaño de edificios y de numerosas estatuas. Estas últimas se hicieron tan abundantes con el paso de los siglos que hubo que trasladar algunas al Campo de Marte.

Arx: iglesia de Santa Maria d'Aracoeli y el Vittoriano

La elevación oriental, el Arx, poseía también en época romana un santuario, el templo de Juno Moneta, junto al cual se encontraba la fábrica de la moneda de Roma... de ahí procede la palabra «moneda» (de Moneta). Estas viejas construcciones, borradas por los siglos y los hombres, han cedido su espacio a la iglesia de Santa Maria d'Aracoeli, un poco arrinconada desde que se construyó el monstruo vecino (el Vittoriano). Antiguamente, en efecto, los franciscanos podían respirar mejor, ya que poseían toda la colina y los indispensables edificios conventuales.

Iglesia de Santa Maria d'Aracoeli: desde la piazza d'Aracoeli, una bonita escalera de mármol (construida en 1348, es la única construcción pública romana de la época en que la sede papal se encontraba en Aviñón) sube al gran portal, normalmente cerrado (horas de apertura no anunciadas), de la iglesia de Santa Maria d'Aracoeli.

Construida sobre las ruinas del templo de Juno Moneta, su nombre procede del altar (*ara coeli* significa «altar del cielo») que habría erigido el emperador Augusto tras una visión (una especialidad imperial, si pensamos en Constantino), en la cual el Niño Dios descendía hasta un altar. Construida, en su origen, por unos monjes benedictinos en los siglos IX-X, fue cedida en 1250 por Inocencio X a los franciscanos, quienes la reconstruyeron por completo. En adelante, la iglesia sufrió numerosas modificaciones, que no detallaremos para no aburriros. En cuanto a la fachada, cabe destacar su notable austeridad..

Conseguir entrar en el interior de este santuario es casi un milagro. Si, por casualidad, lográis pillar al sacristán, no dudéis en colaros en el interior de esta iglesia, de planta basilical, para disfrutar de la visión de las hermosas obras de arte que contiene. En primer lugar, observad el techo, que representa la batalla de Lepanto en la que los cristianos vencieron a los turcos (1571) y el *pavimento* de los siglos XIII y XIV. A continuación, caminad por las naves laterales, donde no podréis dejar de admirar, entre otras cosas, los *frescos de Pinturricchio* (1ª capilla a la derecha) que ilustran la vida y la muerte de san Bernardino. Los iconoclastas, al pasar ante el altar mayor

decorado con un icono del siglo XII, tendrán que contener sus impulsos destructores volviéndose para admirar los dos púlpitos de las pilastras del crucero. Incluso podrán, tras haber visto la *Santa Capilla* erigida en el emplazamiento de la visión augusta, visitar el *Santo Bambino*. Antes de cerrar la puerta de la iglesia, echad una mirada a la *tumba del cardenal de Albret*.
Antiguamente, los monjes podían deambular entre oficio y oficio, rumiando elevados pensamientos, por un claustro adjunto a la iglesia. Éste, como el conjunto de los edificios conventuales, fue destruido en 1888 para permitir la construcción del Vittoriano.

¶ ***Vittoriano:*** orientado en dirección a la via del Corso, pertenece más bien a la piazza Venezia que al Capitolio (de ahí que os remitamos a «La Roma barroca»).

★ ***COLISEO*** *(Colosseo; plano general D-E4)*

¶¶¶ Al otro lado del metro Colosseo. ☎ 06-39-96-77-00
– ***Acceso:*** metro Colosseo (línea B). Autobús: n°s 60, 75, 84, 85, 87, 175, 186, 204...
– ***Horarios de visita:*** de lunes a domingo de 9 a 18.30 h; en invierno, las taquillas cierran a las 16 h. Audioguía (pagando).
– ***Entrada:*** tendréis que sacar vuestro monedero y extraer 8 € (tíquet también válido para el Palatino). Mitad de precio para los jóvenes de 18-24 años, y gratuito para los menores de 18 años y los mayores de 65, ciudadanos de la Unión Europea. Audioguía por 4 €.
– PRECAUCIÓN: recordad las mismas observaciones que ya hemos hecho anteriormente en el capítulo «Generalidades», apartado «Peligros y contratiempos».
Iniciado por Vespasiano en el año 72 d.C., inaugurado por su primer hijo, Tito, en el 80, terminado por su segundo hijo, Domiciano, en el 82, es el mayor edificio de espectáculos realizado por los romanos e imitado posteriormente (Arles, Nîmes...). El anfiteatro Flavio (nombre de la dinastía bajo la que fue construido) tomó el nombre de Coliseo, en el siglo VIII, porque no lejos de aquí se encontraba la gigantesca estatua del simpático Nerón representado como el dios Sol (Coliseo=Coloso). El último combate de fieras organizado aquí dataría del 523 (en el 438 tuvo lugar el último combate de gladiadores).
El Coliseo, tras el Imperio, no fue tratado con demasiadas contemplaciones por los terremotos ni por los nuevos ediles en busca de materiales. Saqueado, transformado en fortaleza y más tarde en lugar santo (en recuerdo de los mártires cristianos que murieron aquí), hubo que esperar hasta finales de siglo XIX para su restauración y protección del furor destructivo de los hombres. Tras un largo periodo en el que el Estado italiano dejó por negligencia que el Coliseo se degradara, las autoridades activaron hace algunos años una enérgica restauración del monumento.

La fachada del anfiteatro Flavio (con una altura cercana a los 50 m) comprende tres pisos sostenidos por pilares cuadrangulares. Antiguamente había estatuas bajo los 160 arcos del segundo y del tercer nivel. Un cuarto piso coronaba el conjunto: una pared perforada con ventanas cuadradas donde observaréis unas molduras salientes que servían de soportes a las bases de los mástiles, los cuales permitían tender una carpa sobre el anfiteatro para proteger a los frágiles romanos de la intemperie o el sol. El Coliseo (con una circunferencia de 527 m) conserva su fachada de cuatro pisos solamente en la mitad de su contorno.
No dudéis pues en dar la vuelta al edificio antes de penetrar en el interior de este «monstruo». Cincuenta mil personas podían reunirse en las gradas dispuestas alrededor de la arena que reposaban directamente sobre las columnas de las innumerables galerías interiores. La plataforma de madera que servía de arena (86 × 54 m) ha desaparecido y deja ver las galerías subterráneas con los servicios necesarios para el desarrollo de los juegos (jaulas para los animales, habitáculos para los combatientes).
Cerca de la arena, hay una gran cruz en memoria de los miles de cristianos que murieron en el Coliseo.
El espectador romano, instalado en el nivel que le correspondía, después de levantarse para saludar la llegada del emperador, podía asistir a los espectáculos.
Los combates de gladiadores eran los preferidos del público y despertaban pasiones morbosas (incluso se cruzaban apuestas) difícilmente comprensibles para nosotros. Estos combates enfrentaban a hombres más o menos armados (generalmente presos comunes, esclavos o también profesionales entrenados en escuelas especializadas) con animales feroces (principalmente tigres o leones). Los gladiadores profesionales, seducidos por las posibles ganancias (y por la gloria), se hacían reclutar por los propietarios de tropas de gladiadores. Al firmar su contrato, se comprometían a consagrar su cuerpo y su vida a su maestro y a soportar «el fuego, las cadenas y los golpes» así como «la muerte por el hierro». Buen programa, ¿no? «Ave Caesar, morituri te salutant» («Ave César, los que van a morir te saludan»): con estas palabras el gladiador saludaba al emperador. Acaso sus últimas palabras, a menos que, herido y tras haber tendido la mano hacia el estrado oficial, el organizador de los juegos (en función de las reacciones del público) le concediera la gracia (con el pulgar hacia arriba). Entonces se sacaba al gladiador de la arena y se le curaba. En caso contrario (pulgar hacia abajo), estaba acabado. Los vencedores (tenía que haberlos) recibían recompensas honoríficas y dinero. Los esclavos podían incluso ser liberados (¡qué no harían entonces para ser libres!).
También se organizaban combates entre animales feroces, e incluso batallas navales (para las cuales se inundaba la arena).
Cerca de la salida, un ascensor permite el acceso a la zona superior.

★ *ARCO DE CONSTANTINO* *(plano general D-E4)*

Cerca del Coliseo se encuentra este magnífico arco, erigido en el año 312 de nuestra era tras la victoria del emperador sobre Majencio en el puente Milvius. Integrado, como el anfiteatro Flavio, en las fortificaciones medievales, sería devuelto a su estado actual a principios del siglo XIX.
El mayor de los arcos romanos, formado por tres arcadas, merece la pena, no sólo por sus proporciones (alto: 21 m; ancho: 26 m) sino también por su decoración procedente en parte de monumentos del siglo II d.C.

★ *LA CASA DORADA* *(domus Aurea; plano general E4)*

Via della domus Aurea. Detrás del Coliseo, en los jardines di Colle Oppio. ☎ 06-39-96-77-00 y 06-481-75-45.
- ***Horarios de visita:*** de 9 a 18.40 h. Desde el 1 de junio al 30 de septiembre, también de 21 a 23.45 h. Cerrada los martes. Reserva por teléfono obligatoria.
- ***Entrada:*** 5 € + 1 € por la reserva (obligatoria). Mitad de precio para los jóvenes de 18-24 años, y gratuito para los menores de 18 años y los mayores de 65, ciudadanos de la Unión Europea.

Después del terrible incendio del año 64 d.C., Nerón aprovechó el espacio que quedó libre para hacer construir este palacio de dimensiones gigantescas. Así nació la casa Dorada, o quizá deberíamos decir la «villa dorada», en el sentido latino de «villa», ya que algunos textos afirmaban que el complejo en cuestión venía a englobar una buena parte de la *Urbs*... En fin, la casa Dorada (así llamada por la omnipresencia de láminas de pan de oro sobre los frescos y estucos) era un conjunto de edificios dominado por el coloso del emperador y dotado de un lago artificial y de múltiples jardines o terrazas bordeados por majestuosos pórticos. Después del suicidio de Nerón (68 d.C.), el palacio fue arrasado para dar paso luego a otros palacios imperiales, así como al Coliseo. El que probablemente fue el palacio del emperador (el palacio sobre el monte Oppius) permaneció no obstante hasta el 104, fecha en que quedó enterrado con la fundación de las termas de Trajano. No fue redescubierto hasta finales del siglo XV. Uno queda maravillado ante la calidad, finura y elegancia de los frescos que decoraban el palacio. Habiendo sido descubiertos en una especie de cavernas parecidas a grutas, fueron llamadas «grotescas» y su influencia se expandió por toda Europa, inspirando a los más grandes pintores de la época, empezando por Rafael. En el siglo XVIII, fueron copiadas para hacer un libro. Fue un acierto, ya que la mayoría de ellas desaparecieron roídas por la humedad y el moho.
Ante la dramática degradación de los frescos que quedaban, en 1982 hubo que cerrar la casa Dorada al público. Fue reabierta, pero el número de visitantes diarios ha sido limitado. Una treintena de

salas y largos pasadizos sin salida (pertenecientes la mayoría de ellos a la parte oriental del edificio) son accesibles en la actualidad, formando una especie de misterioso laberinto. De vez en cuando, surgen pequeñas maravillas de tonos más o menos antiguos, paisajes, naturalezas muertas, trampantojos, guirnaldas y frisos. ¿Por cuánto tiempo todavía?

★ *GRAN CIRCO Y PIAZZA BOCCA DELLA VERITÀ*

(zoom centro D4-5)

– ***Acceso:*** metro Circo Massimo (línea B). Autobús: n°s 60, 75, 118, 175...

Entre el Palatino y el Aventino, un amplio espacio alargado, lleno de polvo y hierbas, recuerda la presencia del *Circus Maximus*, el Gran Circo romano. Junto al Tíber, la *Vallis Murcia* se une con la piazza Bocca della Verità, que prolonga hacia el río la depresión del Velabro que separa el Capitolio del Palatino.

El rapto de las sabinas, inmortalizado sobre todo por el pincel de David, tuvo lugar aquí en el curso de unos juegos organizados por Rómulo a los que había invitado a las poblaciones de los alrededores. A una señal, los romanos sujetaron a los hombres y raptaron a las muchachas, que eran principalmente sabinas. Como consecuencia, hubo una guerra entre ambos pueblos que finalizó con la intervención de las sabinas, las cuales se lanzaron en medio del combate para calmar los ánimos de sus padres y hermanos así como los de sus nuevos maridos.

Gran Circo *(Circus Maximus):* desde la más lejana Antigüedad, aquí se celebraron carreras de caballos, pero hubo que esperar a los últimos años de la República y al imperio para que el Gran Circo tuviera su aspecto monumental. César ordenó realizar grandes obras, de las que pronto no quedaría nada. El fuego, en efecto, devoró la mayor parte de este monstruo que sufrió en medio siglo nada menos que tres incendios, entre ellos el terrible del año 64 d.C., que se propagó justamente a partir del Gran Circo. En cada ocasión, los césares lo reconstruyeron y ampliaron. En el siglo III alcanzó sus mayores dimensiones: con una longitud de más de 600 m, su anchura se acercaba en algunos puntos a los 200 m; 385 000 personas, una cifra posiblemente exagerada, podían instalarse en las gradas de madera habilitadas alrededor de la pista.

Toda esta masa de gente acudía aquí para ver las carreras de carros (especialmente las cuadrigas) que el emperador organizaba para el pueblo. Nerón, a quien no le faltaba la imaginación... ni mucho menos crueldad, ofreció incluso carreras de dromedarios. Las caballerías corrían alrededor de la *spina* (espina dorsal), que estaba entonces decorada con el obelisco que hoy se encuentra en la piazza del Popolo. Los romanos cruzaban apuestas sobre estos juegos, que despertaban pasiones a veces muy violentas (¡el fanatismo tiene raíces antiguas!).

*** **Piazza Bocca della Verità:** la zona, pantanosa en el pasado, albergaba las instalaciones del primer puerto de Roma, el *Portus*; por este motivo, no es extraño ver en la zona un templo rectangular dedicado a Portuno, la divinidad de los puertos. Más conocido como templo de la *Fortuna Viril*, se mantiene en pie a pesar de su avanzada edad (el edificio actual data, en efecto, del siglo I a.C., pero su origen se remonta a los siglos IV o III a.C.). Otro templo circular se alza en la misma zona. Es el *templo de Hércules Vencedor*, dedicado durante mucho tiempo, por error, a Vesta. Su edad no es menos venerable, ya que fue construido en el siglo II a.C., pero su aspecto actual es más bien el fruto de una reforma debida a Tiberio tras la inundación del año 15 d.C. El Tíber no está muy lejos, de manera que podréis ver el último arco del antiguo *Pons Aemilius* construido en el año 181 a.C. Hoy le llaman el *Ponte Rotto*, pues así es como quedó tras su último derrumbamiento, que se remonta a 1598.
La piazza Bocca della Verità ocupa aproximadamente el emplazamiento del *forum Boarium* (el mercado de los bueyes), que se extendía hasta el Aventino. Bordeando la plaza, o cerca de ésta, se halla concentrado un conjunto de iglesias. La más pintoresca, *Santa Maria in Cosmedin*, destaca por su campanario del siglo XII.

★ *TERMAS DE CARACALLA* *(plano general D-E5-6)*

*** Via delle Terme di Caracalla, 52. ☎ 06-574-57-48.
- ***Acceso:*** metro Circo Massimo (línea B), o también San Giovanni (línea A). Autobús: nos 118, 160, 628...
- ***Horarios de visita:*** de 9 a 18.30 h (15.30 h en invierno, 16.30 h en octubre y en febrero); los lunes, de 9 a 13 h.
- ***Entrada:*** 5 €. Mitad de precio para los jóvenes de 18-24 años, y gratuito para los menores de 18 años y los mayores de 65, de la Unión Europea.

Antes de las termas de Caracalla, hubo las de Nerón (60-64 d.C.) y las de Trajano (104-109 d.C.) que fijaron un modelo inmutable. Así, en todas las termas encontramos los mismos datos esenciales, caracterizados por una duplicación sistemática de las salas dispuestas alrededor de un eje central cuyo polo está constituido por una sala basilical, un gran recinto rodeando el cuerpo central, orientación hacia el oeste para obtener la mejor posición con relación al sol... Este modelo canónico, confirmado con los años, se encuentra en el complejo termal de Diocleciano (298-306 d.C., ver más adelante) que se extenderá en 14 ha frente a las 13 de las termas de Caracalla (construidas del 212 al 216 d.C.).
Por un cuarto de as (es decir, por casi nada), los romanos tenían acceso a estas termas que podían acoger simultáneamente a 1 600 personas. Estaban abiertas las 24 horas (las calles adyacentes incluso estaban iluminadas por la noche) y cada día se vendían miles de entradas. Por ello, hubo que instalar enormes cisternas (con una capacidad de 80 000 litros) para almacenar el agua necesaria que

procedía de una derivación especial de un acueducto (éste, el *Acqua Nova Antoniniana*, recorría nada menos que 91 km para obtener el agua indispensable). También había que almacenar madera en gran cantidad, a fin de proporcionar el combustible que exigían los hornos (con una altura de 80 cm generalmente), que se abrían por un arco de medio punto en el sótano de las salas tibias y calientes. Desde los hornos, el calor se difundía de abajo a arriba atravesando el suelo de estas salas, que descansaban sobre piletas de ladrillos (sistema de calefacción llamado hipocáustico). El calor irradiaba también a través de las paredes que encerraban las canalizaciones, los *tubulli*, por los cuales circulaban agua caliente y humo. Cientos de hombres (esclavos, por supuesto) trabajaban día y noche para hacer funcionar esta enorme máquina que sólo dejaría de hacerlo en 537 d.C. debido a la ruptura de los acueductos.
La entrada a las termas propiamente dichas se encuentra en el lado de la via delle Terme di Caracalla, a uno y otro lado de la gran sala (antaño una amplia piscina de agua fría). El itinerario no debía nada al azar, sino que estaba pensado para aprovechar plenamente los aspectos benéficos del baño, de manera que lo seguiremos al pie de la letra comenzando por el ala de la derecha (para situaros correctamente, volved la espalda a la calle).
Una vez en la entrada que se abre sobre un gran estanque (la *natatio*), el romano entraba en el vestuario (sala cuadrada situada a la derecha, que llevaba el nombre de *apodyterium*) donde se desprendía de sus efectos personales, que depositaba a continuación en una de las numerosas cavidades acondicionadas en las paredes. Por temor a los robos, confiaba sus cosas a un esclavo. Completamente desnudo, se dirigía a continuación hacia la *palestra*, un gran patio rectangular (de 50 x 20 m) que bordeaba un pórtico en tres de sus lados y adornado por mosaicos, algunos de los cuales aún se conservan. Unos salones, donde abundaban probablemente los masajistas y depiladores, daban al lado opuesto de la exedra. Era aquí, en este vasto conjunto, donde nuestro romano se calentaba el cuerpo (operación indispensable para prepararse para los baños) practicando diferentes ejercicios (lucha, frontón, esgrima, levantamiento de pesas...).
Desde la palestra, pasaba a las salas del fondo (lado opuesto a la entrada). La primera de ellas, situada en la prolongación de la palestra, es un baño turco (*laconium* o *sudatorium*). Avanzando, a través de las dos salas siguientes (la segunda a una temperatura más elevada que la primera), nuestro romano, que llegado a este punto estaba ya transpirando abundantemente, llegaba a la altura del *caldarium* (hoy por desgracia en ruinas, en su mayor parte).
Antiguamente era una gran sala circular de 34 m de diámetro cubierta por una cúpula que reposaba sobre ocho grandes pilastras, entre las cuales se distribuían pequeños pilones, mientras que el centro de la sala estaba ocupado por un gran pilón circular. El sol entraba en el *caldarium* por grandes ventanas dispuestas a dos niveles, que

de este modo lo iluminaban hasta el atardecer (orientadas visualmente hacia los jardines, la vista debía ser magnífica y única, ya que las otras fachadas eran ciegas). La temperatura alcanzaba aquí los 55 °C con una humedad ambiental del 80 %. Después de limpiarse, mediante una *estrígila* (una cuchara de metal curvo) el sudor, el polvo y los aceites con los que se había ungido anteriormente, el romano se rociaba con agua caliente.
Una vez acabadas estas abluciones, pasaba a continuación a la sala de agua tibia (el *tepidarium*) y seguía a partir del eje central hasta el nivel de la sala de agua fría (el *frigidarium* o *natatio*). El *tepidarium*, flanqueado por dos pilones, ofrecía un espacio intermedio entre los baños calientes y fríos, que nuestro buen romano no alcanzaba sino después de haber atravesado la gran sala basilical *(aula)*. Con unas dimensiones de 58 × 24 m, cubierta con una triple bóveda, ésta estaba flanqueada por dos salas rectangulares en cuyo centro se encontraban otros dos pilones llenos de agua fría. Antes de salir de esta sala, nuestro romano, aunque era cliente habitual, nunca se olvidaba de contemplar las numerosas obras de arte que había aquí.
La sala de agua fría se encontraba en la prolongación del aula. Aquí, al aire libre, se realizaba la última fase del baño en un marco, no solamente grandioso por sus dimensiones, comparables a la gran sala basilical, sino también por la decoración a base de nichos superpuestos que contenían estatuas, magníficas columnas…
Una vez terminado este ritual, el romano, que había recuperado sus vestidos, iría a pasear al jardín o a charlar un rato bajo los pórticos, o incluso disfrutaría de alguna de las muchas instalaciones culturales del complejo (auditorio, bibliotecas…).
– ***Algunos vestigios ocultos y diseminados:*** una verdadera red subterránea se encuentra bajo vuestros augustos pies, si todavía estáis en el cuerpo central del edificio. En el nivel superior están las salas destinadas a los servicios, donde había una intensa animación. En el nivel inferior, el filtrado de las aguas se efectuaba mediante canalizaciones que convergían hacia una gran alcantarilla.
Si lo esencial de los restos de las termas de Caracalla se encuentra aquí (lo contrario habría sido sorprendente), hay elementos de la decoración que podréis contemplar, no sin emoción, en otros lugares: el *mosaico de los Atletas* procedente de la exedra de una de las dos palestras está en el museo del Vaticano; el grupo colosal del *Toro Farnese*, antes situado en la sala basilical, ahora está en el museo Arqueológico nacional de Nápoles…

★ *BASÍLICA SANTI GIOVANNI E PAOLO Y CASAS ROMANAS DEL CELIO* *(plano general D-E5)*

Piazza S. S. Giovanni e Paolo. ☎ 06-72-16-601. spacioservizi@libero.it
– ***Acceso:*** metro Circo Massimo (línea B) o San Giovanni (línea A).
– ***Horarios de visita:*** basílica abierta de 8.30 a 11.30 h y de 16 a

18 h. Visitas guiadas de las casas romanas en inglés a las 9.30 y 13.30 h de lunes a viernes y también a las 14.30 y 17.30 h los miércoles y los viernes. Cerrado los martes. Previa reserva. ♿ Accesible a los discapacitados.
– ***Entrada:*** 9,5 €.
El interés de esta basílica, situada en una pequeña plaza apacible, frente a la villa Celimontana, reside sobre todo en sus sótanos... en los que hay antiguas casas romanas recientemente restauradas y reabiertas al público. Del antiguo edificio, subsisten las arcadas que superan el porche y la galería. A ras de suelo, las antiguas tiendas (aún pueden verse los entresuelos en los que habitaban los encargados del almacén) donde se descubren pinturas murales bien conservadas. En la *sala de los Genios*, adolescentes y genios flotan entre pájaros y guirnaldas de flores y de viña. Los sexos están borrados, seguramente por un propietario cristiano ofuscado por tanto impudor. La habitación siguiente, la *sala de los Oráculos*, evoca la época de la penetración del cristianismo. También pueden verse los ladrillos que utilizaron para construir el edificio. Una escalera da acceso al *confesionario*, que narra el martirio de los santos orientales y sobre todo de Giovanni y Paolo, dos soldados romanos que, según la tradición, vivieron aquí antes de ser martirizados por Juliano el Apóstata en 362. La pintura data de finales del siglo IV, mientras que una inscripción en honor a los mártires data del siglo VII. En las salas subterráneas, hay una *bodega* donde se almacenaban el vino y el *gallum* (salsa a base de entrañas de pescado) y las señales de *termas* privadas. Subiendo a la planta, en lo que fue el jardín, un fresco del siglo III evoca una escena marítima: el retorno de Proserpina al Hades. Su buena conservación es debida a la cal que la recubre, quizá para enmascarar este tema pagano después de que la casa pasara a ser cristiana. Finalmente, en una sala próxima a la entrada de las casas, un bonito fresco del siglo XII representa a Jesús vestido con una túnica como la que se llevaba en el Magreb y en la España islámica. Es representado con Miguel y Gabriel, uno a cada lado. También pueden admirarse, en el museo, objetos de alfarería y otros hallados en las casas romanas.

★ *EL AVENTINO Y SUS ALREDEDORES* *(plano general C-D5)*

Más allá de la zona arqueológica propiamente dicha se encuentra la colina del Aventino, que domina desde sus 46 m, por un lado, el valle del Circo Máximo y la depresión de la via Appia, y por otro el llano del Testaccio.
Aquí y allá, algunos vestigios de la era antigua, pero nada comparable con lo que se encuentra en las zonas anteriormente descritas. Sin embargo, aquí hubo construcciones (sobre todo las del *Emporium*, el puerto antiguo de la ciudad de Roma que se desarrolló en la llanura del Testaccio) de gran importancia, lo cual justifica la inclusión de esta zona en la Roma antigua.

Colina del Aventino

Acceso: metro Circo Massimo o Pirámide (línea B). Autobús: n°s 23, 30, 44, 95, 170...
Aunque rodeada por la muralla servia, esta colina quedó durante mucho tiempo fuera del *Pomoerium*, el límite sagrado de la Roma antigua, en cuyo interior estaba prohibido entrar con armas, excepto para los cortejos triunfales. Bajo la república, el Aventino fue el barrio plebeyo por excelencia que, antes de acoger a Cayo Graco en el año 123 a.C., huyendo de sus adversarios, desató la larga lucha contra los patricios (la flor y la nata de la Roma de entonces, preocupada por conservar sus privilegios frente a las reivindicaciones de los plebeyos). Sólo bajo el principado de Claudio (41-54 d.C.) esta región pasó a formar parte integrante de la ciudad. En esta época, la población del barrio había cambiado mucho: la aristocracia había ocupado el lugar de la plebe, que emigró a la llanura del Testaccio y al barrio del Trastevere. Aquí había unas termas particularmente refinadas, donde los habitantes del Aventino podían matar el tiempo agradablemente sin salir de esta augusta colina.
Posee hoy en día un buen número de villas, embajadas y edificios religiosos. Pero sobre todo, lo que más se aprecia es un ambiente apacible, lo cual es sorprendente porque el corazón de la ciudad está muy cerca.
A excepción del encanto del lugar, la presencia de los jardines y las inevitables iglesias, no hay mucho que ver.

Iglesia de Santa Sabina: abierta de 6.30 a 12.30 h y de 15.30 a 19 h. A finales del siglo V, el Aventino contaba ya con cinco iglesias (Santa Sabina era una de ellas). Desde su más temprana juventud, este edificio conoció, según la evolución de los movimientos artísticos, grandes cambios (el último se remonta a 1914, cuando una restauración radical devolvió a la iglesia su aspecto primitivo). Los dominicos, a quienes pertenece, la veneran especialmente ya que aquí, en 1222, santo Domingo presentó la regla de la orden de los Hermanos Predicadores al papa Honorio III.
Desde el exterior, observaréis, además del campanario, la hermosa puerta central de madera de ciprés cuyos paneles (originales, en su mayoría) ilustran escenas del Antiguo y del Nuevo Testamento. Un reproche, el de llegar demasiado tarde para contemplar todos los mosaicos (que antaño cubrían el espacio comprendido entre los ventanales y las columnas corintias). Sólo uno, encima de la puerta de entrada, subsiste todavía. El rico mobiliario de mármol del coro, y algunos elementos de las naves laterales, os harán olvidar pronto ese pesar.

Parque Giardino-Savello: parque que ofrece una magnífica vista sobre Roma y especialmente sobre la llanura vaticana dominada por la cúpula de San Pedro. El nombre de este lugar evoca la casa de los Savelli, a la cual pertenecía el papa Honorio III (1216-1227), que fijó aquí su residencia. También debió proceder a los trabajos de fortificación de esta parte de la colina, transformándola así en una verdadera ciudadela que dominaba el curso del Tíber, siempre dispuesto a transportar a los enemigos del papado.

Iglesia de Sant'Alessio: cerrada entre 12.30 y 15.30 h. Este hijo de un senador, que marchó en peregrinación hacia Oriente después de haberse convertido al cristianismo, volvió un buen día (diecisiete años después de su marcha) a casa de sus padres, los cuales no supieron reconocerlo. De este modo el pobre desgraciado murió como un indigente bajo la escalera paterna. Esta última, que se convirtió en una verdadera reliquia, dio origen a la iglesia dedicada al «Pobre de la escalera».

Iglesia de Santa Prisca: ubicada en la piazza Albania, mantiene la atención sobre el Aventino. La iglesia de Santa Prisca, que se remonta a los inicios de la cristiandad (siglo II) pero que fue reconstruida en los siglos XVII-XVIII, está dedicada a la primera mujer que sufrió martirio en Roma. Ésta, según se dice, habría sido bautizada por san Pedro en persona (siempre es mejor que el cura del pueblo). Desde la nave de la iglesia, una escalera conduce a un santuario de la vieja religión romana consagrado a Mitra (una divinidad persa introducida por los legionarios romanos antes de que se pusiera de moda en Roma durante la época imperial). Está bien verla, sobre todo, por las bellas pinturas que decoran las paredes.

★ *LLANURA DEL TESTACCIO* *(plano general C-D6)*

Acceso: metro Piramide (línea B). Autobús: n°s 23, 30, 75, 95, 170, 280, 673, 716...

Delimitar con precisión en el espacio romano el llano del Testaccio es bastante fácil, ya que sus límites aparecen claramente (el Tíber al oeste –prolongado de norte a sur, desde la piazza dell'Emporio hasta el ponte dell'Industria, por el lungotevere Testaccio–; la via Marmorata al norte –corre al pie del Aventino desde la piazza dell'Emporio hasta la porta San Paolo–; la muralla de Aureliano al sur –desde esta puerta hasta el ponte dell'Industria–).

Un llano ridículamente pequeño, es verdad, pero moldeado, no tanto por su historia antigua como por las transformaciones que sufrió tras la unificación. Surgido de la sombra a comienzos del siglo II a.C., cuando el puerto antiguo de la ciudad imperial se instaló aquí al mismo tiempo que numerosos depósitos y almacenes, el llano de Testaccio fue relegado nuevamente al olvido que precedió a su desarrollo al final de la Antigüedad. Ante el declive incesante del *Emporium*, la población en busca de actividad se trasladó a otras zonas. Un desierto, lleno de hierbas y de vagos cultivos, fue ocupando progresivamente los escombros de la antigua zona portuaria. Pese a todo, se mantuvo un foco de cierta vitalidad cerca de la basílica de San Pablo, que constituyó, a lo largo de la época medieval y de la moder-

na, un gran centro de peregrinación. Numerosos peregrinos transitaban regularmente por esta zona habitualmente ocupada por una serie de espectáculos tradicionales, como el lanzamiento de cerdos desde la colina del Testaccio.
No obstante, habría que esperar hasta finales del siglo XIX para que este rincón de Roma reviviera.

Piazza dell'Emporio *(zoom centro D4-5):* situado al pie del Capitolio, en la región del *Forum Boarium* (la actual plaza de la Bocca della Verità), el primer puerto antiguo de Roma, el *Portus*, pronto se hizo pequeño debido al desarrollo de la ciudad. Por eso, después de las guerras púnicas, en el hasta entonces libre llano subaventino, tuvieron que construirse unas nuevas instalaciones portuarias un poco más consecuentes.
Así nació, al alba del siglo II a.C., un nuevo complejo portuario, el *Emporium*, que, en el momento más álgido de su desarrollo, se extendía en forma de muelle de unos 500 m a lo largo del Tíber. Grandes bloques de travertino servían de bitas de amarre a los navíos que, procedentes de Ostia, desembarcaban aquí sus innumerables mercancías traídas de los cuatro extremos del Imperio. Remontando penosamente las rampas y escaleras que unían el río con la tierra firme, una multitud de hombres empleados al servicio de la anona (es decir, encargados del avituallamiento de la ciudad) depositaban las mercancías desembarcadas en los numerosos depósitos y almacenes.

Monte Testaccio *(plano general C6):* dejad la via Marmorata a la altura de la via Galvani. Continuando por ésta, se llega a un montículo cuya historia, cuando menos singular, merece ser contada.
Con una altura de 54 m y una circunferencia de 1 km, esta colina domina el llano del Testaccio desde los 30 m. Tras estas cifras se esconde la acumulación, a lo largo de los siglos, de restos de ánforas que contenían productos importados al puerto de Roma. Una verdadera descarga pública, por así decir, dotada antiguamente de una rampa que era recorrida por carros que subían a la colina para depositar en ella sus cargas de ánforas. Estas últimas, o más bien lo que queda de ellas, son especialmente veneradas por los arqueólogos ya que poseen por sí mismas un importante fragmento de la historia económica del mundo romano. El propio nombre del barrio proviene de la historia de este lugar, el *mons Testaceus* (en otras palabras, la colina de los tiestos).
Aquí también se llevaba a cabo un espectáculo tradicional, entre el alborozo de la juventud romana que acudía para el festejo, aunque estuvo olvidado durante mucho tiempo. En lo alto del montículo se soltaban unos cerdos, que inmediatamente rodaban cuesta abajo a toda velocidad... antes de ser capturados por los caballeros que enarbolaban los colores de sus barrios respectivos y que, pertrechados con sus lanzas, se los disputaban. Al degustar en los alrededores inmediatos los platos a base de despojos, que son una especia-

lidad local, a uno le viene a la memoria este espectáculo de antaño que tal vez dio origen a las carnicerías del lugar.
Al atardecer, una fauna de noctámbulos recorre la via di Monte Testaccio que serpentea al pie de la colina, donde abundan los bares y discotecas.

Pirámide de Caius Cestius *(plano general D6):* esta pirámide, que domina la plaza de la Puerta de San Pablo, alberga la tumba de Caius Cestius, un rico romano que a finales del siglo I a.C. recorrió alegremente la *carrera de los Honores*. No es, pues, la tumba de Remo (todo el mundo conoce su desdichado fin) como se podría pensar en cierta época en que se conocía este monumento con el nombre de *Meta Remi* (la tumba de Remo).
Con una altura de 36,4 m y revestida de mármol, nos recuerda que en la época de la conquista de Egipto (30 a.C.), la egiptomanía estuvo muy de moda en Roma.

Cementerio protestante *(plano general C-D6):* entrada via Caio Cestio. Abierto de 8 a 11.30 h y de 14.30 a 16 h (hay que llamar para entrar). Cerrado los lunes y los festivos.
Detrás de la pirámide, al abrigo de los pinos y los cipreses, se habilitó un cementerio para acoger los restos de los extranjeros no católicos. Una multitud de gatos, de los que conviene desconfiar, guiará vuestros pasos hacia las tumbas de las celebridades locales; figuras de la Roma romántica, atraídas por el clima y las ruinas antiguas más que por el papado, como Keats y Shelley. El primero, John Keats (1795-1821), está considerado uno de los más grandes poetas anglosajones. Murió de tuberculosis en la piazza di Spagna, donde se encontraba su modesto hogar hoy transformado en el *museo Keats-Shelley*, en los brazos de su amigo pintor Severn. Este último, también enterrado aquí, se ahogó en el golfo de La Spezia. El segundo, Percy Bysshe Shelley (1792-1822), era también un gran poeta cuyo talento, como suele suceder, se descubrió tarde.
El cementerio alberga a otros célebres residentes: Julius Augustus (muerto en 1830), el hijo ilegítimo de Goethe; Antonio Gramsci (1891-1937), primer dirigente del partido comunista italiano, que aceptó, según se dice, separarse de sus gafas redondas para dormir el sueño eterno.

Mataderos *(ex-Mattatoio; plano general C6):* situados entre la colina artificial, la muralla de Aureliano y el Tíber, son grandes edificios que actualmente albergan importantes manifestaciones culturales, bienales, festivales, exposiciones, etc. Aquí se hallaban los mataderos construidos entre 1887 y 1892 en el momento de la transformación de la zona del Testaccio. Casi todo se ha mantenido tal cual, sobre todo el sistema de rieles que permitía trasladar los animales sacrificados de un edificio a otro.

Piazza Santa Maria Liberatrice: el barrio, con una población variada en el pasado, se convirtió en una zona popular a finales del siglo XIX. Un barrio de artesanos y de obreros que tiene como centro esta plaza, donde se comen las mejores pizzas de Roma (en casa *Remo*).

Otra plaza vecina a ésta, la ***piazza Testaccio***, alberga el *mercato di Testaccio*, donde los que vayan cortos de dinero podrán comprar provisiones sin gastar mucho.

LA ROMA BARROCA

★ ***EL BARRIO DE LA PIAZZA NAVONA Y DEL PANTEÓN*** *(zoom centro C3-4)*

La piazza Navona y sus alrededores

– ***Acceso:*** autobús: n°s 30, 40, 46, 62, 64, 70, 81, 87, 186, 628...
Estamos en el corazón del campo de Marte (otro barrio oficial de la Roma antigua), que servía a principios de la época romana como terreno de maniobras para el ejército y como lugar de reunión para celebrar los comicios centuriados (la asamblea del pueblo en armas). Tras la supresión de estos últimos en tiempos de Tiberio, el Campo de Marte perdería su importancia en la época imperial, pero conoció un desarrollo artístico y monumental extraordinario y llegó a convertirse en el verdadero barrio del ocio de Roma. En la actualidad, sin embargo, apenas queda nada de todo ello, a excepción de la silueta del estadio de Domiciano conservada en la piazza Navona. Salid a pasear por este barrio que lleva todavía la huella de los papas que hicieron de él, en tiempos del Renacimiento, un centro financiero y comercial, atrayendo así a ricos romanos y un gran número de artesanos. Palacios y casas modestas se suceden en los alrededores de la piazza Navona.

Piazza Navona *(zoom centro C3-4):* estrecha y alargada, recuerda al estadio de Domiciano, construido entre 81 y 96 d.C., cuyas dimensiones (276 m de largo por 54 m de ancho) son más o menos las mismas de la plaza actual. Si tenéis ganas de tomar una copa, instalados cómodamente en una terraza lejos del ruido del tráfico, es aquí donde tenéis que venir (ver apartado «¿Dónde tomar una copa?»). Sin embargo, no esperéis encontrar un lugar tranquilo, porque generalmente la plaza está repleta de gente, aunque este bullicio también es un espectáculo del que debéis disfrutar y del que no os cansaréis; asistiréis a la incesante animación de esta plaza donde a los italianos les gusta pavonearse con sus parejas, teléfono móvil en mano, y los turistas se dejan retratar por unos esmerados dibujantes. El ambiente ha cambiado un poco con el curso de los tiempos. Antiguamente, los saltimbanquis y los acróbatas ejecutaban sus números, los astrólogos predecían el futuro mientras los barberos y sacamuelas operaban al aire libre.

*** ***Fontana dei Fiumi:*** obra de Bernini, ocupa el centro de la plaza. La presencia de esta fuente recuerda las fiestas náuticas que se organizaban aquí en el siglo XVI, para las cuales se inundaba la piazza Navona. De una gruta de rocalla, adornada de árboles que dan la impresión de ser barridos por el viento y coronada por un obelisco, surgen un león y un caballito de mar. Las grandes estatuas alegóricas, el Danubio, el Ganges, el Nilo y el Río de la Plata simbolizan respectivamente a Europa, Asia, África y América. A uno y otro lado de esta fuente dei Fiumi hay otras dos fuentes, la de Neptuno (al norte) y la del Moro (al sur).

*** ***Palazzo Altemps*** *(zoom centro C3):* piazza Sant'Apollinaire, 44. ☎ 06-39-96-77-00 y 06-683-37-59. Abierto de 9 a 19.45 h. Cerrado los lunes. Entrada: 5 €. Mitad de precio para los jóvenes de 18-24 años, y gratuito para los menores de 18 años y los mayores de 65, de la Unión Europea. Nuevo y flamante museo, recientemente abierto tras diez años de restauración. Tiene varias colecciones: la colección Altemps, la colección Mattei de la villa Celimontana, la colección Boncompagni Ludovisi. Todas ellas están centradas en la Roma antigua y en el Renacimiento. Repartidas en dos niveles y en el magnífico *cortile*, abundan las piezas de gran belleza, la mayoría de ellas pertenecientes a la colección Ludovisi: *Dionisos, el sátiro* (sala 14), dos estatuas de *Apolo* enfrentadas (sala 12), *Orestes y Electra*, el *Suicidio de Galatea*, el sorprendente *buey Apis*... No os perdáis las magníficas salas del primer piso (sobre todo las n°s 19, 20 y 21), recubiertas de bonitos frescos, y la galería, poblada de bustos imperiales.

** ***Iglesia de Sant'Agnese in Agnone*** *(zoom centro C3):* cerrada los lunes. Abierta de 8 a 12 h y de 16 a 19 h. El nombre de la plaza Navona viene de una contracción del nombre de esta iglesia: Sant' Agnese in Agnone, n'Agone, Navone, Navona. En el emplazamiento de este edificio religioso, construido con planta de cruz griega, se supone que fue martirizada santa Inés. En efecto, aquí se encontraba en el siglo III un famoso burdel donde Inés, con trece años, fue obligada a desnudarse por orden de su señor. Y sucedió el milagro. De repente, le crecieron tanto sus cabellos que ocultaron su desnudez. Después de esta historia cogida por los pelos, la decapitaron. Y entonces, Dios no hizo nada, ¡hay que ver! La fachada de la iglesia está decorada con una estatua que vuelve la cabeza con arrogancia: es una obra de Borromini que muestra así su desdén hacia la increíble fuente, realizada por su rival, Bernini.

* ***Iglesia de Santa Maria della Pace:*** de la piazza Navona, coged la via di Lorenesi frente a la fuente de Neptuno, y luego a continuación, el vicolo della Pace. Abierta de 10 a 13 h los lunes, martes, miércoles, jueves y sábados, y de 15 a 18 h los mismos días, salvo los sábados. Cerrado los domingos, a excepción del claustro, abierto por la mañana. La fachada de esta iglesia, construida en una placita

encantadora, fue modificada de acuerdo con el espíritu barroco de la época. El interior (siglo XV), muy original (corta nave rectangular, y una parte octogonal con una cúpula), debe visitarse para contemplar las cuatro *Sibilas* de Rafael. Hay que ver también, antes de salir, el claustro del siglo XV realizado por Bramante.

Palazzo Madama *(zoom centro C3):* desde la piazza Navona, alcanzad el corso del Rinascimento donde se encuentra este hermoso palacio. Entrada libre el primer sábado de cada mes de 10 a 18 h. Data del siglo XVI y fue construido para la familia Médicis (la fachada barroca de tres pisos se añadió un siglo después de la construcción del palacio). El nombre del palacio es de la época en que fue residencia de la hija de Carlos V, Margarita de Austria. Hoy alberga el Senado italiano, de ahí la fuerte presencia policial y militar.

Iglesia de San Luigi dei Francesi *(zoom centro C3):* cerrada los jueves por la tarde. Abierta de 7.30 a 12.30 h y de 15.30 a 19 h. Situada justo al lado del palazzo Madama, en la plaza del mismo nombre. San Luis de Francia es célebre por las tres obras de Caravaggio que encontraréis en la 5ª capilla de la nave izquierda. Este pintor genial, a la par que asesino y proxeneta, inventó el proyector. Trabajaba en un taller pintado de negro donde dirigía los rayos de sol sobre el modelo entreabriendo las contraventanas. También hay unos admirables frescos del Domeniquino.

Iglesia de San Agostino *(zoom centro C3):* abierta de 7.45 a 12 h y de 16.30 a 19.30 h. Desde la anterior iglesia, continuad vuestro camino hacia el norte por la via della Scrofa y luego tomad la segunda calle a la izquierda; llegaréis así ante esta iglesia en la que debéis entrar para ver el fresco del *Profeta Isaías* de Rafael y la *Madona de los peregrinos* de Caravaggio.

Palazzo Braschi *(zoom centro C4):* viniendo de la piazza Navona, dirigíos hacia el sur, por la calle situada a la derecha; llegaréis así a la piazza di Pasquino. La estatua de Pasquino, la más charlatana de Roma, está en el ángulo de la plaza más próximo al palazzo Braschi. Éste alberga el *museo de Roma*, cuya entrada se encuentra situada en el nº 10 de la piazza S. Pantaleo. Este museo evoca la historia de Roma desde la Edad Media a través de hermosos frescos y acuarelas. La mitad del edificio ha sido remodelado y reabierto, la otra parte del museo sigue en restauración hasta 2005.

Museo Napoleón *(zoom centro C3):* piazza di Ponte Umberto I. ☎ 06-688-062-86. Al norte de la piazza Navona. Abierto de 9 a 19 h; los domingos y festivos, de 9 a 13 h. Cerrado los lunes. Entrada: 2,6 €. Gustará a los interesados en la figura de Napoleón y de la Italia napoleónica. Ricas colecciones. Documentos sobre la campaña de Rusia. Francamente interesante.

El Panteón y sus alrededores

Panteón (zoom centro C3)

☎ 06-683-002-30.
Acceso: a pie, del largo Torre Argentina, coged la via di Torre Argentina y después la via della Rotonda, que es su prolongación, y habréis llegado frente al Panteón en 5 mn.
- ***Horarios de visita:*** de 8.30 a 19.30 h, y de 9 a 13 h los festivos.
- ***Entrada:*** libre.

El edificio más espectacular de la Roma antigua, junto con el Coliseo, fue comenzado por Agripa, el yerno de Augusto, en el año 27 a.C., y luego seriamente remodelado en la época de Adriano. Así pues, desde la construcción de este templo han transcurrido veinte siglos… y sin embargo sigue en pie y en un estado de conservación que debería bajar los humos a los constructores actuales. Dedicado originariamente a los siete dioses planetarios, el Panteón (que debe su nombre a la cúpula cuya forma evoca la morada celeste de todos los dioses) se consagró al culto cristiano a principios del siglo VII.
- ***El exterior:*** este monumento de una arquitectura convencional, aun teniendo en cuenta el desgaste del tiempo, no presenta una estética arrebatadora. La armonía entre su parte anterior (el pórtico) y su parte circular (la rotonda), deja que desear. De todas formas, tomaos un tiempo para rodear el edificio y daros cuenta por vosotros mismos de las dimensiones del pórtico grecorromano (ancho: 35 m; profundidad: 16 m; columnas: un conjunto de 16 columnas corintias esculpidas en un solo bloque de granito).
- ***El interior:*** es excepcional. Entraréis después de haber franqueado una puerta de bronce de doble batiente que dataría de la Antigüedad. Una vez dentro, descubriréis la cúpula, el elemento más genial, que se eleva 43 m por encima de vosotros y se abre al cielo mediante un *oculus* central. Esta cúpula sirvió de referencia a Bramante y a Miguel Ángel, quienes trabajaron en la realización de la cúpula de San Pedro (42 m), cuyo diámetro no llegaría a igualar al del Panteón (43 m). Las soberbias columnas monolíticas preceden a cada uno de los nichos, en los cuales antaño se colocaban las estatuas que representaban a los dioses. Acondicionados como capillas, hoy contienen tumbas de reyes de Italia y de renombrados artistas como Rafael.

Alrededores del Panteón

Piazza della Rotonda *(zoom centro C3):* una vez terminada la visita al Panteón, tal vez necesitaréis tomar algo en alguna de las numerosas terrazas de esta simpática plaza, ocupada en su centro por una fuente coronada por un obelisco.

Iglesia de Santa Maria Sopra Minerva *(zoom centro C4):* desde la piazza della Rotonda, tomad la via di Minerva (frente al Panteón, a la izquierda), que desemboca en la piazza della Minerva, donde no dejará de sorprenderos el elefante de mármol (esculpido por Bernini) que lleva sobre la espalda un obelisco... y tal vez os hará llorar, tan desgraciada parece la suerte de este paquidermo. En esta plaza hay una iglesia que debe su nombre al templo de Minerva que antes ocupaba este lugar. Fundada en el siglo VIII, sufrió numerosas modificaciones: reconstruida por los dominicos en el siglo XIII en estilo gótico, a veces se la considera la única iglesia romana realizada en este estilo. Pero aún sufrió nuevas transformaciones, por lo que esta iglesia parece desprovista de carácter. Hay que destacar, aun así, algunas hermosas obras de arte (frescos de Filippino Lippi, tumbas renacentistas...).

Iglesia de San Ignazio *(zoom centro C3):* desde la plaza precedente, volved sobre vuestros pasos y tomad la primera calle a la derecha, la via del Seminario, que os permitirá alcanzar la piazza San Ignazio, semejante a un decorado de teatro. Abierta de 7.30 a 12 h y de 16 a 19.15 h, la iglesia del mismo nombre construida en el siglo XVII, dedicada al fundador de la orden de los jesuitas y del Colegio romano, Ignacio de Loyola, encierra tras su imponente fachada en el estilo de la Contrarreforma el famoso trampantojo que decora la bóveda central del ábside, debida al padre Andrea Pozzo.

Galería Doria Pamphili *(zoom centro D4):* desde la piazza San Ignazio, tomad la calle situada a la derecha de la iglesia y llegaréis a la plaza del Colegio romano donde se encuentra, en el nº 1 a, la entrada de esta galería (☎ 06-679-73-23). Abierta de 10 a 17 h. Cerrada los jueves y la segunda quincena de agosto. Está dentro de uno de los más grandes palacios romanos (siglo XV, pero numerosas transformaciones con el paso de los siglos). Uno se espera un rico decorado interior, pero supera todas las expectativas. ¡Es casi Versalles! La familia Pamphili acumuló las obras de arte (varias centenas) y les concedió un marco verdaderamente único. Calculad por lo menos dos horas de visita. Alquiler de auriculares muy aconsejado (cortos e interesantes comentarios).

– *Sala 1:* Introducción al palacio, se trataba de impresionar de entrada al visitante. Muy logrado. Los cuadros se tocan unos con otros, y es que en la época se utilizaban para cubrir las paredes, como papel pintado. Bonito paisaje de Gaspard Duguet (primo de Poussin).

– *Sala 5:* revestida de terciopelos de Génova, algunos datan del siglo XVII. En el techo, el águila de los Doria y el lis de los Pamphili. Bonita mesa de mármol con los pies esculpidos dorados del siglo XVIII y suelo original de terracota del siglo XVII.

– *Sala 7:* llamada «de baile», creada en 1903. No contiene cuadro alguno. En cambio, muchas lámparas de cristal, algunas de ellas con sus bombillas de origen con filamento de platino. Haendel compuso aquí su primer oratorio.

– *Sala 8:* tapicería de los Gobelinos del siglo XVIII. Encantador estilo rococó.

– *Sala 9* (la capilla): arrebatador trampantojo y reliquias de san Teodoro. Gran galería delicadamente pintada, también hay una galería de los Espejos en miniatura. Desborda luz, con ventanas a ambos lados. Techo que ilustra los trabajos de Hércules. Fijaos en las estatuas remendadas. Los que las restauraban encajaban trozos de otras obras para reemplazar los que faltaban.
– Desde las *salas 70* hasta las *salas 400*, el encanto es permanente. Imposible describir todas nuestras emociones, pero señalemos las *Pequeñas calles de Venecia* de Gaspar van Wittel, la *Comida durante la huida a Egipto* de Caravaggio, el *San Sebastián* de Carracci, una magnífica *Conversión de san Pablo* de Francesco de Rossi (llamado Salviati) con colores exuberantes. Y también dos retratos de Rafael, un *Joven gentilhombre* del Tintoretto, un Bassano, una *Salomé* de Tiziano... En la última sala (¿ya?), espléndidos primitivos religiosos: entre otros, *Masacre de los inocentes* de Mazzolino y un *Descendimiento de la Cruz* de Hans Memling que nos ha impresionado. Finalmente, *Dos viejos en oración* de Quentin Metsys.

★ *EL BARRIO DEL CAMPO DEI FIORI* *(zoom centro C4)*

– ***Acceso:*** autobús: n°s 40, 46, 62, 64.
La piazza Campo dei Fiori, que es una de las más encantadoras de Roma, no tiene ninguna iglesia (ni la tendrá nunca, seguramente, a no ser que se produzca un milagro), lo cual no deja de resultar sorprendente en esta ciudad invadida por los edificios religiosos y las sotanas. En pleno centro se eleva la estatua de Giordano Bruno, filósofo herético muerto en la hoguera en 1600, bajo el pontificado de Clemente VIII (a finales del siglo XVI). Lugar de ejecución en la época de la Contrarreforma, el Campo dei Fiori actual os va a gustar, sobre todo por la mañana, cuando se anima el pintoresco mercado. ¿Qué esperáis, pues, para salir a descubrir este barrio alegre y popular, donde las fachadas de las casas (grandes y pequeñas) lucen viejas pátinas llenas de matices que se superponen siglo tras siglo? Al finalizar la tarde, algunos simpáticos cafés se animan mucho.

*** Palacio Farnese*** *(zoom centro C4):* situado en la plaza del mismo nombre, justo detrás del Campo dei Fiori, alberga la embajada de Francia desde 1635. El edificio no se puede visitar. A falta de poder contemplar el patio interior (renacentista) y las riquezas del palacio (frescos de los hermanos Carracci), observad con mucha atención la hermosa fachada de esta vivienda construida por el cardenal Alejandro Farnese (futuro Papa bajo el nombre de Pablo III).
Existe la posibilidad de admirar (previa cita) los frescos de los hermanos Carracci, pintores boloñeses, que se encuentran en el primer piso. Pero reservad con mucha antelación. La galería de este primer piso fue construida para exponer en ella la colección de estatuas antiguas de la familia Farnese (hoy en el museo nacional). Annibal Carracci decidió completar este museo con una galería de falsos cuadros pintados en trampantojo y que simuló colgar encima de ver-

daderos frescos. Hermes y estatuas ficticias en grisalla completan esta maravilla. El único tema de estos frescos: el amor al que están sometidos los dioses (¡y también los trotamundos!).

Via Giulia *(zoom centro C4):* detrás del palacio Farnese se encuentra esta calle, llamada «el salón de Roma», a la que no le falta carácter. Con una longitud de 900 m, desde el ponte Sisto hasta San Giovanni dei Fiorentini, merecería por sí misma explicaciones demasiado largas para nuestra pequeña guía. Entre dos anticuarios o dos galerías de arte moderno, encontraréis varias iglesias y palacios. Antes de marcharos, echad un vistazo a la fuente del Mascherone.

Palazzo Spada *(zoom centro C4):* vicolo del Polverone, 15 b. ☎ 06-687-48-96. No muy lejos de la fuente del Mascherone. Seguid la via Giulia en dirección al ponte Sisto y tomad a la izquierda el vicolo del Polverone. Abierto de 8.30 a 19.30 h (18.30 h los domingos y festivos). Cerrado los lunes. Entrada: 5 €. Mitad de precio para los jóvenes de 18-24 años, y gratuito para los menores de 18 años y los mayores de 65, de la Unión Europea. Magnífico palacio de 1540, readquirido por el cardenal Spada en 1632. Coleccionista, como tantos otros cardenales de la época. Aunque no llega al nivel de los demás prestigiosos museos o galerías (sobre todo si acabáis de salir de la galería Borghese). A nuestro entender, esto interesará sobre todo a los que se han pateado la ciudad y han visto lo esencial. Aquí hallarán la tranquilidad para pulir sus conocimientos en un entorno íntimo. En uno de los patios se tiene la visión de la famosa *perspectiva de Borromini*, una columnata en trampantojo que parece cuatro veces más larga (en realidad, mide 9 m). En el interior, acogida tristona, atmósfera y presentación algo envejecidas. Las obras interesantes emergen a cuentagotas entre un sinfín de objetos menores.

En la adorable ***piazza Capo-di-Ferro*** *(piazza della Quercia)* encontraréis el ***palazzo Ossoli***, del siglo XVI. Enfrente, la pequeña iglesia ***Santa Maria della Quercia,*** de planta en cruz cuadrada, cúpula, mármoles y frescos. Tribuna del órgano en madera esculpida.

Palacio de la Cancillería *(zoom centro C4):* situado en el ángulo noreste de la plaza Campo dei Fiori, el palazzo della Cancelleria no os emocionará tanto como el palacio Farnese, y sin embargo no le falta majestuosidad. Este edificio, propiedad del Vaticano, alberga en la actualidad los servicios de la Cancillería pontificia. El palacio renacentista lamentablemente no se puede visitar: el patio interior, magnífico según algunos, seguirá siendo un misterio, así como las estancias, que nos imaginamos muy agradables.

Museo Barracco *(zoom centro C4):* corso Vittorio Emanuele II, 168. ☎ 06-688-06-848. Abierto de 9 a 19 h. Cerrado los lunes. Entrada: 3 €. Pequeño museo que se visitará después de los grandes, está claro, pero que encantará a los amantes de la arqueología por la calidad de las piezas expuestas y el adorable marco renacentista. Instalado en un bonito palacio de 1523, llamado «la Piccola

Farnesina». La fachada que da al corso data de principios del siglo XIX. La «auténtica» se sitúa a la izquierda de la entrada. El palacio contiene el legado que el barón Giovanni Barracco, gran coleccionista ilustrado, donó al Estado.

ৎ ***Iglesia de Sant'Andrea della Valle*** *(zoom centro C4):* abierta de 7.30 a 12 h y de 16.30 a 19 h. Desde el palacio anterior, remontad el corso Vittorio Emanuele II en dirección a la piazza Venezia. Algunas decenas de metros más adelante y a la derecha se encuentra esta iglesia. Comenzada en el año 1591 y terminada en 1667, suscita la atención del paseante por su notable fachada barroca. No os contentéis solamente con pasar, entrad para admirar una de las más bellas cúpulas romanas (pinturas de Lanfranco) y la decoración del ábside.

ৎৎ ***Largo Torre Argentina*** *(zoom centro C4):* viniendo de Sant'Andrea della Valle, seguid vuestro camino en dirección a la piazza Venezia... y llegaréis a este cruce siempre atestado de coches o autobuses (nos 30, 40, 46, 62, 62, 64, 70, 81, 87, 186...). De aquí sale el nuevo tranvía nº 8 que os conducirá hasta Monteverde (y a la villa Doria Pamphili), pasando por el Trastevere. En este paseo no hay ninguna gran obra arquitectónica que destacar, aparte, tal vez, del teatro Argentina y la torre Argentina (en el corso Vittorio Emanuele II). El grupo de edificios más interesante queda un poco retirado y es mucho más antiguo que el resto, puesto que se trata de cuatro templos (tres cuadrados y uno circular) que datan de la época republicana (siglo III o IV a.C.), profundamente hundidos a 8 m bajo tierra, es decir, al nivel del suelo en época antigua. No se ha podido saber a qué dios estaba dedicado cada uno de estos templos, de ahí que se les designe con las letras A, B, C y D. Desde el foro de los Gatos (apodado así porque el lugar está invadido por dichos felinos), continuad por el corso Vittorio Emanuele II hasta la altura de una pequeña plaza, la piazza del Gesù, donde se halla la iglesia del mismo nombre... y la sede del partido demócrata cristiano.

ৎ ***Cripta Balbi:*** via delle Botteghe Oscure, 31. ☎ 06-39-96-77-00. Abierta de 9 a 19.45 h. Cerrada los lunes. Entrada: 5 €. Mitad de precio para los jóvenes de 18-24 años, y gratuito para los menores de 18 años y los mayores de 65, de la Unión Europea. Última «parte» hasta la fecha del museo Nacional romano. Presenta, en un espacio bastante reducido, los cimientos y otros vestigios del teatro (y de la cripta) Balbi, construido bajo Augusto por un español de Cádiz conocido como Cornelius... Balbus. De hecho, la parte más interesante para el no especialista se encuentra más bien en las dos o tres salas que, detallando la historia del edificio, reconstruyen la de todo un (pequeño) barrio de Roma desde la Antigüedad a nuestros días. Si hacéis el esfuerzo de leeros los paneles y esquemas explicativos, saldréis efectivamente con una mejor idea del desarrollo de la ciudad en el curso de los tiempos.

ጷጷጷ ***Iglesia del Gesù*** *(zoom centro C4):* a unos minutos a pie del largo Torre Argentina o de la piazza Venezia. Abierta de 6 a 12.30 h y de 16 a 19.15 h. Es el principal edificio religioso de los jesuitas en Roma, que fue reproducido, con más o menos fidelidad, por toda la Europa de la Contrarreforma. Una referencia, pues, que destaca sobre todo por su fachada característica del arte barroco. El interior, de una riqueza inaudita, donde uno debe entrar sin dudarlo, quizá «desconcertará» a algunos de vosotros acostumbrados a la austeridad del románico y del gótico. No retrocedáis por ello, y recorred esta iglesia a lo largo y ancho, e intentad comprender sus excesos decorativos situándolos en el contexto de la época (algunos años después del concilio de Trento, que trató de reforzar el catolicismo dañado por la Reforma). El altar de San Ignacio de Loyola (situado en el transepto izquierdo) y los frescos de Baciccia (bóveda, cúpula y coro) son los elementos más interesantes de esta decoración interior.

★ *EL CORSO (ENTRE LA PIAZZA DEL POPOLO Y LA PIAZZA COLONNA) Y SUS ALREDEDORES* *(plano general C2-3)*

ጷ ***Via del Corso*** *(plano general C2-3-4):* la «avenida», una calle recta que une la piazza del Popolo con la piazza Venezia, es la arteria más activa de la ciudad. Esta actividad no es nueva, puesto que, en la época antigua, era ya la calle más comercial de Roma, aunque con otro nombre (via Flaminia, y luego via Lata). Desde la Antigüedad hasta hoy, han cambiado muchas cosas... empezando por las tiendas que actualmente ofrecen, sobre todo, artículos de moda a precios no siempre poco tentadores. El nombre de esta calle bordeada de palacios procede de las carreras de caballos que el papa Pablo II organizaba aquí.

ጷጷ ***Piazza del Popolo*** *(plano general C2):* M.: Flaminio (línea A). Autobuses n°s 90, 90b, 95, 119, 225, 490, 495. Esta plaza monumental fue reformada entre finales del siglo XVIII y principios del siglo XIX por el arquitecto de los papas Pío VI y Pío VII. En el centro, un obelisco auténtico, que data de la época de Ramsés II (siglo XIII a.C.), traído hasta Roma por Augusto para decorar el Circo Máximo. En los extremos este y oeste hay dos hemiciclos adornados con fuentes y estatuas alegóricas. Al norte, la porta del Popolo, tallada en la muralla de Aureliano, cerca de la cual se encuentra la iglesia de Santa Maria del Popolo (siglo XV). No tiene muy buen aspecto desde el exterior, pero alberga obras pictóricas de gran belleza (frescos de Pinturicchio; dos cuadros de Caravaggio: *La conversión de san Pablo* y *La crucifixión de san Pedro*). No salgáis de este edificio sin haber echado un vistazo a la capilla Chigi, en la nave izquierda, cuya concepción se debe a Rafael. Al sur, dos iglesias gemelas (de idéntica apariencia pero cuyo interior es diferente) del siglo XVII enmarcan de forma magistral el principio de la via del Corso.

★ *DE LA PIAZZA DEL POPOLO A LA PIAZZA COLONNA PASANDO POR LA PIAZZA DI SPAGNA*

El Pincio *(plano general C-D2):* desde la piazza del Popolo, una escalera situada a la altura del hemiciclo este os permite subir hasta la terraza de la piazzale Napoleone. Este magnífico lugar, con jardines de la época napoleónica en la colina que domina la piazza del Popolo, merece una visita por la espléndida vista sobre Roma y sus cúpulas. Es el lugar ideal, querido lector fotógrafo, para las puestas de sol.

Villa Borghese *(plano general D2):* M.: Flaminio (línea A). Autobús: nos 19, 95, 490, 495, 910... A pie: desde la piazza del Popolo pasando por el Pincio (calculad 5 mn). Justo detrás del Pincio comienza otro parque, el más grande de Roma, donde se puede pasear, por supuesto, y también ir en bicicleta e incluso en barca por el *Larghetto* (estanque en cuyo centro hay la reproducción de un templo griego). Al noroeste de este parque se encuentra el zoológico *(giardino zoologico)* donde los críos podrán observar el comportamiento de los osos, elefantes... Este paseo, muy apreciado por los romanos, puede decepcionar a los amantes del césped. Antes de entrar en los museos de la villa Borghese, debéis saber que este lugar, abierto al público en 1902, eran los jardines que rodeaban la propiedad del cardenal Scipion Borghese.

Los museos de la villa Borghese

Museo de la Villa Giulia: piazzale di Villa Giulia, 9. ☎ 06-321-72-24. Autobús nos 19, 52, 910... Abierto de 8.30 a 19.15 h. Cerrado los lunes, así como el 25 y 31 de diciembre. Entrada: 4 €. Uno de los más hermosos museos etruscos italianos. Antigua residencia del papa Julio III. En la fachada de 1552, la entrada tiene la forma de un arco de triunfo. Grandes arquitectos participaron en la concepción de los jardines (Vignola, Giorgio Vasari, Miguel Ángel, etc.). Patio excepcional. No os perdáis las esculturas de Veiès ni el sarcófago de los Esposos (siglo VI a.C.) y la soberbia *cista Ficoroni*, un cofre de bodas en bronce decorado, del siglo IV a.C. Interesante reconstrucción de un templo etrusco. Se podría añadir más pero es inútil insistir: de cualquier modo, os sentiréis fascinados por este museo excepcional, tanto por sus obras como por su presentación.

Galería nacional de Arte moderno y contemporáneo: via delle Belle-Arti, 131. ☎ 06-323-40-00. 💻 www.gnam.arti.beniculturali.it/gnam ♿ Autobús: nos 19, 95, 490 y 495. Tranvía no 30. Abierta de 8.30 a 19.30 h; los domingos de 9 a 20 h. Cerrada los lunes. Del 1 de junio al 30 de septiembre, también abre los sábados de 21 a 23.45 h. Entrada: 6,5 €. Gratuito para los ciudadanos europeos menores de 18 años y mayores de 65, y también para los estudiantes de arquitectura, de restauración, de filosofía y letras, etc. Obras desde el siglo XIX a nuestros días en un bonito edificio de estilo neoclásico. Grande salas luminosas, excelente museografía y presentación de las obras legible. La verdad es que hay muchos excéntricos y pintores históricos bastante hilarantes, pero hay que situarlos en su contexto, y de todos modos siempre tienen algo que contar. Además, muchos artistas se revelan como buenos técnicos.

– *Sala della Psiche:* interesantes vistas de Roma en la primera mitad del siglo XIX.

– *Sala della Saffo:* los paisajistas, algunos seductores retratos de mujeres, un interior de bella factura de Adriano Cecioni.

– *Sala dello Jenner:* retratos originales de Tranquillo Cremona. Luego, Domenico Induno, artista de bella técnica.

– *Salone dell'Ercole: Bonifacio VIII amenazando al pintor*, de A. Castaldi. Una maravilla del kitsch: la *Coronación de Esther*. Bonita distribución de sombras y luces. Curiosa *Tempestad* de George Romney. Y luego, uno de los primeros trotamundos: *Marco Polo frente al Gran Khan*, de Tranquillo Cremona.

– *Salón Morelli:* un buen puñado de pinturas místico-simbolistas. *Tentación* digna de interés. Por cierto, en el lugar de san Antonio, honestamente, ¿qué habríais hecho? En cuanto a la señora Teresa Oneto Maglione, parece haber pasado muchas penas... Su *Cabeza de ángel* tiene mucha gracia. *Cleopatra*, de mármol, muy clásica pero de buena factura. Buen trabajo por lo que respecta al cesto de las frutas.

– *Sala Palizzi:* los naturalistas; los animales.

– *Sala del Giardiniere:* Courbet, Degas, Monet, Cézanne, etc. *L'Arlésienne*, *Madame Ginoux* y *El jardinero* de Van Gogh.

– *Salone Giordano Bruno:* grandes escenas de batalla y *Los emigrantes* de Angelo Tommasi.

– *Sala de la Madre:* algunos orientalistas interesantes. Bella *Fantasía* árabe.

– *Sala del voto:* en el grandilocuente género excéntrico, ¡se pasan! Sobre todo Salvatore Postiglione, Pier Damiano y su *Condesa Adelaida de Saboya*, etc.

– Numerosas esculturas. Algunos buenos ejemplos de realismo social en bronce, como la *Víctima del trabajo* de Vicenzo Vela. Obras menores particularmente patéticas.

Por cierto, el ***Caffè degli Arti***, accesible desde el exterior (via Antonio Gramsci, 73), es un buen lugar para comer. Inmenso volumen luminoso, barra de mármol esculpida, cabeza de león y frescos sobre fondo blanco y beige que producen un bonito efecto. Dispone de una agradable terraza. Buena selección de pasteles, *cheese cake*, *lemon pie*, *millefoglie*, *zabaione caldo*, etc. Bocadillos diversos. Pero atención con los precios, se duplican de la barra a las mesas. Acogida poco amable.

ЧЧЧ ***Galería Borghese:*** piazza Scipion Borghese, 5. ☎ 06-841-76-45. Autobús: nos 52, 53, 88, 116, 119 y 910. Abierta de 9 a 17 h. Cerrada los lunes. Se aconseja reservar (☎ 06-328-10 y 🖳 www.ticketeria.it). Entrada: 7 €. Audioguía por 4,2 €. Entrada gratuita para menores de 18 años y mayores de 65, así como para estudiantes de historia del arte. Construida en 1613. El cardenal Scipion Borghese, sobrino del papa Pablo V Borghese, consagró más de 25 años a constituir una de las más importantes colecciones de obras de arte del mundo. Dotado de un olfato extraordinario, tomó bajo su protección a Bernini, Caravaggio, Rubens, Guido Reni, el Domeniquino, etc. Su villa fue más que una empresa de mecenazgo genial, fue la escuela de un nuevo arte: el barroco romano, que iba a expandirse por toda Europa. Desgraciadamente, al casarse en 1803 con Pauline Bonaparte, hermana de Napoleón, Camilo Borghese tuvo que ceder a su imperial cuñado 344 piezas de su colección arqueológica para pagar las conquistas. De hecho, aparte del episodio de Bonaparte (gran saqueador de obras de arte en Italia), lo que impidió la dispersión de esta fabulosa colección fue la extraordinaria intuición de Scipion Borghese. En efecto, éste instituyó, poco antes de su muerte en 1633, el fideicomiso, acto que convertía a su colección en inalienable. El acto fue refrendado por el papa en 1816, en época del príncipe Francesco Borghese, antes de que el Estado comprara la colección en 1903.

Ante el enorme éxito de público y para asegurar una visita de calidad, hay que reservar por teléfono y precisar la hora en que se hará la visita (9, 11, 13, 15, y 17 h). El tiempo de visita está limitado a dos horas. Un consejo, subid de entrada a la pinacoteca para beneficiaros de estar entre los primeros, ya que las estatuas de Bernini en la planta baja no exigen la misma intimidad y tranquilidad. Aquí también os ofrecemos una lista de las principales obras y artistas.

Primera planta

– *Sala 9:* avalancha de obras de Francesco Francia, Domenico Puligo (*Sagrada Familia* de una finura de trazos extraordinaria), Vivarini, Lorenzo Lotto *(Retrato de Mercurio Bua)*, Sodoma, Beccafumi, Garofalo, Mazzolino. Adorable *Virgen con el niño* de Perugino, de la que se desprende una suave dulzura con un halo de tristeza. Extraordinaria *Madonna y el niño, con san Juan y los ángeles* de Botticelli, donde se pueden ver los detalles más encantadores plasmados por este pintor, la extrema delicadeza de los rasgos, la elegancia de las posturas. Admirad también uno de los mejores Fra Bartolomeo, una *Sagrada Familia* en un prodigioso claroscuro con un paisaje al fondo a lo Da Vinci. Tres Rafael mayores: *Retrato de hombre* (atribuido al Perugino, su maestro, durante mucho tiempo), la *Mujer del unicornio* y un fascinante *Descendimiento*.

– *Sala 10:* seductor *Profeta y ángel* de Carracci. *Danae* de Correggio, de un manierismo suave, sensual, sofisticado, bañado en sutiles

variaciones lumínicas. El *Paisaje con dama y caballeros* (o la *Caza del ciervo*) de Nicolo dell'Abate nos transporta a lo bucólico fantástico. En *Venere ed Amore* de Lucas Cranach el Viejo, fijaos en este cuerpo largo, poco sexuado y velado por una delicada gasa. Para muchos, en la época, la desnudez representaba la pureza. Interesante *Virgen y el niño con san Juan Bautista* de Andrea del Sarto.
– *Sala 15: Santa Cena* casi «campesina» de Bassano, una de las más originales que hemos admirado nunca. Cristo, mirando al vacío, acaricia distraídamente la cabellera de un efebo somnoliento, mientras que los apóstoles ligeramente achispados se agitan a su alrededor. Interpretación audaz para la época. Y finalmente nuestro premio al rostro más fino va al ángel de *Tobías y el ángel* de Girolamo Salvodo (sin mencionar su buen trabajo en lo que concierne a los pliegues).
– *Sala 17:* El *Bebedor* de David Teniers el Joven y una bonita *Madona y el niño* de Sassoferrato.
– *Sala 18:* descubrid la genial *Pietà* (o *Pianto sul Christo morto*). Pintada por Rubens en 1602, con ocasión de su primera estancia en Roma. La luz que perfora el cielo evoca el trabajo de Caravaggio (contemporáneo suyo).
– *Sala 19:* la *Caza de Diana* del Domeniquino (fijaos en los dos *voyeurs* entre los arbustos). Fascinante *Eneas huyendo de Troya* de Baroccio, que transmite una impresión de fuerza y potencia destacables, en una luminosidad y una riqueza cromática que influyó enormemente a Rubens. Soberbio busto de Algardi.
– *Sala 20:* una interesante *Virgen con el niño*, pintada en 1510 por un Giovanni Bellini de 84 años todavía en forma. Otra del joven Lorenzo Lotto, de la misma época, homenaje a Durero, el cual acababa de pasar una temporada en Venecia. Hermoso *Retrato de hombre* de Antonello da Messina (1475) y los famosos verdes del Veronese en la *Predicación de san Juan Bautista*. Pero lo mejor de esta sala es *Amor sagrado y amor profano* de Tiziano (1514). Cuesta dejar de contemplar esta obra maestra. Una anécdota: en 1899, los Rothschild quisieron comprar el lienzo por cuatro millones de liras de la época (¡más que el valor de la villa y de las demás obras de arte!). Pero el amor a esta oda al amor fue más fuerte... y se quedó en la villa Borghese para nuestro regocijo actual. Bueno, ahora nos vamos a la planta baja.

Planta baja

– *Gran salón de entrada:* decoración asombrosa. En el techo, la *Glorificación de Roma*. Seguro que os fijáis en los trampantojos de los rincones. Soberbio *Combates de gladiadores* en mosaico (siglo IV d.C.).
– *Sala 1:* la célebre *Paulina Borghese* de Canova (1805). Se ha dicho y escrito todo sobre esta cima de la escultura neoclásica: la finura del mármol, la elegancia de la postura, el hecho de posar semidesnuda en esta época para una personalidad de su importancia. Fijaos

que es de espaldas como está más bella. Echad también un vistazo al *Hermes de Baco* de Luigi Valadier (de 1773) y, sobre todo, al relieve que representa el *Furor de Ayax* (330 a.C.), con un bonito movimiento del drapeado.

– *Sala 2: David*, una obra de juventud de Bernini (tenía 25 años), esculpida en 1624. Para expresar la tensión del esfuerzo en el rostro, se inspiró en su propia cara cuando trabajaba el mármol.

– *Sala 3: Apolo y Dafne*, otra obra maestra del joven Bernini (1622-1625). Encargado por el cardenal Scipion Borghese, la estatua nunca salió de esta sala. Para escapar de Apolo, Dafne se transformó progresivamente en laurel. El acabado es fabuloso. Al lado, bonitos sarcófagos romanos.

– *Sala 4:* el festival Bernini continúa con el *Rapto de Proserpina*. ¡Qué fuerza, qué sensualidad! Casi la perfección. Poneos del lado del perro con tres cabezas, de donde se obtiene una impresión más fuerte, ya que se capta la máxima energía de la escena. Al rechazar a Plutón, la mano de Proserpina deforma su cara, mientras que los dedos de este último se hunden en su carne.

– *Sala 5:* aquí hay el *Hermafrodita*, en mármol de Paros del siglo I de nuestra era. Caída de cintura sublime.

– *Sala 6:* interesante *Eneas huyendo de Troya* de Bernini, ya que en los salones de la época se contaba que era todavía la manera del padre del escultor la que aún domina en esta obra. No en vano Bernini tenía sólo ¡21 años! Eneas se lleva a su padre Anquises, que conserva las preciosas Penates (divinidades de la familia), mientras que el pequeño Ascanio salva el fuego sagrado del hogar.

– *Sala 7* (también llamada sala egipcia): en el suelo, espléndido *mosaico* del siglo III. La decoración evoca el arte egipcio. Bajo la cornisa, ilustración de la vida de Antonio y de Cleopatra en Egipto. Muchos palacios romanos se inspiraron luego en ella. Gran estatua de Isis en mármol negro del siglo II d.C.

– *Sala 8:* un verdadero milagro, hay seis de las doce telas de Caravaggio que pertenecían a la colección de origen. Y no de las menores... Se ve que *La Madona de la serpiente* que había en uno de los altares de San Pedro fue retirada al cabo de un mes. Su factura original y composición poco habitual indisponía a los clérigos y a muchos fieles. También hay un fabuloso *San Jerónimo* (de 1605). En él se puede discernir una metáfora del paralelo entre la vida y la muerte. Finalmente, *David con la cabeza de Goliat*. Otra anécdota: después de huir tras una sombría historia de asesinato, Caravaggio decidió pedir clemencia al papa y le envió este cuadro. De hecho, la cabeza de Goliat es un autorretrato del artista que manifestaba allí (quizá de forma involuntaria) un cierto sentido del humor o ironía (se había puesto precio a su propia cabeza). La gracia le fue concedida, pero no hubo suerte, el artista falleció antes de beneficiarse de ella.

Villa Médicis *(plano general D2):* M.: Spagna (línea A). Autobús: nº 115. A pie: de la piazzale Napoleone del Pincio, tomad la viale

Mickievicz que continúa más abajo con la vialle della Trinità dei Monti (la villa Médicis bordea a esta última). Desgraciadamente no se puede visitar, pero es posible entrar con motivo de alguna de las numerosas actividades que se organizan en ella. Construida en el siglo XVI por el cardenal Ricci di Montepulciano en el emplazamiento de los jardines de Lucullus, poco tiempo después pasó a ser propiedad de otro cardenal, Fernando de Médicis. Los jardines, de los que pueden disfrutar los afortunados residentes en la villa, son magníficos y contrastan con la austeridad de la fachada.

Iglesia de la Trinità dei Monti *(plano general D3):* M.: Spagna (línea A). Autobús: nº 115. A pie: viniendo de la piazza di Spagna, subid las escaleras; viniendo de la villa Médicis, bajad por la viale della Trinità dei Monti. Situado en lo alto de las escaleras del mismo nombre, este edificio fue profundamente remodelado a principios del siglo XIX gracias a un concurso en el que participaron sobre todo alumnos de la villa Médicis. El interior de esta iglesia, que en la actualidad pertenece al convento de las Damas del Sagrado Corazón, se compone de una nave única y sólo merece la visita por el *Descendimiento de la Cruz* de Volterra (segunda capilla izquierda). Sobre todo, os llamará la atención la fachada, o más exactamente su silueta perfectamente simétrica que hay que observar desde la plaza de España.

Escalera de la Trinità dei Monti *(plano general D3):* bajad ahora hacia la plaza de España, pero antes, deteneos un momento para admirar su complejidad y su belleza. Desde 1577, se intentó unir la iglesia a la plaza situada justo debajo, que entonces se llamaba «piazza della Trinità». Se abrió un concurso para la realización de esta escalera en 1600. Pero las obras no se llevaron a cabo hasta 1723. Cinco años más tarde se terminaron las célebres *scale di Spagna*. A finales del siglo XVIII, se erigió un obelisco, procedente de los jardines de Salustio, en lo alto de la escalera. Muchos jóvenes extranjeros, agotados por sus peregrinaciones urbanas, vienen a descansar en sus famosos escalones... donde los jóvenes romanos a la búsqueda de extranjeras guapas dirigen sus pasos e insistentes miradas.

Piazza di Spagna *(plano general D3):* M.: Spagna (línea A). Autobús: n°s 52, 53, 61, 62, 63 o autobuses eléctricos (n°s 116, 117, 119). Situada bajo la iglesia de Trinità dei Monti, esta plaza no se convirtió en la piazza di Spagna hasta el siglo XVII, cuando la embajada de España estableció aquí su sede. El lugar es muy turístico, pero el conjunto conserva el encanto que lo convirtió en lugar de cita de artistas y escritores en el siglo XIX. Cuando en mayo crecen las azaleas de los 137 escalones, uno comprende la exclamación de Gabriele D'Annunzio: «¡Toda la belleza de Roma está contenida en este lugar!»

En la plaza, la *Barcaccia*, bonita fuente en forma de barco que lleva el emblema de los Barberini, fue diseñada por el padre de Bernini. El arquitecto empleó aquí todo su ingenio para resolver el problema de la falta de presión del agua que alimentaba la fuente. Así, tuvo la idea de otorgar a ésta la apariencia de un barco provisto de un cañón en cada extremo; el barco se hunde en un pequeño estanque, haciendo agua por la popa y por la proa. Según algunos, la idea se le ocurrió cuando un barco se hundió en la ladera de la colina del Pincio, en el emplazamiento de las escaleras, durante la mayor crecida del Tíber el día de Navidad de 1598. El agua subió hasta 8 m, inundando completamente la piazza di Spagna.

Frente a la Trinità dei Monti, a la izquierda en la parte inferior de la escalera, hay un salón de té, el ***Babington's English Tearoom***: un local ideal, pero un poco caro, para los nostálgicos de los países anglosajones y los aficionados al buen té. Según se dice, el poeta romántico inglés Keats (cuya casa podréis visitar en el nº 26 de la piazza di Spagna) iba a menudo.

Calles comerciales: de la piazza di Spagna salen varias calles muy comerciales... donde no tendréis problema en vaciar la cartera en un tiempo récord. Los amantes de las antigüedades disfrutarán la via del Babuino que une la piazza di Spagna con la piazza del Popolo. Los demás, deseosos de renovar su vestuario o de mirar escaparates, dirigirán sus pasos hacia la via dei Condotti o las calles adyacentes. En el nº 86 de esta última se encuentra el famoso *L'Antico Caffè Greco* (ver «¿Dónde tomar una copa?»).

➢ Hacia la piazza Colonna: desde la piazza di Spagna, el camino más corto pasa por la via Due Macelli que recorreréis hasta la via del Tritone que conduce hasta la via del Corso, a dos pasos de la piazza Colonna.

★ DE LA PIAZZA COLONNA A LA PIAZZA DEL POPOLO PASANDO POR EL ALTAR DE AUGUSTO

Piazza Colonna *(zoom centro C3):* autobús: n°s 52, 53, 61, 62, 63, 71, 80, 85... y los autobuses eléctricos (n°s 116, 117, 119). A pie: desde la piazza Colonna, remontad el Corso; desde la piazza di Spagna, ver antes. Esta plaza debe su nombre a la columna de Marco Aurelio que adorna su centro. En lo alto de esta columna (imitación de la columna Trajana, ochenta años más antigua) había una estatua de este simpático emperador que murió a causa de la peste. A finales del siglo XVI, el papa Sixto V, pensando tal vez que la estatua debía de estar también apestada, la sustituyó por otra, la de San Pablo. Bordeando esta plaza, el *palazzo Chigi* (siglos XVI-XVII) alberga hoy la presidencia del Consejo de ministros... a la espera de un inquilino fijo, dicen las malas lenguas.

Piazza del Montecitorio *(zoom centro C3):* detrás de la piazza Colonna se encuentra esta otra plaza, donde se eleva un obelisco, desde finales del siglo XVIII, que sigue en pie a pesar de su avanzada edad (data del siglo VI a.C., y antiguamente servía como aguja de un reloj de sol trazado en el suelo). El palazzo di Montecitorio, que domina esta plaza, es la sede de la Cámara de diputados... donde, según las malas lenguas, muchas víboras acosadas por la justicia han establecido aquí su residencia. El palacio, ampliado a principios de siglo XX, da también a la piazza del Parlamento situada justo detrás. Entrada libre el primer domingo de cada mes.

♜ ***Iglesia de San Lorenzo in Lucina*** *(plano general C3):* desde la piazza del Parlamento, tomad la via della Lupa hasta la altura de la piazza San Lorenzo in Lucina magníficamente reformada. La iglesia interesará a los admiradores de Poussin, ya que alberga la sepultura del célebre pintor, que pasó en Roma una gran parte de su vida antes de morir aquí. Se puede visitar el sótano (informaos allí mismo) donde se han descubierto los restos de un antiguo reloj de sol.

♜♜ ***Ara Pacis Augustae*** *(plano general C3):* lungotevere in Augusta. ☎ 06-360-03-741. M.: Flaminio (línea A). Id a la piazza del Popolo y seguid por la via di Ripetta. Autobús: nos 81, 90, 90b, 119, 913. Abierta de 9 a 17 h de martes a sábado; los domingos de 9 a 13.30 h. Cerrada los lunes. En curso de restauración. Este magnífico altar monumental fue construido, en el año 9 a.C., por el Senado para celebrar la paz instaurada por Augusto tras muchos años de cruentas guerras civiles. El Ara Pacis se encontraba antiguamente en la via Flaminia (la actual via del Corso) a la altura del palazzo Fiano... y se trasladó aquí en 1938. Está rodeado de un recinto de mármol (grabado con magníficos bajorrelieves) con dos puertas por las que entraban el pontífex Maximus y su séquito.

♜ ***Mausoleo de Augusto*** *(plano general C3):* al lado del *altar de Augusto*, se encuentra el mausoleo del mismo emperador, del cual desgraciadamente sólo quedan algunas paredes de ladrillo. Transformado en fortaleza en el siglo XII, la arquitectura de este edificio (construido entre los años 28 y 23 a.C.) era similar a la del mausoleo de Adriano, situado al otro lado del Tíber. Dos obeliscos, transportados luego a otro lugar, flanqueaban la entrada de esta construcción circular que estaba destinada no sólo al emperador sino también a su familia. Abandonado, sirvió de hipódromo, de jardín y también de lugar de conciertos en el siglo XIX.
Alrededor de la plaza, tenéis un interesante ejemplo de arquitectura urbana fascista, grandilocuente monumentalidad sobre arcadas. Sobre todo en la cara norte (via Ara Pacis). Construida en 1940, está escrito en números romanos. El nombre de Mussolini fue camuflado, pero subsiste una inscripción en latín con dos ángeles sujetando unos haces.

★ ***PIAZZA VENEZIA*** *(plano general D4)*

– ***Acceso:*** posibilidad de bajar en las estaciones de metro Colosseo o Cavour (línea B) situadas a 5 mn a pie de la piazza Venezia y del Capitolio. Autobús: nos 40, 44, 46, 62, 63, 64, 70, 81, 87, 186...

Si todos los caminos llevan a Roma, se podría decir lo mismo de la piazza Venezia, por la que pasaréis más de una vez durante vuestra estancia en Roma. Desde aquí salen, en efecto, los caminos que os llevarán a recorrer toda la ciudad, empezando por el trayecto, muy corto, que uno debe seguir para subir hasta el Capitolio. Este cruce de carreteras (donde observaréis al infortunado policía que, entre nubes de gas de los tubos de escape, se encarga de organizar la circulación) merece también vuestra atención por el palacio Venezia y el monumento a Vittorio Emanuele II.

Museo del Palazzo Venezia *(plano general D4):* via del Plebiscito, 118. ☎ 06-679-88-65. Abierto de 9 a 14 h (visitas guiadas a las 9.30, 11 y 12.30 h). Cerrado los lunes. Entrada: 4 €. Fue un cardenal, futuro papa bajo el nombre de Pablo II, quien ordenó en 1455 la construcción de un palacio en esta plaza. El pobre, desgraciadamente, no llegó a ver su vivienda acabada, lo que debió apenarlo desde la ultratumba dado que ésta sirvió como residencia papal hasta 1564, antes de convertirse en la residencia de los embajadores de Venecia (de ahí su nombre). Luego pasó a ser propiedad de Austria de 1797 a 1916. También cabe destacar que Mussolini instaló aquí sus bártulos y no dudó, más de una vez, en hacer valer sus violentas dotes oratorias desde el balcón del palacio. Exteriormente, el castillo todavía presenta la arquitectura severa, casi fortificada, de la Edad Media. En el interior, impresionante escalera monumental. Actualmente es uno de los grandes museos de Roma menos conocidos. ¡Esto hay que corregirlo! Ricas colecciones de pinturas, azulejos, terracotas, pequeños objetos de arte, etc...
– Y además, hay pesebres napolitanos, muebles toscanos del siglo XVI adornados con marquetería, pequeños bronces, obras de *Guglielmo della Porta* (gran grabador del siglo XVI) y de *Jacopo Tatti* (bajorrelieves de madera), esculturas diversas, terracotas, tapicerías *(paliotti)* de Italia meridional (siglo XVII).
– Para terminar, echad una ojeada a la vasta galería exterior. En el mismo espacio, hay unas grandes arcadas clásicas, una bonita torre romana... sobre fondo de palmeras. ¡Todo esto es Roma!

Monumento a Vittorio Emanuele II *(plano general E-F4):* desde la piazza Venezia (y otros muchos sitios) no podréis evitar ver el Vittoriano, construido en 1885 (pero inaugurado en 1911) en memoria de Vittorio Emanuele II y en homenaje a la reciente unificación italiana. Este monumento, completamente blanco, está cargado de símbolos que a veces se nos escapan, faltos de explicaciones claras. Seguid pues al guía y haced un esfuerzo para encontrar lo que sigue: dos fuentes situadas a ambos lados de la escalera central, que representan el mar Tirreno (a la derecha) y el mar Adriático (a la izquierda); flanqueada por dos grupos alegóricos de bronce dorado, conduce al altar de la Patria; dos rampas que prolongan la escalera permiten llegar hasta la estatua ecuestre del rey italiano; el pórtico cóncavo que domina el conjunto está coronado en los extremos por dos cuadrigas. Tranquilos, que ya está.

Los romanos, enamorados de su ciudad, y con razón, lo han apodado la «Macchina da scrivere» (la máquina de escribir). Bajo el «teclado» hay dos museos (el museo histórico del *Risorgimento* y el *museo Militar de la Marina*).

★ ***BARRIO DEL GHETTO*** *(zoom centro C4)*

Es uno de los barrios más antiguos de Roma, que ha permanecido en estado bruto, profundamente popular. Los amantes de poesía urbana, guiños arquitectónicos insolitos, viejas fachadas cansadas, callejuelas, pasajes, patios sin edad... se sentirán colmados. Salpicado de algunas mansiones particulares con secretas riquezas. Con una superficie bastante reducida, se puede visitar en dos o tres horas.

Un poco de historia

La comunidad judía de Roma es la más antigua de Europa. Los primeros judíos llegaron en 161 a.C., embajadores de Judas Macabeo para pedir ayuda y protección contra las maquinaciones de Antíoco IV. A continuación, muchos de ellos se aprovecharon de la posición preponderante de Roma en el comercio mediterráneo. Llevando con ellos sus propios rituales (diferentes a los de los sefardíes y askenazís que vinieron más tarde) actualmente se les llama «tradición italiana». Tras la destrucción del templo a cargo de Tito, en el año 70, muchos judíos fueron traídos a Roma como esclavos, y con el tiempo se instalaron en el Trastevere y, más adelante en el siglo XIII, de este lado del Tíber. A partir de 1492, la pequeña comunidad fue reforzada por los judíos sefardíes expulsados de España y del reino de las Dos Sicilias por Isabel la Católica. Entonces, el papa Pablo IV creó el Ghetto por una ordenanza en 1555. En aquella época había unos 3 000 habitantes (7 000 a mediados del siglo XIX). Como el de Venecia, estaba rodeado de muros con cinco entradas, y sus habitantes debían regresar cada noche antes de que cerraran las puertas. Inundado a menudo a raíz de las crecidas del Tíber, bastante insalubre, las condiciones de vida no eran nada fáciles. La obligación de pasar la noche allí fue suprimida en 1848 (¡las revoluciones siempre traen algo bueno!) y los muros derribados tras la unificación italiana de 1870. En 1938, leyes discriminatorias acosaron de nuevo a la comunidad judía. El saqueo del 16 de octubre de 1943 fue un golpe terrible: 2 091 judíos fueron deportados (sobre todo a Auschwitz). Sólo regresaron 16... Actualmente la comunidad judía romana cuenta con unas 16 000 personas (35 000 en toda Italia).

Pequeño itinerario en el Ghetto

A grandes rasgos, está delimitado al norte por la via delle Botteghe Oscure, al oeste por la via Arenula, al sur por el Tíber y al este por el teatro di Marcello. Empecemos por una de las principales arterias del Ghetto, la via del Portico d'Ottavia, para seguir por la via Santa Maria del Pianto, que tienen sorpresas fascinantes...

¶ En el nº 1 d, ***via del Portico d'Ottavia***, una de nuestras viviendas romanas preferidas. Es la casa de un tal *Lorenzo Manilio*, que supo hábilmente reutilizar vestigios romanos en la construcción de su casa en 1468 (y pasar así a la posteridad). Grandes bloques con inscripciones latinas, bustos de personajes y un magnífico león en imposta.

¶ Justo después del restaurante *Giggetto*, los vestigios de la entrada del ***pórtico de Octavio***, que medía 138 m de largo. Pero sólo este pequeño resto resulta impresionante. Edificado por Augusto en homenaje a su hermana Octavia en 23 a.C. Hay una columna plantada en la acera, pero unas postales de principios del siglo XX revelan mucho más (prueba de que entonces aún se saqueaba). En el pórtico, una pequeña iglesia, ***Sant'Angelo in Pescheria***, construida en la Edad Media. Recuerda el gran mercado de pescado que había allí. En una de las casas de enfrente, placa conmemorando la gran redada del 16 de octubre de 1943.

¶ En la esquina de las ***vie Santa Maria del Pianto*** y ***Publicolis***, bonito *edificio renacentista con puntas de diamante*. En el ***vicolo Costaguti***, callejuela que sale de la pastelería Il Boccione, una extraña protuberancia arquitectónica. Encantadora ***piazza dei Cinque Scuole***, donde antaño se encontraban las cinco sinagogas del Ghetto. En la via Santa Maria Calderari, frente al hotel *Arenula*, el inmueble se apoya sobre dos columnas antiguas.

¶ En el vicolo dei Cenci se levanta el ***palazzo Cenci***, construido en 1570. Aunque de aspecto macizo, no parece reflejar el estilo renacentista de su época. Bonito decorado de las ventanas que dan sobre el *vicolo*. Más allá, en el muelle, la ***Gran Sinagoga***, que data de 1904 (descripción al final de este apartado).

¶¶ Adorable ***piazza Mattei***, con una de las fuentes más bonitas de Roma, la ***fuente de las Tortugas***. Construida en 1581, con cuatro niños llevando la pila, el pie sobre un delfín. Las tortugas llegaron más tarde. En los nºˢ 16 y 19 de la via dei Funari, bonitos patios con arcadas y soportales. En vicolo de Falegnami, pintorescos pasajes abovedados. En via della Reginella, ***palazzo Costaguti***, con cornisa esculpida, portal neoclásico y esquina de piedra saliente.

¶ Y luego, en la esquina de la via dei Funari y M. Caetani, nuestro preferido: el ***palazzo Mattei*** *(zoom centro C4)*, una inmensa mansión particular con entrada en las dos calles y que ofrece al impresionado visitante el *patio más ornamentado* del viejo centro. Abundancia de bajorrelieves, medallones, bustos en nichos y en los soportales. Una decena de estatuas sobre pedestal en el patio. Todo ello compone, con una escalera monumental profusamente decorada, un conjunto excepcional. Para compensar el haber vibrado ante tanto exceso, mejor que vayáis a tomar una copa en el nº 23, calle Delfini, nuestro café «lucha de clases» favorito.

Iglesia de Santa Catarina dei Funari: via dei Funari, 31. A veces abierta. Fachada renacentista tardía (o barroco balbuciente), con frontón de volutas y decorado con guirnaldas de flores. En el interior, interesante decorado y bonitas pinturas en las capillas a la derecha de la nave.
Cerca, en la plaza Margana se levanta el palacio *Maccarani Odescalchi* del siglo XVII. Enjambre de callejuelas para llegar a la piazza Capizucchi, luego a la piazza Campitelli. Bonito palacio, donde se encuentra la embajada de Irlanda. Al lado, el ***palazzo Albertoni Spinola***, del siglo XVI.

Iglesia de Santa Maria in Campitelli *(zoom centro C4):* en la plaza Campitelli. Construida por un alumno de Bernini, esta iglesia vale francamente la pena. Todos los romanos contribuyeron financieramente en gratitud a la Virgen por el fin de la peste de 1656. De hecho, edificio grandioso, a la altura del agradecimiento popular. Fachada monumental, columnas corintias, bóveda de cañón, sin transepto y una bella cúpula. Lo más espectacular es el altar principal y su tabernáculo, que contiene la imagen milagrosa de la Virgen. Unos ángeles llevan una tribuna dorada con columnas torcidas. De allí emergen decenas de rayos dorados que cubren todo el fondo del coro. Además, decoración sobrecargada de la nave. Se siente el triunfo de la Contrarreforma. Algunos pintores barrocos decoraron la capilla, entre ellos Luca Giordano.

La Gran Sinagoga de Roma y el museo *(zoom centro C4):* lungotevere dei Cenci. ☎ 06-684-00-61. Museo abierto de 9 a 13 h. Cerrado los lunes. Entrada: 5 €. Visita de la sinagoga en grupo a partir del museo (en principio, cada media hora). Desde el sangriento atentado de 1982, las medidas de seguridad son draconianas.
De estilo asirobabilonio, la construcción de la sinagoga se completó en 1904. Fue la primera sinagoga de importancia, las precedentes no tenían derecho a ser más altas que las iglesias. Bonita galería de estilo modernista.
En cuanto al museo, contiene ricas colecciones de arte y de historia. Algunas piezas originales: un *shofar* (cuerno para llamar a los fieles), amuletos, *token* para los pobres (el *token* daba derecho a un pollo), un martillo ritual para marcar la carne, instrumentos para la circuncisión. Bonitos libros, muchos de ellos con cubierta de plata del siglo XVIII, orfebrería religiosa, una colección de *yad*, que servían para seguir los textos de los rollos de la Torah. Fijaos en el *Sefer ha-Sorasim*, el «Libro de las Raíces» de 1469 (éste es una reedición) y en el auténtico, de Bolonia, de 1537. Bonito cofre con la Torah de Isfahán en madera policromada. En el primer piso, tapicerías con soberbios ejemplares del siglo XVI. Grabados del Ghetto, vestidos litúrgicos y manuscritos. Decreto del papa Inocencio III prohibiendo las exacciones contra los judíos en las sinagogas (es Pío XII quien tendría que haber hecho lo mismo). En fin, varios recibos por la colecta de 50 kg de oro exigidos por las autoridades

alemanas a la comunidad judía (en un plazo muy corto), para evitar la deportación (evidentemente los nazis no mantuvieron su palabra).

LA ROMA MODERNA

La Roma moderna no dejará de decepcionaros, pues se parece mucho a todas las ciudades occidentales corrientes. Impersonal, por lo tanto, pero también ruidosa, debido a los coches y al zumbido de las *Vespas* (en italiano *vespa* significa avispa); unos y otras abarrotan, desde la mañana hasta la noche, las grandes arterias de circulación. Por eso, los turistas rechazan la Roma moderna un poco *a priori*, y con razón. Sin embargo, en esta mitad oriental de la orilla izquierda romana, de tan sólo un siglo (nada, si pensamos en la edad venerable de la Ciudad eterna), hay, aquí y allá, algunos restos de un pasado más lejano que sería una lástima pasar por alto.

– ***Antigüedad:*** este pasado, que asoma la nariz en medio de la enormidad, se remonta a veces hasta la Antigüedad. En la época de los césares, una numerosa población había elegido como domicilio la parte del Viminal (el barrio de las termas de Diocleciano) y las laderas del Esquilino (sobre todo en el barrio de Suburra, de muy mala reputación), aunque en esta amplia zona las grandes villas imperiales y agradables parques atraían la mirada de los envidiosos. Una amplia zona residencial, por así decir, que contrastaba con los barrios del Campo de Marte y los foros. Aquí no había prácticamente grandes monumentos públicos, sino sobre todo edificios utilitarios, como los balnearios que abundaban en la región: las termas de Diocleciano, de Constantino, de Trajano y de Tito (las dos últimas fueron construidas sobre las ruinas de la *domus Aurea*). Las grandes villas imperiales (sobre todo las de Salustio y Mecenas), relegadas por lo general al nivel de la muralla de Aureliano, cayeron en un estado de total abandono con el empobrecimiento de la ciudad asaltada por los bárbaros. Los baños, por su parte, dejaron de funcionar debido a la ruptura de los acueductos que recorrían esta vasta zona. Un desierto fue instalándose progresivamente sobre las colinas.

– ***Edad Media y Renacimiento:*** la cristiandad, encarnada en la figura de los papas, de regreso de Aviñón, concibió aquí un vasto proyecto. Se decidió y llevó a cabo en parte una evangelización topográfica, como muestra la presencia de múltiples iglesias. El cadáver se levantó dulcemente, como Cristo saliendo de la tumba, gracias al papado, que diseñó sobre este suelo lastimado un verdadero vía crucis cuyas doce estaciones corresponden a otros tantos santuarios. Para unir cada estación, se trazaron calles que, aquí y allá, se borraban para dejar lugar a cruces decoradas con obeliscos coronados por estatuas que representaban a los santos.

– ***El fin del Risorgimento y sus consecuencias:*** aparte de estas piadosas construcciones, cuya visita figuraba en el programa de los peregrinos, no se proyectó nada más en esta amplia zona.
De hecho, no se empezó a edificar aquí hasta después de 1870, momento en que Roma fue propulsada, para descontento del papado y del segundo imperio moribundo, a la cabeza del nuevo reino. Una «tercera Italia» tomaba el relevo de la Italia pontificia (a su vez construida sobre los escombros de la Italia romana) y se apoderaba de esta zona, la única verdaderamente disponible, para transformarla a su gusto.
La llegada del ejército, que hizo su entrada en Roma el 20 de septiembre de 1870, fue seguida, en efecto, por una invasión de burócratas y funcionarios que planteó problemas de alojamiento a la ciudad. Por ello hubo que construir a toda prisa, sobre el suelo de este desierto crucificado, numerosos edificios para alojar los ministerios y oficinas de la nueva Italia, sin hablar de las viviendas que hubo que acondicionar para sus empleados. Recorriendo las avenidas de esta Roma moderna, bordeadas de edificios tan grandes que han perdido toda dimensión humana, recordaréis el ambiente opresivo de las novelas de Kafka.
La Roma moderna se instaló por toda la mitad oriental de la orilla izquierda del Tíber. Así pues, la encontraréis en la amplia zona de los *colle* y los *monti* que comienza, al norte, con la colina de los Jardines (el Pincio) y continúa, hacia el sur, con el Quirinal, el Viminal, el Esquilino y el Celio. También está en otras zonas (en los barrios situados más allá de la muralla de Aureliano, así como en el barrio de Prati, situado en la orilla derecha), pero es aquí donde presenta más homogeneidad e interés.

★ *EL BARRIO DE LA PIAZZA BARBERINI Y EL QUIRINAL* *(plano general D2-3)*

Fontana de Trevi ***(plano general D3):*** M.: Barberini (línea A); bajad después por la via dei Tritone y tomad la tercera calle a la izquierda, la via di Stamperia. Autobús: n°s 52, 53, 81, 85... y autobuses eléctricos. Aquí es donde todos los más primos tiran dos monedas por encima del hombro: una para un primer deseo, otra para volver un día a Roma (para estar bien seguros, hay que echar la moneda con la mano derecha y por encima del hombro izquierdo). No merece la pena hundir la mano para sacar algo, ¡está vigilado! En verano, todos los martes y jueves se sacan las monedas en beneficio de la Cruz Roja. Trevi era el nombre de una mujer supuestamente virgen, que fue atacada por una banda de soldados que iban de juerga. Conservó su virginidad indicándoles esta fuente; por lo visto tenían mucha sed. Dos bajorrelieves ilustran esta historia. Para quienes no le habían reconocido, el personaje central es Neptuno. La fontana de Trevi fue construida a mediados del siglo XVIII, en una época en la que el barroco comenzaba a envejecer y el neoclasicismo iba ocupando su lugar. Aquí también es donde Fellini rodó la escena tal vez más célebre de *La Dolce Vita*, con el romántico Mastroianni y la sensual Anita Ekberg.

Galería de l'accademia de San Luca: piazza Accademia di San Luca, 77. ☎ 06-679-88-48. Sólo se visita con reserva previa. Rafael, Jacopo Bassano, Guercino, Rubens.

***Piazza Barberini** (plano general D3):* M.: Barberini (línea A). En la esquina de la via Veneto y de la piazza Barberini, veréis la *fontana delle Api* (fuente de las Abejas) de Bernini, realizada para el 21° aniversario de la elección de Urbano VIII como Papa (tres abejas adornaban el blasón de la prestigiosa familia de los Barberini). «Lo que los bárbaros no han hecho, lo han hecho los Barberini» decían de él (Urbano VIII) sus enemigos, haciendo referencia al saqueo de los monumentos antiguos que organizaba el Papa para terminar sus grandes obras.
Hay que ver también la *fuente del Tritón* que el papa Urbano VIII encargó a Bernini en 1632. El animal simboliza a un dios marino griego soplando una caracola. El tritón ha sido utilizado como símbolo de la inmortalidad conquistada por la literatura. Bernini rinde aquí homenaje al Papa poeta. Los delfines simbolizaban, por su parte, la generosidad principesca (Urbano VIII era un gran mecenas). Algunos años más tarde, los habitantes, al ver cómo proliferaban las fuentes en su ciudad, salieron a las calles gritando: «¡No más fuentes! ¡Pan!».

***Via Vittorio Veneto** (plano general D2-3):* la calle más célebre de Roma, inmortalizada en *La Dolce Vita* felliniana. De hecho, de esta *dolce vita* no queda ya gran cosa. Hoy, es un barrio elegante y muy turístico. Nota a propósito de *La Dolce Vita*: hablamos a menudo de ella (y no hemos terminado todavía), pero hay otra película que tenéis que ver: *Vacaciones en Roma*, de William Wyler (con Gregory Peck y Audrey Hepburn).

Cementerio de los Capuchinos: via Vittorio Veneto, 27. Abierto de 9 a 12 h y de 15 a 18 h (17 h en invierno). Cerrado los jueves. Entrada gratuita, pero está bien dejar un donativo. Encontraréis un monje que os recibirá en la entrada, pero no os dejará pasar hasta que no deslicéis 1 € en la urna preparada a tal efecto, momento en que se vuelve muy locuaz. Contadle, pues, la historia de los mercaderes del templo. Para los aficionados a lo macabro. No es un cementerio propiamente dicho, sino un conjunto de minúsculas capillas. Bajando de la estación de metro Barberini, se ve una gran capilla. Subid las escaleras para llegar hasta ella. Hay una pequeña puerta a la derecha con la inscripción «Cimetero». Las paredes de las cinco capillas fueron decoradas con los esqueletos y los huesos de los monjes que murieron aquí. Esto hay que verlo, porque dentro del género nunca se ha hecho nada mejor. Parece una gigantesca broma de estudiante de medicina. Cuatro mil esqueletos. Incluso las lámparas son de hueso.

♜ ***Colegio de San Isidoro de los irlandeses*** *(plano general D3):* la entrada del colegio está al fondo de la piazza Barberini; subid la escalera para acceder a él. Para visitarlo hay que llamar al timbre de la reja. El colegio posee una capilla diseñada por Bernini, y construida entre 1660 y 1663.

♜♜ ***Galleria Barberini*** *(Galleria nazionale d'Arte antica a palazzo Barberini):* via Barberini, 18. ☎ 06-482-41-84. Abierto de 9 a 19 h. Cerrado los lunes. Del 1 de junio al 30 de septiembre, abierto también los sábados de 21 a 23.45 h. Entrada: 6 €. Esta galería de pintura fue implantada en el palazzo Barberini, magnífico edificio barroco construido por Maderno, Bernini y Borromini. Las colecciones que alberga son excepcionales, y hay mucha menos gente que en el Vaticano. Lo consideramos uno de los más grandes museos romanos. ¡No os lo perdáis!

Pintura medieval

– *Sala 1:* bonito techo en trampantojo. *Virgen con el niño* de Martino Piazza de Lodi (1527), cuyo Jesús tiene un curioso corte de pelo.
– *Sala 2: Coronación de la Virgen* de Nicolo di Pietro, donde se deja ver una influencia bizantina.
– *Sala 3:* contiene dos espléndidos Filippo Lippi (el maestro de Botticelli). Una *Virgen con el niño*, con una extraña cabeza, y una admirable *Anunciación con dos devotos*. Fijaos en que no tuvo reparos con las proporciones y los dos personajes de la escalera.
– *Sala 4:* interesante *Natividad* de Antoniazzo. Puesta en escena teatral, disposición de los personajes, el trasfondo que armoniza con los paisajes... Todo muy bien construido.
– *Sala 5:* una *Sagrada Familia* de Andrea d'Agnolo, de soberbia factura. Las tres miradas parecen dirigirse al vacío. ¿Inquietud de futuro?
– *Sala 6:* una hermosa *Ascensión* y una *Adoración de los Magos* de Benvenuto Tisi (llamado Garofalo) con un armonioso equilibrio de los personajes.
– *Sala 7:* fascinante *Retrato de Stefano IV Colonna* de Angelo di Cosimo. Apreciable técnico, cuyo toque y efectos grandiosos resultan admirables, como el trabajo con respecto a la barba y el «aterciopelado» de la armadura, la precisa decoración sobre el casco y la espada, etc. *Sacra Conversazione* de Lorenzo Lotto, con un perfecto equilibrio de masas, un riguroso posicionamiento de los personajes, una hermosa luz sobre los dos viejos y un seductor juego de miradas. ¡Ah! Esa obsesionante ropa roja de la Virgen que capta la atención y la redistribuye sobre el personaje central: el Niño Jesús. En cuanto a la *Venus y Adonis* de Tiziano, puede decirse que no es lo mejor que hizo (pese al montón de ditirambos que se le conceden a esta obra). En cambio, el *San Jerónimo* del Tintoretto no nos decepcionó.
– *Última sala:* Jacopo Zucchi, un pintor que no conocíamos y que sabe meter a las mujeres en el baño de una forma curiosa. *Descendimiento* bastante patético de Jacopino da Conte.
Para llegar al segundo piso, monumental escalera sobre columnas.

El Renacimiento tardío y el barroco

– En la gran sala a la izquierda, algunos flamencos interesantes, pero la obra maestra del segundo piso es indudablemente el *Enrique VIII* de Hans Holbein. Extraordinario retrato, de una prodigiosa riqueza de detalles, en el que la dura y firme mirada del rey está soberbiamente ejecutada. También es seductor el *Erasmo* de Quentin Metsys. Cabe destacar la curiosa producción de J. F. Niceron, que pinta rostros y personajes deformados a través del prisma de objetos. Algo parecido a la anamorfosis...
– Finalmente, no os perdáis los *apartamentos de los 700 (appartamenti Comelia Castanza)*. Visita guiada, informaos bien de los horarios. Interesante síntesis del arte de vivir de la aristocracia del siglo XVIII. Se visita sucesivamente el comedor en trampantojo, una pequeña sala con paisajes marítimos, la pequeña galería di Angolo de estilo rococó. En el pequeño salón, bonitas pinturas sobre seda (con combates de indios). Alcoba con pasaje secreto para las damas. Capilla prescindible con pinturas al fresco. Gran salón de las Batallas. En el techo, los cuatro continentes (Asia no parece muy convincente). En la última sala, bonitos muebles con pintura sobre cristal. Al final, la *escalera de Borromini*, una maravilla de estética y elegancia.

🍸🍸 ***Iglesia de Santa Maria della Vittoria:*** largo Santa Susanna, en la parte alta de la via Barberini. Abierta de 7 a 12 h y de 15.30 a 19 h. Esta iglesia marca el apogeo del barroco en Italia. Aquí se encuentra una de las obras maestras de Bernini, el *Éxtasis de santa Teresa*. Como anécdota, el escultor tomó como modelo a su amante. En nuestra opinión, si fue en un momento de éxtasis, seguramente no era el mismo que vivió santa Teresa...

🍸🍸 ***Iglesia de San Carlo alle Quattro Fontane:*** en la esquina de la via delle Quattro Fontane y de la via del Quirinale. Abierta de lunes a sábado de 10 a 13 h. Fachada atormentada de Borromini, realizada justo antes de suicidarse.

🍸🍸 ***Iglesia de Sant'Andrea al Quirinale:*** via del Quirinale. Abierta de 8 a 12 h y de 16 a 19 h. Cerrada los martes. Bonito logro de Bernini (su mejor obra, para muchos).

🍸🍸 ***Palazzo del Quirinale** (plano general D3):* piazza del Quirinale. Autobús: n°s 77 y 81. La visita es posible los segundos y cuartos domingos del mes, de 8 a 13 h. Entrada: 5 €. Palacio construido en los estilos barroco y de la Contrarreforma. Es la residencia del presidente de la República italiana. En la plaza que le precede: bonita fuente y colosales estatuas antiguas de los Dioscuros, procedentes de las termas de Constantino.

★ ***BARRIO DE TERMINI*** *(plano general E3)*

🍸 ***Termas de Diocleciano** (plano general E3):* viale E. De Nicola, 79. ☎ 06-39-96-77-00 y 06-48-90-35-00. Abiertas de 9 a 19.45 h. Cerra-

das los lunes. Entrada: 4 €. Media tarifa para los jóvenes de 18-24 años, y gratuito por los menores de 18 años y los mayores de 65, de la Unión Europea.
Desde el Jubileo, el que fue mayor establecimiento termal de Roma acoge una nueva sección del museo nacional romano. Está dividido en tres partes muy distintas. De entrada, la parte epigráfica que ilustra el nacimiento y difusión del latín a través de todo tipo de inscripciones. Mirad sobre todo los estilos utilizados por la escritura (nada que decir, tampoco está mal la informática). Después, dos largos pasillos consagrados a los pueblos «protohistóricos» de la península, donde se aprende, por ejemplo, que si uno llegaba a la edad de veinte años, le quedaban aún 25 años de vida (al menos estadísticamente). Lo más duro, según parece, era llegar a los veinte años... En fin, no os perdáis la hermosa colección de estatuas y de esculturas (de la época imperial) dispuestas alrededor del jardín del gran claustro (construido en el siglo XVI por los cartujos en el interior de las termas).
– Al salir, visitad la *sala octogonal* (rodead las termas por la izquierda), o el llamado *planetarium* (así llamado porque había sido un planetario, después de haber servido de gimnasio, de almacén y de cine). ¡Verdaderamente soberbio!

*** ***Palazzo Massimo*** *(plano general E3):* largo di Villa Peretti, 1. ☎ 06-39-96-77-00 y 06-48-90-35-00. Abierto de 9 a 19.45 h. Cerrado los lunes. Entrada: 6 €. Mitad de precio para los jóvenes de 18-24 años, y gratuito para los menores de 18 años y los mayores de 65, de la Unión Europea. Apreciable restauración de este bonito palacio, antigua escuela jesuita de finales del siglo XIX. Museografía particularmente lograda. Una parte de la visita es libre (la sección arqueológica), la otra (los frescos) es guiada (todas las horas durante un cuarto de hora).

Planta baja

– *Salas 3 y 4:* bonita inscripción de bronce del año 41 d.C.. Busto de bronce de L. Cornelius Pusio.
– *Sala 6:* bonitas cabezas de terracota de la época de Augusto, y numerosos fragmentos.
– *Sala 8: Tazza con scena di corteggio marino* (siglo I a.C.), pilón trípode con pies de animal, bonitas esculturas y altares funerarios.
– *Patio interior: Province fedeli*, representación alegórica de las provincias del Imperio romano.

Primera planta

Hay un rico sarcófago de Marcus Claudianus, con escenas del Antiguo y Nuevo Testamento (330 d.C.). Otro adornado con máscaras. Hermosa serie de cabezas, entre ellas un auriga (253 d.C.). Bustos de Caracalla y de Séptimo Severo.
– *Sala 12:* destacable sarcófago con la batalla *Tra Romani e Germani* (180 d.C.) que enfrentó a los romanos y a los bárbaros. Abundancia de detalles y movimiento muy logrado.

– *Gran sala:* bonito *Dionisos* en bronce (117 d.C.), y un estremecedor hermafrodita adormecido (138 d.C.). Soberbia colección de casquetes terminales para timón de bronce (37 d.C.). Todos los temas: pantera, lobo, león, cabeza de medusa, manos, todo en bronce. Busto de actor de teatro.
– *Sala de los deportes:* discóbolos, Hércules, Apolo, bonito centauro de mármol negro, amazonas y bárbaros.

Segunda planta

Sección de pinturas romanas, estucos y mosaicos. En principio, visita guiada a las horas indicadas. Aquí también, soberbia museografía e inteligente distribución de la luz por reverberación.
– *Sala 1:* magnífico fresco bucólico (jardín idílico, pájaros, frutas, etc.) del comedor de la tercera mujer de Augusto (siglo I a.C.). Vestigios de la villa de la Farnesina (30 a.C.), hallados en 1879. Espléndida sala de banquetes, con interesantes pequeñas escenas. Concretamente, fijaos en la del juicio. En medio, a la izquierda, una mujer lleva a su marido impotente ante el juez... Más lejos, espléndido fresco del corredor con escenas de la vida cotidiana y, sobre todo, una fascinante *batalla naval*.
– *Galería:* mosaicos del siglo I a.C. Villa de Nerón, fresco en mosaico de una fuente (decoración de piedra pómez y conchas).
– *Sala 8:* frescos descubiertos a la orilla del Tíber. Escenas de pesca, peces, etc. Mosaico de los animales (hipopótamos, cocodrilos), de colores vivos.
– Finalmente, los últimos mosaicos procedentes de la villa Baccano. Sobre todo un pavimento vertical de una gran finura. Imitaciones y marquetería de mármol.

Planta sótano

Guardad fuerzas para una seductora exposición de pequeños objetos de arte, joyas, retículas de oro, cristalería, pequeños bronces, etc. Sobriedad en la presentación y voluntad de evitar la acumulación de obras. Los numismáticos disfrutarán especialmente.

Piazza della Repubblica *(plano general E3):* M.: Repubblica (línea A). Situada justo detrás de la piazza dei Cinquecento, esta plaza (construida a finales del siglo XIX), se llamaba antes «piazza dell'Esedra» (exedra) debido a su trazado curvilíneo. Los dos palacios que aquí se encuentran, dotados de pórticos, evocan la arquitectura severa de la capital del Piamonte. Cabe destacar también, en el centro, la fuente de las Náyades. La lascivia de las ninfas provocó un escándalo en su tiempo.

Iglesia de Santa Maria degli Angeli *(plano general E3):* acceso desde la piazza della Repubblica (el vestíbulo da a ésta). Abierta de 8 a 18.30 h, hasta las 19.30 h los domingos y los días festivos. Construida en el siglo XVI en el emplazamiento de las termas de Diocleciano, esta iglesia (para la cual el ilustre desconocido Miguel Ángel trazó sus últimos planos, que desgraciadamente se modificaron más tarde) parece modesta vista desde el exterior. No obstante, una vez en el interior, os sorprenderán las impresionantes dimensiones de este edificio y encontraréis allí mismo la amplitud de las salas antiguas (ocho columnas de época, de granito, aún están de pie). Construida sobre una planta de cruz griega, esta iglesia está invadida por cuadros procedentes en su mayoría de San Pedro (la basílica, no el primer obispo de Roma).

Aula Ottogona *(plano general E3):* via Cernaia, al lado de la iglesia S.M. degli Angeli. Abierta de 9 a 19 h (los días festivos, hasta las 14 h). Cerrada los lunes. Formaba parte de las termas de Diocleciano. Construida en 298 d.C. Inmensa rotonda de ladrillo que hoy guarda algunas esculturas. Dejó de funcionar en 537, cuando el rey de los visigodos destruyó en parte los acueductos. Se pueden ver los baños a través de un cristal en el suelo. Bonito *Pugilatore* del siglo I d.C.

Porta Pia *(plano general E2):* desde la piazza della Repubblica, id hasta la via XX Settembre y remontadla hasta la altura de la porta Pia. Integrada en la muralla de Aureliano, es la última obra arquitectónica de Miguel Ángel. Por ella entraron las tropas piamontesas de la ciudad en septiembre de 1870.

★ *BARRIO DE SAN LORENZO* *(plano general F-G3-4)*

Es uno de los barrios populares que mejor han conservado su identidad. Encajado entre la *città universitaria*, el cementerio di Campo Verano, la estación, la *circonvalazione* y... una larga porción de las murallas. Es efectivamente un enclave, una verdadera fortaleza obrera. Uno de los pocos barrios intensamente bombardeados durante la Segunda Guerra Mundial (posiblemente por la proximidad de las vías ferroviarias). Su construcción data esencialmente de la década de 1930, mezcla de viviendas estatales, modestas casas obreras, pequeñas fábricas, almacenes, etc. Estos últimos años han acudido muchos intelectuales progresistas, artistas, estudiantes, etc. También es un bastión de la rebelión universitaria y social y, desde hace mucho, de su franja más radical, la «Autonomía obrera». Todo ello produce una mezcla interesante que algunos creadores han detectado, así como todos aquellos a quienes les gustan los barrios con movimiento. No hay gran cosa por ver, es ante todo ambiente y un excelente terreno de aventuras gastronómicas... De noche, hay mucha animación en la via dei Voisci, largo di Osci, via degli Aquí y alrededores.

Cementerio di Campo Verano *(plano general G3):* abierto de abril a septiembre de 7.30 a 18 h (el resto del año, hasta las 17.30 h). Un océano de calma y de verdor. En el centro, un inmenso claustro bordeado de mausoleos grandilocuentes y polvorientos, grandes familias burguesas y aristocráticas del siglo XIX. A la izquierda una escalera lleva a la parte más antigua del cementerio. Caminos entre arbustos y cipreses, tumbas monumentales y pomposas.

★ ***BARRIO DE LOS MONTI*** *(plano general D-E3-4)*

Un poco de historia

Su nombre proviene de la geografía del lugar. Las colinas (del Esquilino, Viminal y Celio) confieren al barrio un carácter algo accidentado que resume perfectamente el nombre italiano de *monti.* Para saber sobre la historia del barrio, ved el principio de «La Roma moderna». A diferencia del Trastevere y el Testaccio, no es fácil delimitar la zona del barrio de los Monti. Digamos que, a grandes rasgos, todo lo que se encuentra en el interior de un perímetro delimitado al norte por la via del Quirinale, al este por la via Merulana y la via delle Quattro Fontane, al oeste por la via dei Fori Imperiali y al sur por la via Labicana... pertenece al barrio en cuestión. Pero para quien viene aquí por primera vez, quizá es mejor que se ciña a un territorio más restringido, allí donde la vida y la atmósfera del barrio son más palpables. En dos palabras, las calles comprendidas entre la via Nazionale y la via Cavour.

Visitas

– ***Artesanía local:*** hay aún muchos artesanos en el barrio, tanto del lado de la via dei Capellari (centro histórico) como alrededor de la via dei Vascellari (Trastevere). Confieren a este barrio un lado simpático y simple que encontramos en los bares y tascas de la zona. He aquí una selección de estos artesanos que trabajan a pie de calle.

Arte e Restauro del Vetro: via Panisperna, 64. Vidrios antiguos principalmente.
Grapheo: via Panisperna, 79. Cerámica.
Nito Costa: via Panisperna, 238. Anticuario especializado en el estilo Liberty.
Nostalgya: via Panisperna, 249. Creación de joyas y antigüedades.
La Vetrata: via del Boschetto, 94. Siempre el vidrio...
Mytho: via del Agneletto, 13. Orfebrería.

Las calles más pintorescas del barrio son las siguientes: la ***via Panisperna*** arranca en la basílica Santa Maria Maggiore, permite desembocar, tras numerosas subidas y bajadas, en los parajes del foro de Trajano. Su nombre procede de las distribuciones de pan *(panis)* y embutidos *(perna)* que los religiosos del monasterio de Santa Chiara hacían a los pobres el día de la fiesta de San Lorenzo. Es aquí, en efecto, donde el desgraciado sufrió su horrible martirio (la parrilla). Una iglesia dedicada al santo jalona, como se debe, la via Panisperna. Reconstruida en varias ocasiones, sería anterior al siglo IX. La

via dei Serpenti sale de la insoportable via Nazionale y desemboca en la via Cavour, atravesando el corazón de los Monti, así como su vecina *via del Boschetto*. Por otra parte, no dudéis en perderos en el dédalo de callejuelas situado en las proximidades de la *piazza de gli Zingari*, en concreto la ***via del Sambucco***, la ***via dei Ciancaleoni*** y la ***via dei Capocci***. Las caravanas de bohemios convergían en esta zona, de ahí su nombre. Antaño se llamaba la «plaza del pozo» *(piazza del Pozzo)*. Como podéis constatar, el pozo sigue ahí, pero su población ha cambiado. Ya no se ven gitanos, pero todos los domingos hay muchos polacos. Cruzando la ***via dei Serpenti***, tomad la ***via Madonna dei Monti*** o la ***via Baccina*** antes de recorrer la zona de los foros (siguiendo la via Tor dei Conti).

★ *DE TERMINI A SAN JUAN DE LETRÁN PASANDO POR SANTA MARIA MAGGIORE*

Desde la estación hasta San Juan de Letrán hay que calcular más o menos media hora a pie. Viniendo de la piazza del Cinquecento, bajad por la via Cavour hasta la altura de la piazza dell'Esquilino, luego, desde allí, id a la plaza Santa Maria Maggiore, situada detrás. Tomad a continuación la via Merulana hasta la basílica de San Juan de Letrán. Los más perezosos tomarán el autobús nº 204 desde Termini. Desde la estación central hasta San Juan de Letrán, se puede tardar mucho más tiempo... si lo dedicáis a visitar Santa Maria Maggiore y las curiosidades que hay por el camino.

⚲⚲ ***Piazza dell'Esquilino*** *(plano general E3-4):* viniendo de la estación, pasaréis por esta plaza donde se eleva uno de los dos obeliscos egipcios que adornaban la entrada del mausoleo de Augusto. Veréis también la fachada posterior de Santa María Mayor, precedida de una escalera. Cruzad esta plaza y os encontraréis en otra, la piazza de Santa Maria Maggiore (decorada con una de las ocho columnas procedentes de la basílica de Majencio), donde se halla la entrada de la basílica.

⚲⚲⚲ ***Basílica de Santa Maria Maggiore*** *(plano general E4):* M.: Termini (línea A y B) o Cavour (línea B) y algunos metros a pie. Autobús: n°s 16, 75, 204, 714... Abierta de 7 a 19 h. Una de las cuatro basílicas mayores de Roma (con San Juan de Letrán, San Pedro y San Pablo Extramuros). Su fundación se remonta al 5 de agosto del año 352, día en que la virgen, para hacer comprender al papa Liberio I que quería una iglesia, hizo caer nieve sobre estos lugares. Evidentemente, en pleno verano, era un milagro... La iglesia se llamó en principio Santa María de las Nieves. Si pasáis por aquí la noche del 5 de agosto, es posible que veáis nieve sobre la iglesia. No penséis que es un milagro, es nieve artificial, un recuerdo. Desde su fundación, Santa Maria Maggiore ha sido reformada en numerosas ocasiones. Su campanario (siglo XIV) es el más alto de Roma: ¡Nada menos que 78 m! En el interior, hay un rico techo de artesonado, y un pavimento de mármol. Muy bellas capillas laterales. Pero lo más destacable son los mosaicos del coro, del siglo V, no sólo por su antigüedad, sino por su calidad. A pesar de todas estas riquezas, la iglesia sigue teniendo la sencillez y la nobleza de las primeras basílicas cristianas

Iglesia de Santa Prassede *(plano general E4):* desde la piazza Santa Maria Maggiore, tomad la via Santa Prassede (pequeña calle situada frente a vosotros, ligeramente a la derecha según se sale de la basílica). Abierta de 7 a 12 h y de 16 a 18.30 h. Mosaicos excepcionales (siglo IX) y muy hermosa capilla de San Zenón.

Iglesia de San Pietro in Vincoli *(plano general D-E4):* desde la piazza de Santa Maria Maggiore, alcanzad la via Cavour y continuad por ella hasta la altura del metro. La iglesia está a dos pasos al final de la via delle Sette Sale. Abierta de 7 a 12.30 h y de 15.30 a 19 h. En su origen, la iglesia fue construida por la emperatriz Eudoxia (entre 432 y 440) para albergar las cadenas de San Pedro (en italiano, *vincolo* significa vínculo, cadena). Las cadenas en cuestión están expuestas en una cripta a la derecha del altar. La iglesia es conocida por el fantástico *Moisés* de Miguel Ángel. La fuerza que se desprende de la obra es tal que el propio Freud la psicoanalizó. Otra anécdota: un competidor de Miguel Ángel hizo también «su» *Moisés* (se encuentra en la piazza San Bernardo). La obra es tan fea en comparación con la del gran maestro que el pobre imitador acabó por suicidarse. El mausoleo de Julio II, además del *Moisés*, habría tenido que contener cuarenta estatuas... Pero Julio cambiaba continuamente de idea y Miguel Ángel no pudo nunca llevar a cabo su grandioso proyecto.

Porta Maggiore y la basílica subterránea *(plano general F-G4):* M.: Vittorio Emanuele II (línea A), después 5 mn a pie. Autobús: n°s 105, 649... A pie desde la iglesia de San Pietro in Vincoli: saliendo de ésta, alcanzad la via Cavour y después la via Giovanni Lanza y su prolongación hasta la piazza Vittorio Emanuele II; la via Principe Eugenio y la via di Porta Maggiore os permitirá llegar a buen puerto. Cuidado: para visitar este lugar insólito, hay que pedir una autorización, unos días antes, a la «Sopraintendenza alle Antichità Roma», piazza delle Finanze, 1.
Evitad este lugar ruidoso que es la porta Maggiore, integrada en la muralla de Aureliano, y salid a descubrir la Roma subterránea conociendo la basílica situada justo al lado, en el nº 7 de la via Prenestina, a 12 m por debajo del nivel de la calle. Construida en el siglo I de nuestra era, se trataba entonces de un lugar de culto para una secta hoy olvidada: los neopitagóricos. Pero desgraciadamente no podréis visitarla, ya que por el momento está cerrada.

Iglesia de Santa Croce in Gerusalemme *(plano general F4-5):* desde la piazza di Porta Maggiore, tomad la via Eleniana hasta la altura de la plaza Santa Croce in Gerusalemme donde se encuentra la iglesia del mismo nombre. Fundada probablemente por Constantino en el siglo IV para albergar el fragmento de la cruz de Cristo que su madre, la emperatriz Elena, habría traído de Jerusalén (de ahí el nombre de la iglesia: «Santa Cruz de Jerusalén»). Hermosos mosaicos de la capilla de Santa Elena. Ver la capilla de las Reliquias, donde hay de todo: fragmentos de la cruz de Cristo y del ladrón arrepentido, la inscripción (¿la verdadera?) que coronaba la cruz de Cristo, espinas de la corona, el dedo de Santo Tomás, etc.

★ ***SAN JUAN DE LETRÁN Y SUS ALREDEDORES*** *(plano general F5)*

Roma es la ciudad de la cristiandad, de modo que no sorprende ver en ciertos barrios un número increíble de edificios religiosos y una multitud de monjas y curas de «uniforme». El barrio de San Juan de Letrán está aún más invadido de iglesias que los demás. Inútil, pues, perder el tiempo aquí, si detestáis el arte cristiano en todas sus formas.

Porta de San Giovanni y piazza di Porta San Giovanni *(plano general F5):* abierta en el siglo XVI en la muralla de Aureliano, la porta de San Giovanni permite acceder a la plaza del mismo nombre donde podréis ver el monumento a san Francisco de Asís. También en esta plaza se encuentra el edificio de la Santa Escalera (por la que Jesús habría subido en el palacio de Pilatos el día de su proceso) y de santa Elena, hasta Letrán. Hay que subir esta escalera de rodillas, penitencia obliga. Arriba se encuentra la antigua capilla privada de los Pontífices (siglo XIII). En fin, a menos que seáis ciegos, veréis la imponente fachada de San Juan de Letrán y del palacio de Letrán.

Basílica de San Juan de Letrán *(plano general F5):* M.: San Giovanni (línea A). Autobús: n°s 16, 81, 85, 87, 650. Es la catedral de Roma y del mundo. En San Juan, el Papa es obispo de Roma. Fue fundada en el siglo IV por el emperador Constantino. La iglesia no es una obra homogénea, pues sufrió varios incendios y demoliciones. Pero de todas formas es magnífica. Unas imponentes estatuas (7 m de alto) coronan la fachada. Las puertas centrales de bronce son antiguas: proceden de la curia del Foro romano. Hermoso interior y sorprendente claustro, lleno de paz y de gracia, aunque esté en el corazón de un barrio muy animado.

Palacio de Letrán *(plano general F5):* este palacio, que da a la piazza di Porta San Giovanni y la piazza di San Giovanni in Laterano, en su estado actual data del siglo XVI (pontificado de Sixto V). Aquí se firmaron en 1929 los acuerdos de... Letrán entre Mussolini y el Papa. El gobierno de la diócesis de Roma tiene aquí su sede. Del palacio medieval que lo precedió, sólo quedan algunos restos, empezando por la Scala Santa.

Iglesia dei Santi Quattro Coronati *(plano general E5):* desde la piazza San Giovanni in Laterano, tomad la via San Giovanni in Laterano o la via Santi Quattro Coronati, donde se encuentra esta iglesia, antiguamente parte integrante de un conjunto fortificado que protegía el palacio de Letrán. De la iglesia inicial (siglo IV), no queda gran cosa. De todas formas, sí encontraréis un elegante claustro del siglo XII, así como una hermosa capilla dedicada a san Silvestre.

Basílica de San Clemente *(plano general E4):* situada un poco más abajo en la misma calle, esta basílica de tres niveles merece el desplazamiento. A pie de calle: la basílica del siglo XII (excepcional mosaico del ábside, ver también los frescos de la capilla de Santa Catalina); debajo la del siglo V, decorada con excelentes frescos carolingios y románicos; finalmente, un lugar de culto al dios Mitra, que data del siglo I (crisis místico-religiosa asegurada). Se han descubierto recientemente los cimientos de la construcción primitiva, tal vez destruida por el fuego prendido por Nerón, que destruyó Roma.

LA ROMA PONTIFICIA (EL VATICANO) Y SUS ALREDEDORES

★ *EL VATICANO* *(plano general A-B3)*

– ***Acceso:*** M.: Ottaviano-San Pietro o Cipro-Musei Vaticani (línea A). Autobús: n°s 40, 62, 64 (que sale de Termini)...
Sus límites actuales se fijaron en los acuerdos de Letrán en 1929, firmados por Mussolini. El Estado pontificio está administrado por un gobernador. Acuña su propia moneda, emite sus sellos, posee una imprenta, un tribunal, una central eléctrica, una emisora de radio y una estación que enlaza con la red ferroviaria italiana. La guardia suiza lleva todavía el sorprendente uniforme a rayas azules y naranjas, diseñado por Miguel Ángel. De hecho, si queréis entrar sin problemas aseguraos de que vuestra indumentaria es correcta: pantalones para los hombres, camisas «decentes» para las señoras (pantalones cortos, minifaldas y bermudas están prohibidos)...

Plaza de San Pedro *(plano general A-B3):* entre el obelisco y las fuentes, un disco en el suelo indica el punto desde donde sólo se ve una sola fila de columnas en lugar de cuatro. Unos pórticos en forma de brazos acogedores rodean la plaza que, así unida al edificio, parece su vestíbulo. Esta obra maestra de armonía se debe a Bernini. Bendición del Papa todos los domingos a las 12 h desde la ventana de su biblioteca. Siempre hay miles de personas. Resulta impresionante.

Basílica de San Pedro: la mayor basílica del mundo. Abierta de 7 a 19 h (17.30 h en invierno). Cada día, visita gratuita con guía. Informaos allí mismo, entrando en la basílica, a la derecha bajo el pórtico.

«Tú eres Pedro, y sobre esta piedra construiré mi iglesia», había dicho Cristo. ¡Y qué iglesia!
Primera capilla de la nave de la derecha: capilla de la *Pietà*. Miguel Ángel no tenía todavía 25 años cuando realizó su admirable *Pietà*. La célebre obra está protegida por un cristal desde que un loco la rompió en pedazos.
No os perdáis el púlpito y el baldaquino de Bernini (no tendréis ningún problema para verlo...) o la estatua de bronce de san Pedro esculpida por Arnolfo di Cambio, con su pie completamente roído por los besos de los peregrinos. Debajo de su cabeza, un frisbi.
Ved también los monumentos funerarios de los diferentes papas, por toda la iglesia: de Clemente XIII (esculpido por Canova), de Urbano VIII (por Bernini), de Pablo II (por Guglielmo della Porta), de Inocencio VIII, etc.
Las grutas Vaticanas (entrada justo después de la estatua de san Pedro) son interesantes. Albergan las tumbas de san Pedro y de algunos papas.
En la nave central, observaréis un gran disco de pórfido incrustado en el pavimento. Sobre esta losa, Carlomagno fue coronado emperador por el papa León III el día de Navidad del año 800.

Museo histórico y tesoro: abiertos de 9 a 18 h de lunes a sábado, y de 9 a 17 h los domingos; fuera de temporada, sólo por las mañanas. Contienen hermosas piezas de arte religioso. Ved la dalmática de Carlomagno, la tumba de Sixto IV y el sarcófago de Junius Bassus.

La cúpula: acceso pagando: 5 € con el ascensor, 4 € subiendo a pie. Es obra del célebre arquitecto Bramante, que la quiso parecida a la del Panteón. Miguel Ángel, Giacomo della Porta y Domenico Fontana se pusieron también manos a la obra. Se sube por un acceso a la derecha de la basílica (abierto de 8 a 18 h). Los que no tengan el pecho, perdón los pulmones, de Anita Ekberg (¡sí, otra vez La *Dolce Vita*) pueden subir en ascensor. Los que tengan claustrofobia que se abstengan absolutamente de subir, hay unos estrechos pasillos de techo bajo que no terminan nunca... Al salir del ascensor, hay una vista impresionante del interior de la iglesia y luego, desde la cúpula, de toda la ciudad.

★ MUSEOS DEL VATICANO

Viale Vaticano (¡esto sí que es original!). ☎ 06-69-88-49-47 y 06-69-88-33-331. musei@scv.va
– **Horarios de visita:** de 8.45 a 14.20 h de lunes a viernes, hasta las 12.20 h los sábados y el último domingo de mes. Cerrados los domingos y los festivos. Gratuitos el último domingo del mes de 8.45 a 12.20 h.
– **Entrada:** 10 €. Reducción para los estudiantes de menos de 26 años, los profesores, los peregrinos y los religiosos. Tarifa: 7 €. Entrada gratuita todos los últimos domingos del mes y el 27 de septiembre (día internacional del turismo). Prohibido utilizar el flash. Podéis alquilar una audioguía, compañero erudito que os costará 5,5 €. *Atención, prohibido ir en pantalón corto.*

Visita, modo de empleo

Para evitar las multitudes, venid fuera de temporada y visitadlos durante la semana. Como no siempre se puede evitar la temporada alta, he aquí algunos consejos prácticos. De entrada, si queréis tener la capilla Sixtina para vosotros solos y poder disfrutar y soñar en paz, hay que llegar los primeros. Para ello, basta con hacer la cola una hora antes (hacia las 7.45 h), equipados con una buena novela de intriga (tipo *El corto y misterioso reinado de Juan Pablo I*) y ya veréis cómo pasa el tiempo (indicación útil: a las 8.15 h, ya hay 500 m de cola). A continuación, deberéis recapacitar y reagrupar vuestros focos de interés teniendo en cuenta que, en un momento dado, os cruzaréis con el gran grupo, de la Sixtina a la pinacoteca por ejemplo (o a la inversa). Si queréis que compartamos un poco nuestra experiencia, sabed que la visita a la sala de Rafael en hora punta es particularmente incómoda (tipo metro de gran ciudad a las 19 h) y que francamente no se disfruta (excesiva aglomeración de personas, calor, ruido, etc.). Conviene, pues, combinarla con la hora apropiada con la capilla Sixtina.
Nuestra descripción de los museos no es lineal ni responde a una lógica mayor de itinerario. Normal, ya que muchos de vosotros iréis a lo esencial o directamente a vuestros centros de interés. Sois vosotros quienes debéis responder según vuestros gustos y corazonadas. En todo caso, he aquí los nuestros…

Primer piso

★★★ ***Capilla Sixtina:*** Construida por el papa Sixto VI en 1477. Plano muy simple: sala rectangular sin ábside, de 20,70 m de altura, de 40,23 m de largo y de 13,41 m de ancho. La decoración de los muros laterales representa escenas de la vida de Moisés y de Cristo. Realizado por un increíble grupo de artistas, bajo la dirección del Perugino.
A partir del *Juicio final*, a la izquierda, se encuentra el *Viaje de Moisés a Egipto* del Perugino y del Pinturicchio, la *Juventud de Moisés* por Botticelli, el *Paso del mar Rojo* y la *Entrega de las tablas de la ley* de Rosselli, el *Castigo de los rebeldes* de Botticelli, *Los últimos días de Moisés* de Signorelli. A la derecha, el *Bautizo de Cristo* del Perugino y del Pinturicchio, *La vocación de los apóstoles Pedro y Andrés* de Ghirlandaio, el *Sermón de la montaña* por Pedro Cosimo, el *Cristo devolviendo las llaves a san Pedro* del Perugino y la *Santa Cena* de Rosselli.

★ ***La bóveda:*** Al principio, la bóveda era sólo un bonito cielo estrellado. Tres papas más tarde, Julio II (sobrino de Sixto) decidió hacerla repintar. Pensó en Miguel Ángel, quien intentó librarse del encargo, pero tuvo que resignarse y entrar en nómina en 1508. El artista, que por otra parte era objeto de los celos de Bramante, no se portó muy bien, pues no dudó en despachar a sus colaboradores una vez hubo

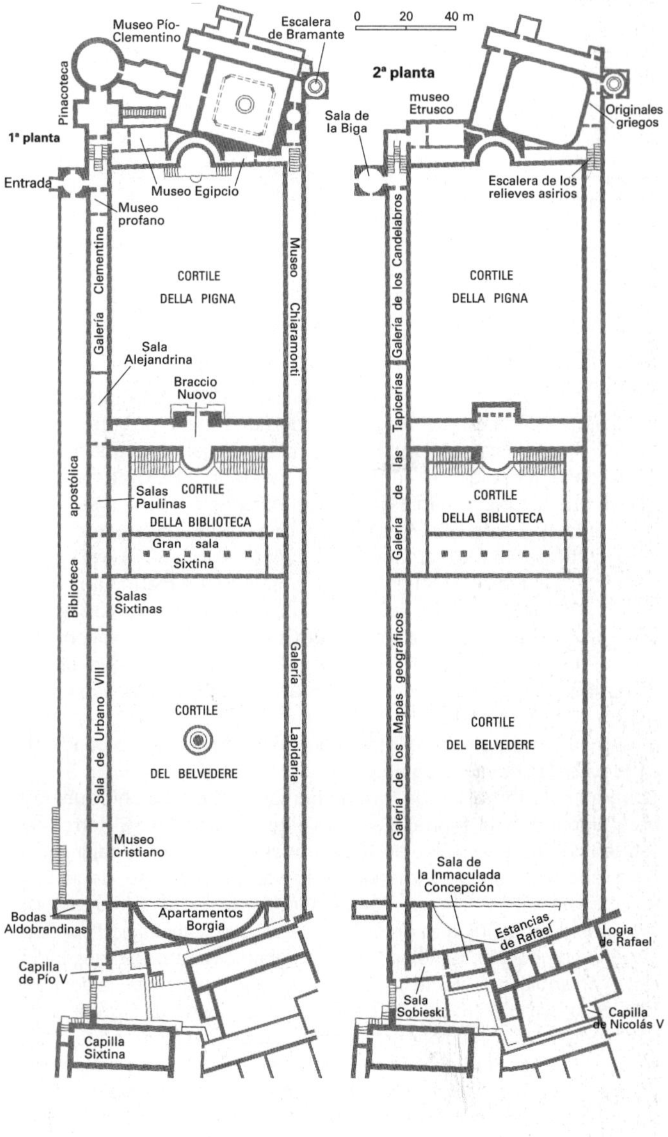

MUSEOS DEL VATICANO

asimilado sus técnicas de pintura al fresco que antes no conocía. Trabajó, pues, él solo, colgado de unos andamios a 22 m de altura, casi en secreto. En dos años, realizó la mitad de la bóveda, pero el 14 de agosto de 1511 Julio II, impaciente, ordenó que quitaran todos los andamios para comprobar en qué fase se hallaba. Se dice que Rafael, que trabajaba entonces en las *stanze*, vino también a inspeccionar, ¡y que alteró insensiblemente su estilo! En octubre de 1512, la bóveda estaba terminada... Se cuenta también que el pobre Miguel Ángel descendió hecho polvo. Hoy, quizás como gesto solidario, millones de visitantes continúan torciendo el cuello para apreciar las admirables secuencias de la *Creación del Sol y la Luna*, la *Creación del hombre* (una de las imágenes más universales de la historia del arte), el *Pecado original* (de una extraordinaria voluptuosidad), el fantástico *Diluvio*, etc.

El Juicio final: Algunos papas después, en 1533, Clemente VII de Medicis ofreció a Miguel Ángel la decoración de la gran pared del altar. Fiel a sí mismo, este último fue dando largas para que la cosa se olvidase, hasta que el propio Clemente murió. Pero de nada sirvió, ya que el difunto había dado instrucciones precisas a su sucesor, Pablo III, y esta vez Miguel Ángel no se pudo escaquear. Dicho esto, está escrito que terminó su trabajo (200 m y 391 personajes) en un tiempo récord: 450 días... (no obstante, en ciertos libros, se afirma que fue pintado en seis años, ¿cuándo se pondrán de acuerdo?). Con sesenta años, el artista había alcanzado magníficamente el cenit de su madurez artística. Una anécdota: para empezar su trabajo, Miguel Ángel tuvo que liquidar los dos primeros frescos de la vida de Cristo y Moisés realizados por el Perugino. Una nueva pared de ladrillo fue construida contra la antigua, con una ligera pendiente para evitar la acumulación de polvo.

Admirad este torbellino de formas humanas. Se ha dicho que esta obra significaba el fin del Renacimiento «optimista». El terror del saqueo de Roma acaecido en 1527 probablemente debió dejar huella en la memoria y en la conciencia colectiva. En todo caso, debió provocar el espanto y el horror del pecado, como era el objeto de todo *Juicio final* en las iglesias de la época. Aunque este *Juicio final* despertó la admiración, también hubo voces en contra por la desnudez de los personajes. Durante un tiempo, se llegó a pensar en la destrucción de la pared. Pero un año después de la muerte de Miguel Ángel se recurrió a una solución menos devastadora: un alumno fue el encargado de recubrir los órganos sexuales demasiado visibles y se ganó el nombre de *Braghettone*. Francamente, sería demasiado largo detallar aquí esta obra maestra: del Cristo a quien Miguel Ángel ofreció el torso de Belvedere, al rostro del artista figurando en la piel desnuda de san Bartolomeo, es de una riqueza de detalles apabullante.

Para terminar, en 1992 concluyó la gigantesca operación de restauración de los frescos. Es la «restauración del siglo XX», que sembró la duda entre los aficionados al arte y los moralistas de todo tipo. La

limpieza de la bóveda ha hecho descubrir los colores (rosa caramelo y verde acidulado) que sorprenden en este pintor calificado como «terrible soberano de la sombra». Los detractores hablan de masacre de la Sixtina, mientras que para otros representa el descubrimiento más deslumbrante de todos los frescos, así que lo que es bueno para unos...
A partir de los trabajos de restauración surgieron otros debates: ¿Había que conservar los velos y los calzones añadidos 23 años después de la finalización de la obra de Miguel Ángel? ¿O bien, por el contrario, había que quitar esos velos para devolver a la obra su aspecto original, a riesgo de ofuscar a las «almas sensibles»? Así que cada uno tomará partido por lo que le parezca más correcto...

Segundo piso

Todo lo que se visita durante el recorrido (museo Etrusco, galerías de los Candelabros, de las Tapicerías y de los Mapas), lo reencontraréis más adelante en el capítulo «Retorno al segundo piso». Antes os podéis meter de lleno en las famosas *Stanze*.

★★★ ***Estancias de Rafael*** *(stanze di Raffaello):* los frescos fueron realizados de 1508 a 1524 (a la muerte del maestro, fueron retomados por sus alumnos). Las estancias fueron encargadas por el papa Julio II, que rechazaba habitar en los apartamentos de su predecesor Alejandro VI Borgia. Como las paredes ya estaban decoradas con obras de pintores oscuros tales como... Piero della Francesca, Luca Signorelli, el Perugino (el maestro de Rafael), etc., debieron recubrirse en gran parte.

★ ***Sala de Constantino:*** la de las ceremonias y recepciones. No es la más bonita, porque son los últimos frescos y Rafael ya no trabajó mucho en ellos. *El triunfo del cristianismo sobre el paganismo* es el tema principal.

★ ***Estancia de Heliodoro:*** Rafael la pintó de 1511 a 1514. Admirable *Liberación de san Pedro* encima de la ventana, donde el artista juega con la luz maravillosamente. Pensad que, después de cinco siglos, no ha sido nunca restaurada. El apóstol tiene los rasgos de Julio II. Frescos a los lados: *Heliodoro expulsado del templo* y, al otro lado, *León el Grande al encuentro de Atila*. En el techo, escenas bíblicas (el *Sacrificio de Abraham*, *La escalera de Jacob*, etc.).

★ ***Estancia de la Signatura:*** gabinete de trabajo y biblioteca de Julio II. Es aquí donde Rafael debutó en 1508, y casi todas las pinturas son suyas. La bóveda está dividida en cuatro partes: Poesía, Filosofía, Justicia y Teología. La obra maestra de esta pieza es *La Escuela de Atenas*, donde el artista puso en escena a todos los grandes pensadores de la historia. Para ilustrarlos utilizó los rasgos de algunos de sus coetáneos. Divirtámonos descubriendo algunos de ellos. En el centro *Platón* (cabeza de Leonardo da Vinci) en rosa, mirando al cielo (el mundo de las ideas). Al lado, *Aristóteles*. A la izquierda *Platón*, en verde, *Sócrates*. Tumbado en los escalones, *Diógenes*. Sentado justo debajo de los escalones, a la izquierda, *Epicuro*, coronado de pámpanos. *Pitágoras*, observado por *Averroes*, escribe en la pizarra. *Heráclito* tiene la cara de Miguel Ángel (a quien Rafael admiraba y que trabajaba en aquellos momentos en la capilla Sixtina). Apoyado en su compás, *Euclides*, a quien Bramante presta su rostro (en su vestido se aprecia la firma del artista). A la derecha, contra la columna, el hombre de la boina negra, es el propio Rafael. Al otro lado, fresco de la *Disputa del Sacramento*.

♜ ***Estancia del incendio del Borgo:*** pintada al fresco de 1514 a 1517, pero de la que Rafael sólo llegó a realizar los dibujos. Aquí, en tiempos de Julio II, se reunía el tribunal más importante de la Santa Sede. Bajo el reinado de su sucesor, León X, la estancia se transformó en comedor. En la *Coronación de Carlomagno*, éste tiene los rasgos de Francisco I (y el papa León III, los de León X). Neta alusión al Concordato firmado entre Francia y la Iglesia en 1515. *El incendio del Borgo*, apagado (con un signo de la cruz, según se dice) por León IV en 847, es el único fresco de la sala realizado en su mayor parte por el mismo Rafael. Otro fresco, *La victoria de san León IV sobre los sarracenos en Ostia* evoca la victoria de este Papa (que tiene los rasgos de León X) sobre los sarracenos, alusión a la campaña de este último contra los turcos. Finalmente, *La justificación de san León XIII* (que en la época tuvo que defenderse de graves calumnias) es una alusión al concilio del Letrán de 1516, que establecía que el papa sólo tiene que rendir cuentas a Dios. Comprobaréis que el decorado de esta estancia está totalmente dedicado a la gloria de León X y a sus ambiciones políticas... ¡Las grandes gestas de los León anteriores se pusieron astutamente al servicio de esta gloria! En el techo, una *Trinidad* del Perugino que no osaron cubrir.

Lo que hay que ver en los alrededores próximos a las estancias

♜ ***Capilla de Urbano VIII:*** rica decoración de estucos dorados y de frescos de Pietro da Cortona.

♜♜ ***Sala de las Grisallas:*** antecámara del apartamento pontificio. Decoración del siglo XVI. Bóveda dibujada por Rafael y grisallas realizadas por su taller.

♜ ***Capilla de Nicolás V:*** situada en la parte más antigua del palacio pontificio (siglo XIII). Descubrid las pinturas de Fra Angelico en la cumbre de su talento. Las realizó entre 1447 y 1451. Las más importantes: las vidas y martirios de san Esteban (arriba) y de san Lorenzo (abajo).

Primer piso

♜ ***Apartamentos de los Borgia*** *(appartamento Borgia):* en el primer piso, bajo las habitaciones de Rafael. Hoy albergan una de las colecciones de arte religioso moderno. Este Borgia, de origen español, fue elegido papa en 1492, con el nombre de Alejandro VI, y murió en 1503. Todas las estancias privadas de su apartamento fueron decoradas por el famoso *Pinturicchio*, entre las que destaca la hermosa *sala de los Misterios* (en uno de los espejos, una apreciable *Adoración de los Magos*). Algunas de ellas presentan magníficos techos esculpidos, dorados y policromados.

*** ***Pinacoteca:*** en nuestra opinión, una de las más ricas de Italia. Está claro que no podemos hacer una descripción completa. *Atención, fin de la visita a las 13.30 h.* He aquí, sala por sala, sus puntos fuertes.
– *Salas 1 y 2:* primitivos religiosos. *Tríptico* de Giotto (1315) y todos los grandes de la época: Simone Martini, Pietro Lorenzetti, Bernardo Daddi, etc.
– *Sala 3:* bonita *Virgen de la cintura* de B. Gozzoli, otra de Filippo Lippi. Y una espléndida *Adoración de los magos* (nº 257).
– *Sala 4: Ángeles músicos* de Melozzo da Forli (1450). Rostros delicados anunciando a Botticelli, su composición es simplemente maravillosa. Bonita *Anunciación* de Marco Palmazzano (siglo XV). Drapeado muy bien trabajado.
– *Sala 5:* sombría *Pietà* de Lucas Cranach el Viejo (donde, por primera vez, Cristo no está en brazos de la Virgen).
– *Sala 6:* nuestro corazón está dividido entre los dos Crivelli. En el lienzo de Vittore (el viejo de la izquierda y el joven inspirado a la derecha), la técnica casi evoca la fotografía. No obstante, nuestro preferido es Carlo, cuyos rostros son más expresivos. El dolor se manifiesta con mucha fuerza en su *Pietà*, y su *Virgen con el niño*, al lado, revela tanta elegancia como dulzura.
– *Sala 7: Coronación de la Virgen* del Pinturicchio (1502) y una bonita *Virgen y cuatro santos* del Perugino (1495).
– *Sala 8:* esta gran galería, es una delicia para los rafaelistas… Podéis admirar un tríptico, la *Madona de Foligno* (1511), la *Coronación de la Virgen* (1502) y la última obra del maestro: la *Transfiguración*. Fue descubierta después de su muerte, en 1520, en su taller. Luminosidad sin igual y, al mismo tiempo, anuncia a Caravaggio. Abajo, a la izquierda, la oscuridad parece subir, subir…
– *Sala 9:* hermosa historia de *San Jerónimo* de Leonardo da Vinci (1480), encontrada en dos trozos. En 1860, el cardenal Fesch descubrió el busto en un anticuario, luego la cabeza, utilizada como banco, en una zapatería. Extraordinaria *Pietà* de Giovanni Bellini (1470).
– *Sala 10: Retrato del dux Niccolo Marcello* (1542) y *Virgen de San Niccolo dei Frari* (1528) de Tiziano.
– *Sala 11: San Jerónimo* de Girolamo Muziano y dos Carracci.
– *Sala 12:* magnífico *Descendimiento de la cruz* de Caravaggio (1604) que anuncia el barroco. Fijaos en el movimiento circular de los personajes. También el *Martirio de san Erasmo* de Nicolas Poussin, y un Juan de Bolonia.

– *Sala 13:* algunos barrocos que no se aprecian mucho; a pesar de ello, hay una *Victoria de Gedeón* de Nicolas Poussin y una espléndida *Apoteosis de Vicenzo I Gonzaga* de Rubens.
– *Salas 14 y 15:* interesante figura de viejo de David Teniers el Joven. Más lejos, es interesante el Jesús rubicundo y desgreñado de la *Madona con el niño* de G. B. Crosato. *Observación astronómica* de Donato Creti. Sala de los iconos.
– *Sala de los modelos de Bernini:* maquetas originales de los bronces realizados para la *capilla del Sacramento* de la basílica de San Pedro. Fijaos al pasar en el sorprendente *Adán y Eva en el Paraíso* de W. Peter (siglo XVIII). Soberbia representación de un paraíso fantasmal, fascinante bestiario.

✱ ***Museo egipcio:*** después de haber subido la suntuosa escalera Simonetti (bóveda de cañón que reposa sobre antiguas columnas), se llega al Museo egipcio. Fundado en 1838 por el papa Gregorio XVI. Toda Europa, en aquella época estaba en plena egiptomanía. Pero muchas obras habían sido traídas ya en tiempos del Imperio romano y fueron halladas en las villas de Roma. Numerosos ataúdes y sarcófagos pintados, bonita momia de mujer (1000 a.C.), vasos canopes donde se ponían las vísceras, mobiliario y objetos funerarios, colección de papiros. Estatuaria de la villa Adriana, conjunto monumental edificado por el emperador Adriano (117-138). Bonito sarcófago de la reina Hetep-heret y estatua colosal de la reina Tuya, madre de Ramsés II.
Salida al ***patio de la Piña***. Esta enorme piña data del siglo I o II de nuestra era, y servía de fuente pública (el agua salía por los agujeros de los piñones). Fue recuperada para decorar la primera iglesia de San Pedro y pasó a integrar el Vaticano tras la construcción de la basílica.

✱✱✱ ***Museo Pio Clementino:*** entrada por la sala 12. Creada por el papa Clemente XIV en 1770. También es imposible aquí describir todas sus riquezas. Las más estelares son las siguientes:
– *Sala 10:* el *Apoxiomeno*, copia romana del siglo I d.C. de un bronce original de Lisipo (data del 320 a.C.). Representa a un atleta en reposo frotándose la piel para quitar el sudor y la arena.
– Al pasar por la *sala 11* no olvidéis echar un vistazo a la magnífica *escalera de Bramante*. Encargada por el papa Julio II a principios del siglo XVI. Construida en espiral, los caballos podían subir por ella.
– Llegada al *patio del Octógono*, el corazón del museo. Se puede admirar el *Apolo de Belvedere*, uno de los más fascinantes ejemplos del arte grecorromano. Mármol romano esculpido en 130 d.C., siguiendo el modelo de un bronce griego (del 330 a.C.). «Y sus ojos miran con un estallido silencioso y eterno» exclamó el gran poeta Hölderlin. Enfrente, el soberbio *grupo de Laocoonte*. Este último, sacerdote de Apolo, había puesto a sus compatriotas troyanos en guardia contra el caballo de Troya abandonado como «ofrenda» a Atenea por parte de los griegos. Laocoonte lanzó entonces una lanza contra el caballo provocando el furor de Atenea, que envió mons-

truosas serpientes para matarlo. Obra de tres escultores de Rodas. Ya muy célebre en su tiempo, puesto que Plinio el Viejo (víctima de la erupción del Vesubio en el año 79) habla de ella en sus libros como de la escultura más bella del palacio del emperador Tito. Todo músculo y potencia, genialmente patético.
– En la *sala de los Animales*, numerosas e impresionantes figuras o grupos de animales. Más lejos, sala del *Torso de Belvedere*. Esculpido en el siglo I a.C., suscitaba la admiración de Miguel Ángel.
– *Sala Redonda*, otra obra maestra de Simonetti que recuerda un poco al Panteón. En el centro, gran pilón de pórfido de 13 m de diámetro. Seguida de la *sala de la Cruz griega*. En el centro, impresionante mosaico policromo de colores muy vivos que representa el busto de Atenea (siglo III). Imponente sarcófago de pórfido de santa Helena, madre de Constantino, y otro de Constanza, hija de Constantino (siglo IV d.C.). Decorado con niños recogiendo la uva.

Biblioteca Apostólica: saliendo de la capilla Sixtina, se puede admirar sucesivamente: la *sala de los Mensajes de Pío IX*, luego la *capilla de san Pío V*. Cerámicas medievales y renacentistas. El arte del camafeo y la miniatura. Bonitos micromosaicos que fueron famosos en el siglo XIX. Una sala tiene maravillosos pequeños marfiles cincelados. Cristo en cruz de bronce del siglo XIII que parece mucho más moderna. Fijaos en el Cristo central bastante macizo, con una especie de trenzas. Fantástica *colección de esmaltes de Limoges* del siglo XVI. También numerosos crucifijos, copones, cálices, evangeliarios, etc.
Sala de los Papiros: la más importante colección de papiros en latín, en su mayoría provenientes de Ravena (del siglo VI al X). *Sala de bronces antiguos*, tejidos venerables, cristales irisados. Mapa de los viajes de Verrazano, planisferio de 1530. Llegada a la gran *sala Sixtina*, antigua sala de lectura de la biblioteca. Muy rica ornamentación y numerosos frescos.

Museo Chiaramonti: a la salida del museo Egipcio. Creado por el papa Pío VII y acondicionado por Antonio Canova. Es realmente la abundancia: más de mil esculturas de todo tipo, estatuas de divinidades, bustos de dioses, personalidades, notables, altares, sarcófagos, urnas, ornamentos arquitectónicos y decorativos, etc.

En el **Braccio Nuovo**, perpendicular al *museo Chiaramonti*, numerosas estatuas antiguas en los nichos. Su obra maestra es sin duda la colosal estatua romana *El Nilo* (siglo I d.C.). Hallada a principios del siglo XVI e identificada gracias a las figuras de esfinges y cocodrilos. Los 16 niños simbolizan los 16 codos que alcanzaba el nivel del Nilo en el momento de la gran crecida.

Retorno al segundo piso

Museo Etrusco: abundantemente provisto de sarcófagos, tumbas y de todas las excavaciones llevadas a cabo en Etruria. Vajillas, copas y cántaros de plata, tinteros y silabarios, ánforas y cerámicas, objetos de bronce, espejos, cestas, numerosos cascos, candelabros, ricas colecciones de objetos funerarios, joyas soberbias, fíbulas y diademas de oro, objetos de ámbar. Salas de terracota y vasijas.

☛ ***Galería de las Tapicerías:*** al lado izquierdo, las espectaculares tapicerías de Bruselas (siglo XVI), tejidas en la manufactura de Pieter van Aelst, sobre cartones de Rafael. Entre otras, la *Adoración de los pastores*, luego la *Adoración de los magos*. En esta última, rostros, cabelleras y drapeados están maravillosamente ejecutados. Colores aún vivos. Fijaos en el bonito movimiento de los personajes hacia el niño. Expresiones muy diversas. Más lejos, la *Masacre de los inocentes*, la *Aparición a María Magdalena*, la *Resurrección de Cristo*. Las otras tapicerías provienen de la manufactura Barberini en Roma, creada en 1627 únicamente para ensalzar los méritos de la familia Barberini, entre otros el papa Urbano VIII. Por otra parte, la manufactura cerró al morir este último, en 1683.

☛☛ ***Galería de los Mapas:*** de paso hacia las habitaciones, es difícil ir rápido y resistirse a los encantos de esta galería. Con 120 m de longitud, contiene 40 mapas topográficos pintados en frescos en 1580, por encargo del papa Gregorio XIII. Testimonios excepcionales de la geografía y de la cartografía de la época. Todas las regiones de Italia y las posesiones de la Iglesia. También Córcega, curiosamente invertida. Están la Balagne, Calvi, Corbara, pero no Pigna, nuestro pueblo preferido. Fijaos, en el mapa del Lacio, en la interesante representación de Roma.

☛ Si todavía os quedan fuerzas: en la entrada, cerca de la pinacoteca, el ***museo Cristiano***. En un edificio moderno sin gracia, numerosos sarcófagos, enormes tumbas, aparición de los primeros monogramas de Cristo, colecciones de epitafios, sección lapidaria hebrea (piedras con el candelero de siete ramas). Y luego, también: el ***museo Gregoriano profano***, el ***museo Misionero etnológico***, el ***museo de las Carrozas***, la ***sala de la Biga***, la ***galería de los Candelabros***... ¡Uf! Alguno tendrá que ser el último.

En el exterior

☛ ***Los jardines del Vaticano:*** son espléndidos. Para la visita (duración: 2 h), debéis inscribiros el día anterior en la oficina de información cerca de la basílica de San Pedro, provistos del carnet de identidad y 8 €.

★ *BARRIO DEL BORGO* *(plano general B3)*

– ***Acceso:*** como para el Vaticano (M.: Ottaviano-San Pietro o el autobús nº 64, que sale de Termini).

Un poco de historia

– ***La época romana:*** la zona comprendida entre los montes del Vaticano y el Tíber, el *Ager Vaticanus*, nunca constituyó enteramente un barrio en la época romana. Se trataba más bien de una zona suburbana atravesada por las calles jalonadas por numerosas tumbas. También había grandes villas que cayeron rápidamente bajo el dominio imperial (sobre todo las *villas de Agripina* y de *Domitia*). En otra parte de los jardines de la primera el «simpático» Calígula hizo construir su propio circo, terminado más adelante durante el reinado del no menos simpático Nerón. Ocupaba el flanco izquierdo de la basílica de San Pedro.

Más tarde, en el siglo II d.C., en el emplazamiento de los jardines de Domitia se construyó el *mausoleo de Adriano* –último edificio pagano edificado en ese lugar durante la época de los césares–. Se construyó un puente para unir el mausoleo con la zona del Campo de Marte. Se trata del predecesor del puente San Ángel.
Por suerte para la gente de la zona, san Pedro tuvo la buena idea de sufrir aquí su martirio (para más detalles, os remitimos a la lectura de *Quo Vadis*). En el siglo IV se construyó una primera basílica, a la vez que los peregrinos se multiplicaban con el paso de los años. San Pedro (aunque vivía ya a 30 pies bajo tierra) fue en cierto modo quien dio forma a este barrio para favorecer la estancia de los peregrinos.
– ***En la Edad Media:*** desde el siglo VIII fueron creadas las *scholae peregrinorum*. Peregrinos extranjeros fundaron pequeñas localidades que comprendían un hostal y un oratorio, sobre todo en el llano del Vaticano para sus compatriotas. Cada conjunto formaba un pequeño burgo y, a su vez, el conjunto de burgos formaba los *borghi*. Estos últimos, tras la incursión de los sarracenos en 846, fueron encajonados, por una nueva muralla, la muralla Leonina, que englobó a todo el Borgo y el Vaticano.
Dejado en el abandono durante el exilio del papado en Aviñón, Borgo renació a principios del siglo XIV, con el retorno del papado que elegiría domicilio en el vecindario inmediato a la basílica en detrimento del palacio de Letrán. La cristiandad no tendría desde entonces más que un solo centro, el *Vaticano*, precedido de un burgo, el *Borgo*. El conjunto se beneficiaba del apoyo militar del *castillo de san Ángel*.
– ***El Renacimiento:*** Borgo conoció su época fastuosa en los siglos XV y XVI con la aparición de numerosos palacios, congregaciones e instituciones religiosas. En medio de todo esto, había bastantes casas habitadas por la pequeña burguesía (sobre todo artesanos y comerciantes), profesionalmente vinculada a la vida de la basílica.
– ***1937-Annus horribilis:*** el aspecto general del barrio iba a permanecer invariable hasta 1870, año de la anexión de Roma a la nueva Italia. Borgo (integrado en el nuevo barrio del Prati) fue desvinculado de su santo protector, cuya basílica y territorio colindante fueron decretados zona extraterritorial. Pero más que la destrucción de ciertas puertas o los cambios ligados a la construcción de los márgenes

del Tíber, el año 1937 vio la desaparición de la «spina –arteria principal– dei Borghi» en provecho de la pomposa via della Conciliazione que resultaría fatal. Mussolini se tragó esta famosa espina sin escrúpulos, destruyendo al mismo tiempo la unidad de un viejo barrio hecho de encabalgamientos de casas apretadas las unas contra las otras. A la salida de este laberinto salpicado de bonitas pequeñas plazas, nos topamos casi de narices con San Pedro.
– ***Hoy:*** Borgo no llegó a recuperarse nunca del todo de esta terrible sangría. Sus habitantes más viejos siempre hablan de Borgo, pero este barrio hoy día se reduce nada más que a la pequeña parte encajada entre la muralla Leonina al sur, la via di Porta Angelica al oeste, la via Crescenzio al norte y el castillo San Ángel al este. Es aquí, en efecto, y más particularmente en Borgo Pio, donde uno reencuentra el aspecto y un poco el ambiente del antiguo Borgo.

Visitas

Castillo San Ángel *(plano general B3):* lungotevere Castello, 50. ☎ 06-687-50-36 y 06-681-91-11. Abierto de 9 a 19 h. Cerrado los lunes. Entrada a 6,5 €. Gratuito para los ciudadanos europeos de más de 65 años y menores de 18. Tarifa de 2,5 € para los jóvenes de 18-24 años. Su masa imponente se recorta cerca del Vaticano. Un puente muy gracioso lo une a la ribera opuesta del Tíber; diez maravillosas estatuas de ángeles barrocos de Bernini, con las de san Pedro y san Pablo, escoltan al visitante que atraviesa el puente. El castillo de San Ángel fue en su origen (año 139) el mausoleo de Adriano, gigantesco túmulo con una estatua del emperador en lo alto y una cuadriga de bronce. Ya en el siglo III, el monumento fue transformado en fortaleza. El nombre de San Ángel viene de una leyenda según la cual un ángel habría aparecido en la cima del monumento y habría guardado la espada en su vaina para indicar el fin de la epidemia de peste que asolaba Roma. Cárcel en la Edad Media. Los papas lo habitaron en ciertos periodos.
Construcción completamente alambicada que se apoya sobre la estructura del mausoleo. Escaleras, rampas en todos los sentidos. En la antigua pared del mausoleo se aprecian aún los agujeros de los clavos que sostenían las lápidas de mármol. Varios elementos romanos están integrados en el castillo. Impresionante rampa de Alejandro VI que conduce al corazón del mismo. Visitaréis bastantes salas situadas en diferentes edificios. Se accede por el patio de honor.
– *Sala de Apolo:* delicados frescos con personajes. Otras piezas presentan techos pintados. Pavimento de origen. Hay varias obras de arte (aunque no es el distintivo del museo). Entre otras, un interesante *San Onofre* de Carlo Crivelli y una espléndida *Coronación de la Virgen* de Luca Signorelli. A continuación subiréis a lo más alto para contemplar el panorama y luego visitaréis las últimas salas.
– En el camino de ronda, el panorama (os lo habíamos prometido), la cafetería y un pequeño *museo de Armas*. Algunas piezas interesan-

tes como un bonito casco etrusco, un yelmo del siglo XV, un extraño casco de gladiador del siglo VI a.C., polvorines labrados, armaduras, escudos grabados, soberbias pistolas con huesos grabados y un arcabuz, verdadero objeto de arte (procedente de la familia Farnese). Algunos uniformes del siglo XIX.
– Escalera al último piso. Gran sala con bonitos frescos en el techo (1545) y una chimenea monumental. En la sala Adriano, telas de Lorenzo Lotto, Poussin y una *Bacchanale* de Jacob Jordaens. Acceso a la pequeña sala del tesoro en gran parte artesonada. Contiene las riquezas del papa Sixto V (en los armarios se guardaban los archivos). Un pasillo con frescos lleva luego a la sala Paulina, de grandes proporciones y particularmente ornamentada. Techo esculpido dorado. Ved a este personaje en trampantojo que parece entrar por una puerta pintada (broma artística del siglo XVI). Otro bonito fresco representa al emperador Adriano y al arcángel san Miguel.
– *Sala Perseo:* al lado. Viejo cofre de madera esculpida, tapicerías. Dormitorio papal con techo excesivamente decorado y unos frescos (curioso banquete de hombres desnudos). Pablo III, que fue papa de 1534 a 1549, habitó en ella. Otro fresco casi sensual y poco habitual en estos lugares (mujeres tomando un baño).

Via della Conciliazione *(plano general B3):* desde el castillo de San Ángel o también desde el centro histórico, es la vía real para aproximarse a San Pedro. Su nombre evoca el pacto firmado en 1929 entre el Vaticano y el Estado italiano, los famosos *acuerdos de Letrán*. La via della Conciliazione fue abierta en 1937 tras la destrucción de numerosas casas antiguas del Borgo. No obstante, sus obras se prolongaron hasta 1950. Así, el viejo proyecto imaginado por Carlo Fontana –crear una grandiosa arteria que diera acceso a la basílica de San Pedro– se vio realizado bastante tiempo después de su muerte. Pero, ¿qué queda hoy no sólo de este viejo barrio, sino también del efecto exterior de San Pedro que consistía, según Augustus Hare, en la «llegada repentina a una plaza inundada de luz a la salida de una callejuela oscura»? Los vehículos, empezando por los numerosos autocares vomitando sus grupos de turistas, hallaron así su zona elegida, y nosotros una razón más para lanzar un grito de socorro...
Para ser justos, conviene añadir que algunas de las casas más bonitas de esta antigua parte del Borgo fueron simplemente desplazadas. Actualmente bordean la via della Conciliazione, como el palacio Torlonia (nº 130) y Penitenzieri (nº 33). Otra curiosidad, la iglesia S. M. in Traspontina.

La zona situada al sur de la via della Conciliazione: esta zona, que corresponde en parte al Borgo San Spirito, fue el lugar donde los peregrinos extranjeros implantaron el primer establecimiento. Los anglosajones eligieron su domicilio ahí, por lo que durante la Edad Media esta zona fue denominada *Burgus Saxonum*. La toponimia del lugar –la palabra *sasso* significa piedra, roca– evoca esta filiación. El vecino gran hospital del Santo Espíritu, fundado por Inocencio III, es uno de los raros testimonios del inicio del Renacimiento en Roma. También hay que destacar, en esta zona, la iglesia *Santo Spirito in Sassia*, vinculada al anterior complejo, y un poco más lejos –concretamente en lungotevere Vaticano– la deliciosa pequeña iglesia *Santa Maria Annunziata*.

La zona situada al norte de la via della Conciliazione: es aquí donde se respira la atmósfera del Borgo actual. El resto es un barrio sin alma, dependiente exclusivamente del Vaticano. En efecto, una pequeña vida de barrio anima los *borghi* actuales que son el Borgo Angelico, Borgo Vittorio y Borgo Pio. En este último hallaréis tiendas donde se venden baratijas religiosas, pero también colmados y bares poblados de viejos habitantes del lugar. Pasear a paso senatorial por el pavimento de Borgo Pio –bordeado de venerables casas de los siglos XVI y XVII– permite no sólo apreciar la vida propia, sino también reencontrar la huella del viejo Borgo. Al dejar Borgo Pio, os dirigiréis hacia Borgo Vittorio –su nombre recuerda la famosa batalla de Lepanto–, donde podréis apreciar la calma y el encanto provinciano.

★ *PRATI*

– ***Acceso:*** M.: Lepanto y Ottaviano-San Pietro (línea A). Otra posibilidad: el autobús nº 64, o también los que llevan a las plazas Cavour y Mazzini.

Un poco de historia

Conocida en la Antigüedad como «Prata Neronis» (prado de Nerón), en la Edad Media como «Prata Sancta Petri» (prado de San Pedro) y luego como «Prati di Castello» en referencia al castillo de San Ángel, Prati era incluso a finales del siglo XIX una zona de jardines con algunos viñedos aquí y allá. Malas tierras palúdicas normalmente inundadas. Las cosas mejoraron ostensiblemente con la construcción de las murallas que contuvieron al Tíber en 1876. Pero el barrio se transformó sobre todo a finales del siglo XIX, cuando hizo falta encontrar más espacio –y edificar alojamientos– para los funcionarios de la nueva Italia, a la cabeza de la cual Roma había sido propulsada. Planos de urbanismo se encargaron de modificar estos terrenos malditos en un barrio digno de ese nombre. Todo un símbolo, fue Prati –un promotor piamontés– quien dio forma al nuevo diseño de esta zona.
Hoy en día, podéis buscar en vano el espíritu campestre de Prati. Este barrio, muy comercial, ofrece un aspecto radicalmente diferente al de los otros barrios de Roma. El barón Haussmann parece en efecto haber pasado por aquí. Las avenidas son amplias, los inmuebles altos tienen un tono algo severo para Roma, los plátanos han suplantado a los pinos... Aquí todo parece destilar un aire de respetabilidad, ajena a los viejos barrios. Aparentemente burgués, Prati está sin embargo socialmente dividido. Ejecutivos, empleados,

comerciantes, jubilados parecen llevarse bien en este barrio agradable para vivir.
Efectivamente, muchos comerciantes viven aquí. Si además tenéis buena memoria, debéis recordar que la Cecilia de *El tedio* de Moravia era hija de comerciantes del Prati.

Visitas

🎥 ***Piazza del Risorgimento*** *(plano general B3):* dominada por la cúpula de San Pedro, esta plaza está siempre muy animada. Repleta a todas horas de automóviles, así como de una interminable fila de turistas siguiendo los contornos de la muralla leonina... antes de poder pisar el interior de los museos del Vaticano.
Desde la piazza del Risorgimento, tomad la via Crescenzio hasta llegar a la otra gran plaza del barrio, la piazza Cavour. El nombre de esta calle evoca a la familia patricia de los Crescenzio, que se opuso al poder de los emperadores a finales del siglo X. Odón III apresó al jefe de esta familia en 998, el cual fue decapitado después de haberle sido arrancados los ojos y mutilados los miembros. A continuación, su cadáver fue expuesto entre otros muchos en un cadalso erigido frente al monte Mario, que adquirió el nombre de «mons Malus».

🎥 ***Piazza Cavour*** *(plano general C3):* en el centro de esta elegante plaza poblada de magníficas palmeras, veréis el monumento de bronce de Cavour de 1895. Pero la plaza, por muy grande que sea, está dominada (aunque no destrozada) por la imponente fachada posterior del palacio de Justicia.

🎥 ***Palacio de Justicia*** *(plano general C3):* no menos de 22 años fueron necesarios para su edificación (1888-1910). Hoy es la sede «della Corte Suprema di Cassazione». Sus enormes dimensiones –170 m de largo por 155 m de ancho a excepción de las rampas– lo convierten en uno de los edificios más destacables de la ciudad. El exterior es de travertino, como los grandes monumentos romanos (ver «El Coliseo»). No hay nada sorprendente en ello, ya que «Il Palazzio» (nombre otorgado por los romanos) es en efecto de inspiración romana (sobre todo las cuadrigas de bronce que cabalgan por encima del conjunto)... y barroca.
Hay que mirarlo desde la ribera izquierda (área de la piazza Umberto I). Desde ahí se revela como un auténtico monstruo.

🎥 ***Via Cola di Rienzo*** *(plano general B2-3/C3):* es la mayor arteria comercial del barrio. Empieza en la piazza del Risorgimento hasta la piazza Cola di Rienzo y termina en la piazza della Libertà, a orillas del Tíber. A esta altura, basta con cruzar el río por el puente Margherita para desembocar en la piazza del Popolo. En esta calle encontraréis la *Standa* –supermercado de la zona– y el pequeño mercado cubierto de la piazza dell'Unità, así como la excelente casa de comidas de encargo *Franchi*. Un buen sitio para hacer vuestras compras, por ejemplo, entre la visita de San Pedro y la de los museos del Vaticano.

Una vez provistos de vituallas, en el camino de regreso, os preguntaréis quién era Cola di Rienzo. Tribuno político, fue el auténtico instigador de la revolución democrática de 1347. Su comportamiento desmesurado acabó sin embargo por costarle sus apoyos tradicionales (sobre todo el papado). Culpable de herejía, volvió a Roma en 1354 para ser encarcelado. Liberado, volvió de nuevo al poder para recaer de nuevo. Una mañana de octubre de 1354, un antiguo colaborador lo liquidó. En la plaza de Venecia, cerca de Santa Maria in Aracoeli, sobre un cuadrado de césped del lado izquierdo, encontraréis una estatua de Cola di Rienzo.

★ ***EL TRASTEVERE*** *(zoom centro B-C4-5)*

– ***Acceso:*** a pie desde el centro histórico, es un pequeño paseo. Otra posibilidad, coged el autobús nº 8 en el largo Torre Argentina. Circula de 5.15 h a medianoche, y permite acceder al Trastevere a la velocidad de un caracol y, más allá incluso, al barrio de Monteverde y a la villa Doria Pamphili (término: Casaletto).

Un poco de historia

– ***Época romana:*** la región transtiberina no se llenó de edificios civiles y de casas hasta la época de César. La proximidad del puerto de Roma (ver «El Testaccio») fue decisiva para su evolución y la raigambre social de los primeros residentes del Trastevere. El carácter popular del barrio se afirma desde el primer momento. Una multitud de obreros y artesanos, tan modestos unos como otros, y de estibadores decidieron instalarse allí en humildes casuchas. No obstante, las pendientes y las cimas de las colinas así como los márgenes del Tíber fueron sede de villas suburbanas y de jardines (*villa Farnesina, jardines de César*, luego *naumaquia de Augusto*).
– ***Época imperial:*** el Trastevere formaba parte, al mismo nivel que el Janículo y el Vaticano, de la última de las catorce regiones augustas. Hubo que esperar hasta el siglo III y a la muralla protectora de Aureliano para que el Trastevere fuera resguardado entre fortificaciones. A lo largo del periodo imperial, encontramos en esta zona importantes colonias extranjeras, sobre todo judías. Aquí –y más concretamente en el área de la porta Portese– fue descubierto el cementerio judío más antiguo. Asimismo, el Trastevere es el lugar probable de la más antigua sinagoga de Roma. Es también donde los judíos vivieron en la Antigüedad y en la Edad Media, antes de que en 1555 el papa Pablo IV les asignara la zona actual del Ghetto como único lugar de residencia. Fue después de la demolición de este último, en 1887, que volvieron al Trastevere.
– ***Vestigios del antiguo Trastevere:*** quedan pocas cosas de la época romana, fuera de su carácter popular, que le pertenece desde su nacimiento. Del mayor edificio del Trastevere, la *naumaquia* (construida por Augusto en el año 2 a.C.), cerca de los jardines de César, ya no queda nada, a pesar de que medía 536 m de largo por 357 m de

ancho (contra los 275 m de largo y 106 m de ancho del estadio de Domiciano). Finalmente, sólo el *excubitorium* (puesto de guardia) de la VII cohorte de los vigilantes (bomberos de la época) ha resistido el paso de los siglos. Así pues, en definitiva, nada demasiado interesante en relación con la zona arqueológica ni con otros asuntos. Dicho esto, a raíz de trabajos recientes, se ha descubierto el antiguo puerto del Trastevere, con sus termas y las casas de artesanos y comerciantes.

- ***El puerto de Ripa Grande:*** el Trastevere –¿quién lo duda?– fue desde sus orígenes hasta finales del siglo XIX un burgo marítimo, cuyas plazas y calles (sobre todo en el emplazamiento del actual lungotevere Ripa) estaban invadidas de todo tipo de embarcaciones. Un gran arsenal nació en estos parajes. La demolición de la zona portuaria se remonta a finales del siglo XIX, en el momento de la construcción de las márgenes del río.

Con el transcurso de los siglos, el barrio ha sabido mantener su aspecto popular y un hábitat limpio –arquitectura distinta de la que se encuentra en el resto de Roma (sobre todo en el centro histórico)–. El Trastevere conservó durante mucho tiempo el aspecto de suburbio. Todavía hoy, a ciertas horas, al desembarcar ahí por primera vez viniendo del centro histórico, uno tiene la impresión de hallarse en una apacible ciudad de provincias.

- ***El Trastevere actual:*** los trasteverinos pretenden ser los que han conservado mejor la sangre romana de origen, y hablan incluso en un dialecto romano. Ocupado antes exclusivamente por obreros, el Trastevere ha cambiado mucho desde los últimos años, como lo demuestra la proliferación de restaurantes internacionales, bares de vino y otros locales nocturnos que simbolizan la aparente transformación del Trastevere.

Sus residentes también cambiaron desde la década de 1960, con la llegada de numerosos intelectuales. Desde entonces, también los extranjeros invirtieron aquí. Hoy nos hallamos en un barrio socialmente dividido entre sus habitantes tradicionales, que pertenecen a las clases populares, y los nuevos habitantes, que pertenecen a las clases burguesas e intelectuales.

Una cifra permite medir la amplitud de los cambios operados estos últimos treinta años: el número de habitantes. Al finalizar la última guerra, 55 000 habitantes poblaban el Trastevere, mientras que hoy sólo hay 15 000.

Sin embargo, sería exagerado pretender que ya no queda nada del Trastevere popular. Para comprobarlo basta con pasear por las arterias situadas detrás de la via della Scala, como las vias del Mattonato y del Leopardo, siempre llenas de color (ropa tendida), de ruidos y olores (sobre todo de los platos servidos en las tascas de los *vicoli*). Lo mismo ocurre en la piazza dei Renzi o los alrededores de la piazza in Piscinula (concretamente la via Vascellari). Allí encontraréis un antiguo barbero con manos de artista y bata blanca, o tiendas de artesanos sin edad. Y para terminar, os incitamos a que leáis los *Rela-*

tos romanos de Moravia, que os ayudará a reencontrar el ambiente de estos barrios populares empezando por el primero de ellos, que no es otro que el Trastevere.

Visitas

Si se procede del centro histórico, hay dos maneras de entrar en el Trastevere. La primera es cruzar el Tíber a la altura del puente Garibaldi. La segunda, mucho más clásica, es pasar por los puentes más viejos de Roma, que enlazan la isla Tiberina, los puentes Fabricio y Cestio. Una y otra solución os hacen desembocar en los alrededores inmediatos de la piazza Giuseppe Gioachino Belli. Otra forma de entrar y de descubrir el Trastevere consiste en ir a cenar allí. Más que en ninguna otra parte, con el buen tiempo descubriréis la *immancabile mangiata all'aperto* (¿hace falta traducirlo?).

Torre degli Anguillara *(zoom centro C4):* hoy alberga los locales reservados a los estudios sobre Dante, una parte de cuyas cenizas –extraviadas desde 1929– fueron milagrosamente halladas en 1999 en un estante de la biblioteca central de Florencia. Es del siglo XIII y uno de los vestigios más hermosos de la Roma medieval con la *torre dei Milizie*.

Iglesia de San Crisogono: se encuentra al otro lado de la piazza Sydney Sonnino. Basílica de fundación antigua, restaurada en 1624 según el gusto de la época. El interior se distingue sobre todo por sus columnas antiguas y su magnífico pavimento de mosaico. Bonita sillería esculpida, del siglo XIX.

Viale di Trastevere: antiguamente viale del Re. Largo, ruidoso y desagradable como el ministerio de Instrucción pública o el inútil palazzo degli Esami que lo bordean. No invita mucho a pasear, a diferencia de las calles del Trastevere que se encuentran a su derecha o a su izquierda.

Villa Sciarra *(zoom centro B5):* una de las más secretas de Roma. Arrinconada contra la antigua muralla, al fondo del Trastevere. Para llegar, tomad los autobuses n°s 44 y 75 (sobre todo el nº 44, que pasa por Independenza, Termini, piazza Venezia, Trastevere, via Dandolo). Bajad en via Dandolo. Entrada en el nº 45 o enfrente de la via Nicolo Fabrizi, un poco más arriba. Excelente jardín que se extiende sobre una colina. En lo alto, una villa. Plantas exuberantes, estanques, arbustos tallados con formas de animales, numerosas estatuas patinadas y mutiladas.

Via della Lungaretta *(zoom centro C4):* permite acceder a la piazza S. M. in Trastevere desde la piazza Sydney Sonnino. Del otro lado de la avenida del Trastevere, justo hasta la piazza in Piscinula. Esta parte suele llamarse ***via della Lungarina***. Rodeada de varios restaurantes, su pavimento acostumbra a estar invadido por cargas de mercancías. Constituye un buen modo de entrar en materia antes de llegar al corazón del Trastevere.

ºº ***Piazza S. M. in Trastevere*** *(zoom centro C4):* es en el corazón del Trastevere donde convergen las dos grandes vías históricas del lugar: la via della Lungara y su prolongación la via della Scala, y la via della Lungaretta. Punto de encuentro de las familias trastiberinas –es un lugar fresco, ya que el ponentino le da un aire refrescante–, aquí veréis a los «últimos» niños del barrio practicando juegos de su edad. Mientras, en las terrazas, una multitud en parte extranjera sorbe su bebida favorita contemplando la imponente basílica S. M. in Trastevere o la no menos hermosa fachada del palacio vecino (palazzo San Calisto). Ahora, desgraciadamente, es un lugar conocido también por el tráfico de drogas que hay en la zona.

ºº ***Basílica de Santa Maria in Trastevere*** *(zoom centro C4):* piazza Santa Maria in Trastevere. Fachada en obras. La primera iglesia construida en Roma (por el papa Calixto III) y la primera dedicada a la Virgen. También es una de las más bonitas, y da a una agradable plaza. El edificio actual data del siglo XII, y los arreglos no han alterado su aspecto. En la entrada, fragmentos lapidarios y dos *Anunciaciones*, bastante afectadas, del siglo XV. En el interior, nave bordeada de columnas antiguas con capiteles jónicos o corintios. Fue el Domeniquino quien dibujó el soberbio techo con artesones dorados y realizó la *Asunción* en el centro. Fijaos también en el hermoso pavimento. Destacables mosaicos en el ábside. En la parte superior, el Cristo y la Virgen en el mismo trono (poco habitual). La parte inferior, del siglo XIII, es obra de Pietro Cavallini. Seis paneles ilustrando la vida de la Virgen *(Nacimiento, Anunciación, Natividad, Epifanía, Presentación en el templo* y *Tránsito).* A la izquierda de la nave, capilla barroca de Gherardi, cuyos efectos de perspectiva recuerdan a Borromini.

º Desde S. M. in Trastevere, remontad hasta la piazza di San Egidio, antes de coger la via della Scala. Uno de los palacios que bordean esta bonita placita alberga el ***museo del Folclore y de los Poetas romanos***.

º ***Via della Scala*** *(zoom centro B4):* la iglesia S. M. della Scala se encuentra en uno de los extremos de la plaza. Construida en 1592 para acoger una imagen milagrosa de la Virgen con el Niño, pintada bajo la escalera de una casa vecina. La iglesia se hizo famosa por haber rechazado una de las pinturas más célebres de Caravaggio, la *Muerte de la Virgen*. La Virgen representada con las piernas hinchadas... y sobre todo con una blusa medio abierta en compañía de una mujer del pueblo, todo ello con un exceso de luz, escandalizó a las carmelitas, que le reprocharon un tratamiento demasiado realista. Esta tela se encuentra hoy en el Louvre. No dejéis de entrar en la iglesia, vale la pena echar un vistazo.
Saliendo de la iglesia, os toparéis con una bonita y vieja farmacia, creada para utilizar las plantas medicinales que crecían en los jardines colindantes de la iglesia.

🔭 ***Un perímetro popular:*** los *vicoli* situados entre la via della Scala y la via G. Garibaldi permiten descubrir otra cara del Trastevere, la cara más popular. Recorriendo las callejuelas de esta zona, tendréis la impresión de sumergiros en el pasado de esta ciudad... o bien de percibir un ambiente parecido al de los barrios populares del viejo Nápoles.
Más allá de la *porta Settimania*, penetraréis en una zona radicalmente diferente que os permitirá llegar a pie hasta San Pedro y la zona del Vaticano.

🔭 ***Via della Lungara*** *(zoom centro B4):* conocida antaño con el nombre de via Sancta, por los peregrinos que la recorrían para acceder a San Pedro, el actual nombre evoca su longitud poco habitual (más de 1 000 m). Avanza majestuosamente como su vecina de la ribera izquierda, la via Giulia, flanqueando la colina a lo largo del Tíber, de la porta Settimiana a la porta San Spirito. Su carácter de barrio alto, anteriormente muy marcado por la ominipresencia de jardines y villas en esta zona, no ha desaparecido.

🔭🔭 ***Villa Farnesina*** *(zoom centro B4):* abierta de 9 a 13 h. Cerrada los domingos y festivos. Hermosa villa de principios del siglo XVI, construida por el banquero Agostino Chigi. Decorada por Rafael y sus ayudantes. Bonitos frescos.

🔭 ***Palazzo Corsini*** *(zoom centro B4):* villa della Lungara, 10. ☎ 06-68-80-23-23. Abierto de 8.30 a 19 h durante la semana, de 9 a 14 h los sábados y de 9 a 13 h los domingos. Cerrado los lunes. Entrada: 4 €. Fue propiedad del cardenal Neri Corsini –sobrino del papa Clemente VII– y en él habitó la reina Cristina de Suecia (detalle palpitante). Adquirido por el Estado en 1884, hoy alberga la colección de obras de arte de los Corsini, reunidas en la *Galería nacional de Arte antiguo*. Obras de Bruegel, Van Dyck, Rubens, Andrea del Sarto, Tiziano, Caravaggio, Poussin. Fijaos con atención en el tríptico del *Juicio final* de Fra Angelico, sala 2.

🔭 ***Iglesia de San Pietro in Montorio*** *(zoom centro B4-5):* via Garibaldi. En el siglo XV, se contaba que san Pedro había sido crucificado en este lugar. Buen pretexto para construir una iglesia. Ved, en la primera capilla a la derecha, la *Flagelación* de Sebastiano del Piombo y sobre todo el *Tempietto*, «el templete», una de las primeras obras de Bramante. Desde la explanada que está frente a la iglesia se obtiene una magnífica vista de Roma.

🔭 ***Passeggiata del Gianicolo:*** este «paseo por el Janículo» atraviesa la famosa colina (antaño dedicada al dios Jano, de ahí su nombre). No os lo perdáis. Vista soberbia sobre el Tíber. Ideal para ir con niños. Este lugar es un verdadero balón de oxígeno de Roma. Las calles perpendiculares a la via della Lungaretta están llenas de rincones secretos y de encantadoras vivendas (como la via degli Orti d'Alibert).

✎ ***Via della Lungarina*** *(zoom centro C4):* está a la altura de la *piazza in Piscinula* que da inicio a la via della Lungaretta, cuyo primer tramo se llama también via della Lungarina. Corresponde a una parte de la antigua via Aurelia.

✎ ***Piazza in Piscinula*** *(zoom centro C4):* una de las plazas más auténticas del Trastevere, desgraciadamente estropeada por la presencia de numerosos coches y terrazas de restaurantes (la *Osteria della Gensola* es preferible a estos últimos). Del lado del Tíber, veréis unas bonitas y viejas casas restauradas del siglo XIV que pertenecían a la familia Mattei, los potentados locales. Del lado opuesto, una pequeña iglesia románica encajada entre unas casas. Es aquí donde vivió san Benito de Nursia, de ahí el nombre de la iglesia –San Benedetto de Norcia–, antes de abrazar la vida monacal y fundar el monasterio de Subiaco.

✎ Desde la piazza in Piscinula, de espaldas al Tíber, encaminaos hacia el lado derecho, hacia la *via dell'Arco dei Tolomei*. Al margen de lo que queda del arco, apreciaréis lo pintoresco de este rincón con las omnipresentes viñas vírgenes que se han instalado en el barrio. Remontando esta calle hasta el final, desembocaréis en la *via dei Salumi*, donde los domingos por la mañana podréis visitar los vestigios del *excubitorium* (el puesto de guardia de la VII cohorte de los Vigilantes). Aunque el exterior no tiene mucho interés, una vez dentro seguro que percibís algo de lo que aún queda de la atmósfera imperial. Numerosos grafitos. Al dejar la via de Salumi, tomad, antes de llegar a la via dei Vascellari, un callejón a la derecha, el encantador *vicolo dell'Atleta*. Su nombre viene de la estatua de Apoxiomeno de Lisipo –actualmente en los museos del Vaticano– que fue hallada en 1849 en forma fragmentaria. De hecho, se trata de una copia de la estatua de bronce que estaba encerrada en las termas de Agripa. Es aquí donde se encontraba la primera sinagoga. Preciosa casa medieval en los n°s 13 y 14. Pronto llegaréis a la *via dei Genovesi*. Al final de su prolongación, coged a vuestra izquierda el pintoresco *vicolo di S. Maria in Cappella*, conocida por ser la iglesia más pequeña de Roma. Completamente restaurada en 1875, data de 1090.

✎ ***Iglesia de Santa Cecilia in Trastevere*** *(zoom centro C5):* abierta de 7.45 a 12.30 h y de 14.30 a 19.15 h. En una bonita plaza, tan bonita como el jardín cerrado delante de la iglesia. Campanario en ladrillo rojo del siglo XII. En el interior, planta de una sola nave. Bóveda labrada. Bajo el altar, la estatua de santa Cecilia, esculpida en el lugar exacto donde se encontró su cuerpo. Interesante cimborrio. En el ábside, mosaico del siglo IX. En la cripta, vestigios lapidarios y de mosaicos muy antiguos. Depósitos de agua circulares. Sobre todo no os perdáis el *Juicio final* de Pietro Cavallini. Visita de 11 a 12.30 h (en principio los martes y los jueves), salvo en agosto. Llamad al convento de los benedictinos, en el patio, para que os abran.

Piazza dei Mercanti *(zoom centro C5):* su nombre está directamente ligado al puerto vecino de Ripa Grande. Armadores, capitanes, comerciantes y otros contrabandistas se encontraban aquí para tratar sus asuntos. Hoy, la actividad predominante del lugar es la restauración. Buen número de restaurantes –empezando por la *Taberna dei Mercanti* y *Da Meo Patacca*– instalados en las viejas y magníficas viviendas. Lugar muy frecuentado por clientela extranjera. Absolutamente espléndido cuando hace buen tiempo, cuando las fachadas de las antiguas casas son iluminadas con antorchas. Durante el día, apreciaréis la calma y los infinitos matices de ocre de estas viejas fachadas decoradas con flores.

Claustro de la Confraternidad de los Genoveses: abierto los martes y los jueves de 14 a 16 h o de 15 a 18 h, según la estación (llamad *–citofonare–* a Spositi). Cerrado en agosto. Detrás del complejo monumental de Santa Cecilia, se encuentra un bonito claustro, en dos niveles, del siglo XV. Auténtico remanso de paz en pleno corazón del Trastevere. Las columnas ortogonales, el jardín del claustro lleno de naranjos y de rosales con su pozo en el centro, los muros cubiertos de un hermoso ocre... Todo nos encantó en este sitio olvidado por los turistas. La *iglesia de la Confraternidad* se visita durante la semana de 7.30 a 8.30 h y los domingos de 7.30 a 11 h. Es el puerto de *Ripa Grande* –bonita página de la historia de Roma y del Trastevere– la causa de la fuerte presencia comercial de los genoveses en el barrio, los cuales naturalmente hicieron edificar, a finales del siglo XV, una iglesia y un hospicio para sus compatriotas.

Iglesia de San Francesco a Ripa *(zoom centro C5):* desde la Confraternidad de los Genoveses, basta con remontar la via Anicia para llegar a la iglesia San Francesco a Ripa (el sobrenombre *a ripa* –en la ribera– significa que antaño se encontraba en la orilla misma del Tíber). En este lugar había una iglesia, San Biagio, y un monasterio benedictino desde el siglo X. San Francisco estuvo aquí tres veces con ocasión de sus visitas al papado. Al pasar a manos de los Hermanos Menores, la iglesia y el complejo conventual fueron rebautizados y transformados en varias fases entre los siglos XVI y XVIII.... antes de ser reconvertidos en cuartel entre 1873 y 1943.
En el interior, dirigiréis vuestros pasos hasta la última capilla de la izquierda, donde yace la bienaventurada Ludovica. Una maravilla firmada por Bernini.

Mercadillo de la porta Portese *(zoom centro C5):* se llega hasta allí tomando el tranvía nº 8, que podéis coger en el largo Torre Argentina. Sólo se celebra los domingos por la mañana. Se puede encontrar de todo. Tanto ropa nueva (trajes que están bastante bien, vaqueros...) como objetos de todo tipo. Realmente lleno de cosas. Un detalle: toda esta zona está reservada a los refugiados judíos de la antigua URSS.

Villa Doria Pamphili: al oeste del Trastevere. Casi siempre desierta, en medio de una vegetación exuberante, encontraréis pequeños palacios muy deteriorados que adquieren al atardecer tonalidades doradas, pasando por toda la gama de los ocres. Hay una entrada por la via di San Pancrazio, detrás de la puerta del mismo nombre. Otra en el barrio de Monteverde, en la esquina de las vias Pio Foà y Donna Olimpia. Un caminito os lleva desde un punto a otro a través de suaves colinas de una serenidad sin igual. Para creerse a 100 km de Roma. Recomendado al amanecer. Nuestro paseo favorito.

LA ROMA PERIFÉRICA

A veces hay que saber salir de los caminos trillados y abandonar en consecuencia el centro histórico, delimitado por la muralla de Aureliano, para visitar barrios o edificios no carentes de interés.

★ *VIA APPIA ANTICA* (*plano general E6*)

– ***Acceso:*** desde la piazza S. Giovanni in Laterano (*plano general F5*) coged el autobús nº 218. Otra posibilidad: la línea A del metro hasta la estación Colli Albani, luego el autobús nº 660.
Cerrada a los coches los domingos de 9 a 17 h, la via Appia Antica se transforma entonces en una amplia zona peatonal. De paso, justo después de la via di porta de San Sebastiano, observad la *iglesia del Quo Vadis* (a la izquierda). Según la tradición, es aquí donde san Pedro, huyendo de las persecuciones contra los cristianos ordenadas por Nerón tras el gran incendio de Roma, reencontró a Cristo. «Quo Vadis, Domine?» le preguntó («¿Dónde vas, Señor?») y Cristo respondió: «A Roma, para que me crucifiquen de nuevo». San Pedro comprendió el mensaje y dio media vuelta. No era tan miedoso al fin y al cabo. Cuando llegó a Roma, efectivamente, fue detenido y luego crucificado.
Es una vía muy romántica, con sus enormes adoquines antiguos y los vestigios que la bordean. En su origen (312 a.C.), esta carretera llevaba a Capua y más adelante fue prolongada hasta Benavento y Brindisi (191 a.C.). La ley romana prohibía los cementerios en las ciudades, lo cual explica la presencia aquí de catacumbas y sepulturas de todo tipo.

★★★ *Catacumbas de San Calixto:* via Appia Antica, 110. ☎ 06-51-30-15-80. 💻 www.catacomba.roma.it Delante de la parada de autobús nº 218. Abiertas de 8.30 a 12 h y de 14.30 a 17 h (17.30 h en verano). Cerradas los miércoles y en febrero. Visita guiada, solamente. Entrada: 4 €. Las catacumbas de San Calixto son las más célebres ya que albergan las sepulturas de los papas de Roma del siglo III. Sitio internet muy instructivo sobre las catacumbas.

★★ *Catacumbas de Domitila:* via delle Sette Chiese, 283. ☎ 06-511-03-42 y 06-513-39-56. Mismas tarifas y mismos horarios que las *catacumbas de San Calixto*, pero el cierre semanal es el martes y el anual en enero. Inmenso laberinto de galerías superpuestas.

🕮🕮 ***Catacumbas de San Sebastián:*** via Appia Antica, 136. ☎ 06-788-70-35. Mismas tarifas y mismos horarios que las *catacumbas de san Calixto* y de *Domitila*, pero cierre semanal los domingos y anual en noviembre. Visita guiada en varios idiomas.

🕮 ***Tumba de Caecilia Metella:*** imponente mausoleo circular de 20 m de diámetro, que data de finales de la República.

★ *BARRIO DE LA GARBATELLA*

Viejo barrio obrero y popular del sur de Roma, que se desarrolló en las décadas de 1920-1930 y que hoy todavía posee una identidad muy marcada. En él se desarrollaron todas las formas de arquitectura social: ciudades-jardín, hileras de casas obreras, viviendas del Estado, e incluso *alberghi suburbani*, inmensos edificios colectivos destinados a solucionar la crisis de alojamiento. Pese a las inevitables mutaciones sociales de los últimos años, sentiréis que aquí aún se respira una vida de barrio, lugares donde se dan viejas solidaridades, plazas llenas de niños alborotadores... Las propias paredes, cubiertas de carteles, de grafitos y de eslóganes políticos, demuestran que los debates y contradicciones del barrio aún están vivos y que la cosa se mueve. Si vais a comer a casa *Moschino*, piazza B. Brin, notaréis que es un barrio vibrante. Y es en La Garbatella, con el museo de la *Central eléctrica*, que viviréis una de vuestras vivitas culturales más intensas... y también la más insólita.

🕮🕮 ***Central Montemartini*** *(fuera del plano general por C6):* via Ostiense, 106. ☎ 06-574-80-30. M.: Garbatella (línea B). Al salir del metro, tomad la pasarela que cruza las vías (salida via Ostiense). Se encuentra a unos diez minutos a pie. Abierta de 9.30 a 19 h. Cerrada los lunes. Entrada: 4,13 €. Gratuita para los menores de 18 años y los mayores de 65, de la Unión Europea.
Admirar el arte en una central, ¡había que imaginarlo! No es en una cárcel (aunque la idea sería interesante), sino en una central eléctrica. Desde que se vaciaron los museos del Capitolio a causa de su restauración, se buscaron otros lugares alternativos hasta decidirse por esta central en este barrio popular del sur de Roma, que hasta entonces evidentemente no tenía vocación de acoger el arte. La fábrica, construida en 1912, proveía electricidad a la Ciudad eterna hasta que un día sus turbinas de carbón o Diesel pasaron a ser obsoletas. Testimonio precioso de la arquitectura industrial de principios del siglo XX, máquinas y tuberías se han mantenido en el mismo estado y los edificios espléndidamente renovados. Un buen día recibieron la visita de *Hércules*, de *Diana cazadora*, de *Apolo*, *Baco*, etc., quienes de alguna forma han permanecido en el lugar. En fin, la conjugación de arte antiguo y máquinas de la revolución industrial se revela aquí extraordinaria.
Desde la sala de las columnas a la *sala Caldaie*, pasando por la sala de las máquinas, venid a ver las delicadas estatuillas de terracota

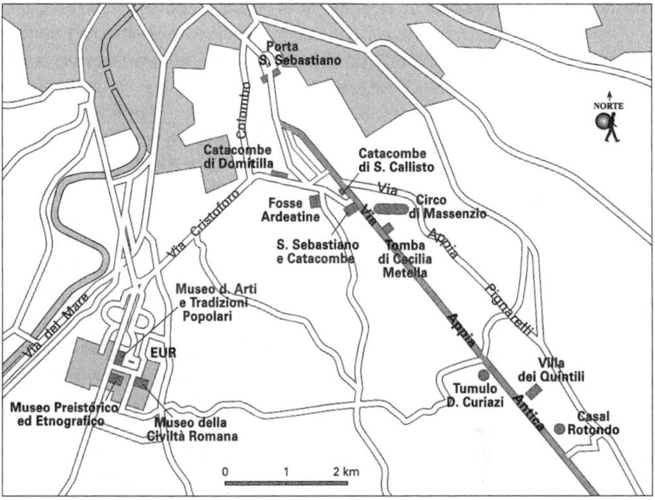

CATACUMBAS

del siglo VI a.C., imponentes sarcófagos profusamente decorados y nobles bustos de emperadores o de héroes antiguos coexisten armoniosamente con las monstruosas turbinas y los diabólicos entramados de tuberías... Entre los encuentros que pueden darse al azar en la gran sala de máquinas, destacamos el *monumento erigido por Boccus*, rey de Mauritania (al fondo detrás de los paneles azules), o la cabeza, el brazo y el pie de la estatua gigante de *Fortuna Huiusce Diei*, realizada en 101 a.C. por un artista griego radicado en Roma. En la otra gran sala (a la izquierda), una estatua de musa sentada con un juego de pliegues soberbiamente desordenado. Más lejos, dos enormes y magníficas cráteras: una representa las bodas de Helena y Paris, la otra, escenas báquicas. Siempre frente a la caldera Tosi de 1950, una armoniosa Venus. Un trozo de mano entre los cabellos indica que se peinaba para complacer al contramaestre. Enfrente, un Dionisos, y más lejos un sátiro y una ninfa. Ella le tira de los pelos y él hace una mueca, con la piel de la cara en tensión.

★ *BASÍLICA DE SAN PABLO EXTRAMUROS*

– ***Acceso:*** M.: Basílica San Paolo (línea B) o autobús nº 23 desde el centro histórico.

San Pablo nació en Tarso pero murió en Roma por culpa del diabólico Nerón, deseoso de encontrar responsables del incendio de Roma del año 64 d.C., cuando en realidad el responsable era él. Así comienza la historia de este edificio religioso, puesto que en el emplazamiento de la tumba de san Pablo, y para albergarla, se construyó una basílica, consagrada en el año 324. La basílica primitiva fue des-

truida en beneficio de un conjunto más consecuente sobre el cual no insistiremos ya que una gran parte fue reducida a cenizas como consecuencia del terrible incendio de 1823. Sólo el hermoso claustro del siglo XIII permanece en pie.
Reconstruida sobre el modelo de la antigua basílica, esta nueva iglesia (consagrada en 1850) impresiona por su solidez. Dotada de una imponente fachada, precedida de un atrio, lo más destacable es sobre todo el interior del edificio. Recorred el «bosque de columnas» que delimita cinco naves, antes de inclinar cuerpo y alma ante el cimborrio (siglo XIII) que alberga el altar mayor, el candelabro pascual (siglo XII) y la capilla del Santísimo (a la izquierda del ábside). La ausencia de mobiliario acentúa la amplitud del espacio. Hermoso fresco en la sala que alberga la tienda de recuerdos. En fin, no olvidéis ir a admirar las columnas del claustro. Ninguna se parece y cada una presenta una rica ornamentación (en espiral, decoradas de piedras preciosas, de mosaicos...).

★ *EUR – EXPOSICIÓN UNIVERSAL ROMANA*

– ***Acceso:*** M.: EUR Palasport o EUR Fermi (línea B). También numerosos autobuses, entre ellos los n°s 170, 671, 714, 764 y 791.
Este barrio del sur de la ciudad tiene el nombre de la exposición universal de Roma que debía haberse celebrado en 1942 (para conmemorar los veinte años de fascismo), pero que fue anulada a causa de la guerra. Construido principalmente entre 1937 y 1941 bajo el impulso de Mussolini, da una idea bastante acertada acerca de la locura megalómana del *Duce*. Así pues, la exposición no tuvo lugar, pero la vocación museística de los edificios que habían sido edificados para ella se mantuvo, y la zona congrega desde entonces cuatro museos (cinco con el de Correos y Telecomunicaciones) bastante importantes (aunque poco frecuentados): el museo de la Civilización romana, el museo de la Prehistoria y de Etnografía Luigi Pegorini, el museo de la Alta Edad Media y finalmente el museo de las Artes y de las Tradiciones populares.

ጙጙ ***Museo de la Civilización romana:*** piazza G. Agnelli. ☎ 06-592-60-41. Abierto de 9 a 18.45 h (13.30 h los domingos). Cerrado los lunes. Entrada: 4 €. Reducción para los estudiantes, y gratuito para los menores de 18 años y los mayores de 65, de la Unión Europea. Algunas salas están cerradas por reestructuración.
Inaugurado en 1955 en un gigantesco edificio cuya construcción fue iniciada durante el fascismo, pero finalizada después de la guerra, este amplio museo permite comprender mejor la civilización romana. Por una parte, contiene una síntesis histórica de Roma (desde su origen hasta el siglo VI d.C.) y, por otra parte, un conjunto de reproducciones a escala natural de fragmentos de edificios, de obras (estatuas, relieves...) y de objetos que ilustran la Roma antigua bajo sus aspectos más diversos (desde las estructuras jurídico-administrativas al ocio, pasando por la vivienda y la alimentación). No os

perdáis la maqueta de la Roma imperial a 1/250 (lo que le da una superficie de 240 m^2) y la de la Roma arcaica (la única en el mundo que ha sido conservada en un museo), así como una reconstrucción de la columna Trajana (celebrando las victorias del emperador Trajano sobre los dacios, en el siglo II).

Museo de la Prehistoria y de Etnografía: piazza Marconi, 14. ☎ 06-54-95-21. Abierto todos los días de 9 a 20 h. Entrada: 4 €. Gratuito para los menores de 18 años y los mayores de 65, de la Unión Europea.
¿Por qué un museo a la vez sobre la prehistoria (y la protohistoria) y sobre la etnografía? Simplemente porque el proyecto de su ideólogo y fundador era reunir lo que permitiera un estudio comparativo de los pueblos italianos de la prehistoria y de ciertos pueblos aún vivos, con el fin de apreciar el desarrollo cultural del hombre. ¿Fue cumplido el objetivo? Es difícil decirlo. El museo tiene una sección consagrada a la protohistoria de la península (del neolítico a la edad de hierro) y una parte dedicada a las etnias no europeas.
En la primera, exposición de objetos múltiples y variados (las salas consagradas al paleolítico están cerradas) que se remontan a algunos milenios antes del nacimiento de Cristo. En la segunda, descubriréis una multitud de artefactos, de utensilios de guerra, de instrumentos de música, de máscaras, de objetos de culto, de esculturas y otras obras de arte procedentes de África, de Oceanía y sobre todo de América.

Museo de la alta Edad Media: viale Lincoln, 3. ☎ 06-54-22-81-99. Situado a dos pasos del anterior. Abierto de 9 a 20 h. Cerrado los lunes. Entrada: 2 €. Gratuito para los menores de 18 años y los mayores de 65, de la Unión Europea. Pequeño museo de apenas ocho salas, que engloba los vestigios italianos más representativos de la alta Edad Media. Hay varios objetos de la Antigüedad tardía, restos de necrópolis lombardas, mármoles y cerámicas de la época carolingia y también tejidos y relieves coptos.

Museo de las Artes y las Tradiciones populares: piazza Marconi, 8-10. ☎ 06-592-61-48. Enfrente de los dos precedentes. Abierto de 9 a 20 h. Cerrado los lunes. Entrada: 4 €. Gratuito para los menores de 18 años y los mayores de 65, de la Unión Europea.
Como su nombre indica, este museo presenta el patrimonio etnográfico italiano. Veréis una colección de silbatos de diversas procedencias regionales, cantidad de documentos sobre la «cultura de la calle», numerosos instrumentos de trabajo y otros artefactos vinculados a las actividades de producción e intercambios, incluyendo la caza, la pesca (redes, palangres, arpones...), pero también maquetas de casas tradicionales, material doméstico, objetos de culto, vestidos de fiesta.

Palazzo della Civiltà del Lavoro: M.: Magliana (línea B). Un ejemplo de arquitectura de la época de Mussolini, que captará sobre todo la atención de los urbanistas. Los turistas son raros en este barrio de negocios, y sin embargo ese cubo todo blanco, con siete hileras de vanos en arco de medio punto, tiene un orgulloso aspecto bajo un cielo azul.

★ *IGLESIA DE SAN LORENZO EXTRAMUROS*

– ***Acceso:*** M.: Policlinico (línea B), luego bajad por la via Regina Elena hasta la piazzale San Lorenzo. Autobús: n°s 71, 93, 163 y otros.
San Lorenzo, como habréis adivinado, es otro mártir de la cristiandad, que sufrió suplicio en una parrilla en el año 258, según se dice. La gente iba a visitar el emplazamiento de la tumba del desdichado, de ahí la construcción de un edificio religioso. La iglesia (construida bajo Constantino en 330 y luego reconstruida en el siglo VI) vio crecer junto a ella otra iglesia. La unión de ambas, que se tocaban a la altura de los ábsides, dio lugar a la basílica. Restaurada en muchas ocasiones, fue parcialmente destruida por una bomba en julio de 1943.
Una historia agitada para esta basílica alejada del centro que, sin embargo, merece la pena visitar. Una vez franqueado el pórtico de la fachada, dominado por el campanario del siglo XII, entraréis en este edificio que desorienta un poco por sus dos ejes. Estos últimos corresponden a las dos antiguas iglesias: la de Honorio III, donde hay que observar los dos púlpitos; y la de Pelayo II con su bello púlpito pontificio (siglo XIII). Antes de salir, echad un vistazo al viejo y admirable claustro románico.

ALREDEDORES DE ROMA

CASTELLI ROMANI

Los «castillos romanos» eran originalmente trece pueblos que habían sido fortificados en la Edad Media. El término de Castelli Romani designa ahora a toda la región de estos pueblos, situada al sureste de Roma y conocida también como montes Albanos *(colli Albani)*. Es una región montañosa de origen volcánico, con un relieve montañoso sembrado de lagos que se han formado en los cráteres.

Desde antiguo, los romanos acomodados se hicieron construir aquí las villas donde venían a descansar de la capital, al fresco; lo mismo ocurre hoy en día. Veréis casas que os pondrán verdes de envidia... Además, el campo y los pueblos han conservado un carácter sencillo y auténtico que encantará a los trotamundos de paso. Otra cosa: ¡en los Castelli Romani se come y se bebe bien!

➢ Para llegar, tomad un autobús junto a la estación Anagnina del metro (línea A) o un tren desde Termini. En coche, la via dei Laghi (la carretera de los lagos) ofrece hermosas vistas.

¿Dónde dormir?

B&B Antonella Zarotti: via dei Glicini, 25, 00040, Frattochie Marino. ☎ 06-93-54-67-76. a.zarotti@tisca.linet.it Un pequeño B&B a 2 km de Castel Gandolfo y muy cerca de Marino. Calculad 55 € la noche para dos personas. Bonita casa decorada con buen gusto. Marco bucólico (bonito y gran jardín) y adorable acogida de Antonella, que estará encantada de daros mucha información sobre una región que conoce bien. Se puede llegar en tren (estación de S. Maria delle Molle), pero es preferible ir en coche para descubrir los alrededores. Dejad la via Appia en el km 21,300 (dirección Frascati y Marino) y, en el semáforo rojo, tomad la via Spinabella a la izquierda. Después de 1 km, la pequeña via dei Glicini se encuentra a vuestra derecha.

Villa Tuscolana: via del Tuscolo, 00044 Frascati. ☎ 06-94-29-00. Fax: 06-942-47-47. www.villatuscolana.com Para quienes sueñan con la vida en un castillo. Marco de ensueño, jardín espléndido y vista sobrecogedora sobre el llano, con Roma iluminada a lo lejos. La villa data del siglo XVI, y cada piso ofrece una decoración singular. Como podía esperarse, los precios son elevados: calculad 172 € la habitación doble. Reducción del 25 % los fines de semana. También acoge congresos y grupos.

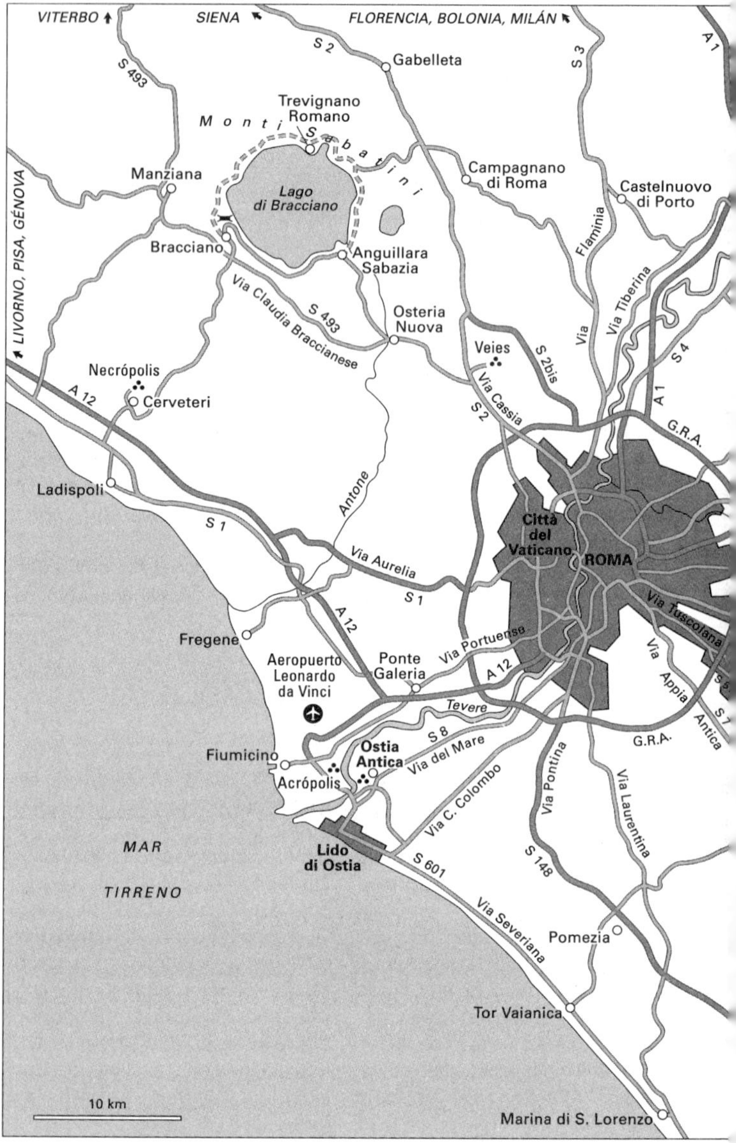
VITERBO
SIENA
FLORENCIA, BOLONIA, MILÁN
S 2
Gabelleta
S 3
A 1
S 493
Trevignano
Romano
Monti Sabatini
Manziana
Lago
di Bracciano
Campagnano
di Roma
Castelnuovo
di Porto
LIVORNO, PISA, GÉNOVA
Bracciano
Anguillara
Sabazia
Via Flaminia
Via Tiberina
Via Claudia Braccianese
S 493
Osteria
Nuova
Veies
S 2bis
S 4
Necrópolis
Cerveteri
A 12
Via Cassia
S 2
A 1
G.R.A.
Ladispoli
Antone
Città
del
Vaticano
ROMA
S 1
Via Aurelia
S 1
Via Tuscolana
A 12
Fregene
Via Portuense
Via Appia Antica
Aeropuerto
Leonardo
da Vinci
Ponte
Galeria
A 12
Tevere
S 7
G.R.A.
Fiumicino
Ostia
Antica
S 8
Via del Mare
Acrópolis
Via C. Colombo
Via Pontina
Via Laurentina
MAR
TIRRENO
Lido
di Ostia
S 601
S 148
Via Severiana
Pomezia
Tor Vaianica
10 km
Marina di S. Lorenzo

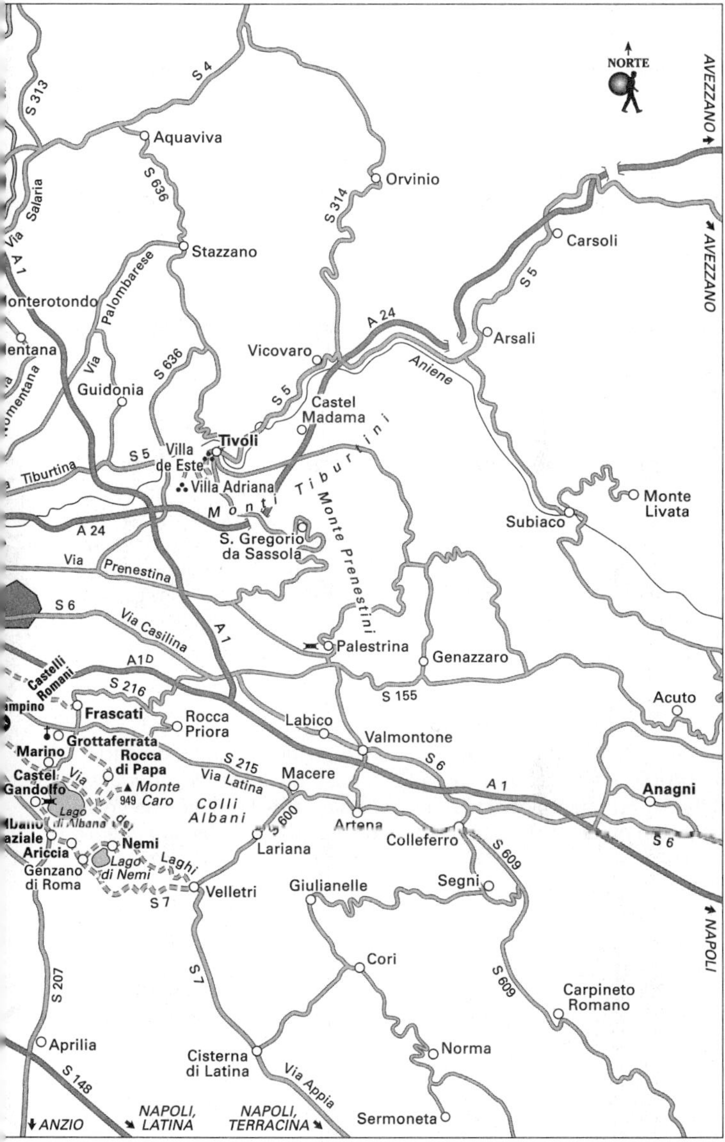

ALREDEDORES DE ROMA

¿Dónde comer en los Castelli Romani?

En Grottaferrata

Da Nando: via Roma, 4. ☎ 06-945-99-89. Justo debajo de la carretera que lleva de Grottaferrata a Frascati. Calculad 30 € por una comida completa, pero ¡qué comida! En cada plato, podéis escoger entre el mar y la tierra... Suculentos *antipasti*, *primi* y *secondi* abundantes y bien cocinados, sobre todo los *ravioli a la ricotta* con trufas, y el filete de buey a la italiana al roquefort. Entre los dulces, probad el helado de vainilla al vinagre balsámico: ¡sorprendente! Respecto a los vinos, os dejamos que descubráis la bodega... Servicio adorable.

Da Gastone: via R. Calabro. ☎ 06-945-98-61 y 06-941-18-08. Cerrado los lunes. No es ningún regalo, pero hay una selección magnífica de pescado fresco que da reputación a esta institución abierta desde hace más de cuarenta años en Grottaferrata. Pequeña terraza.

Antica Fontana: via Domenichino, 24-26. ☎ 06-94-315-704 y 06-941-36-87. Cerrado los lunes. Muy buen local con mucho encanto para este restaurante-pizzería, donde los árboles crecen en la arena y los jardines-terraza se han transformado en comedores. Las excelentes flores de calabacín, *olive ascolane* forman parte de los *antipasti*. La pizza Antica Fontana, con cuatro gustos, es destacable por su ligereza. Buena selección de pescado fresco. Calculad 20 € sin el vino. Muy buen servicio.

En Marino

L'Antica Colonna: ☎ 06-93-66-03-86. Cerrada los martes. Situada en pleno corazón de Marino, esta auténtica bodega rústica acoge a una treintena de comensales cada noche. Escuchad al chef y sus recomendaciones. Su serie de *antipasti*, sus *pappardelle* con tomate fresco y sus espárragos son interesantes. La mejor dirección de Marino.

¿Qué visitar?

★★★ **Frascati:** el más célebre de los Castelli Romani... ¡en parte gracias a su vino! No dudéis en bajar a la bodega para probarlo. Sin duda estaréis rodeados por los habituales de la casa que se reúnen alrededor de unas cartas y un vaso de vino. Es de lo más pintoresco, y válido para la mayoría de los Castelli Romani.
Nos ha gustado particularmente la ***Cantina due Scalini***, via Remigio Farnetti, por su ambiente de «taberna de barrio». El vino blanco sólo cuesta 3 € el litro. Los habituales del lugar suelen comprar su *porchetta* en casa ***Bruno***, a dos pasos de allí, via Cairoli. Dicho esto, hay numerosas tiendas de *porchetta* en toda la ciudad, sobre todo

en la piazza del Mercato. Para los que prefieran lo dulce, es en esta misma plaza donde se encuentra la ***Pasticceria Renata Purificato,*** que confecciona las galletas de Frascati: *pepetti* con miel y pimienta, *tozetti* y la famosa *pupazze*, provista de tres senos (dos para la leche, uno para el vino), símbolo de la ciudad.
Desde la plaza central de Frascati, hay una vista magnífica hasta Roma. Bellos jardines de la villa Torlonia (ahora públicos) con un teatro de agua realizado por Maderno, y fuentes. La villa propiamente dicha fue destruida durante la Segunda Guerra Mundial. La plaza está cerrada por la magnífica *villa Aldobrandini*, construida por Giacomo della Porta. Se pueden visitar los jardines. Hay muchos otros edificios por descubrir durante un paseo: la villa Lancellotti, la villa Falconieri, la villa Tuscolana (donde también os podéis alojar), la iglesia de los capuchinos (iglesia S. Francisco) y el museo etíope al lado. Este último, fundado en homenaje al cardenal Massaia, misionero en Etiopía durante más de treinta años, presenta objetos diversos, entre ellos una colección de armas y piezas tradicionales. Está abierto de 9 a 12 h y de 16 a 18 h.
Para informaciones complementarias, Frascati tiene su pequeña ***oficina de turismo***, piazza Marconi, 1. Si lo pedís, os darán las direcciones de todas las cantinas de la ciudad.

Grottaferrata: conocida sobre todo por su abadía, abbazia di S. Nicolo, fundada en el año 1004 en las ruinas de una antigua villa que habría pertenecido a Cicerón, y fortificada en el siglo XV. Se encuentra al final de la calle principal del pueblo. Abierta de 8.30 a 12.30 h y de 13.30 a 19 h; patio abierto de 7 a 19.30 h (20 h en verano).

Rocca di Papa: pueblo muy pintoresco, lleno de callejones. Nada especial que ver salvo... ¡todo!

Nemi: célebre por sus fresas silvestres, que son, hay que reconocerlo, deliciosamente buenas (y exageradamente caras). El lugar es muy bonito con un lago de cráter y un pueblo con personalidad.

Ariccia: hay que visitarla sobre todo por su *plaza principal* y los edificios que la rodean (obra de Bernini). Fuera de la ciudad, no hay que perderse la «bajada en subida» (preguntad a la gente de la ciudad por «la discesa in salita», la conocen todos). No es ninguna broma... En esta bajada, si vais en coche y paráis dejándolo en punto muerto (sin freno de mano), notaréis cómo el vehículo remonta suavemente la pendiente. Es todavía más impactante con una pelota. ¿Ilusión óptica? ¿Atracción de algo de la tierra? Los especialistas no han resuelto la cuestión. En todo caso, no os estamos tomando el pelo, es verídico y... alucinante.

Albano: ver la *iglesia de Santa Maria della Rotonda* y la *tumba de los Horacios y los Curiacios*, que de hecho es más tardía (fin de la República) que la historia que os vamos a contar con mucho gusto... Hace mucho tiempo, Roma no era más que un pueblo en lucha permanente con su vecina Alba, mucho más vieja que ella puesto que era la ciudad más antigua del Lacio. Al cabo de un cierto tiempo, las dos ciudades se hartaron de tantos combates. Las armas eran caras y la situación se estaba haciendo monótona... Así que cada ciudad encargó a tres de los suyos que combatieran entre ellos en lugar de hacerlo todo el mundo (tal vez también para ahorrar vidas humanas). Los tres Horacios representaban a Roma, los tres Curiacios, a Alba. Hoy, resulta fácil adivinar que ganaron los Horacios, aunque en su día los que habían apostado por ellos debieron inquietarse bastante: nada más comenzar la batalla, murieron dos Horacios. Pero el que quedó era muy astuto: fingió que huía para separarse de sus adversarios (de todas formas estaban todos heridos) e irlos matando uno a uno. ¡Pero la historia no termina aquí! De vuelta a Roma, se encontró con su hermana que, por desgracia, se había enamorado locamente de uno de los Curiacios... ella al saber la noticia, lloró mucho y despotricó de Roma, algo que contrarió en gran medida al último Horacio. Y como tanto le daba un muerto más o menos, se cargó también a su hermana.

Castel Gandolfo: en realidad, la localización antigua de Alba ha sido identificada con Castel Gandolfo y no con Albano. Desde el siglo XVI, el Papa tiene aquí su residencia de verano, construida por Maderno en una bonita plaza de Bernini. El lago de Albano, fácilmente accesible desde Castel Gandolfo, es muy agradable.

OSTIA ANTICA

Ostia fue la primera colonia de Roma (fundada por el cuarto rey legendario de la ciudad, un tal Ancus Martius, en el siglo VII a.C.). Situada en la desembocadura del Tíber, se convirtió rápidamente en el puerto (y depósito) de Roma. Su época de gloria se sitúa alrededor del siglo I, aunque su declive definitivo no se dio hasta el siglo IV, con la caída del vasto imperio del que formaba parte. Poco a poco, el puerto se fue cubriendo de arena y ahora está a más de 5 km de la costa. La visita a Ostia es un bonito paseo entre ruinas y la sombra de los pinos. Tal vez más difícil de entender que Pompeya, Ostia presenta sin embargo un encanto increíble; la una quedó fijada de una vez por todas, la otra se fue apagando lentamente.
Para cualquier información (en italiano): ☎ 06-56-35-801.
– **Acceso:** en la estación Roma-Ostiense (que enlaza con la estación de metro Pirámide) tomad el tren de cercanías C. Colombo y bajad en Ostia Antica (un simple billete de metro basta para todo el trayecto). Evitad las horas punta los fines de semana: los romanos van más a Ostia-playa (la siguiente parada) y los trenes están abarrotados. En Ostia Antica, tomad la pasarela azul frente a la estación, el yacimiento está un poco más lejos a la izquierda.
– **Horarios de apertura:** de 8.30 a 19.30 h (última venta de billetes a las 18 h). Cerrado los lunes.

– ***Entrada:*** 4 €. Gratuito para los menores de 18 años y los mayores de 65, de la Unión Europea. Tarifa reducida a 2 € para los estudiantes y profesores. El lugar es grande: llevad un sombrero... y tiempo, ya que como en muchos lugares de excavaciones, es bastante difícil (sobre todo al principio) situar los monumentos abiertos entre los andamiajes y las restauraciones en curso.

El yacimiento

Necrópolis: justo después de la entrada, a la izquierda. Como de costumbre, las sepulturas (más bien irreconocibles) se encontraban fuera de la ciudad. Fijaos en las cavidades que contenían las urnas cinerarias.

Porta Romana: un poco más lejos (donde está la Minerva alada colocada sobre un zócalo). Marcaba la entrada principal de la ciudad. Aquí, la via Ostiense (sobre la cual seguro que os encontráis) se convierte en el *decumanus maximus*.

Termas de Cisiarii: a unos 50 m a la derecha de la porta Romana. Los *cisiarii* eran los carreteros (y un poco los taxistas) de la época. Fijaos en el hermoso mosaico cuadrangular de 8,70 m de lado.

Termas de Neptuno: siempre a la derecha, a unos 200 m de las anteriores. Subid a la terraza para ver uno de los mosaicos más bellos de Ostia. El primero representa a Neptuno rodeado por un grupo de monstruos marinos. En la otra sala, otro mosaico (hay muchos) con Anfitrite (diosa del mar).

Cuartel de los Vigilantes: detrás de las termas de Neptuno. Los vigilantes en cuestión eran los bomberos de la época. Ver sobre todo el *Augusteum* (santuario dedicado al culto imperial): mosaico absolutamente genial que representa el sacrificio de un toro. La composición está enmarcada a la derecha y a la izquierda por la misma escena: un personaje se dispone a despedazar al toro; cortará una parte para los dioses, y una parte para los hombres. En el centro, de izquierda a derecha: el boyero, aguijón en mano, acaba de traer al animal. El toro, atado por los cuernos, no está nada contento: se arquea, saca la lengua y agita la cola. A su derecha está el sacrificador, con el hacha levantada, listo para golpear, y a continuación el altar iluminado (fragmentario), y un flautista y un sacerdote que parecen poner incienso y vino en el altar.

Teatro: fue construido por Agripa (el arquitecto del Panteón de Roma) unos quince años antes del nacimiento de Cristo (bajo el reinado de Augusto), pero luego fue ampliado y acabó por tener una capacidad de 3 500 personas. Abajo, detrás del escenario, bonitas esculturas de máscaras. Probad la acústica: no está nada mal.

Foro de las Corporaciones: detrás del teatro. Uno de los lugares de visita obligada de Ostia. Era el corazón de las actividades comerciales de la ciudad, centradas en el tráfico marítimo, como lo demuestran los mosaicos de las 64 salas que, antaño, daban la vuelta a la plaza. En el centro de la misma, hay un templo encima de un podio (probablemente dedicado a Ceres).

Mithraeum de las Siete Esferas *(santuario de Mitra):* al lado del teatro. Es uno de los 18 *mithraeum* (templo consagrado a Mitra) de Ostia. Un pequeño resumen: Mitra era un dios de origen persa que adquirió un enorme éxito en el mundo romano. Se dice incluso que si el mundo no se hubiera cristianizado, se habría convertido en –o más bien habría seguido siendo– seguidor de Mitra. Las dos religiones tienen, además, muchos puntos en común: monoteísmo, gracia concedida a todos y todas (y no en función de las ofrendas), culto intimista en un local sencillo (mientras que los cultos tradicionales romanos tenían lugar delante del templo), etc. Por otra parte, cosa extraña, Mitra había nacido un 25 de diciembre... El punto clave de la historia de Mitra es el momento en que el dios sacrifica a un toro para regenerar el mundo, sustrayendo sus elementos vivificadores: un escorpión pinza los testículos del animal, un perro y una serpiente lamen la llaga, un ramo se abre desde la cola. Esta iconografía se encuentra en el bajorrelieve del fondo del *mithraeum* de las Siete Esferas. La decoración de los bancos (donde se sentaban los fieles) hace referencia a las siete etapas (o esferas, de ahí el nombre del santuario) que el alma debía atravesar para acceder al conocimiento.

Sede de los Augustales: al otro lado del *decumanus maximus*. El lugar donde se reunían los sacerdotes del culto imperial. Aquí se han encontrado muchas estatuas, entre ellas (según parece) una del emperador Majencio (hoy en el museo).

Casa de Diana: a unos 200 m del teatro, en dirección al museo. Un inmueble del siglo II, cuyas tres plantas alcanzaban los 18 m de altura (el máximo autorizado en tiempos de Trajano)... Pero estas viviendas no tenían nada que ver con los pisos de protección oficial como los entendemos hoy. Los pisos superiores estaban reservados a la clase media. En la planta baja, estaban los lavabos (los mismos para todos). Aquí también hay un pequeño *mithraeum* (decididamente, los hay por doquier...).

Museo: mismo billete del conjunto de Ostia. Abierto de 9 a 13.30 h y de 14.15 a 18.30 h de martes a sábado, y los domingos de 9 a 13.30 h. Instalado en un antiguo depósito de sal, contiene las estatuas y esculturas originales de Ostia (personalidades, emperadores...), de las que en el yacimiento sólo veréis copias. También hay sarcófagos y bajorrelieves. Podéis comprar el catálogo del conjunto en la librería de al lado.

Thermopolium: volviendo hacia el *decumanus maximus*. Su traducción es «venta de bebidas calientes»... a pesar de que lo que se servía era el vino de la casa y un piscolabis (galletas, salchichas...). Fijaos en la barra de mármol admirablemente conservada, y el «horno» al otro lado del pasillo. Los clientes también podían consumir «en terraza», en el patio interior decorado con una fuente.

ᵗ ***Letrinas públicas:*** enfrente del anterior (cruzad de nuevo el *decumanus maximus*). Muy divertidas. Es una gran sala rodeada con un banco de 20 asientos perforados. No se puede evitar imaginarla ocupada.

ᵗ ***Termas del foro:*** al sur de las letrinas y al este del foro. Las más grandes de Ostia.

ᵗ ***Foro:*** dominado por los restos del Capitolio (para su función, ver «El Capitolio» de Roma). Es aquí donde nació Ostia y donde se desarrollaron todas las actividades cotidianas, políticas y religiosas.

ᵗ ***Campo de la Magna Mater:*** a 300 m al sureste del foro (tomad el camino que sale del templo de Roma y Augusto). Se trata de un espacio triangular (delimitado por el cinturón de la ciudad y otras construcciones) que estaba dedicado a los cultos orientales. Hay restos de templos y el santuario de Attis.

ᵗᵗ ***Casa de Amor y de Psiqué:*** a 200 m del templo Redondo (tomad en el cruce, el camino que va a la derecha). Una *domus* tardía (siglo IV), decorada con mármoles policromados, entre los que destaca una representación del grupo *Amor y Psiqué*, cuya escultura se conserva en el museo.

ᵗ ***Termas de Mitra:*** un poco más lejos. Se llaman así por el *mithraeum* que se implantó. Interesante por su red de pasillos subterráneos, desde donde el agua era almacenada y conducida hacia arriba por medio de una rueda provista de cubos.

ᵗ ***Termas de los Siete Sabios:*** al otro lado del camino principal. Acceso por el pórtico de la casa de Serapis. Ved el mosaico que representa escenas de caza, en la gran sala circular, y los frescos de los siete sabios prodigando consejos para estar en forma.

ᵗᵗ ***Scuola de Trajano:*** a unos 200 m de las termas de los Siete Sabios (volved al cruce y tomad el otro camino). Se atribuye a la corporación de herreros de los astilleros navales... por una parte, simplemente porque se ha encontrado una estatua de Trajano con armadura (hoy en el museo), y por otra, porque se sabe que la corporación ponía al emperador por las nubes después de que éste ordenara la ampliación del puerto.

ᵗ ***La* domus *de Diosuros y las* insulae *de las paredes amarillas, de las Musas...:*** no lejos del límite occidental del conjunto. Se trata de una especie de ciudad-jardín de alto copete, un complejo de ricas *insulae* que dan a un hermoso espacio verde donde cada propietario se entretenía a su manera. Normalmente, sólo puede visitarse la *domus* de Diosuros (lado sur), pero es la que justamente tiene soberbios mosaicos, algunos de ellos polícromos.

Termas de la Marciana: en el extremo suroeste de la ciudad. Imponente vestigio de la grandeza antigua (la gran sala medía más de 14 m de lado). No os perdáis los mosaicos de los vestuarios que muestran deportistas en acción.

– Hay aún muchos monumentos por mencionar... Descubridlos vosotros mismos, al azar de vuestro paseo (el catálogo del conjunto, evidentemente, os puede ayudar).

TIVOLI

➢ ***Para ir a las villas de Este y de Adriana:*** desde Roma, tomad el metro (línea B) hasta Ponte Mammolo o hasta el final: Rebibbia. A la salida, autobús *Acotral* hacia Tivoli cada 20 mn. Dos recorridos posibles: bien por la carretera nacional, parando primero en la villa Adriana, bien en autobús directo, hacia Tivoli y la villa de Este, por autopista. Si queréis visitar las dos villas, mejor que vayáis primero a la villa de Este, y allí cojáis un autobús local (de color naranja) al centro de Tivoli, que os dejará cerca de la entrada de la villa Adriana.

Pasando por ***Bagni di Tivoli***, veréis las ***canteras*** a cielo abierto de ***travertino*** que permitieron construir de forma perdurable el Coliseo y otros muchos edificios romanos. Más recientemente, el Getty de los Ángeles extrajo para su construcción nada menos que 16 000 toneladas.

Dirección útil

■ ***Oficina de turismo de Tivoli:*** largo Garibaldi. ☎ 07-74-31-12-49. Permanece abierta desde el martes hasta el sábado de 8.30 a 14.30 h y los martes y jueves de 15 a 18 h. Distribuye un folleto de información y un plano en el que están localizados los lugares principales de la ciudad. También os indicarán dónde coger el autobús hacia la villa Adriana.

¿Dónde comer?

La mejor opción consiste en preparar un pícnic para comer en el césped de la villa Adriana. No obstante, si queréis almorzar en un marco incomparable, id al restaurante ***Sibilla*** que domina la villa Gregoriana (magníficas cascadas). Se come en una terraza que rodea la espléndida rotonda romana de la Sibila, suspendida sobre un barranco que se pierde entre una vegetación exuberante. Muchos reyes inscribieron su nombre en el vestíbulo de la entrada. Muy caro. Cerrado los lunes.

¿Qué visitar?

Villa de Este

*** ***Horarios de apertura:*** de 8.30 h hasta una hora antes de la puesta de sol. Cerrada los lunes.
- ***Entrada:*** 6,5 €. Reducción del 50 % para estudiantes y profesores. En el mismo Tivoli, hay unas 500 fuentes y surtidores al azar por las avenidas y los jardines de la villa.
Comprobad que la mayor parte de las fuentes funcionan antes de desplazaros, porque la villa de Este sin surtidores es más que decepcionante.
En 1550, Hipólito II tomó posesión como gobernador de Tivoli. Como digno hijo de la (demasiado) célebre Lucrecia Borgia, debió encontrar excesivamente austero su lugar de residencia, un viejo monasterio benedictino, y encargó al arquitecto Pirro Ligorio que lo transformase en una de las villas más suntuosas de la época... Como anécdota, Hipólito II se presentó cuatro veces a la elección del trono pontificio.
Al final, ya no le permitieron presentarse más: fue excluido de la curia pontificia por sus intrigas... Está claro que entre su abuelo (el papa Alejandro Borgia) y su madre, Lucrecia, tenía de quien aprender...
El edificio en sí mismo tiene un interés moderado, excepto sus jardines, aunque no siempre están bien conservados. Desde la galería hay una bonita vista de los mismos.
Por el contrario, os quedaréis deslumbrados ante los increíbles ***surtidores*** que inspiraron tanto a Maurice Ravel como a Montaigne (y fue en la Villa de Este donde Franz Liszt recibió las órdenes menores y se convirtió en el abad Liszt).
Para traer el agua desde el río más próximo (el Aniene), Pirro Ligorio tuvo que resolver problemas insospechados. Hizo cavar bajo la ciudad un gran túnel y calculó la presión natural del agua teniendo en cuenta todas las fuentes para utilizarla al máximo. Y cuando se dice al máximo, es realmente al máximo: todos los surtidores se obtienen a partir de los vasos comunicantes, sin ningún recurso de una fuerza motriz. Curioso ¿no?
Lo que más impresiona en los ***jardines de la villa de Este*** es la fusión entre naturaleza (una flora magnífica) y las esculturas, fuentes, estanques y obras construidas por el hombre. No vamos a citaros todas las fuentes que se pueden ver, no terminaríamos nunca, pero no os perdáis la llamada «del Órgano». Por desgracia, el órgano ya no funciona, pero en su origen el mecanismo, impulsado por la fuerza del agua, emitía sonidos (melodiosos, según decían los visitantes de la época). Os preguntaréis tal vez porque hay esculturas de águilas por todas partes: era el (modesto) símbolo de la casa de Este.

Villa Adriana (villa de Adriano)

*** ***Horarios de apertura:*** de 9 a 17.30 h en verano y hasta las 15.30 h en invierno.
– ***Entrada:*** 6,5 €. Gratuita para los menores de 18 años y los mayores de 65, de países de la Unión Europea. Tarifa reducida para estudiantes menores de 24 años y profesores.
Residencia de campo construida entre 121 y 137, a la medida de los medios de su propietario, el emperador Adriano, un trotamundos que hizo reproducir los monumentos que había admirado en Grecia, en Asia Menor o en Egipto. Reflejo de su pasión por la arquitectura y los viajes, la villa era una especie de álbum de recuerdos. Así el ***Canope***, magnífico estanque rodeado de columnas y de estatuas antiguas, era la reproducción del brazo sagrado del Nilo. Alrededor del Canope, se curaba a los enfermos. En la enfermería había unas muchachas nada hurañas que se encargaban de devolver a los enfermos las ganas de vivir. Los médicos conocían ya la importancia de tener la moral alta para recuperar la salud.
En este admirable decorado, en plena campiña romana, la armonía de estas ruinas adquiere aún más valor. No os perdáis el teatro marítimo con su magnífica columnata rodeada de agua. En el centro hay una pequeña isla donde Adriano solía aislarse para estudiar. Os quedaréis impresionados por el tamaño de las termas, así como por la osadía de las bóvedas. Todo ello en un marco idílico.
De hecho, la villa era casi una ciudad, con su cuartel, sus grandiosas termas, un estadio, un hipódromo, un gimnasio, dos teatros, dos bibliotecas, basílicas, templos e, inspirados en los lugares célebres del mundo antiguo, el Liceo, el Pritaneo, la Academia, el Canope, el *Pecilo* (cuatro pórticos –desgraciadamente destruidos– de 97 × 232 m que rodean un estanque central)... ¡Todo esto sin contar las estancias del emperador y de todo su séquito!
Hay que ver la maqueta que permite visualizar lo que debía ser verdaderamente la villa.

VITERBO

A 80 km de Roma, una pequeña ciudad, bonita y poco turística, aún no invadida por las tropas bárbaras lideradas por turoperadores. Entre otras cosas, tiene un viejo barrio medieval de gran homogeneidad que se escapó milagrosamente de las destrucciones de la Segunda Guerra Mundial.
La historia de Viterbo está estrechamente ligada a la del papado. En efecto, la ciudad sirvió a menudo de refugio para los papas en dificultades. Algunos vinieron a acabar sus días, al ver que peligraba su poder en Roma. Después de la elección de un papa francés al que se habían opuesto ferozmente, los viterbinos fueron excomulgados

durante casi un siglo. Es cierto que con su traslado a Aviñón los papas contribuyeron al declive de la ciudad. Pero si hacemos caso a un proverbio italiano, Viterbo era «la ciudad de las mujeres bonitas y de las fuentes hermosas». Son pues los papas quienes salieron perdiendo con el cambio.

Direcciones útiles

■ ***Oficina de turismo:*** piazza San Carluccio, 5. ☎ 0761-30-47-95. Fax: 0761-22-09-57. Abierta de lunes a sábado, de 8 a 14 h.

Stazione centrale: piazza Romana, al sureste de la ciudad.

Stazione Roma norte: viale Trieste, al noreste de la ciudad. Asegura enlaces con la capital. Línea privada.

¿Dónde dormir? ¿Dónde comer?

Hotel Milano 2 Residence: via San Luca, 17. ☎ 0761-30-33-67. Tiene 15 habitaciones enteramente equipadas. Calculad 88 € por una doble. Sencillo, limpio, familiar. La propietaria es muy servicial.

Albergo Roma: via della Cava, 26. ☎ 0761-22-72-74. Categoría ligeramente superior.

Hotel Leon d'Oro: via della Cava, 36-42. ☎ 0761-34-44-44, 0761-34-44-45 y 0761-34-44-46. Fax: 0761-34-44-47. Calculad 56 € por una habitación doble (desayuno pagando: 6 €). Más selecto, muy limpio, habitaciones equipadas con TV, cable.

Trattoria 3 RE: via Macel Gattesco, 3. ☎ 0761-23-46-19. Cerca de la piazza dell'Erbe. Excelente cocina.

Ristorante La Pentolaccia: via delle Fabbriche, 20. ☎ 0761-34-27-55. En el centro, callejuela que da a la piazza Fontana Grande. ♿ Cerrado los martes. Vacaciones anuales del 16 al 28 de febrero. Gran sala agradable, acogida simpática y una deliciosa cocina local. Calculad 18 € por una comida completa. Buena selección de *antipasti*. Se aceptan tarjetas de crédito.

¿Qué visitar?

Piazza del Plebiscito: al final del corso Italia. Típica plaza medieval. Bordeada por el *palazzo comunale*. Pórticos, magnífico patio con fuente que da a unos tranquilos jardines con techos patinados. En cuanto al palazzo del Podestà, tiene un elegante campanario del siglo XV.

Via San Lorenzo: bordeada de bellas viviendas antiguas. Oficina de turismo en un bonito palacio. Poco después del hospital, en un edificio medieval. Fijaos en el espléndido patio de la Administración con su balcón de piedra.

En la ***piazza San Lorenzo*** se encuentra la catedral. Decorado poco interesante, pero hay unas espléndidas fuentes bautismales de mármol blanco esculpido.
Palazzo papale del siglo XIII, residencia de los papas. En ella tuvieron lugar cinco cónclaves. El último merece ser contado: en 1271, después de 34 meses, los cardenales todavía no se habían decidido a elegir un nuevo papa. El Ayuntamiento decidió entonces quitar el techo para que lloviera sobre estos nobles indecisos. También dejaron de alimentarlos. Algunos días más tarde, transidos y hambrientos, eligieron a Gregorio X. Este último fijó las reglas que aún están en vigor para asegurar el buen desarrollo de los cónclaves y evitar los abusos. Os mostrarán los agujeros de los postes que aguantaban las tapicerías que protegían a los cardenales. Por suerte llevaban grandes sombreros.

Via San Pellegrino: una de las calles más hermosas de Italia. Una inmersión pintoresca en la Edad Media. Casas muy antiguas que no han sido restauradas, callejuelas abovedadas, grandes arcadas, vieja población del barrio. Adorable *piazzetta* San Pellegrino.

Buscad una pequeña ***taberna*** sin nombre, cuyas venerables vigas han albergado nada menos que cinco siglos de consumidores. Probad el vino blanco del país en porrón.

A lo largo de vuestras peregrinaciones, descubriréis la espléndida fuente con cabezas de león de la ***piazza Fontana Grande***. Al final de la via Garibaldi, bonito tramo de muralla con la ***porta Romana*** y la ***iglesia San Sisto***. Desde ahí, el viale Capocci os llevará al ***museo Civico*** (arqueología y algunos primitivos religiosos).

TUSCANIA

Además de sus murallas, que encierran un centro con el punto justo de coquetería (pequeñas calles de piedra, pasajes cubiertos y patios de casas dignas de las miniaturas), otro de sus atractivos es el encontrarse en medio de una llanura aluvial y en las proximidades de los centros etruscos de Vulci.

Dirección útil

■ ***Oficina de turismo:*** piazza Basile. ☎ 0761-43-63-71. Horarios tan complicados como una noticia en coreano. Abierta los lunes de 10 a 14 h y de 16 a 21 h; los martes y de jueves a sábado, de 9 a 14 h y de 16 a 21 h; los domingos, de 10 a 13 h y de 16 a 22 h. Está cerrada los miércoles.

¿Dónde dormir?

Barato

Affittacamere «Carla»: via della Libertà, 27. ☎ 0761-43-50-21. Si no hay nadie en esta dirección, dirigíos al bar frente a la panadería, pasad los arcos de la muralla de la ciudad (via Roma). Es el patrón del bar, Angelo, quien alquila las habitaciones. Varias estancias no muy alegres en un caserón que sí lo es (amarillo y gris).

Precios medios

Locanda di Mirandolina: via del Pozzo-Bianco, 40-42. ☎ y fax: 0761-43-65-95. Cerrado del 15 de enero al 20 de febrero. Posibilidad de comer en el restaurante del hotel. Casita de muñecas que se hace discreta en el fondo de un callejón. Hiedra en la fachada y mucho encanto. Todas las habitaciones tienen las paredes blancas con un papel que baja del techo detrás de cada cama. Pequeña terraza interior. Buena acogida. Una interesante dirección para varias noches.

¿Dónde comer?

Osteria da Alfreda: largo Torre di Lavello, 1-2. Está cerrada los jueves. Hay mucho color y precios populares. Es decir, no gastaréis más de lo necesario. Comeréis en la terraza en grandes mesas de madera, sentados en sillas de formica, una comida tradicional que va de las tripas al tradicional melón y *prosciutto*. Cuando viene el mal tiempo, se desplazan las mismas mesas al interior en una sala de madera pintada y abovedada. Cocina muy familiar y nada turística. Acogida agradable.

¿Qué visitar?

Necrópolis de Vulci: Vulci era una de las doce ciudades de la federación etrusca. A principios del siglo XIV, las tierras de Vulci eran propiedad del príncipe de Canino, el hermano de Napoleón, Lucien Bonaparte. Un campesino que trabajaba la tierra tuvo la afortunada sorpresa de encallarse con una carreta mientras el suelo se hundía bajo sus pies. El conjunto fue descubierto. Lucien Bonaparte iba corto de dinero. Empezó a excavar por todas partes sin consultar a los arqueólogos. En cuatro meses, salieron 2 000 objetos de los escombros. Persuadidos de que los estruscos eran de ascendencia jónica, los obreros destruyeron sistemáticamente las vasijas negras y guardaron sólo las de figuras rojas. ¡Mala pata! Las vasijas negras eran los *buccheri* lustrados tan característicos de la civilización etrusca.

✱ En el centro de Tuscania, en el dédalo de calles, hay numerosos ***palacios***: ***Baronale*** (via del Circo), ***Tartaglia***, ***palazzetto Farnese*** (via Rivellino), ***Maccabei*** (via Lunga), ***Giannoti*** (via della Libertà).

✱ ***El duomo y la basílica de San Pietro:*** la basílica está desnuda e inutilizada, pero con un bonito suelo de mosaico polícromo. Fue construida entre los siglos VIII al XIII.

✱ ***Iglesia de Santa Maria Maggiore:*** al exterior de los muros, al suroeste de la ciudad. Pequeña y achaparrada y de estilo furiosamente medieval. Bonita construcción de madera y, sobre todo, magnífico atril cincelado en mármol. Interesante altar cubierto. Hermosa *Anunciación*.

ÍNDICE GENERAL

– N-O –

– P –

– Q-R –

– S –

ÍNDICE DE LOS MAPAS Y PLANOS